개정 2판

수업심리학

실기교육 방법론

임창재 지음

학지사

머리말

수업심리는 교사에게 유용하고 필요한 심리학이다. 수업에 관한 개념의 확립이나 수업활동의 계획 및 실천에 대한 관점을 마련하는 일은 수업활동에 앞서야 하는 과제다.

일반적으로 교육현상을 설명할 때 수업이론, 수업기술, 수업과학, 수업심리학 등 다양한 용어들을 사용하고 있지만 교사는 어떤 방법으로든 학습자의 수업목표 달성을 도와주어야 할 의무가 있다. 수업에 있어서 어떤 방법이 효과가 있는지를 교사가 이해하는지 못하는지는 효과적인 방법을 찾아내는 것보다 덜 중요하다. 물론 이상적으로는 어떤 방법이 성공적인가를 알고 그 방법에 내재된 원칙들을 이해하는 것이 바람직하다.

수업이론은 수업목표를 성취하기 위한 조건들을 결정하기 위한 지침들을 말해 주는 통합된 원칙들이라고 정의할 수 있다. 이러한 원칙들은 교육자료의 고안을 통하여 여러 가지 현대적인 교육방법에는 물론 교육환경에도 적용될 수 있다고 가정한다.

이 현대적인 교육방법들은 컴퓨터 기반 수업, 프로그램 수업, 탐구학습방법, 발견학습 기술, 여러 가지 형태의 개별화 수업 등을 포함한다. 일반적으로 수업이론은 수업목표를 설정하는 것과 관련하여 중립적이어야 한다. 그러나 어떤 수업이론은 어떤 목표에 특별히 더 치중할 수 있다고 여겨지기도 한다. 수업이론은 경험적으로 타당하고 논리적으로 일관성이 있어야 한다. 즉 교수이론보다는 수업이론이 수업 과정을 더 많이 포함하기 때문에 더 효과적으로 활용되어야 한다.

학교에서 교사가 하는 일 중에서 무엇보다도 중요한 것은 수업활동이다. 수업은 교육의 핵심으로, 어떤 의도나 계획에 따라 교사와 학습자가 교육내용을 가지고 상호작용하는 것을 의미한다. 흔히 교수와 수업을 혼동하여 사용하는 경우가 있을 뿐만 아니라 교수가 수업의 전부인 것으로 생각하기도 한다. 그러나 교수는 교사의 가르침으로, 수업의 한 부분일 뿐 전부는 아니다. 본래 교수는 교사가 중심이 되어 교육내용을 학습자에게 주입하는 것이 주 역할이며 학습자는 전적으로 주어진 지식을 수동적으로 기억하는 것에 지나지 않는다.

따라서 이 책은 수업을 교육목표를 달성하기 위한 교사의 교수활동과 학습자의 학습활동이 교육내용이나 교수매체를 통해 상호작용하며 이루어지는 일련의 과정으로 보고, 수업에 필요한 각각의 과정을 세부적으로 체계화하여 설명하려는 의도를 가지고 쓰였다. 그러므로 교사가 되기 위해 대학에서 교직과정을 이수하는 학생들에게 수업현장을 체계적으로 이해하고 수업을 할 수 있는 방법을 터득하는 데 도움이 될 수 있을 것이며, 교육현장의 교사들에게는 실질적이며 합리적인 지침서가 될 것이다.

이러한 입장에서 이 책은 7개의 장과 부록으로 구성하였는데, 제1장에서는 교수 · 학습에 관한 이해를 분명히 하기 위해 개념적인 원리를 밝혔다. 제2장에서는 학습에 영향을 미치는 조건들이 무엇이며 어떤 작용을 하는지를 살펴보았다. 제3장에서는 학습활동에 나타나는 학습자의 특성을 찾아 보았다. 제4장은 수업이 진행되는 절차를 단계별로 상세히 살펴보았으며, 연구수업, 수업에서의 발문방법과 판서방법을 구체화하였다. 제5장은 수업의 효과를 높이기 위해 학습양식과 교수양식, 그리고 학습전략의 활용에 관해 새로운 방향을 찾아 보았다. 제6장은 수업방법의 발달과정과 수업방법의 형태를 구체적으로 살펴보았다. 제7장은 수업에 활용되는 교육의 매체에 관하여 기술하였다. 부록에서는 학교교육의 기초규정, 각급학교의 교육과정, 실기교사 자격취득 관련 규정내용, 그리고 각 과의 수업계획안을 예시하였다.

특히 이번 개정판에서는 구성주의 학습, 창의적 문제 해결 능력, 수행평가,

자기주도적 학습, 프로젝트 방법, 체험학습, ICT 활용교육에 관한 내용을 보강하였다.

수업이란 정지된 현상이 아니라 역동적인 상태이기 때문에 항상 이론과 실제가 다르다고 한다. 그러므로 이론을 현장에 적용하려는 노력과 현장에서 이론의 문제를 찾아내려는 계속적인 연구가 필요한 것이다. 그러한 노력의 한 부분으로 이 책을 쓰고 보니 미비한 부분이 너무나 많은 것을 깨닫게 된다. 부족한 부분은 계속 연구하여 보완하도록 할 것이다.

이 책을 내면서 그동안 학문을 한다고 할 도리를 다 못해도 언제나 한결같이 격려와 도움을 주며 지켜보아 주는 가족과 친지들 모두에게 고마움을 표하며 이러한 책이 출판되도록 기회를 주신 학지사 김진환 사장님과 편집에 수고하신 여러분께 감사를 드린다.

임 창 재

차 례

2 학습에 영향을 미치는 요인 65

1 교수 · 학습

교육은 교사의 교수와 학습자의 학습활동을 통해 학습자의 성취행동을 극대화하는 것이다. 교사는 교수와 학습에 관한 계획과 실천을 위한 연구에 노력을 다해야 한다.

1. 교수

1) 교수의 의미

학습과 가장 관계가 깊은 것이 교수다. 학습자의 입장에서 보면 학습이 되는 것이지만 교사의 입장에서 보면 교수가 된다. 교수는 학습자의 행동변화를 바람직한 방향으로 이끌어 가기 위해 계획적으로 학습자의 학습과정을 조작하는 것이라고 할 수 있다. 즉 교수는 교사가 학습자의 학습목표 달성을 위해 계획적으로 조직화해 놓은 과정 또는 학습목표 달성을 위해 사용하는 방법이나 기술 등을 의미한다. 교수는 학습자로 하여금 특정한 조건 또는 일정한 상황에 대한 반응으로 특정한 행동을 나타내도록 학습하게 하거나 또는 그 특정행동에 참여할 수 있도록 개인을 둘러싼 환경을 계획적으로 조직하는 과정이라고 할 수 있다.

본래 교수는 학습지도 혹은 수업이라는 말로 쓰이고, 대개 지적 방면의 교과활동을 의미하였다. 교수는 가르쳐 주는 것이란 뜻이며, 의도적 · 계획적인 교육을 본질로 삼는 학교교육의 주요활동인데 그 기본요소로서 도야, 훈육의 실현을 위한 교육활동이다. 따라서 교사가 중심이 되어 일정한 교과의 기본지식을 주입하고 전달하는 것을 그 임무로 삼았었다. 그렇게 될 경우 학습자는 전적으로 수동적이 되어 주어진 지식을 기억하는 데 지나지 않으며 학습자의 행동변화와는 무관한 것이 된다.

교수는 학습자를 피동적인 위치에 두고 교사에 의해서 결정된 학습목표와 계획에 따라 일방적이면서도 단순한 과정을 통하여 가르치는 타율적인 교육방법이다. 이에 비하여 학습은 학습자의 자발적인 활동을 중요시하며 학습자 자신이 직접적으로 행동변화를 시도하는 것이 특징이다. 따라서 교사는 능동적인 활동을 하는 학습자와 더불어 학습자의 행동발달 과정을 보호 · 지도 · 촉진하는 역할을 하게 된다. 이와 같이 학습지도 방법을 강조하게 된 것은 심리학의 발달과 더불어 아동중심 교육관, 생활중심 교육관 그리고 민주주의 교육관과 관련이 있다.

학습의 의미를 자발적인 행동변화의 과정으로 볼 때 그 성격상 학습이란 학습자가 스스로 하는 경우 또는 자신이 하려고 노력하는 경우에만 성립하게 된다. 이러한 것을 고려하지 않고 교사가 아무리 열의를 가지고 잘 주입해도 학습자가 이를 적극적으로 받아들이지 않는다면 바라는 행동변화는 이루어지지 않는다. 왜냐하면 행동변화를 하는 측은 학습자이며 그 학습자 개개인은 제각기 흥미와 능력과 요구를 가지고 자기 나름의 서로 다른 반응을 하는 성질이 있기 때문이다. 교사가 학습자의 행동변화에 신념을 가지고 학습지도에 임할 때는 이런 점에 유의해야 한다.

이와 같이 교수와 학습은 비슷하면서도 그 강조하는 바가 약간씩 다르다.

학습자 행동의 변화가 일어나는 과정은 가르치는 사람의 입장에서 보면 교수의 결과로서 나타나는 것이지만, 배우는 학습자의 입장에서 보면 학습자 자신의 행동의 변화인 것이다. 따라서 교수이론에서는 교사의 역할을 강조하여 교사가 능동적인 의미를 가지게 되고 학습자는 수동적인 위치에 서게 되지만, 학습이론에서는 학습자의 능동적인 활동을 강조하여 교사는 학습자의 학습활동을 도와주는 소극적인 역할을 수행하게 된다.

의도적인 학교교육과 대부분의 교육에서는 교육이 계획적이고 체계적으로 실시되기 때문에 교수는 독립변인의 역할이 되고 학습은 교수의 결과로 나타나는 종속변인의 의미를 가지게 된다. 교수와 학습의 차이점을 다음과 같이 비교해 볼 수 있다.

첫째, 교수에는 일정한 목표가 있을 수도 있고 없을 수도 있다. 즉 교수는 의도적인 작용이지만 학습은 의도적인 경우도 있고 의도가 없는 상태에서도 이루어질 수 있다. 교수가 있는 곳에서도 학습이 이루어지지 않을 수 있으며 교수가 없는 곳에서도 학습이 이루어질 수 있다.

둘째, 교수를 통해 가르치는 것은 하나일 수 있지만 학습에서 학습자는 제각기 다르게 배운다. 한 학습에 여러 명의 학습자가 있는 경우, 동일 교사의 행동에서 영향을 받은 학습자의 학습은 학습자마다 다른 것일 수 있다. 즉 학습자의 지능 · 적성 · 흥미 · 경험에 따라 서로 다르게 배운다. 일의적인 교사의 교수행동은 조정하고 수정할 수 있으나 다의적인 학습자의 학습행동은 직접 조정하기가 어렵다. 따라서 교수활동을 어떻게 조정하고 수정해야만 학습자에게 미치는 영향, 즉 학습을 계획한 대로 이루게 할 수 있느냐 하는 연구가 필요하다.

셋째, 교수에 관한 연구는 교실상황을 연구대상으로 하나 학습에 관한 연구는 동물을 대상으로 하는 경우가 많다. 종래의 학습이론 대부분은 동물을 실험대상으로 하여 여기에서 얻은 연구결과를 인간학습에 적용시켜 보려는 경향이 있다.

넷째, 교수는 처방적이지만 학습은 기술적이다. 교수는 학습의 문제점을 찾아내어 이를 고치기 위한 처방적 행동이라고 할 수 있다. 그러나 학습은 학습자 활동의 변화된 모습을 있는 그대로 기술할 뿐이다. 이 기술 결과에 따라 새로운 처방을 하게 된다. 이와 같이 처방과 기술은 상호관련되어 있으므로 좋은 처방인 경우 결과의 기술도 좋게 나타나는 것이다.

다섯째, 교재와 교수와 학습이 일치될 때 비로소 좋은 수업이라고 할 수 있다. 교재가 있어도 교사는 이를 모두 가르친다고 할 수 없으며 또한 가르친 대로 학습자가 그대로 다 배우는 것도 아니다. 경우에 따라서는 가르친 바 없는데 배우는 것도 있고 교재에 있는 것을 가르쳐도 배우지 않는 경우가 있다.

2) 교수 · 학습의 경향

(1) 강제성과 자율성

교수 · 학습 과정에서는 강제성보다는 자율성이 강조되어 오고 있다. 문화유산의 전달을 교육의 중요한 목표로 보고 이미 사회적으로 존재해 오는 지식이나 규범 등에 개인을 맞추려고 하는 경우에는 강제적인 방법이 수반된다. 또 학습자는 주의집중력이 약하고 학습하는 것보다는 흥미 본위로 노는 것을 더 좋아하기 때문에 강제적인 방법을 써서라도 학습하도록 하는 것을 교육현장에서 흔히 볼 수 있다.

학습을 강제적으로 하도록 할 때에 가장 많이 이용되는 것은 벌이다. 동양사회뿐만 아니라 서양의 여러 사회에서도 체벌은 교육현장에서 많이 이용되어 왔다. 자기 마음대로 하고 싶은 것은 인간 본성의 한 부분이므로 체벌로 질서를 세워야 한다는 것이 체벌을 찬성하는 사람들의 주장이다. 체벌은 교육목적을 효과적으로 달성할 수 있도록 하고 집단의 단결심을 높이려는 의도로 사용한다.

자유는 방종을 의미하는 것이 아니라 본질적으로 규율에 따라서 행동하는 것을 의미하는 것이며 그것은 바로 자율적인 제한을 의미하는 것이라고 할 수 있다. 왜냐하면 규율 없이 모든 사람이 제멋대로 행동한다면 사회가 존재할 수 없기 때문이다. 그리고 이런 생활습관을 기르는 것이 바로 도덕교육이며 그것은 교육의 가장 중요한 부분이라고 할 수 있다.

그러나 이러한 주장이 인간을 강제적으로 또는 타율적으로 규칙에 복종시키려고 하는 것을 의미하는 것은 아니다. 사회를 구성하고 있는 개인이 규칙에 따라서 행동해야 하는 것은 다시 말할 필요도 없는 일이다. 그러나 그러한 규칙에 무조건 복종하는 것이 아니라 그러한 규칙을 자기의 인격 속에 스스로 내면화함으로써 자율적으로 규칙을 지키도록 하는 것이 중요하다. 오늘날과 같이 사회변화가 빠른 경우에는 어떠한 규칙에 복종하는 인간보다도 자기 스스로 문제를 해결하는 방법을 모색하며 학습할 수 있는 능력을 기르는 것이 중요한 일이다.

탐구학습이나 발견학습은 바로 이러한 상황에서 발전되어 온 것이라고 할 수 있는데, 학습자 스스로 학습활동에 적극적으로 참여하며 사회가 필요로 하는 능력을 자율적으로 개발해 나가도록 한다. 교수 · 학습에서 자율성이 강조되는 것은 이런 이유에서다.

(2) 집단과 개성

교수 · 학습 과정에서 집단이 강조되다가 개성의 발달과 학습자 개인의 자아실현이 중요시되어 가는 것도 하나의 경향이라고 할 수 있다. 집단을 중요시하면 교육에서는 교수방법도 자연히 똑같은 방법을 모든 학습자에게 적용하는 일제수업 또는 획일적인 수업을 실시하게 된다. 전통사회에서는 주로 이러한 방법이 사용되었고, 근대사회에 와서도 일부 국가에서는 이러한 수업이 강조되었다. 그러나 개인의 취미와 욕구가 다르고 능력 또한 같지 않기 때문에 획일적인 방법으로 교육이 실시되어서는 안 된다는 것이 근세 초기의 루소(Rousseau, J. J.)나 페스탈로치(Pestalozzi, H. J.)와 같은 교육자에 의해서, 또 20세기에 와서는 듀이(Dewey, J.)를 중심으로 하는 진보주의 사상가들에 의해서 주장되어 온 것이다.

모든 학습자들의 능력이나 취미가 각각 다르기 때문에 수업을 할 수 있는 준비의 정도도 각기 다르다. 따라서 획일적인 수업방법보다는 각자의 상태에 따라서 서로 다른 수업방법이 적용되어야 한다는 것이 기본적인 원리다. 출발점 행동을 조사하고 거기에 맞추어서 수업이 실시되어야 한다는 것이 수업에 있어서 개별화의 원리다. 그러나 교육에 있어서 개성의 존중이 집단을 완전히 무시해도 좋다는 것을 의미하는 것은 아니다. 개인은 국가, 사회, 직장, 학교 그리고 가정 등 반드시 어떠한 집단의 한 구성원으로 태어나고 살아 가는 것이다. 인간은 집단을 떠나서 결코 존재할 수 없다. 따라서 개성의 발달을 존중하면서도 언제나 집단의 발전이나 사회의 공공질서와 조화를 이루는 것을 교육의 원리로 해야 하는 것이다.

3) 교수이론

이론이란 관찰 가능한 현상을 설명하는 데 이용되는 명제라고 할 수 있다. 또한 이론은 사실에 대한 설명과 예측을 목적으로 변수 간의 관계를 밝힘으로써 그 사상에 대한 체계적인 견해를 나타내는 상호관련된 일련의 추정개념, 정의 및 명제라고 한다. 따라서 교수이론은 수업이라고 하는 현상을 설명하는 하나의 개념이라고 할 수 있다.

교수이론은 수업이라고 하는 현상을 설명하는 데 있어서 지식이나 기술을 배우고 익히는 데 가장 효과적인 방법을 수립하고 실천하는 활동과 관련되는 법칙제시를 목적으로 하는 것이다. 또한 교수이론은 이미 제기된 여러 가지 형태의 교수이론을 평가하는 데 필요한 기준을 갖추고 있어야 하고, 그것은 곧 새로운 교수이론의 구성지침이 된다는 점에서 교수이론은 처방적이어야 하는 것이다.

그리고 교수이론은 학습되어야 할 지식이나 익혀야 할 기술의 수준을 가늠하는 준거와 학습자가 정해진 수준까지 도달되는 데 필요한 조건을 제시해야 하는데, 그 조건들이 학년별로 교과에 따라 개별적으로 명시되어서는 안 되고 모든 학년에 공통적으로 적용될 수 있도록 일반성의 수준이 높게 되어야 한다는 점에서 교수이론은 규범적인 성격을 가지고 있다. 이와 같은 교수이론의 특성을 정리하면 다음과 같다.

첫째, 교수이론은 교육목표를 달성하기 위해 필요한 제반 조건을 정비하도록 지침을 처방해 주는 일련의 통합된 원리다.

둘째, 교수이론은 수업상황에 대한 규칙을 마련해 주고 수업기술을 제공하는 규범 내지는 처방이다.

셋째, 교수이론은 독립변인인 학습이론과 교수이론 간에 발생되는 종속변인 또는 상관변인이다.

(1) 브루너의 교수이론

하버드 대학에서 인지심리학을 연구한 브루너(Bruner, J. S.)는 인지 구조적 교수이론을 확립하여 교실에서 의미있는 학습을 하는 동안에 학습자의 내재적 인지변화를 일으키는 수업이 되어야 한다고 주장하였다. 이런 인지변화를 위해서 교사는 구조화된 학습경험보다는 탐구적 학습경험을 학습자들에게 제공해야 한다. 브루너는 교수이론을 처방적이고 규범적이어야 한다고 규정하고 있다. 즉 학습이론이나 발달이론은 기술적인 성격을 지니나 교수이론은 규범적인 성격을 지녀야 한다. 학습자가 아직 가역성의 개념을 갖지 못하였다는 발달이론적 진단은 사실적 기술을 제시해 준다. 반면 교수이론은 가역성의 개념을 학습자가 이해할 수 있도록 이끌어 주는 최선의 방법을 모색하는 데 도움이 되는 지침을 제시해 주어야 하는 것이다.

교수이론은 지식이나 기능을 학습자에게 학습시키는 가장 효과적인 방법에 관한 여러 원리와 법칙을 제시해 준다는 의미에서 규범적인 성격을 지닌다. 따라서 교수이론은 교수·학습과정을 비판·평가할 수 있는 근거 내지는 척도를 제공해 줄 수 있는 것이다. 브루너의 교수이론의 4가지 특성은 교수이론에 대한 기본명제라고 볼 수 있다.

첫째, 교수이론은 학습자 개인에게 학습으로 나아가는 선행경향성(predisposition toward learning)을 가장 효과적으로 심어 줄 수 있는 경험들을 명백히 해 줄 수 있어야 한다.

학습경향성은 학습준비성, 출발점 행동과 유사한 개념으로, 학습하고자 하는 또는 문제를 해결하고자 하는 경향이나 의욕을 뜻한다. 문화의 특징이나 동기체제, 개인적 요인들이 학습의 경향성을 결정하는 데 크게 작용한다. 교수이론에서는 이러한 여러 요인들을 어떻게 이용하여 설정된 목표를 달성하는 데 적합한 학습경향성을 학습자의 내면에 가지게 할 것이냐에 관심을 가진다. 학습의 경향성에는 그와 관련된 몇 가지의 명제가 있다. 즉 학습과 문제해결은 선택을 요하는 여러 가지 가능성의 탐색을 필요로 한다. 따라서 탐색과 호기심을 저해하는 학습 내부의 억압을 해소해 줄 수 있는 교수 · 학습 방법이 고안되어야 한다. 그리고 사회계층, 성, 연령 등의 차이에 따라 지적 활동에 대한 서로 다른 태도가 형성될 수 있다. 또한 학습자의 학습 스타일과 학습자료의 종류 및 정도와의 관계가 학습에 미치는 영향은 크다. 따라서 가장 좋은 학습은 학습자의 학습 스타일과 학습자료의 성격이 일치될 때 성립될 수 있다. 교수하는 사람과 학습하는 사람의 관계 역시 학습경향성 결정에 적지 않은 영향을 미친다.

둘째, 교수이론은 학습자가 가장 쉽게 파악할 수 있도록 지식체계를 구조화(structure of knowledge)하는 방법을 분명히 해 주어야 한다.

지식구조의 중요성을 강조한 배경은 ① 폭발적인 과학기술의 혁신과 이에 수반하는 교육내용의 다양화, 고도화, 과학화의 경향이 지식구조화의 필요성을 초래하였다. ② 학습자의 지적 성장을 인식론적으로 규명한 결과 인지단계의 구조와 지식의 구조가 일치되도록 되어야 한다.

브루너가 지식의 구조를 강조한 것은 다음과 같은 이점이 있기 때문이다. ① 교과의 기본적인 것을 이해하면 그 교과를 이해하기 쉽다. ② 일반적이고 기본적인 원리를 학습해 두면 필요에 따라 이것을 다시 재구성할 수 있다. ③ 기본적인 원리나 개념을 이해하면 전이의 가능성이 크다. ④ 기본적인 지식과 높은 지식 사이의 간격을 좁힐 수 있다.

지식의 구조는 정보를 단순화시켜 주는 힘이 있고, 새로운 원리를 생성시키는 힘이 있으며, 그 지식의 조작가능성을 증대시켜 주는 힘이 있다. 지식의 구조를 파악할 수 있다는 것은 학문 그 자체를 가르칠 수 있다는 것을 의미한다. 그리하여 어떤 교과도 지적으로 적절히 표현하면 어떤 발달단계의 어떤 어린이에게도 효과적으로 가르칠 수 있다. 어렸을 때는 동작활동(enactive)으로 표현하고, 아동기에는 영상적 활동(iconic)으로, 그 이후에는 상징적(symbolic)으로 표현할 수 있다.

셋째, 교수이론은 학습자료를 어떻게 제시하면 가장 효과적인지의 계열(sequence)을 명백히 해 주어야 한다.

① 학습자의 경험배경, 발달단계, 학습자료의 성격 등 개인차에 따라 가장 좋은 학습계열은 달라진다. ② 지식의 구조를 개념적으로 파악하고 여러 가지 상황에 쉽게 적용할 수 있게 하기 위해서는 특수한 사실들을 기초로 한 귀납적 방법을 적용하는 것이 좋다. 개념적 관계를 이해시킴에 있어서 너무 일찍 상징적 표상에 의존한다면 학습자로 하여금 상징과 그것이 묘사하는 사물 간의 관계를 오히려 보지 못하게 하는 결과를 낳을 수도 있다. ③ 계열 속의 단계 간 간격의 크기는 달성하고자 하는 수업목표의 성격과 학습자의 현재 능력수준에 따라 달라질 수 있다.

넷째, 교수이론은 교수 · 학습 과정에서 상벌의 성격과 그 적용방법을 명백히 해 줄 수 있어야 한다.

브루너는 강화를 외재적 보상과 내재적 보상으로 구분, 내재적 보상을 우위에 두었으며 학습한다는 것에 대한 발견의 기쁨과 성취의 만족감이 보다 큰 강화를 발휘한다고 하였다. ① 상이나 벌이 외부에 의해서 통제되는 정도만큼 성취로부터 받는 보상은 감소를 가져온다. ② 학습에 실패한다는 것은 다음 성취, 향상을 위한 정보가 된다. ③ 성공에 따르는 강한 외적 보상은 성공한 바로 그 행동을 다음에 다시 하게 할 가능성이 크다. ④ 외적인 벌에 따르는 오류는 행동을 와해시킬 가능성이 높으며 시정이 되기는 힘들다. ⑤ 교사의 임무 중 하나는 내적 · 외적 상벌의 균형을 정하는 일이다.

(2) 블룸의 완전학습 모형

블룸(Bloom, B. S.)의 완전학습을 위한 수업전략의 기본입장은 학습에 사용한 시간의 연장과 학습에 필요한 시간의 단축이다. 즉, 한 학급 내의 95% 이상의 학습자들이 주어진 학습과제의 90% 이상을 완전히 학습해낼 수 있을 것이라는 가정이다. 보통 학교학습에서 학습자의 학습성취분포가 한 집단의 1/3은 완전학습을 하고 다른 1/3은 보통학습자이고 나머지 1/3은 겨우 통과하거나 실패할 것이라고 보는 것이다. 완전학습이 이루어지는 데 있어서 전제가 되는 문제는 적성 · 인과설과 정상분포의 굴레에서 벗어나는 일이다.

전자는 학습자의 학습능력이나 학습적성에 큰 개인차가 있기 때문에 학습성과에도 큰 개인차가 있을 것이라는 이론이다. 후자는 학습자의 개인차가 상당한 크기의 한 집단 안에서 정상적으로 분포된 것이므로 학력평가의 기준도 점수분포의 정상성에서 벗어날 수 없다는 논리이다. 그런데 완전학습이론의 주장은 이와 같은 정상분포는 우연성의 분포로서, 교육은 우연성에 의존하기보다는 이러한 우연성을 깨뜨리고 인공적인 분포가 되게 할 수 있다는 주장이다. 이와 같은 우연성을 깨뜨리기 위하여 블룸(Bloom, B. S.)은 캐롤(Caroll, J. B.)의 학교학습 모형을 활용하였다. 캐롤은 학습자가 어떤 과제를 학습하는 데 필요한 시간을 얼마나 사용하느냐의 정도에 따라 그 학습 정도가 결정된다는 것을 제시하였다.

$$\text{학습의 정도} = \frac{\text{학습에 사용한 시간}}{\text{학습에 필요한 시간}}$$

이 방정식에서 학습의 정도를 백분율로 나타내고, 그것을 결정하는 것은 학습자가 주어진 과제를 기준점까지 학습하는 데 필요로 하는 시간에 비하여 실제로 학습에 사용한 시간의 함수관계이다. 학습에 필요로 하는 시간은 학습자적성, 수업이해력, 수업의 질이라는 세 가지 변인에 의하여 결정되며, 학습에 사용한 시간은 학습자에게 주어진 학습기회와 학습자의 지구력 등에 따라 결정된다. 학습자 변인은 적성, 수업이해력, 지구력과 같은 개인차에 따라 결정되는 변인으로, 수업의 질과 학습을 하는 데 허용된 시간에 따라 결정되는 변인이다.

① **학습자의 적성**(aptitude)

학습자의 적성이란 완전학습을 하는 데 필요한 시간량을 결정해 준다. 이 개념은 전통적인 적성, 성적 인과설의 대표적인 개념이다. 적성이란 개념을 고정적인 것으로 보지 않고 최적한 학습조건하에서 주어진 학습과제를 일정한 수준으로 성취하는 데 필요로 하는 시간으로 본다. 그러므로 적성이란 언제나 특정학습과제와 관련되는 개념으로 보았기 때문에 학습시간을 단축하기 위하여 학습자의 적성수준을 높여 주고 학습조건을 개선해 줄 것을 요한다.

② **학습자의 수업이해력**(ability to understand instruction)

수업이해력이란 학습자가 수업내용이나 교사의 설명, 제시된 과제를 이해하는 정도이다. 이것은 수업의 질과 학습자의 적성과 상호작용적 맥락에서 파악되어야 한다. 즉 학습자의 일반지능과 언어능력에 따라 좌우된다. 따라서 능력의 차원에서 보면 수업이해력은 일반적 능력이고 학습자의 적성은 특수능력이 된다.

③ **학습자의 지구력**(perseverance)

지구력은 학습동기와 흥미에 많은 영향을 받는다. 물론 학습습관에도 많은 영향을 받고 학습자의 특정학습 과제에 대한 흥미와 집중력 등에 의해서도 영향을 받는다.

④ **수업의 질**(quality of instruction)

수업의 질은 학습자의 학습에 필요한 적성수준을 높여 주고 학습조건을 개선하는 수업과정의 설계와 교사의 교수기술, 학습자 특성을 이해하여 그에 알맞는 수업환경을 조성하는 것이다. 따라서 교사는 학습자의 수업이해력을 돕기 위하여 학습적성, 학습에 대한 동기와 흥미 등에 관한 광범위한 정보를 기초로 수업계획을 세워야 한다. 이와 같은 일을 위하여 교사는 수업과정에서 수업개선을 위한 단서를 발견하고 수정 · 보완을 해야 하며 형성적 평가체제, 보충교재, 보충수업, 피드백 등을 마련해야 한다.

⑤ **학습기회**(opportunity)

학습기회란 학습을 위해 학습자에게 실제로 주어지는 시간을 말한다. 학습시간이 충분하지 못하면 학습과제를 일정한 수준 이상으로 학습할 수 없다. 따라서 학습자 개개인에게 자기의 학습속도에 따라 과제를 모두 해결하는 데 필요한 만큼의 시간을 주어야 한다.

(3) 오수벨의 교수이론

오수벨(Ausubel, P. P.)은 인지적 학습이론의 입장에서 행동주의와 달리 학습자의 내부에서 일어나는 심리적 과정, 특히 기억과 사고 등으로 진행되는 능동적인 인지활동의 탐구에 깊은 관심과 노력을 기울였다. 이와 같은 노력은 유의미 수용학습 또는 설명적 교수이론으로 체계화하였으며, 발견학습이 개념과 원리습득에 선행되어야 한다는 것은 받아들일 수 없다고 그는 주장하였다. 교사나 수업설계자가 학습과제를 학습자가 가지고 있는 인지구조에 알맞게 포섭되어 의미를 갖도록 조직하는 경우에는 구태여 학습자가 발견해야 할 필요는 없어지는 것이고 학습의 과정은 훨씬 더 효율적으로 된다는 것이 발견적 학습에 대한 주장이다.

수업과정에서 체계적인 지시와 설명적 제시를 최소로 줄이며 문제를 주는 정도로 그치고 학습자에게 해답을 발견하는 탐구적 노력을 자극 · 격려하는 것이 아니라, 문제와 해답을 포함하는 학습과제를 최종적인 형태로 조직하여 제시한다면 인지구조의 여러 변인들의 작용에 따라 유의미하게 수용되고 아울러 학습 · 파지 · 전이가 촉진된다.

따라서 모든 학습과제 단위를 선행과제 단위에 확실하게 관련되도록 수업전략을 아주 세밀하게 계열짓는 일의 여하에 따라서 학습결과는 결정된다. 학습과제를 의미있게 하는 것이 학습자의 인지구조와 새 과제 사이에 연계를 가능하게 하는 것이다. 여기서 의미가 있다는 것은 학습자가 이미 가지고 있는 인지구조에 새로운 과제를 분명하게 포섭되도록 한다는 것이며, 인지구조란 학습자가 지금까지 지니고 있는 여러 사실 · 개념 · 원리들로 구성되어 있는 지식체계를 말한다. 이와 같은 과정을 통해서 학습된 것은 기계적 암기를 통해서 학습되었다고 볼 수 없다는 것이다. 설명적 교수의 이론을 구성하는 개념들을 다음과 같이 간략하게 살펴본다.

① 유의미성

학습자가 의식 · 내용에 있는 어떤 이미지를 유발할 때 그것은 의미를 갖게 되는 것이다. 한 개념은 이미 머릿속에 있는 아이디어에 대응될 때 의미를 가지게 된다. 들어오는 자극이나 개념이 의미를 가지기 위해서는 학습자의 의식 내부에 그것과 대응되는 무엇이 있어야 하며, 그 무엇이 바로 인지구조라는 것이다.

유의미성이란 현재 가지고 있는 인지구조와 새 학습 간의 관계라고 할 수 있다. 심리적으로나 논리적으로 유의미가를 지니는 과제는 실사성과 구속성이 높은 것으로, 학습과제가 의미가가 높은 명제로 구성된다는 점에서 명제학습이라고 한다.

② 포 섭

인지구조는 위계적으로 조직되어 있어 정상에 가장 포괄적인 아이디어들이 자리를 잡고 있고, 아래로 내려오면서 포괄성이 덜하며 더욱 분화된 명제 · 개념 · 사실을 진보적으로 포섭하고 있다. 인지구조를 증대하고 재조직하는 방식을 설명하기 위하여 포섭이라는 원리가 사용된다.

학습자가 새로운 학습내용을 수용하여 파지하는 것은 이미 인지구조 내에 포괄성이 크고 적절한 관련개념이 있어서 새로운 내용을 포섭하는 역할을 한다는 뜻이다. 포섭한다는 것은 유의미 학습자료를 기존의 인지구조에 결합해 넣는 것을 의미하는 것이다.

③ 선행조직자

수업설계에 있어서 선행조직자는 새로 학습할 과제에 대한 아주 기본적인 추상성 · 일반성 · 포괄성이 있는 것으로 새로운 학습과제를 포섭하고 기존 지식과 새로 습득된 지식을 연결시킴으로써 유의미한 학습을 촉진하는 역할을 한다.

2. 학습의 개념

1) 학습의 의미

일상생활에서 보면 행동의 변화를 위해 노력하는 일이 흔하다. 특히 학교

교육에서는 교육의 목표를 행동의 긍정적인 변화로 하며 학습자의 행동의 변화를 위한 수단과 방법을 강구한다. 따라서 교육의 목표나 내용은 그것이 학습자들에게 전달되어 학습자에게 어떠한 긍정적 변화가 이루어진다는 것을 전제로 할 때 의미가 있게 된다.

학습이란 유기체가 주어진 상황에 반응함으로써 어떤 행동이 발생하거나 변화되는 것을 말한다. 즉 학습자와 환경의 상호작용으로 인하여 행동에 어떠한 변화가 생기게 되는데, 그 결과 새로운 행동양식을 얻게 되고 정신구조에 변화가 나타나는 것을 의미한다. 그러나 이러한 행동변화는 여러 가지 기제에 의하여 변화되는 것이어서 성장과 성숙을 통하여 변화되기도 하고 질병이나 약물에 따라서도 변화될 수 있는 것이다. 이러한 변화들은 학습의 문제에서 배제되어야 한다. 뿐만 아니라 행동변화 가운데는 알코올이나 질병에 의한 것처럼 일시적 변화도 있을 수 있고 학습자 주체의 의도성에 따른 한때의 변화도 있을 수 있는데, 이러한 일시적 변화보다는 학습에 의한 행동변화는 비교적 지속적이고 영속성을 가진 변화가 수반되었을 때에 해당되는 것이다.

또한 행동은 진보적 변화도 있을 수 있지만 퇴보적인 변화도 있는 것이어서, 기계를 제작하는 방법을 익혔다는 것은 진보적이며 긍정적인 행동의 변화이지만 그 방법을 잊었다든가 피아노를 칠 수 없게 되었다든가 하는 것과 같이 퇴보적 행동변화도 일어날 수 있다. 심리학에서는 모든 행동의 변화를 학습에 포함시키는 것이나, 교육이나 학교 학습에서는 항상 가치 개념을 전제하는 것이어서 긍정적이며 진보적인 행동 변화만을 학습으로 보는 것이다.

2) 학습의 정의

학습에 관한 개념정의는 입장에 따라서 다양할 수 있는 것이며 이에 따른 이론도 다양하다. 따라서 학습의 정의는 다음과 같이 정리할 수 있다.

① 학습이란 일정한 경험, 훈련 등에 의해서 행동이 비교적 영속적으로 변화되는 것이다. 학습은 일정한 경험에 의해 행동이 영속적 · 진보적으로 변화

하는 것이며, 심리적 기능을 지배하는 경향성의 발달이나 변용이라 할 수 있는데 여기서 심리적 기능이란 학습자의 행동, 즉 인지적 · 정의적 · 운동적 능력과 기능을 포함한다.

② 학습이란 장의 재체제화 또는 인지구조의 변화라 한다. 쾰러(Köhler, W.)와 코프카(Koffka, K.)는 학습이란 지각과정과 그 흔적이 복잡한 구조 속에서 체제화되는 지각적 재체제화라고 하였고, 레빈(Lewin, K.)은 장의 인지구조의 변화, 즉 학습은 어떤 것이 다른 어떤 것으로 이끌려 가는가를 아는 것이라고 하였으며, 톨만(Tolman, E. C.)은 학습을 기호-형태-기대의 형식으로 설명하였다.

③ 생리적인 면을 강조하는 입장에서는 학습을 자극과정과 반응과정의 결합 통로에 개재하는 신경적 연결의 생리적 · 외재적 변화로 이해한다. 여기서 결합이란 자극과 반응과의 결합인데, 생리학적 기제로서 신경원 간에 결합을 의미하며 S-O-R 또는 S-I-R 이론까지도 포함하여 학습을 이해하고 있다. 따라서 학습은 자극과 반응과의 새로운 결합과정으로 설명된다.

④ 학습은 어떠한 성취에 도달하는 데 필요한 의식적 · 무의식적 경험의 형태이다. 학습이란 선행경험의 결과에 의해 일어나는 영속적인 행동의 변화로, 일시적이거나 순간적인 변화는 배제한다.

⑤ 학습이란 행동의 변화와 그에 관련된 제 조건 사이의 관련성을 탐구 · 이해하고자 하는 분야이다.

⑥ 학습이란 한 시점에서 다른 시점에 이르는 사이에 생기는 측정 가능한 인간 특성 또는 능력의 변화이다.

⑦ 인지학습론에서는 학습을 신체적 행동의 변화로 해석하지 않고, 인간의 의식에 실재하는 것으로 보며 개인의 지각된 장 속에서 능동적인 정상 활동을 통하여 일어나는 인지구조의 변화로 본다. 이러한 견해에 따르면 행동의 변화는 그 자체로 의미가 있는 것이 아니라 정신적 변화의 외부적 표현으로서만 의미를 지니게 된다는 것이다

⑧ 학습이란 개인의 두뇌 속에서 일어나는 것이다. 학습은 인간 유기체적인 과정, 즉 소화나 호흡 등에 비유될 수 있는 과정이라고 할 수 있다. 학습은 행

동과정의 변화로, 살아 있는 생체가 비교적 항구적 방법으로 급속히 자신의 행동을 변화시킬 수 있게 하는 하나의 과정이라 할 수 있다. 그러므로 학습은 단편적인 결과가 아니라 외적 · 내적 조건의 영향으로 일어나는 과정이라 할 수 있다.

⑨ 인본주의 심리학자들은 학습이란 단지 강의하고 청취하는 단순한 과정이 아니므로 교사 쪽에서 학습자에게 일방적으로 주입하는 과정이 아니라 학습자 쪽에서 탐구하고 발견하는 활동이라고 한다. 즉 학습은 수동적인 것이 아니라 적극적인 과정이며 학습자 편에서 자발적으로 참여해야 하는 것이다. 그렇기 때문에 교사 자신이 학습내용을 아무리 잘 가르칠지라도 학습자가 학습과정에 스스로 참여하기 전에는 성과를 거둘 수 없는 것이다.

3) 학습이론

(1) 행동주의 학습이론

행동주의 학습이론은 S-R 연합이론을 기본으로 하며 손다이크(Thorndike, E. L.)의 시행착오설, 파블로프(Pavlov, I. P.)의 조건반사설, 그리고 스키너(Skinner, B. F.)의 조작적 조건형성을 들 수 있다. 이러한 이론이 기초로 하는 행동주의의 기본 가정은 다음과 같다.

첫째, 인간의 행동은 자연법칙에 지배를 받기 때문에 과학적으로 연구되어야 하며 겉으로 나타나는 행동을 연구의 대상으로 할 수 있다.

둘째, 환경은 행동이 이루어지도록 작용하는 변인이다. 따라서 행동의 변화를 목표로 하는 학습도 환경이 개체에 작용하여 나타난 결과로 볼 수 있다.

셋째, 환경을 조절하므로 인간의 행동을 변화 또는 수정할 수 있다. 환경을 적절히 조절하면 학습도 의도한 대로 조절이 가능한 것이다.

① 시행착오설

이상과 같은 기본 가정하에 시행착오설은 연합설, 결합설로도 불리는 손다이크(Thorndike, E. L.)의 학설로서, 학습을 자극에 대한 반응관계로 보는 S-R

연합이론을 기본적인 입장으로 하고 있다. 손다이크의 문제상자를 통한 실험 결과 학습의 법칙은 효과의 법칙(law of effect), 연습의 법칙(law of exercise), 준비성의 법칙(law of readiness)을 들 수 있으며, 학습은 이러한 법칙에 의하여 선택되고 결합되는 것으로 보고 있다.

■ 효과의 법칙

효과의 법칙은 만족의 법칙이라고 하며, 어떤 일을 실천하였을 때 만족스러운 상태에 이르면 더욱 그 일을 계속하려는 의욕이 생긴다(만족의 법칙). 그러나 여러 번 연습을 해도 효과가 없다면 점점 하고자 하는 의욕이 상실되고 실망하여 결국 포기하게 된다(불만족의 원칙). 여기서 만족한 상태란 개체가 학습을 피하려 하지 않고 그것을 계속 유지하며 반복하려는 상태이며, 불만족한 상태란 개체가 학습을 하려 하지 않고 포기하려는 상태를 의미한다.

■ 연습의 법칙

모든 학습은 연습을 통하여 진보 향상되고 바람직한 행동의 변화를 가져오게 된다. 특히 일반 학습이나 각종 운동기능학습에 있어서 연습은 필수적으로 사용되는 방법이다. 이와 같이 학습은 단번에 성과를 거두기보다는 계속된 반복적 연습의 결과로 목표에 도달하고 성공하게 된다는 것을 의미한다.

■ 준비성의 법칙

준비성이란 학습을 하려고 하는 모든 행동의 준비적 태도를 말한다. 준비성이 사전에 충분히 갖추어진 학습활동은 학습이 만족스럽게 잘 되지만, 준비성이 되어 있지 않을 때에는 학습의 결과가 만족스럽게 되지 않고 도리어 실패하기 쉽다. 그러므로 학습이 바람직하게 이루어지기 위해서는 미리 준비가 되어 있어야 한다. 준비성이란 물리적인 것뿐만 아니라 심리적으로 학습을 하고자 하는 조건을 의미한다. 즉, 학습자의 지능, 경험, 성숙도, 성격, 태도, 의지, 노력 등의 심리적 준비성은 학습에 있어서 더욱 중요한 것이다.

② 조건화 이론

파블로프(Pavlov, I. P.)의 조건반사설(conditioned response theory)은 고전적

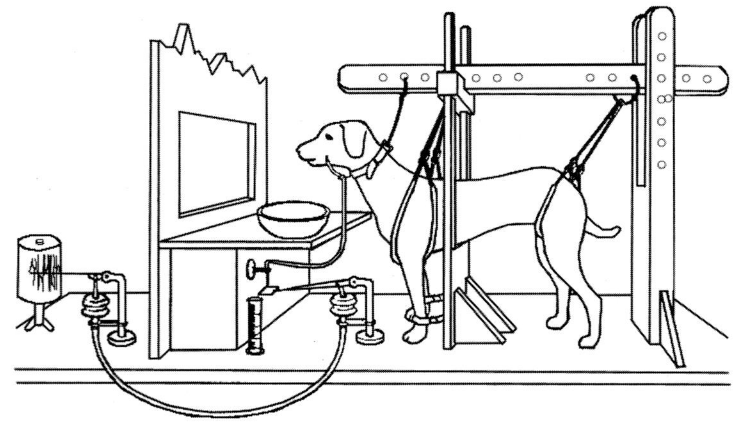

[그림 1-1] 조건반사의 실험

조건형성(classical conditioning theory)이라 불리는 이론으로, 학습을 자극(S)과 반응(S) 사이에 새로운 결합이 형성되는 것으로 보는 입장이다.

도구적 조건형성(instrumental conditioning theory)이라 하는 조작적 조건형성(operant conditioning theory)은 스키너의 이론으로 고전적 조건반응이 외적 자극에 의해 유발된 반응이라고 본다면 스키너의 이론은 유기체는 외적 자극을 받지 않고도 어떤 행동을 자발적으로 하게 된다는 것이다. 즉, 조작적 행동(operant behavior)의 결과에 의해서 학습이 이루어진다는 생각을 기본으로 하며 행동은 강화사의 영향으로 이루어진다는 R-S-R을 주장하였다.

③ 행동주의 학습방법

▪ 강화의 법칙

유기체가 한 어떤 행동이 그 개체에게 만족한 결과를 가져다 줄 때 유기체는 그 행동을 반복하거나 더 강하게 하려는 경향이 있다. 즉 행동은 그 행동의 결과의 지배를 받는다. 이와 같이 학습자의 행동이 그 행동의 결과로서 얻은 만족스러운 자극(S)에 의해 반복되거나 강화되는 현상을 강화의 법칙이라 한다.

예컨대 쥐가 지렛대를 누를 때마다 또는 비둘기가 단추를 쫄 때마다 먹이가 한 개씩 떨어지므로 지렛대를 누르거나 쪼는 행동을 계속하고 더욱 강화되는 현상이나, 인사를 할 때마다 칭찬과 상을 받은 학습자는 계속 인사를 잘하게 되는 것을 들 수 있다.

스키너의 실험에서 쥐가 지렛대를 누르거나 비둘기가 단추를 쪼는 행동은 작동행동으로 처음에는 우연히 일어나기도 하고 실험자의 의도에 의해서 유발되기도 한다. 그러나 그 행동이 만족한 결과를 가져다 줄 때에는 보다 빈번히 일어나게 되고 더욱 강력한 행동으로 학습이 이루어진다. 이때 쥐와 비둘기가 얻은 먹이나 학습자가 받는 칭찬은 강화자극이 되어 그들이 행한 작동행동의 원인으로 작용하는 것이다. 이와 같이 바람직한 행동을 형성하기 위한 강화방법은 여러 가지가 있으며 다음과 같이 정리할 수 있다.

가) 정적 강화

정적 강화란 상과 같은 의미로 볼 수 있으며, 어떤 행동을 할 때 상이 주어지면 다음에 비슷한 상황에서는 같은 행동을 다시 하게 된다. 따라서 정적 강화를 효과적으로 사용하는 방법은 다음과 같다.

- 증가시키고자 하는 행동을 구체적으로 선택해야 한다.
- 개인과 상황에 적절한 강화물을 파악하여 선택을 한다.
- 같은 강화가 되풀이되어 강화물이 포화상태가 되지 않도록 한다.
- 최대의 효과를 얻기 위해서는 바람직한 행동이 일어나는 즉시 강화를 한다.
- 강화계획을 미리 알려주면 강화효과를 촉진시킬 수 있다.
- 정적 강화물은 점차 현실적인 강화물로 대치시켜 현실에 적응할 수 있는 능력을 기른다.

나) 조건강화

조건강화란 본래는 강화하는 힘이 없지만 다른 강화물과 적절히 짝지워짐으로써 강화력을 갖게 되는 것이다. 이것을 2차 강화자극 또는 학습된 강화자극이라 한다.

- 조건 강화자극은 사용 가능한 것으로 한다.

- 가능하면 자연스럽게 접할 수 있는 것을 사용한다.
- 조건강화 초기단계에는 조건강화자극과 후속 강화자극물이 주어져야 한다.
- 후속 강화자극은 종류를 다양하게 하여 사용한다.

다) 토큰 강화

토큰 강화란 조건강화의 한 종류로서, 토큰과 같은 구매력을 가진 상징물을 주는 강화체제를 말한다. 토큰 강화의 장점은 다음과 같다.

- 강화자극의 포화를 방지할 수 있다.
- 눈으로 보고 손으로 만질 수 있는 것이기 때문에 자기의 행동이 강화를 받고 있음을 실감할 수 있다.
- 언제 어디서나 강화를 줄 수 있다.
- 하나의 강화를 여러 조각으로 나누어 줄 수 있다.
- 강화력이 제일 큰 강화자극이 무엇인지 쉽게 발견할 수 있다.
- 목표 행동학습에 대한 의욕을 높여 준다.
- 토큰의 가치는 그것을 주는 사람의 기분과는 관계없이 언제나 일정하다.

▪소멸의 법칙

유기체가 행한 행동이 무시되거나 만족스러운 결과를 가져다 주지 않을 때 개체는 그 행동을 중단하고 반복하지 않으려는 경향이 있다. 여기서도 강화의 법칙에서처럼 행동은 그 행동의 결과의 지배를 받는다는 법칙이다. 이 소멸의 법칙을 적용하여 바람직하지 않은 행동을 제거하거나 강한 행동을 약화시킬 수 있다.

쥐가 지렛대를 계속 눌러도 먹이를 주지 않으면 지렛대를 누르는 행동은 줄어들게 되고 결국 쥐는 그러한 행동을 하지 않게 된다. 학습자가 공손하게 인사를 해도 윗사람이 인사를 받아 주지 않고 무시해 버리면 인사하는 빈도가 줄어들게 되며 마침내 인사행동은 없어지게 된다. 이러한 현상은 자기가 행한 행동이 기대했던 만족스러운 결과를 얻지 못했기 때문에 생긴 것이다.

더구나 먹이를 주지 않거나 인사를 무시하는 정도가 아니라 쥐가 지렛대를 누를 때마다 불쾌한 전기자극을 주거나 인사하는 학습자에게 불쾌한 표시나 소리를 한다면 그 결과 소멸현상은 더욱 급격히 일어나게 된다. 이와 같은 소멸의 법칙은 학습자들의 바람직하지 못한 행동을 중지시키거나 감소시키고자 할 때 적용할 수 있다. 바람직하지 못한 행동을 수정한다고 벌을 사용할 때에는 주의할 점이 있음을 고려해야 한다.

- 바람직하지 못한 행동에 벌을 주어 중단시킨다고 해서 자동적으로 바람직한 행동을 습득하게 되는 것은 아니다.
- 벌을 주는 이유는 교사나 부모가 원하지 않는 행동을 제거하거나 감소시키려는 것이기 때문에, 벌을 준 뒤 그 행동이 어떻게 변화되는가를 관찰해야 한다.
- 벌을 주는 사람이나 받는 사람 모두에게 불쾌한 감정을 야기하기 때문에 가능한 사용하지 않는 것이 좋다.
- 벌은 학습자로 하여금 도피행동을 유발하게 할 우려가 있다. 벌은 혐오자극이기 때문에 혐오자극을 피하려는 반응은 당연한 것이다. 또한 눈치를 보고 행동하는 학습자가 되게 할 수 있음에 유의해야 한다.
- 벌을 사용하면 벌을 주는 교사나 교실, 공부, 학교가 이차적으로 조건화되어 이와 관련된 것들에 대해 모두 부정적 감정과 태도를 갖고 회피하려는 행동을 하게 된다.
- 즉시 중단시키지 않으면 위험하거나 부도덕한 행위에 대해서는 벌의 사용이 고려될 수 있다.
- 벌은 집단 앞에서보다 개인적으로, 일관성 있게 사용한다.

이상과 같이 여러 가지의 고려 사항을 염두에 두고 벌을 사용하더라도 벌의 부정적 효과는 제거하기 어렵다. 다음과 같은 내용은 벌을 사용하였을 때 나타나는 부정적인 결과이다.

- 벌은 자기 통제력을 약화시킨다.
- 벌을 받은 사람은 공격적이기 쉽다.
- 벌로 인해 학교나 학습의 기피현상이 나타날 수 있다.

• 벌은 불유쾌한 감정을 갖게 한다.

③ 자동 회복의 법칙

일단 습득된 행동은 만족스러운 결과가 주어지지 않는다고 해서 즉시 그 행동이 소멸되지는 않는다. 즉 지렛대를 누르는 행동을 학습한 쥐는 먹이가 나오지 않는다고 해서 즉시 그 행동을 중지하지는 않는다. 지렛대를 누르는 행동이 습득된 쥐는 다음번에 똑같은 상황에 처하게 되면 지렛대를 누르는 행동을 하게 된다. 물론 먼젓번처럼 지속적으로 강하게 이루어지지는 않지만 일단 학습된 행동은 계속 지속하려는 경향이 있다. 이와 같은 현상을 자동 회복의 법칙이라고 한다. 학습자가 강하게 학습한 행동일수록 자동적 회복도 잘 이루어지며 보통 행동을 할 때 '습관이 되서 그렇다' 고 하는 말은 자동 회복 현상을 나타내는 것이다.

■ 일반화의 법칙

조작적 행동이 강화를 받아 학습이 되면 일반화 현상이 나타나게 된다. 즉 학습이 이루어지게 되었던 본래의 자극과 유사한 자극을 경험하게 되면 전과 동일한 반응이 나타난다. 또한 어떤 일정한 자극에 대해서 학습된 특정의 반응만을 하는 것이 아니라 그와 유사한 반응을 보이는 것도 일반화의 법칙에 해당된다. 앞의 현상을 자극 일반화라 하고 뒤의 현상을 반응 일반화라고 한다.

■ 변별의 법칙

변별이란 보다 정교하게 학습이 이루어지는 것으로, 유사한 자극에서 나타나는 조그만 차이에 따라 다른 반응을 보이는 것이다. 쥐가 지렛대를 누를 때 불빛이 다르게 주어지면 그 결과도 다르다는 것을 알게 되어 반응행동이 달라진다.

어려서 어른에게 인사하는 법과 자기들끼리 인사하는 법을 구별하여 하게 되는 것은 변별의 행동이다. 이것은 친구들에게 인사를 나누는 방법으로 어른에게 인사를 했을 때 그 결과가 달랐기 때문에 변별학습을 하게 된 것이다.

2) 인지적 학습이론

학습자가 경험을 통해서 어떤 의미를 갖게 되는 것과 같은 지각을 인지라고 하며 인지는 곧 사고과정이라 할 수 있다. 인지이론은 지각에 관련된 의미가 다양하고 이들 지각이 다른 형태로 발전될 수 있는 입장에 관해 깊은 관심을 갖는다. 인지이론에 따르면 학습자가 상황을 지각할 때는 여러 부분들을 조직하고 연결하는 방법에 따라 지각은 달라지게 되는 것이며, 여러 부분을 조직하고 연결하는 데는 어떤 법칙을 따르게 된다. 즉 학습자는 현상을 떨어져 있는 무의미한 단편적인 것으로 지각하는 것이 아니라 조직된 형태(gestalt)로 지각하려는 경향을 갖는다.

①형태이론

형태심리학(gestalt psychology)은 20세기 초, 독일에서 발달된 것으로서 베르타이머(Wertheimer, M.)를 선구자로 코프카(Koffka, K.), 쾰러(Köhler, W.) 등의 대표적인 학자를 들 수 있다. 형태심리학의 기본 원리는 어떤 부분은 부분과 관련되어 전체를 이루며 전체는 부분의 총화 이상의 성질을 지닌다는 것이다. 그런데 부분을 전체적 형태로 지각하는 데는 다음과 같은 법칙이 작용한다.

[그림 1-2] 쾰러의 통찰 실험

■ 유사성의 법칙

이는 개개의 부분이 비슷한 것끼리 연결되어 하나의 형태나 색깔의 성질로 지각되는 경향이다. 따라서 유사한 항목, 유사한 추리의 대상이나 자극은 그 것의 결합된 형태로 지각되는 경향이 있다. 예컨대 유사한 동질의 한 쌍은 유사하지 않은 이질의 한 쌍보다 훨씬 쉽게 학습된다.

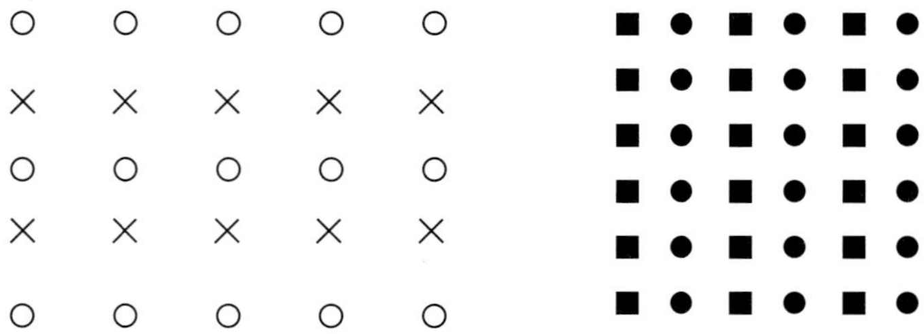

▪ 근접성의 법칙

이는 개개의 부분은 근접되어 있는 것끼리 하나의 의미있는 형태를 이루고 있는 것으로 지각하는 현상이다. 예컨대 여러 점이 배치되어 있을 때 서로 가까운 위치에 있는 점은 하나의 통합된 형태로 지각된다. 따라서 체제화되기 쉬운 것일수록 학습되기 쉽고 또 파지와 재생이 쉽게 된다. 이 근접성은 시간적인 근접성의 성질도 가지고 있어서, 현재의 활동과정에 시간적으로 근접되어 있는 대상이나 자극이 파지, 재생, 재인이 더 잘 된다는 최신성의 법칙을 내포하고 있다.

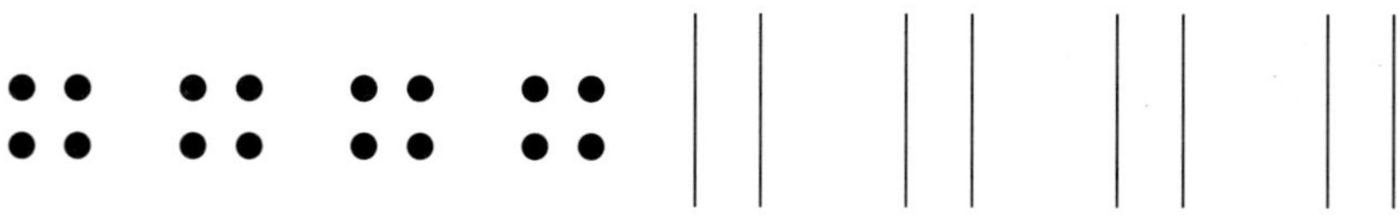

③ 폐쇄성의 법칙

폐쇄성의 법칙은 불완전하거나 떨어져 있는 부분은 연결되어 완전한 것으로 지각되는 현상이다.

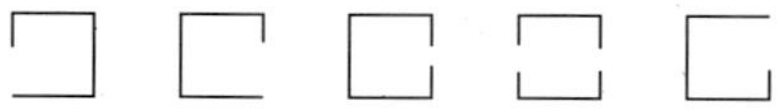

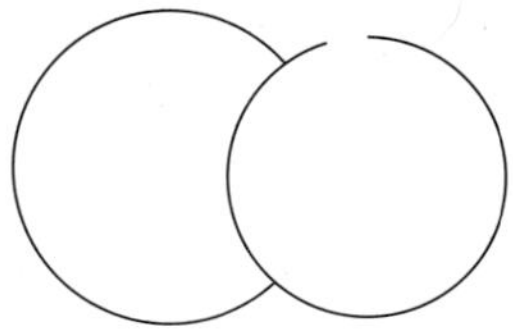

■ 연속성의 법칙

연속성의 법칙은 처음 시작한 것이 동일한 형태로 계속해서 완성되어 가는 현상이다. 지각에 있어서의 재체제화는 어떤 한 직선이 다른 한 직선과 연결되어 보이거나 또는 미완성된 원의 일부분이 하나의 원으로 지각되는 경향이 있다.

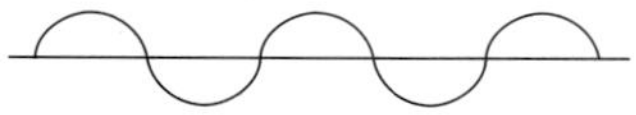

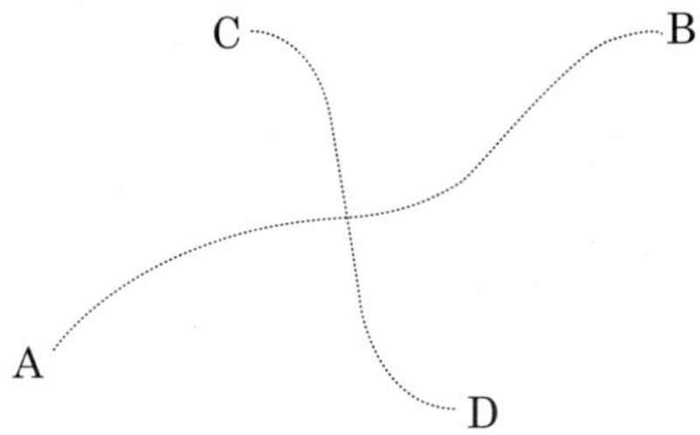

■ 욕구의 작용

사물을 볼 때 어떤 기대나 마음을 가지면 동일한 사물을 다른 각도에서 볼 수 없게 된다. 이것은 지각에 있어서 욕구가 작용하기 때문이다.

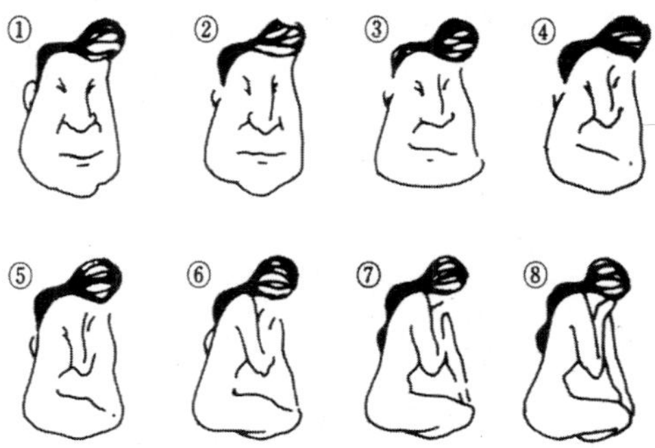

■ 의미 부여에 따른 지각

지각현상에 있어서 사물 그 자체가 의미를 가지고 있는 것이 아니라 보는 사람이 의미를 가지고 사물을 보기 때문에 생각한 바와 같이 지각되는 현상이다.

② 통찰이론

통찰설(insight theory)은 쾰러(Köhler, W.)에 의해 이루어진 학습이론으로, 침팬지의 문제해결 과정을 설명하는 실험을 통해 알 수 있는 것처럼 문제해결은 통찰에 의해서 가능하다는 것이다. 통찰획득 과정에서 보면 대상의 일정한 구조 특성과 문제상황의 특성 간의 관련성, 상호성이 자발적으로 드러나는 식으로 지각이 체계화되고 있는 것이다. 결합과정은 사고에서 순간적인 착상이나 상황의 투시로 체험되는 것이다.

여기서 문제점에 대한 통찰은 개념적 추리를 통한 과정에서 학습되는 것이 아니라 새로운 관계 파악이 가능한 것을 바탕으로 하여 지각내용을 재구조화함으로써 이루어진다. 따라서 학습이란 인지구조의 변화라 할 수 있으며, 또한 통찰은 수단과 목적 간의 관련성을 이해하는 것으로 볼 수 있다. 즉 학습을 행동의 변화가 아니라 능동적이고 의도적인 정신활동과 전체적 구조 파악에서 비롯된 인지구조상의 변화로 파악하려는 것이다. 특히 문제해결의 열쇠가 되는 중요부분의 배열에서 통찰이 보다 쉽게 이루어지는 것이며, 문제해결

후에는 쉽게 반복될 수 있다.

통찰은 적어도 세 가지 요인, 즉 행위자와 목표와 중간에 있는 장애물 사이의 관계를 지각하는 일이다. 이와 같은 통찰력은 학습자의 능력, 학습장면의 배치 등에 따라서 달라지며 또 통찰의 성립도 비교적 돌발적인 것같이 보이면서도 실은 통찰 전에 대리적 시행착오와 같은 행동으로서의 탐색 시기가 있는 것이 보통이다. 따라서 다음과 같은 내용이 통찰학습에 있어서 고려되어야 한다.

- 학습에 있어서 통찰이 이루어지려면 학습과제가 학습자의 이해도에 알맞는 것이 아니면 안 된다.
- 통찰은 관계의 지각이기 때문에 각 부분 간의 관계를 탐색하는 과정과 단계는 학습지도에 있어서 대단히 중요하다.
- 학습의 목표가 명확하게 정해지고, 그 정해진 목표가 학습자에 있어서 의미있는 것이 될 때에 통찰은 더 용이하게 된다.

③ 기호형태이론

기호형태설(sigh-gestalt theory)은 행동주의로부터 장점을 선택하여 형태이론적 관점과 결부시키면서 하나의 이상적인 학습이론을 이루고자 했던 톨만(Tolman, E. C.)의 주장이다. 이 이론은 행동주의 특성과 형태주의적 특성을 포괄하고 있으며, 특히 행동을 야기하는 행위 원인과 결과적 행동과 결부되는 인지과정과의 관계를 강조한다. 지각된 자극은 이미 수행된 반응과 결부(S-R)되고 있는 것이 아니라 중추신경에서(O) 상황적 인지도(S-O-R)가 완성되는 것이다.

이와 같은 학습이론에 따르면 학습행동은 다음과 같이 발달해 간다. 학습자는 주위환경에 행위적으로 대처함으로써 자기가 앞으로 유사한 상황에서 이용하게 될 경험을 획득해 가고 있는 것이다. 즉 어떤 기대가 사실상 드러나고 있는 결과와 일치함으로써 그것이 강화되면 그 기대를 반복할 확률은 높아진다. 그렇게 되면 학습자는 점차적으로 더 자기의 수단, 목표, 기대를 알게 되어 자기의 행동은 목표를 달성하게 해 주는 수단이 된다.

여기서 강화가 학습자의 기대를 강화해 주며, 그렇게 함으로써 개인이 이미 획득한 인지구조를 강화해 주기 때문에 그것이 효과적이다.

이와 같은 이론이 근거했던 전체적 행동의 관점을 알아보면 다음과 같다.

① 분자적 · 미시적 행동주의가 아니라 전체적 · 거시적 행동주의 입장에서 톨만은 행동을 분자적 단위의 과정으로 보지 않고 전체적 단위의 과정으로 보았으며, 따라서 개인의 행동을 근육, 선, 신경과정과의 관련 속에서 하나의 거시적인 전체로서의 행동을 중시하였다.

② 행동을 목적지향적인 것으로 보고 개인의 행동은 부단히 무엇에 접근하려 하거나 무엇으로부터 멀어지려고 하는 전체적 행동의 목적적 특징을 중시하였다.

③ 전체적 행동은 목표에 이르는 수단으로 환경의 뒷받침을 이용한다. 유기체가 목표에 관련되는 통로나 도구를 이용하는 것은 전체적 행동의 목적적 특징만이 아니라 인지적 특징의 표시임을 강조한다.

④ 길고 어려운 수단활동보다는 짧고 쉬운 수단활동을 선택한다고 보아 최소 노력의 원리를 중시한다.

⑤ 행동이 전체적인 경우에는 도야성을 갖는다. 행동이 기계적이고 고정적이면 그것은 분자적 수준에 속하기 때문에 도야성을 갖지 못하지만 전체적 행동은 가르치기 쉬운 특징을 갖는다는 것을 강조한다.

기호학습설에서는 실험계획을 세워 기호학습을 지지할 수 있는 이론을 얻었다. 이 실험의 계획은 보수기대에 관한 실험, 장소학습에 관한 실험, 잠재학습에 관한 실험이다.

▪ **보수기대**(reward expectancg)

이 실험은 원숭이가 보고 있는 앞에서 두 개의 용기 가운데서 한 용기 밑에다 먹이를 감추어 놓았다. 그러고 난 다음에 원숭이로 하여금 자유롭게 선택할 수 있도록 했는데, 원숭이는 먹이가 있는 그릇을 선택하였다. 이런 적절한 행동에서와 같이 컵 밑에 바나나가 감춰진 것을 다시 다른 잎으로 바꿔 놓았을 때도 원숭이는 잎을 치우고 바나나를 탐색하는 행동을 하였다. 이 사실은 동물이 특정한 목표물에 대해서 사전 인지(precognition)나 기대를 가지고 행동한다는 것을 뒷받침해 주고 있는 것이다.

▪ **장소학습**(place learning)

동물은 일정한 행동계열에 의해서 출발점으로부터 목표까지 이동하는 것이 아니라 목표가 있는 장소를 지각한 것처럼 조건변화에 능숙하게 대처하는 행동을 할 수 있음을 알아보기 위해 실험을 하였다.

- 통로의 모양은 그대로 두고 출발점으로부터 목표 도달까지의 운동순서를 방해했을 때 다른 행동으로 목표에 도달하게 된다는 것을 실험한 것이다.
- 운동습관과 공간습관을 설정해 놓고 나서 어느 것이 보다 빨리 학습되는가를 알아보기 위한 실험이었다.
- 폐쇄 통로실험으로서 훈련된 통로가 차단되었을 때 다른 통로를 이용할 줄 아는가의 여부를 실험한 것이다. 그 결과 새 통로의 사용을 발견하였을 뿐만 아니라 목표가 어디에 있느냐를 아는 인지지도(cognitive map)의 성립을 발견한 것이다.

▪ **잠재학습**(latent learning)

쥐의 미로학습에 있어서 쥐는 먹이를 주지 않아도 미로를 탐색에 의해서 학습하기 때문에 초반에는 학습이 부진하게 보이지만 일단 보수를 줄 때는 처음부터 매회 먹이를 준 쥐보다 성적이 더 우수하게 나타났다. 이와 같이 무보수 기간에도 잠재적으로 학습이 된 것을 잠재학습이라고 하며 미로에 대한 인지도가 형성된 것을 의미한다.

톨만은 학습은 실험대상이 목표에 도달하기 전에도 일어나며 피험자가 강화를 받든 받지 않든 간에 일어난다고 하였다. 손다이크의 실험에서 고양이는 상자를 탐색하고 여러 가지의 행동을 시도해 봄에 따라 무엇이 효과가 있으며 무엇이 효과가 없는지에 대한 지식을 계속하여 저장한다. 이것을 잠재

학습이라고 하며 비록 행동으로 표출되지 않더라도 학습은 가능하다는 의미이다.

(3) 인본주의 학습이론

인본주의는 행동주의가 객관성을 주장하면서 인간적인 요소인 사고나 감정 등의 내면적 과정을 배제하고 있다고 보는 입장이다. 동물을 연구대상으로 하여 나온 결과를 인간에게 적용하거나 인간을 동물이나 사물처럼 취급하려는 데는 한계가 있다고 주장하면서 인간을 새로운 시각에서 추구하려고 한다.

인본주의는 개개인의 인간과 각자의 독특한 특성에 관하여 지대한 관심과 중점을 두는 것이 특색이며, 이들의 주관심은 인간의 존재와 성장에 있다. 즉 인간은 역동적 생물체이며 각기 독특하게 성장하는 과정을 가지는 특수체인 것이다. 인간을 좁은 법칙 속에 집어넣을 수 없는 역동적 체제로 보며 항상 새로운 이상을 추구하고 인간 스스로에 대하여 의문을 부단히 제기하는 존재로 진 · 선 · 미와 같은 보다 나은 것을 추구하려는 끊임없는 움직임이 항상 작용하는 특성을 가지고 있을 뿐만 아니라 그에 따른 과정이나 결과로서 문화라는 것을 향유하게 된다는 사실에 주목한다.

이와 같은 인본주의에서 추구하는 학습이론을 요약하면 다음과 같다.

첫째, 학습자들에게 자유선택의 기회를 부여하면 그들은 최선의 것을 선택하게 된다.

둘째, 학습은 학습자 중심으로 이루어져야 효과적이다.

셋째, 학습은 학습자가 긍정적 자아개념을 갖도록 도와주는 것이다.

넷째, 학습은 학습자의 조화적인 발달을 도모한다.

다섯째, 학습은 학습자로 하여금 그들의 신념과 태도와 가치를 분명히 의식하여 행동하도록 돕는 것이다.

여섯째, 교사는 촉진자, 격려자, 조력자가 된다.

(4) 구성주의 학습

구성주의 인식론은 인지하는 주체인 지식 구성의 주체를 강조하므로 구성주의 교육의 기본원리는 구성자나 학습에 있다. 구성주의를 통해 제시된 교수학습 원리는 학습자중심 개별화 원리, 의미지향 활동 원리, 발문중심 상호작용의 원리, 협동학습과 같은 것이다.

① 학습자중심 수업

구성주의 교수학습에서 강조하는 학습자중심 활동은 기본적 아이디어, 즉 지식의 형성과정이 인식주체인 학습자에 의한 연속적 구성을 통해 알아 가는 적극적 앎의 매커니즘이라는 아이디에 잘 나타나며, 이는 구성주의의 원리의 하나인 지식의 자주적 구성원리에 따르면 지식은 교사로부터 학습자에게 수동적으로 옮겨지는 것이라기보다는 학습자에 의해 내면 세계에서 자주적으로 구성되는 것이다.

② 지식구성과 형성 학습

구성주의 학습은 미리 구체적 목표가 설정되고 주어진 학습과제를 완전히 습득하는 것을 목표로 하는 것은 아니다. 오히려 구성주의는 복잡한 여러 변인이 얽혀 있는 상태 그대로의 과제를 갖고 학습자 스스로 자신의 지식 수준과 관심, 흥미에 따라 학습목표를 설정하고 그에 따라 문제를 설정하고 해결하는 학습자 중심이다.

③ 문제중심 학습

구성주의에서 강조되는 문제중심 학습은 실생활의 문제 상황을 중심으로 교육과정 및 수업을 구조화한 교육적 접근으로, 학습자에게 문제를 해결해 나가는 과정을 통해서 다양한 사고기능 및 사고능력을 신장시키는 학습형태이다. 문제중심 학습은 학생들로 하여금 필요한 새로운 지식과 기능을 획득하고 적용할 수 있는 높은 수준의 의사소통 능력, 계산능력, 정보능력을 갖추게 한다. 그리고 올바른 판단을 유도하는 능력, 즉 효과적으로 문제를 정의하며, 그러한 문제들에 관련된 정보를 수집 평가하고, 그 해결안을 개발하는 능력을 함양하게 하고, 융통성, 적응성, 창의성 그리고 타인과 함께 활동하는 능력을 신장시킨다.

④ **협동학습**

구성주의에서 강조되는 지식의 구성과정으로서 협동학습은 각 개인이 소속되어 있는 집단 모두가 유익한 결과를 얻고자 협력하면서 학습이 이루어지도록 하는 교수학습 전략이다. 즉 집단 성원간의 상호작용을 통하여 공동으로 과제를 해결한다는 목적을 두고 이루어지는 학습구조이다. 이러한 협동학습 구조는 학습에 참여한 성원들로 하여금 공동목표와 과제의 상호작용, 공동보상을 통하여 긍정적인 상호의존관계를 구축하게 한다. 특히 구성주의자들은 동료 간의 능동적인 상호작용을 통하여 인지발달이 이루어지고 사회적 의미를 획득한다고 본다.

3. 학습의 원리

1) 개별화의 원리

학습이란 개인의 능력을 최대한으로 발휘시켜 생활환경에 잘 적응하도록 하는 것이다. 즉 학습활동에서 개인을 존중하고, 개인의 특성을 살리는 것을 의도하는 것이다. 각 학습자는 지능이나 흥미 등 모든 면에서 차이가 있으므로 학습활동에서는 먼저 학습자의 개인차를 이해하고 이것을 학습목표와 관련시켜 개인의 능력을 충분히 발휘하도록 한다.

이와 같은 학습의 개별화 원리는 개인차의 문제를 밝힌 심리학의 발달에 의해서 촉진되었다. 그리고 개인에게 최고의 가치를 부여하고 사회를 개인의 집합으로 보는 민주주의 생활철학이 학습의 개별화를 촉진했다. 이러한 추구는 학과별 실험실에서 자기 능력에 알맞은 활동을 계획에 의해 할 수 있도록 한 Dalton plan이나, 학습자가 각자의 학습진도에 따라서 목표에 도달할 때까지 공부하도록 하는 Winnetka Plan으로 이루어졌다.

학습에 있어서 개별화 원리는 수업이 시작되기 전에 출발점 행동을 조사하여 거기에 맞는 수업을 전개하려는 노력이다. 부족한 선행학습의 결손부분을 보충하여 본시의 수업을 시작하는 것으로, 학습자 개개의 능력과 정도를 고려하여 목표를 달성하려는 데 의의가 있다. 즉 학습자가 지니고 있는 각자의 요구와 능력에 알맞은 학습활동의 기회를 마련해 주어야 하는 것이다.

2) 자발성의 원리

자발성의 원리는 학습자가 학습활동에 의욕을 가지고 능동적으로 참여하도록 하는 원리이다. 어떠한 학습도 학습자 내부에서 일어나는 학습의욕으로 전개되고 성립되는 것이라고 볼 수 있다. 그러므로 학습이란 자기 발전이며, 자기 발전을 위한 자기 활동이다. 이와 같이 학습자를 변화시키는 것은 교사가 아니라 학습자이며 학습자, 자신의 행동에 변화가 나타나지 않으면 안 되는 것이다.

루소(Rousseau, J. J.)는 자연성의 성장을 강조하여 간섭이나 강제성을 배척하였다. 또한 아동중심주의는 학습자의 흥미와 관심 그리고 요구를 중심으로 한 학습활동을 강조하며 학습자의 자발적 경험에 따르도록 하였다. 자발적으로 활동하고 사고하는 인간을 육성하는 것은 교육의 중요한 과제이다. 학습자가 교사로부터 수동적으로 지식을 전수받기만 하는 것이 아니라 자발적으로 학습과제를 수행할 때 그 수업내용은 학습자의 것이 되며 학습자의 내적 변화에 충실하게 되는 것이다. 자발성이란 자기가 해야 할 학습을 자기의 책임하에 해결하려는 것으로 이와 같은 태도를 자주적인 태도라 할 수 있으며, 이 자주성의 확립은 곧 수업의 직접적인 목표로 볼 수 있다. 따라서 자발성의 원리는 학습자 자신이 스스로 학습에 참여하는 데 중점을 두는 원리를 말한다.

3) 사회화의 원리

학습은 학습자의 능력을 개발하여 훌륭한 사람의 행동특성을 갖도록 하는 계획적인 활동이며, 유능한 사회인이 되도록 사회성을 습득하게 하는 것이다. 따라서 학습은 공동생활을 경험함으로써 자신이 소속한 사회에 참가하여 원만한 인간관계를 유지하면서 그 사회의 삶의 양식과 가치관 등을 지니고 살아갈 수 있도록 하는 것이다.

그러므로 집단 안에서의 학습활동을 통하여 협동능력이나 책임의식을 기를 수 있도록 학습내용을 제공하거나 분위기를 조성하는 것이 필요하다. 그리고 집단 안에서 공동생활의 양식을 습득하고 집단의 공동 문제를 협력해서 해결할 때 민주시민으로서의 자질을 체득할 수 있게 되는 것이다.

이와 같이 사회화의 원리는 학습내용을 현실사회의 사상과 문제를 기반으로 하여 학교에서 경험한 것과 학교 밖에서 경험한 것을 교류시키며, 공동학습을 통해서 협력적이고, 우호적인 학습을 진행시키는 원리인 것이다.

4) 통합의 원리

통합의 원리는 학습활동에 있어서 지식이나 기능의 어느 한쪽 부분의 능력만을 발전시키는 것이 아니라 지 · 덕 · 체 또는 지 · 정 · 의와 같은 학습자의 행동특성을 조화롭게 발전시키는 원리이다. 즉 학습자의 전인적 발달을 위한 전인교육을 의미하는 것이다. 학습자는 정신과 육체로 구분되고 그 각각이 다시 세분화되는 부분적 존재가 아니라 전인적인 인격을 지닌 통합적 존재라는 사실이다. 전인적 · 통합적 유기체인 학습자를 세분화하여 지도하는 것은 교육의 본질이나 목적에 어긋나는 것이다.

학습활동에 있어서 통합의 원리는 어느 하나의 방법이나 자료에 의존하지 않고 여러 가지 방법과 기술을 다양하게 활용하여 학습자의 다양한 특성과 능력이 개발될 수 있도록 하여야 하는 것이다. 따라서 학습활동에 있어서의 통합은 발달영역의 통합, 교과영역의 통합, 흥미영역의 통합 그리고 학습방법에서의 통합 등 다양하게 추구되어야 할 것이다.

5) 흥미의 원리

흥미의 원리란 학습자가 학습목표를 달성하기 위한 학습내용과 학습활동에 관하여 흥미를 가지도록 하는 원리이다. 흥미는 모든 활동의 원동력이므로 흥미가 없는 학습활동은 학습자에게 아무런 의미가 없다. 따라서 학습자가 흥미를 가지지 않는 내용을 가르치고 배우도록 하는 것은 강압적인 것이 될 뿐 학습목표의 달성과는 아무런 관련이 없는 것이다.

흥미를 가지고 있다는 것은 어떤 활동이나 대상에 대해 더 많은 관심과 주의를 가지고 열중하는 데서 어떤 심리적 만족을 느끼는 것을 의미한다. 이와 같이 어떤 활동에 관심과 주의를 갖고 열중하여 그것에 대해서 심리적 보상을 받게 되면 결과적으로 그런 활동은 개인에게 강력한 유인성을 가지게 된다. 이러한 학습자의 흥미가 학습활동에서 중요한 이유는 다음과 같은 점에서 찾아볼 수 있다.

① 흥미는 어떤 분야에 대한 동기에 작용한다.
② 학습 흥미의 정도가 학습활동에 영향을 준다.
③ 학습자의 경험 자체가 흥미의 발달에 작용한다.

6) 직접경험의 원리

주입식으로 학습내용을 학습자에게 전달하는 것은 학습효과가 없으므로 학습자가 직접경험을 통해서 학습내용을 파악해야 한다. 직접 사물을 관찰·실험실습을 하고 자료를 수집하며 검증·정리하는 경험을 통하여 학습내용을 이해·파악하는 것이다. 직접경험의 원리는 학습자의 직접경험을 통한 내용을 기초로 하여 발전시키려는 것이다. 즉 사물이나 현상을 직접 비교, 분석, 종합함으로써 확실한 지식을 얻게 하고 실천적으로 응용하도록 한다.

코메니우스(Comenius, J. A.)는 감각기관에 의한 직접경험을 직관의 원리라

하고 이것을 지식의 유일한 기초로 생각하였다. 페스탈로치(Pestalozzi, J. H.)는 감각을 모든 인식의 기초로 하여 주체적으로 파악해야 한다고 했다. 이는 능동적인 인식체제를 강조할 때 정확한 개념을 형성할 수 있다는 것을 의미한다. 듀이(Dewey, J.)는 "행함으로써 배운다(learning by doing)."라고 하여 진정한 학습은 실제의 경험을 통하여 이를 재구성하는 일이며 이와 같은 경험을 기초로 성취된 행동이 확실한 지식이라고 하였다.

이와 같이 직접경험의 원리는 어떤 사물에 대한 개념을 인식하는 데 있어서 언어로써 설명하는 것보다는 구체적인 사물을 직접 제시하거나 경험함으로써 학습효과를 얻을 수 있다는 원리다.

4. 학습의 유형

1) 기능의 학습

(1) 기능학습의 의미

기능학습이란 학습활동이 내용을 인지하는 기능과 내용에 반응하는 근육운동을 중심으로 이루어지는 것을 말한다. 워드를 치고 피아노를 치며 농구나 배구의 연습과 같은 학습활동은 모두 기능이 정확, 신속하게 되어 가는 과정과 각 근육운동 간의 통합이 긴밀하게 이루어져서 운동 전체가 원활하고 신속하게 수행되는 숙련 단계에 이르도록 하는 것이다.

이 학습과정은 반복, 연습의 형태를 띠고 학습효과가 점차적으로 근육운동으로 드러나기 때문에 이를 기능의 학습 또는 운동의 학습이라고 한다. 이 학습은 인지기능과 근육운동기능의 협응에 의해서 점진적으로 변화하면서 새로운 행동기능이 생기게 되는 학습과정이다.

구체적인 학습활동에 있어서 인지기능이 근육운동기능보다 큰 역할을 하는 학습과 근육운동기능이 인지기능보다 큰 역할을 하는 학습을 볼 수 있다. 예컨대 농구를 할 때 패스 연습은 전자의 경우이고 공을 넣는 연습은 후자의

[그림 1-3] 운동기능학습

학습에 속한다. 이와 같은 기능학습은 반복 · 연습이라고 하는 형태를 가지고 있기 때문에 적당한 측정량을 정해서 연습곡선 또는 학습곡선을 만들어 가지고 연습 및 학습의 진행상태를 양적으로 분석할 수가 있다.

(2) 기능의 특징

① 기능은 반응의 연쇄이다. 기능행동은 근육운동의 연쇄로, 각 운동은 한 자극과 반응의 연합이며 숙련된 행동은 자극 · 반응의 연쇄들이 한 계열을 이루고 있는 것이다. 이 계열 속에서 앞의 단위는 다음 단위의 자극이 된다. 따라서 기능학습의 중요한 특징은 외부단서에 대한 의존에서 내부단서에 대한 의존으로 변화하는 것이다.

② 기능은 눈과 손의 협응으로 이루어진다. 그래서 운동기능을 지각 · 운동기능이라고 하며 모든 운동기능에는 눈과 손의 협응능력이 필요한 것이다.

③ 기능이 숙달되면 자극 · 반응연쇄를 보다 큰 반응형으로 조직화한다. 복

잡한 기능에는 여러 개의 자극 · 반응 연쇄와 단위가 있는데 이를 통합된 하나의 반응형으로 조직할 필요가 있다. 그래서 복잡한 기능을 이루고 있는 연쇄는 위계적으로 조직되어 있는 것이다

(3) 운동기능의 숙달기준

① 의도적 통제에서 무의도적 통제가 가능하다.

기능학습의 초기에는 동작이 느리고 불확실하며 하나하나의 동작이 의도적인 계획하에서 이루어진다. 그러나 나중에는 동작이 빠르고 정확하며 일련의 동작들이 무의도적으로 이루어진다. 이와 같은 기능학습의 단계는 언어로서 기능의 내용을 학습하는 지적 단계, 부정확반응이 사라질 때까지 연습하는 정착단계, 완전하게 기능할 수 있는 자율적 단계에 이르게 된다.

② 단서의 분화

학습동기가 유발된 상태에서 충분한 연습을 하였다면 기능을 수행해 나가는 데 보다 효과적인 단서를 활용할 수 있을 것이다. 이 단서를 통해서 기능은 보다 발전하게 된다. 단서는 외부환경에도 있고 자기 자신의 내부에도 있으며 많은 자극 중에서 숙달된 사람은 필요하고도 정확한 단서를 찾아낼 수 있다. 또한 숙달된 사람은 내적인 육감적 단서로도 기능을 정확히 수행할 수 있다.

③ 결과의 지식활용

결과의 지식활용이란 자기의 실제 성취행동과 표준적인 행동을 비교해 볼 수 있는 정보를 말한다. 일반적으로 강화가 학습의 쾌락적 · 보수적 효과를 강조하는 용어라면 결과의 지식 활용은 학습의 정보적인 측면을 강조하는 것이라 볼 수 있다. 기능학습의 초기 단계에서는 하나하나의 동작을 현재의 성취행동과 요구된 동작과 일일이 비교해 봄으로써 평가한다. 그러나 나중에는 많은 분리된 동작들이 결합되어 통합된 하나의 단일 동작이 된 것처럼 된다.

④ 빠르고 정확한 동작

고도로 기능이 숙달된 행동은 느리고 부정확한 동작에서 빠르고도 정확한

동작으로 바뀐다.

(4) 운동기능의 수업절차

① 기능을 분화한다.

기능을 분석하기 위해서는 자극 · 반응의 단위를 정하고 각 구성요소 간의 관계를 밝히기 위해 항상성, 밀접성, 연속성과 복잡성을 분석해야 한다. 자극 · 반응단위 분석이란 자극 · 반응연쇄의 각 하위 요소를 분석하는 것이며, 항상성이란 숙련된 기능수행에서 나타나는 통일된 행동형으로서 신체와 대상의 각각 또는 양자가 움직이느냐 또는 정지하느냐의 수준을 나타내는 것이다. 밀접성이란 전후로 계속되는 반응 간의 의존도를 말하는 것으로, 말하는 것, 걷는 것, 악보를 읽는 것 등은 밀접성이 높고 글씨쓰기, 수영 등은 밀접성이 낮다. 연속성이란 두 반응 간의 휴지 정도를 말하는 것이며 복잡성이란 일정한 시공간 내에서 자극과 반응의 상이도를 나타내는 것으로, 기능분석의 단계에서는 이와 같이 수업할 기능의 내용을 세분하는 것이다.

② 학습자의 출발점 행동을 파악한다.

출발점 행동이란 수업이 시작되기 직전의 학습자 행동특성이다. 기능의 분석이 이루어졌으면 학습자가 기능을 학습할 준비가 어느 정도 갖추어져 있는지를 확인해야 한다.

③ 하위 구성단위, 기능 또는 능력의 훈련계획을 수립한다.

이 단계는 학습하지 못한 자극 · 반응단위의 기능을 학습하거나 기능학습에 요구되는 심리 · 운동능력을 개발할 기회를 마련해 주는 것이다. 그리고 하위 기능요소를 잘 학습하도록 기회를 마련해 줌으로써 학습자로 하여금 학습하고 있는 복합과제의 새로운 면에 주의를 갖게 하는 것이다.

④ 기능을 설명하고 시범을 보인다.

이 단계는 기능을 실제로 지도하는 단계로, 학습자는 수업내용을 경청하고 시범을 관찰하면서 이미 습득한 여러 하위기능을 실천해 보고 난 다음에 새로운 기능학습을 시작한다. 특히 설명과 시범은 학습의 초기단계에서 매우 중요하며 연습에 주의를 하게 한다. 그리고 시범을 통해서 가장 효과적인 연습방법을 지도받는다.

⑤ 학습조건을 제공한다.

기능학습을 위해 마련해 주어야 할 조건은 접근이다. 접근이란 반응이 거의 동시에 나타나는 것을 의미한다. 아주 간단하고 기초적인 기능은 단일 연쇄일 수도 있으나 복잡한 기능은 여러 연쇄들로 구성되어 있으며 각 연쇄들은 여러 하위 연쇄단위로 이루어져 있다. 이들 연쇄들과 단위들은 일정한 위계적인 계열을 이루고 있는 것이다. 그러므로 자극 · 반응 단위나 연쇄가 적절한 순서로 일어나지 않으면 기능학습은 불가능하다. 이러한 접근을 효과적으로 하기 위한 수업에 있어서 고도로 조직화된 기능은 밀접성과 연속성이 높아 하위기능들이 상호작용하므로 전습법이 효과적이고, 조직이 약한 기능은 분습법이 가능하다. 학습자에게 어려운 기능은 전습법이 유리하고 선수요건을 모두 학습하였을 때는 분습법이 유리하다. 기능학습을 위해 연습은 중요한 조건이다. 모든 학습에는 연습이 필요하지만 특히 기능학습에 있어서 연습은 필수적이다. 기능학습을 위해 피드백(feedback)을 제공해야 한다. 피드백은 강화의 효과와 기능학습을 지도하는 효과를 준다. 그리고 정확하게 하려는 자각적 태도를 발달시킨다. 기능학습 초기에는 외적 피드백이 중요하나 숙달이 이루어지는 후기에는 내적인 것으로 바뀌는 것이 좋다. 피드백은 학습활동 직후가 효과적이며 기능학습 수행과 연습하려는 노력에 영향을 준다.

2) 지식의 학습

학습자가 지적 활동을 통해서 경험하고 행동한 내용을 이미 경험한 체계 속에 남아 있도록 파지하고 환경을 인지하는 수단으로 이용될 수 있도록 하는 학습활동은 지식의 학습이라 할 수 있다. 이 학습은 환경을 인지하는 과정을 통해서 획득되는 새로운 경험 내용을 이해하고 기억하는 학습이기 때문에 학습자의 학습활동으로서는 가장 많이 볼 수 있는 유형의 학습이다.

피아노 소리를 반복하여 듣고 음을 분별해서 들을 수 있게 되는 지각학습과 변별학습, 동물을 관찰하고 나서 동물의 생태와 속성을 이해한다든가, 화학실험을 하고 나서 물질의 생성변화의 성격을 파악하고 법칙을 추출해 내는 개념학습, 또 책을 읽으면서 문자의 뜻을 파악하게 되고 역사적 인물과 시대를 연결할 수 있는 경우와 같이 두 개 이상의 경험 내용을 기계적으로 연합시켜서 체계를 세워 가는 연합학습은 지식의 학습에 속한다. 지각학습은 환경의 인지에 주안점을 두고 있기 때문에 우발적 학습성격이 강한 학습과정이며, 개념학습은 학습활동으로서는 환경의 이해에 중점을 두고 있기 때문에 기억하는 데 다소 효과적이다. 연합학습은 획득이 표면에 나타나는 학습활동이기 때문에 기억이 강한 학습과정이다. 이와 같이 지식의 학습은 경험내용을 체제화하는 학습이기 때문에 주어진 학습내용을 체제화하기가 용이할수록 학습이 쉽게 이루어진다. 따라서 이미 습득된 경험과 관련을 지어서 학습내용을 제시하고 가르쳐 주어야 할 것이며 그렇게 함으로써 학습은 촉진되고 효과와 의욕도 상승한다. 다양한 지식의 학습 중에서 개념학습과 원리학습은 다음과 같다.

(1) 개념의 학습

① 개념의 의미

개념(concept)은 일반표상을 뜻하며 많은 표상 중에서 공통적인 내용을 뽑아내어 총괄한 표상으로서 비슷한 표상들의 전 계열을 대표하는 것이다. 개념은 판단의 결과에서 얻어지면서 또한 판단을 성립시킨다. 그러므로 사고는 개념에 의해서 이루어지며 개념은 언어와 결합하고, 그 언어적인 표현을 명사라고 한다. 이와 같이 개념은 공통성을 가진 여러 자극의 유목으로 이러한 자극에는 사물, 사상과 사람을 들 수 있다. 예컨대 사람은 각각 연령, 성별, 체격은 다르지만 이들 모두에 공통적인 특징을 추출할 때 사람으로 유목화할 수 있는 것이다.

개념을 여러 사상 가운데 공통적인 특징을 가진 유목이라고 정의할 때 여기서 특징이 갖는 의미가 바로 속성(attribute)과 관계되는 것이다. 속성이란 한 개념을 다른 개념과 구별짓는 특징이다. 따라서 개념마다 그 속성은 달라지게 된다. 이 속성에는 속성가(attribute value)가 있다. 속성가란 어떤 속성이 갖는 변수(variations)이다. 만일 색의 속성이라고 하면 색의 종류를 말하는 것이며 형의 속성이라면 삼각형, 사각형의 종류가 속성가가 되는 것이다. 이와 같은 속성에는 지배적인 속성이 있는데 지배적인 속성이란 다른 속성보다 훨씬 뚜렷한 속성을 말한다. 따라서 개념은 지배적 속성을 가지고 있다.

사상이 갖는 많은 속성은 감각기관을 통해서 직접 관찰할 수 있는 것도 있고 관찰 불가능한 것도 있다. 유사하지 않은 사상을 한 유목으로 분류할 수 있게 하는 관찰가능한 성질을 본질적 속성(intrinsic attribute)이라고 한다. 예컨대 등뼈가 있는 동물은 척추동물에 속하며, 피가 따뜻하고 털이 있는 동물은 포유류동물이다. 물리적 세계에 있어서는 이러한 대상의 본질적 속성이 유목화의 기초가 된다.

또한 공통적 특징을 직접 볼 수는 없지만 그 기능에 따라 같은 유목으로 분류하는 방법을 기능적 속성(functional attribute)이라고 한다. 그리고 본질적인 속성이 없고 인간이 고안해 낸 성질을 형식적 속성(formal attribute)이라 한다.

② 개념의 종류

- 공존개념(conjunctive concept) : 공존개념은 개념을 구성하고 있는 모든 속성이 동시에 존재하고 있는 개념이다. 즉 속성가가 함께 접해 있는 개념이다. 문장이란 주부와 술부로 되어 있는데, 이 중에서 어느 것을 빼 버리면 단어들로만 문장이 안 되는 것과 같이 한 개념을 구성하고 있는 속성들이 모두 공존하고 있는 개념이다.
- 분리개념(disjunctive concept) : 분리개념이란 속성이 전부 제시되지 않는 개념이다. 즉 한 개념의 조직상에 어떤 속성의 적절한 속성가나 다른 속성가 또는 양 속성의 속성가가 같이 공존하는 개념이다. 예컨대 두 개의

테두리와 두 개의 원과 같은 것은 분리개념이다.

- 관련개념(relative concept) : 관련개념이란 속성 간에 특수한 관련을 맺는 개념이다. 즉 상호의존성을 갖는 것으로 더 큰, 더 늙은, 더 넓은 등과 같은 단어로 표현되는 것이다. 관련개념은 개념이 속성 그 자체에 충실한 것이 아니라 속성 간의 특정한 관계에 의해 조직된 것이다.

③ 개념학습의 중요성

- 개념은 환경의 복잡성을 감소시켜 준다

개념이란 특정한 사상 또는 자극이 아니라 유목이다. 생활의 모든 사상을 유목화하지 않고 개개 사상에 대해서 개별적으로 반응해야 한다면 두뇌는 온전치 못할 것이며 능률성도 문제가 된다. 개념학습의 목적은 환경적 자극의 유사점과 차이점을 파악시켜 환경에 보다 효과적으로 적응할 수 있게 한다.

- 개념은 부단한 학습의 필요성을 감소시켜 준다.

만일 개념학습이 아니라면 모든 사상에 대하여 계속해서 학습을 해야 한다. 개념의 속성을 알면 처음 대하는 사상도 동일한 유목의 한 사례임을 알게 된다. 이런 기능 때문에 교과의 진도를 나갈 수 있고 늘어나는 많은 지식의 양을 학습할 수 있는 것이다.

- 개념은 도구적 활동의 방향을 마련해 준다.

개념을 활용함으로써 미리 자신이 할 수 있는 행동을 알게 된다. 어떤 사상을 올바르게 유목화함으로써 중요한 의사결정을 할 수 있게 된다.

- 개념은 교수를 가능하게 해 준다.

대개의 교수는 언어적인 제시로 이루어진다. 이러한 제시는 학습자들이 제시된 언어의 개념을 알고 있을 때 가능하다. 교사의 설명에 내포된 개념들을 학습자가 모를 때 교사 · 학습자 간에 의사소통이 이루어질 수 없으며 따라서 수업은 불가능하다.

④ 개념학습의 절차

- 수업목표를 기술한다.

수업목표의 진술은 학습자가 개념을 학습한 후 기대되는 성취행동을 기술하는 것이다. 이 성취행동은 어떤 개념을 언어로 정의하는 것이 아니라 그 개념에 해당되는 새로운 예들을 정확히 식별하고 확인하는 것이다. 수업목표를 진술하는 데는 두 가지의 목적이 있는데 그 하나는 학습자의 성취행동의 적정성 여부와 계속적인 지도의 필요성 여부를 평가하는 수단을 얻고자 하는 데 있다. 그리고 다른 하나의 목적은 학습자 자신이 자기의 성취행동을 평가하고 언제 그 학습이 끝날 수 있을지를 결정하는 길을 마련해 주기 위한 것이다.

• 속성수를 감소시키고 지배적인 속성을 부각시킨다.

이 단계에서는 학습시킬 개념을 분석하는 것이다. 즉 학습과제의 분석단계로, 수업을 시작하기 전에 속성가와 속성의 수를 결정하고 지배적인 속성이 무엇인가를 밝혀 두는 것이다. 복잡한 개념의 속성수를 줄이기 위해서는 여러 속성 중 중요하다고 생각되는 것에 초점을 두거나 여러 속성을 두서너 개의 유형으로 분류하는 방법이다.

• 언어매체를 제공한다.

앞의 두 단계는 수업목표와 관련된 것이고 이 단계는 학습자들의 준비성 또는 출발점 행동에 관심을 두는 단계이다. 즉 개념학습을 시작하기 전에 선행요건으로서 언어연합이 되어 있는지의 여부를 밝히는 것이다. 언어학습과 개념학습은 밀접한 관계를 가지고 있으므로 학습자들이 아직도 개념학습에 필요한 언어연합을 학습하지 못하였다면 사전학습으로서 언어연합을 학습시켜야 한다.

• 개념을 예시한다.

이 단계에서는 정적 및 부적 예를 보여 주는 것이 개념학습에 필요한 조건이 된다. 정적 예란 그 개념의 속성들이 내포된 것이며, 부적 예란 속성이 포함되지 않은 것을 말한다. 그런데 개념학습에서는 정적 또는 부적 예를 함께 제시하는 것이 좋다. 이와 같이 정적 · 부적 예를 제시하는 것은 학습자들에게 자기가 한 반응에 대한 정오의 직접적인 정보를 제공해 주며, 예를 통하여 변별과 일반화의 과정을 학습하게 한다.

• 예들을 접근해서 제시한다.

예시를 할 때에는 예들을 접근시켜 거의 동시에 제시하는 것이 좋다. 동시 제시법은 학습자들이 앞 예에 대한 기억을 할 필요가 없기 때문에 효과적이며, 접근을 극대화해서 정보기억에 대한 부담을 덜어 주면 더욱 효과적이다.

• 새로운 정적 예를 제시하고 확인 질문을 한다.

이 단계는 접근과 강화를 아울러 제시하는 단계며, 이 단계에서는 새로운 것이지만 유사한 자극 유형에 대하여 개념적인 반응을 할 수 있는 능력, 즉 일반화를 강조한다. 어떤 개념을 학습시킬 때 여러 가지 정적 예를 보여 주어 이것도 같은 개념에 속하는 것이라는 사실을 알 때 그 개념은 학습된 것이다.

• 개념학습의 확증을 한다.

이 단계에서는 개념학습이 이루어진 확증을 하기 위해 새로운 정적 또는 부적 예를 제시하여 정적 예만을 고를 수 있도록 한다. 이것은 학습자의 성취행동을 평가하는 수단이 될 뿐만 아니라 학습자 스스로 내재적 강화 또는 교사로부터의 외재적 강화를 받을 수 있는 기회가 된다.

(2) 원리의 학습

① 원리학습의 의미

원리(principle)란 사물의 기본이 되는 이치나 법칙으로, 특정한 자극 속에 있는 무수한 변수에 직면했을 때 행동의 법칙성을 설명할 수 있는 것이다. 그래서 원리란 개인의 여러 자극장면의 한 유목에 대하여 같은 유목의 성취행동으로 반응할 수 있는 특정된 능력인 것이다.

이러한 원리는 두 개 이상의 개념으로 구성되어 있다. 따라서 원리를 두 개 이상의 개념 간의 관계에 대한 진술이라고 정의할 수 있다. 그리고 원리란 때로는 법칙 또는 일반화라고 불리기도 한다. 예컨대 '모든 사람은 평등하게 창조되었다.' 는 원리이며 모든, 사람, 평등, 창조되다라는 4개념의 관계 진술이다.

원리란 개념들의 관계이기 때문에 여러 개념들의 연쇄로 이루어진다. 따라서 원리의 길이는 달라지며, 긴 원리를 학습할 때는 몇 개의 간단한 부분으로 분할해서 전체적인 원리로 정리하는 것이 효과적이다. 원리의 진술은 전제와 그 전제에 따른 결과의 방식으로 진술한다.

이와 같이 원리가 개념들로 구성되어 있기 때문에 원리학습을 위해서는 선행 필수조건으로서 개념학습이 성취되어 있어야만 한다. 또한 한 원리의 학습은 이전의 원리의 학습에 의존하게 되며, 원리는 그 안에 위계가 있다.

② 원리학습의 절차

• 수업목표를 기술한다.

수업목표를 진술함으로써 학습자는 자신의 성취행동을 검토하고 내적 강화를 얻을 수 있다. 수업목표는 학습자의 성취행동을 기술하는 것으로, 행동목표여야 한다.

• 재생되어야 할 개념과 하위원리를 결정한다.

과제를 분석하는 단계로, 학습자에게 수업내용을 제시하기 전에 그 과제 학습을 위해서 선행적으로 알고 있어야 할 개념들이 무엇인가를 파악하는 것이다. 이 단계에서는 먼저 원리를 구성하고 있는 개념들을 파악하기 위하여 원리를 분석하고 학습자가 이와 같은 원리를 숙달했는지의 여부를 평가한다.

원리는 한 계층을 이루고 있으므로 상위의 원리를 학습하기 위해서는 선행요건으로 하위에 있는 몇 개의 원리가 학습되어야 한다. 즉 한 원리의 학습은 이전에 학습한 다른 원리에 의해 좌우된다. 그러므로 가장 하위에 있는 원리의 수업을 위해서는 원리에 내포한 개념을 분석하면 되고 상위의 원리를 위해서는 하위 원리를 분석하면 된다.

• 개념의 재생을 돕는다.

이 단계는 학습자로 하여금 원리를 구성하고 있는 개념들을 동시에 재생하게 함으로써 연결의 기회를 주는 것이다. 교사가 개념 하나하나에 대하여 개념의 의미를 물어보고 정적 및 부적 예를 주어 확인하도록 함으로써 학습자는 강화를 받는다.

• 개념을 적절한 순서로 결합하도록 한다.

이 단계에서는 개념의 접근과 개념의 적절한 관계에 대한 접근을 마련해주는 것이 목적이나 교사는 질문을 통해 적절한 순서로 결합하도록 자극하고 유도한다.

• 원리를 충분히 입증해 보도록 한다.

원리학습의 목적은 몇 가지 정적 사례를 지적하거나 정적인 예와 부적인 예를 변별하는 것으로 끝나는 것이 아니라 개념 간의 관련 내지 법칙성을 학습시키는 것이다. 따라서 그 원리를 완전히 학습하였는지 여부를 알기 위해서 여러 가지 질문으로 학습자들이 입증할 수 있도록 한다.

• 원리의 완전한 진술을 한다.

원리의 진술은 모두 정확하게 언어화하도록 할 필요는 없다. 간단한 원리는 완전한 언어화가 가능하지만 복잡한 것은 중요한 몇 가지 부분으로 나누어 진술하도록 한다.

• 원리학습을 증명한다.
• 연습과 강화를 제시한다.

3) 창조의 학습

지식기능이 중심이 되고 있는 학습활동에는 지적 조작이 기초가 되어 적극적으로 환경에 힘을 가하는 과정을 포함하고 있는 학습과정이 있다. 이 학습은 이미 습득한 경험체계를 재편성함으로써 새로운 인지구조를 만들어 내고 그것을 현실화하려고 하는 학습이며, 경험하지 않은 새로운 것을 만들어 낸다고 하는 특성이 있기 때문에 창조의 학습이라 한다. 창조의 학습은 목표가 명확하지만 그 목표에 이르는 도달과정이 아직 경험하지 않은 새로운 것이기 때문에 학습활동은 여기서 목적 추구의 새로운 과정을 탐색하기 위하여 의도적 노력을 집중하게 된다. 이 학습이 목표추구 과정, 문제해결 과정의 하나인 것이다.

창조의 학습에는 수학의 응용문제를 푸는 것과 같은 문제해결 활동과 작

[그림 1-4] 창조적 학습

문 · 그림 · 공작과 같은 창작활동의 두 가지 유형이 있다. 문제해결 활동은 목표를 인지하고 목표와의 관련하에서 문제장면을 분석하여 이미 가지고 있는 지식체계와 관련을 지어 관점을 바꾸거나 도구를 사용한다든가, 제작하든가 해서 문제장면 속에서 목표와 수단과의 새로운 관계를 인지하는 생산적 사고가 중심이 되는 학습과정이다. 창작활동은 학습자가 이미 형성된 가치체계에 기초해서 창조적 상상의 기능에 의해서 형성된 새로운 아이디어에 구체적인 형상을 부여하는 과정이다. 여기에는 작문과 같이 언어를 소재로 하는 것과 작곡 · 그림 · 공예와 같이 비언어적인 소재를 사용하는 경우가 있다. 어느 것이나 적절한 소재를 사용해서 자기를 개성적으로 표현하려고 하는 활동으로서 의미가 있으며, 그 결과 그 표현을 통해서 자기 자신을 인지하는 과정이라는 점에서 의미가 있다.

4) 방법의 학습

학습과정에는 의도적 학습과 우발적 및 부수적 학습이 있고, 부수적 학습을 동시학습이라고 한다. 기능의 학습, 지식의 학습, 창조의 학습은 주로 의도적인 학습의 형식을 취하며, 우발적 내지는 부수적 학습의 형식을 취하는 면도 있다. 예컨대 체육시간에 한 운동기능을 훈련함으로 인해서 다른 운동을 배울 때 이해와 숙달이 빨라진다든가 자연관찰을 함으로써 문제의 착안과 요점의 파악이 우수하게 됨을 생각할 수 있으며, 분단학습을 통해서 협동성이 길러진다든가 문제해결 학습을 통해서 과학적 사고력이 길러지는 것과 같이 학습하는 방법에 따라서 부차적으로 어떤 특성이 창출되고 변용되는 획득 과정이 따르게 된다. 이와 같이 부수적 학습을 위해서는 학습하는 방법을 익혀 가는 것이 중요하며 방법에 대한 학습이 갖는 보다 큰 의의는 혼자서 독립적으로 학습할 수 있는 방법을 학습하는 데 있다.

따라서 방법의 학습은 미래지향적이고 생산지향적인 학습으로서, 무엇을 얼마나 학습하는가의 문제보다도 장차 자주적으로 새로운 학습을 할 수 있고 탐구하고 연구할 수 있는 방법과 태도를 어느 정도 배웠느냐가 문제가 된다. 그러므로 방법의 학습은 학습방법에 대한 학습이라고도 볼 수 있으며 이는 창조적 학습의 기초를 다져 가는 길이 되기도 한다.

5) 정의적 특성의 학습

학습자의 전인적인 발달을 돕기 위해서는 지적 교육도 중요하지만 정의적 교육도 필요한 것이다. 정의적 특성이란 동기 · 태도 · 가치관 · 인성과 같은 특성을 말하며, 이와 같은 정의적 특성은 학습자의 생활방향이나 적응양식을 지배하게 되는 보다 심층적인 요인이라 할 수 있다. 지식에 대한 학습만 있고 정의적인 면의 학습이 없다면 그 지식의 학습은 참다운 의미를 가질 수 없는 학습이 되고 만다. 그런데 정의적 특성의 학습은 지식의 학습과 같이 단순하지 않으며, 복잡한 내면화 과정을 거치는 것이 특징이다. 정의적 특성의 학습

[그림 1-5] 정의적 활동

과정에 있어서 내면화의 과정은 다음과 같다.

① **감 수**(receiving)

정의적 특성이 학습되는 첫 단계로서 학습자가 적극적인 동기를 가지고 어떤 대상 · 내용 · 자극을 인지적으로 받아들이는 과정이다.

② **반 응**(responding)

전 단계에서 감수한 내용에 대해서 긍정, 공명, 감동, 만족, 반성을 체험하는 과정이다.

③ **가치화**(valuing)

반응의 결과를 자기 것으로 만드는 과정이다. 이때 자신의 태도, 가치관, 인성 등이 중요한 작용을 하며, 자신의 것과 일치되는 정도에 따라서 더욱 태도나 가치관이 확고해질 것이며 자신의 모순성을 발견한 나머지 지금까지의 태도나 가치관이 수정될 수도 있는 과정이다.

④ **조직화**(organization)

가치화 과정에서 얻은 여러 가치를 하나의 체계와 위계로 조직하는 과정이다. 이 조직화를 위해서는 가치의 의미와 비중 그리고 가치 상호 간의 관련성을 잘 이해하고 있어야 한다.

⑤ **인성화**(characterization)

정의적 특성이 학습되는 최종단계로서 처음에 감수한 자극이 인성형성의 한 요인으로서 내면화하는 과정이다.

2

학습에 영향을 미치는 요인

학습의 효과에 영향을 미치는 요인은 다양하다. 기억, 망각, 전이, 준비성, 동기, 연습 그리고 학습환경은 학습결과에 영향을 미치는 주요요인이라고 할 수 있다. 교사는 교수학습에서 이러한 변인에 관심을 가지고 수업을 전개해야 한다.

1. 기억

1) 기억의 체계

기억은 감각등록기, 단기기억, 장기기억의 세 가지 상호관련된 과정으로 되어 있어 과거 경험의 효과가 저장되어 일정한 기간 파지되는 것이다. 학습자는 학습을 통해서 저장할 수 있는 지식과 정보를 획득하며, 기억을 통해서 저장한 지식과 정보를 재생하여 활용할 필요가 있을 때까지 보관해 둔다. 이와 같이 보존된 경험과 정보를 필요한 시기에 재생하여 인지해 내는 과정을 기억이라고 한다. 따라서 기억은 경험의 흔적이라고 하며, 경험에서 얻은 내용의 저장이라고 할 수도 있다. 즉 기억은 기억재료-기명-파지-회상(재생, 재인)의 4개의 과정이다.

(1) 기명(memorizing)

기명은 자극으로 주어진 자료를 지각하거나 정보를 받아들여 정리하는 과정이다. 즉 경험내용을 흔적으로 머릿속에 각인(imprinting)하는 과정을 말한다. 효과적인 기명의 방법은 다음과 같다.

- 기명의 효과는 반복 횟수에 비례하므로 여러 번 반복한다.
- 반복은 한 번에 하는 것보다 휴식을 고려해 하는 것이 효과적이다.
- 기계적 기명보다 논리적 기명이 효과적이다.
- 막연히 반복 기명하는 것보다 재생을 예상하거나 사용할 것을 생각하며 기명하는 것이 효과적이다.
- 기명에 필요한 시간은 개인차가 있으므로 충분한 시간을 가지는 것이 효과적이다.

(2) 파지(retention)

파지란 기명된 것을 일정 기간 동안 기억 흔적으로 간직하는 것을 말한다. 그러나 기명된 내용은 언제나 파지되는 것이 아니라 시간의 경과와 더불어 감소되기 마련이다. 그러므로 파지력을 높이기 위해 여러 가지 방법을 사용하여 노력을 하는 것이다. 학습한 내용을 오랫동안 파지할 수 있도록 하기 위해서는 다음과 같은 활동을 하는 것이 효과적이다.

- 학습 직후에 학습내용을 정리하면 파지 및 일반화의 수준은 높아진다.
- 학습내용이 부분과 전체 간의 통합도가 높은 것은 전체 학습으로 하고 낮은 것은 부분학습으로 하면 파지의 효과는 커진다.
- 학습내용을 과거의 관련학습과 관계지을 수 있으면 학습의 파지율은 높아진다.

- 학습한 것을 새롭고 다양한 상황에 적용하는 연습을 하여 학습의 포괄성 및 일반성을 증대시키면 파지율은 높아진다.
- 학습자의 수업 이해능력에 알맞게 내용을 제시하면 파지율은 높아진다.
- 의미있는 내용은 의미없는 내용보다 파지가 효과적이다.
- 머리가 단순한 상태일수록 파지가 좋다.

(3) 회상(recall)

회상은 기명하여 파지하고 있는 내용을 생각해 내는 단계다. 재생(reproduction)은 파지되어 있는 내용을 아무런 절차도 없이 순수하게 생각해 내는 일이며, 재인(recognition)은 기명된 내용과 재생된 내용의 일치를 의식하는 것이다.

이와 같은 기억은 감각기억, 단기기억, 장기기억의 3단계로 구분된다.

① 감각기억

감각기억이란 시각이나 청각 등의 감각기관으로 들어온 정보를 순간적으로 저장하는 기억이다. 그러나 주의를 기울이지 않으면 잠시 동안 감각기억에 머물러 있다가 소멸되어 버리거나 혹은 다음 단계인 단기기억으로 전이된다. 시감각기억은 약 1초, 청감각기억은 4~5초 동안 유지되는 것으로 알려졌다.

② 단기기억

단기기억은 파지기간이 감각기억보다 길지만 감각기억과 마찬가지로 파지기간과 용량이 한정되어 있다. 일반적으로 감각수용기를 통하여 들어온 정보는 감각기억에 잠시 머물러 있다가 그 내용이 의식화되어 20~30초 가량 흔적으로 남게 된다. 이와 같이 잠시 동안 의식으로 기억되는 것을 단기기억이라고 한다. 그래서 기억의 단기화를 방지하기 위하여 연습을 하거나 반복 암기하는 방법을 사용하는 것이다.

③ 장기기억

감각기억과 단기기억의 과정을 거쳐 장기적으로 저장될 때 이를 장기기억

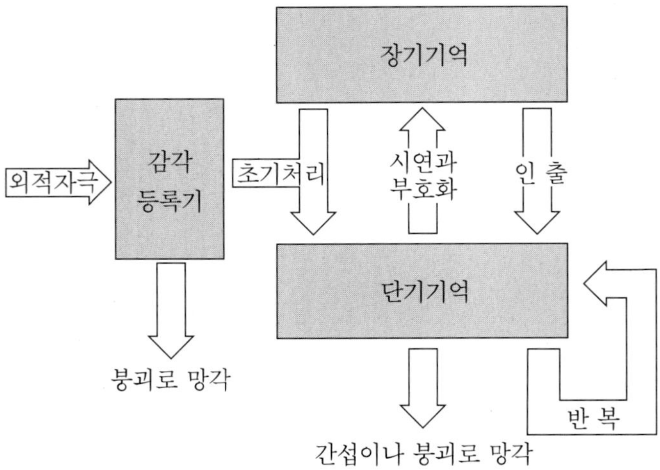

[그림 2-1] 기억의 과정

이라고 한다. 이렇게 장기기억화되면 장기간 혹은 일생 동안 그 정보를 저장하게 되는 것이다. 그러나 단기기억으로부터 모든 정보가 장기기억으로 저장되는 것은 아니다. 따라서 일반적으로 기억이라고 일컫는 것은 이 장기기억을 뜻하는 것이며, 기억이 안 난다는 것은 장기기억화되지 못하였음을 의미하는 것이다.

정보처리 이론에 의하면 유입된 정보를 장기기억화할 때에는 일반적으로 기호화(coding)하게 되는데, 그것은 의미화된 기호이거나 심상화된 기호일 수도 있는 것으로 이러한 과정을 통하여 장기기억으로 저장하게 되는 것이라 한다. 또한 단기기억을 장기기억으로 저장하는 방법은 새로 유입된 경험이나 자극들을 자기가 이미 가지고 있는 정신구조에 동화시키는 것이다. 대뇌기능은 어느 정도 일정한 양의 정보밖에는 저장하지 못하기 때문에 새로운 자극이나 경험이 유입되면 구조화되어 있지 않은 정보들은 밀려나게 된다. 따라서 유입되는 정보들을 의미있는 것들로 구조화하는 것이 장기기억화하는 가장 근본적인 방법이다.

또한 유입된 정보를 장기기억화하기 위해서 다음과 같은 방법을 사용할 수 있다.

① Loci방법

이 방법은 기억할 내용이나 정보를 자기가 알고 있는 장소나 거리 그리고 대상에 관련시켜 기억하고 재생하는 방법이다. 그리스 로마시대에 웅변가들이 웅변내용을 기억하기 위해 사용했던 방법으로, 장기기억에 도움이 되는 것이다.

② 정보의 요약방법

이 방법은 많은 정보의 앞문자를 따서 기억하는 것이다. 예컨대 무지개의 색, 조선의 임금 이름을 기억할 때 사용한 방법이다.

③ 정보의 의미화

이 방법은 기억해야 할 정보를 그 정보와 관련된 의미와 연결시켜 기억하는 방법이다. 예컨대 이삿짐센터의 전화번호, 복덕방, 기차역의 전화번호와 같은 경우를 들 수 있다.

④ 정보의 속성 활용

주어진 자극이나 정보의 크기, 색, 명암 그리고 형태와 같은 속성에 유의하거나 주의를 집중하여 보게 되면 장기기억될 수 있다.

⑤ 언어 · 신체적 동작의 활용

단어를 기억할 때 입으로 소리 내어 암송하는 경우는 기억하는 정보를 언어에 관련시킨 것이며, 암산을 할 때 손으로 계산을 하는 것처럼 손가락을 움직이며 계산하는 것을 들 수 있다. 이와 같이 언어나 행동과 관련시켜 정보를 기억하고 또 그대로 회상하면 효과적이다.

⑥ 과잉학습

과잉학습은 수업내용을 충분히 이해하고 다룰 수 있도록 완전학습 이상으로 연습하는 것을 의미한다. 단어를 학습하는 데 10회 연습을 하고 5회 더 연습했다면 이것은 50%의 과잉학습에 해당되며, 10회의 초과연습은 100%의 과잉학습이다. 이에 관한 연구는 명사 목록을 완전학습 수준까지 학습하고 50%

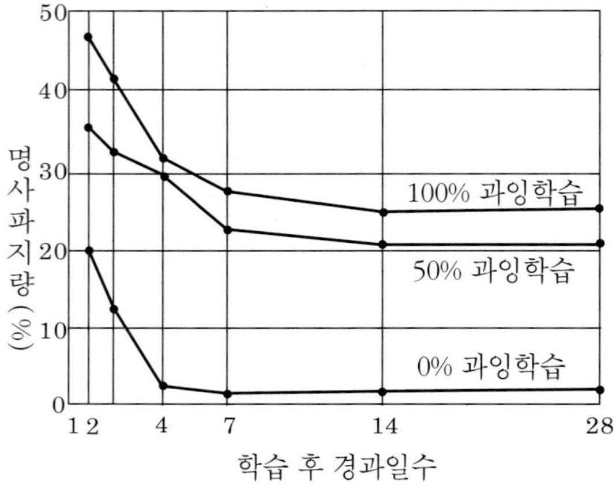

[그림 2-2] 과잉학습이 파지에 미치는 효과

에서 100% 정도로 과잉학습한 결과에 관한 것으로 [그림 2-2]와 같다. 여기서 발견할 수 있는 사실은 첫째, 50%와 100% 과잉학습은 단순히 내용을 학습한 것보다 확실히 회상률이 높다는 것이다. 둘째, 50%의 과잉학습은 상당한 회생량의 증가를 가져왔으나 100%의 과잉학습은 더 이상 많이 추가되지 않았다. 과잉학습하는 데 소요되는 초과시간 양은 나중에 추가로 회상된 양에 비례하지 않기 때문이다. 셋째, 망각시간의 양이 증가할수록 과잉학습의 가치도 증가한다. 즉 과잉학습의 장점은 14일, 28일 후에 크며 과잉학습은 장기간 기억되어야 할 내용에 가장 유익하다.

2) 기억력을 높이는 조건

(1) 직전경험

직전에 경험한 내용은 소급금지가 없어서 효과적으로 기억할 수 있다.

(2) 반복연습

반복연습은 기억력을 높이는 것이며, 망각을 방지한다.

(3) 흥 미

흥미는 관심을 가지게 하여 다른 방해적 요인의 영향을 받지 않으므로 효과적이다.

(4) 이해관계

학습에 이해관계가 있으면 내용에 주의를 하게 되므로 기억이 잘 된다.

(5) 합리성

기억내용을 자신의 지식체계와 연결되도록 합리적으로 하면 효과적이다.

(6) 책임감

자신에게 책임이 있으면 주의집중이 잘 되어 기억력이 높아진다.

2. 망각

1) 망각의 의미

망각이란 파지된 학습경험이 어느 정도 시간이 경과되거나 또는 사용하지 않아서 자연히 약화되고 드디어 소멸되어 재생이나 재인이 되지 않는 현상이다. 즉 망각은 기억 흔적이 현재의 학습경험과 결합되지 않아 기억해 낼 수 없는 상태라고 할 수 있으며, 장기기억화된 학습내용을 다시 의식화하지 못하는 현상이다.

그러나 망각은 반드시 기억 흔적의 소실에만 기인한다고는 볼 수 없다. 완전히 잊어버렸다고 생각되는 경우에 있어서도 재차 그것을 학습할 때에는 처음 학습할 때보다 훨씬 쉽게 기억할 수 있다.

이와 같이 학습과정에 있어서 기억과 망각은 동일한 과정에 관한 것이면서도 서로 상반되는 개념이며, 밀접한 관계를 갖고 있다. 에빙하우스

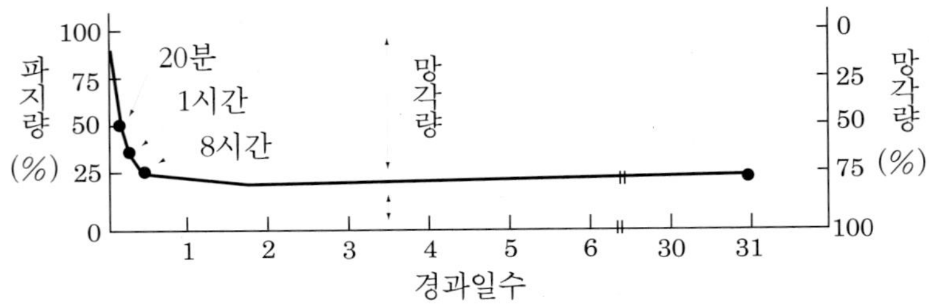

[그림 2-3] 파지곡선

(Ebbinghouse, H.)는 무의미철자의 학습을 통하여 시간경과에 따른 망각률과 망각곡선을 제시한 바 있다. 그는 기억의 조건에 차이를 없게 하기 위하여 1,200개의 무의미철자 B.A.F.M.S.T를 가지고 40세 가량의 성인에게 암기시켜 기억하도록 하였다. 그 결과 1시간 후 55.8%, 8시간 후 64.2%, 24시간 후 66.3%, 48시간 후 72.2%의 망각률을 나타내었다. 학습한 내용은 학습 직후부터 장기기억화되기 전에 이미 망각현상이 나타나고, 망각에 대비한 어떤 노력이 없는 한 얼마 지나지 않아서 학습한 대부분을 재생해 내지 못하게 되는 것임을 알 수 있다. 물론 그것은 자연적이고 불가피한 현상이기는 하지만 학교학습에서는 망각을 방지하고 보다 장기기억화할 수 있는 노력이 필요한 것이다.

2) 망각의 원인

(1) 소멸설

학습에 있어서 어떤 자극이 주어지면 생리학적인 기억흔적이 대뇌피질의 기억중추에 형성된다. 이 흔적을 연습 또는 재생하지 않고 그대로 두게 되면 소멸된다는 것이다. 이것을 불사용설 또는 쇠잔이론이라고 한다. 그러므로 유입된 정보를 암송하거나 반복사용하면 기억흔적의 쇠잔이나 퇴락을 방지할 수 있는 것이다.

그러나 사용하지 않는다고 반드시 망각이 일어나는 것이 아니고 오히려 기억이 잘 되는 현상(reminiscence)이 보인다는 주장도 있다. 이 현상을 파지개선 현상이라 한다. 이것은 학습 직후보다도 일정 시간을 경과한 후에 파지양이 높은 현상을 나타내는 것인데, 학습 후 며칠 내에 일어나는 경우와 학습 후 10분쯤의 단시간 내에 일어나는 경우가 있다. 파지개선현상(reminiscence)이 일어나는 이유는 휴식하는 동안에 방해하는 반응이 소실하거나 피로회복의 영향 때문이라고 한다.

망각의 현상을 정신분석에서는 억압의 결과로 생긴다고 한다. 경험한 내용이 불쾌하면 그것을 피하려고 하는 경향이 있어 무의식적으로 그것을 억압하고 망각한다는 것이다. 자아를 위협하는 것에 대한 기억은 일부러 생각하지 않으려 하거나 잊어버리려고 애쓴 결과 이러한 기억을 무의식의 세계에 억압하려는 경향이 나타나게 된다. 결국 기억나지 않는 내용은 단지 의식에 떠오르지 않을 뿐 무의식의 세계에는 존재하고 있는 것이다.

(2) 간섭설

간섭설은 어떤 정보를 회상하려 할 때 다른 정보의 유입으로 인하여 회상이 방해받기 때문에 망각이 일어나는 것으로 설명하는 주장이다. 실험에 따르면 학습 후 잠을 자게 한 경우와 잠을 자지 않았던 경우의 망각 정도를 비교했을 때 수면을 취한 쪽이 각성시보다 망각이 적다고 한다. 이것은 시간의 경과에 따라 망각이 일어나는 것이 아니라 학습 후의 어떤 정신활동이 파지에 간섭을 한 것으로 볼 수 있다.

이러한 간섭에 의한 망각은 그것이 학습 후의 활동에 의한 간섭이면 역행제지(retroactive inhibition)라 하며, 전 학습이 후의 학습에 방해적 억제작용을 하는 것을 순행제지(proactive inhibition)라 한다.

3) 망각의 방지방법

① 학습한 내용을 반복해서 연습한다.

학습한 내용을 오랫동안 기억하기 위해서 몇 번 반복해서 써 보고 암송하여 연습하는 기회를 갖는 것이다. 또한 새로운 것에 적용시켜 활용해 보거나 적당한 시간 간격을 두고 복습의 기회를 갖는 것이 망각을 줄이는 방법이다.

② 학습내용을 유의미화한다.

무의미한 단편적인 지식은 쉽게 망각되기 때문에 학습내용에 의미를 부여하여 기억하게 하면 망각을 줄일 수 있다.

③ 학습을 흥미롭고 즐겁게 하도록 한다.

학습내용에 흥미를 가지고 즐겁게 학습활동을 할 때 기억이 잘 되고 오래 파지할 수 있다. 그러기 위하여 학습분위기를 안락하고 따뜻하게 조성하여 학습동기가 유발되도록 하는 것이다.

④ 간섭이나 방해요소를 줄인다.

관련된 것이나 유사한 것이 많으면 장기기억화에 간섭을 받게 된다. 학습에 간섭을 최소화하기 위하여 완전학습이 되도록 하며, 적절한 학습 기간을 설정하여 전습법이나 분습법을 사용한다.

⑤ 중요한 말이나 부분에 주의를 집중한다.

기억을 장기화하기 위해서는 주의집중이 필요하며 주의를 집중시키는 방법으로 반복발음, 색있는 글씨, 밑줄 등 특징있는 것으로 제시한다.

3. 전이

1) 전이의 의미

전이란 하나의 학습내용이나 방법이 다른 것의 학습에 도움이 되거나 학습 이외의 상황에 적용되는 것을 의미한다. 즉 어떤 내용을 학습한 결과가 다른 내용의 학습에 영향을 주는 현상을 전이(transference) 또는 학습효과의 전이라고 한다.

하나의 학습이 다른 학습에 영향을 주는 데 있어서 다른 학습을 촉진하는 것을 긍정적 전이(positive transfer)라고 하며, 다른 학습을 방해 또는 저지하는 경우를 소극적 전이(negative transfer)라고 한다.

2) 전이의 이론

전이라는 현상에 있어서 어떠한 기능이 전이하는가에 대한 심리학적인 이론은 동일요소설과 일반화설 그리고 형태이조설을 들 수 있다.

(1) 동일요소설

이 이론은 한 학습과 다른 학습의 사이에 있는 동일한 요소가 상호의존하여 전이가 일어난다는 것이다. 즉 한 학습의 효과가 다음 학습을 촉진하는 경우는 두 학습 과제 간에 동일요소가 존재해야 한다.

예컨대 라틴어의 학습은 라틴어에 어원을 둔 영어학습에 전이되고, 수학에서 추리능력은 논리학의 추리에 전이될 수 있는 것은 내용에 있어서 동일한 요소가 있기 때문이다. 그러므로 두 학습 간에 긍정적 전이가 일어나게 하려면 상호 유사성이 있어야 하며 유사성의 정도가 클수록 전이효과도 큰 것이다.

(2) 일반화설

주드(Judd, C. H.)는 초등학교 5, 6학년 학생을 두 집단으로 나누어 깊이 12 inch의 물 속에 놓여 있는 물체를 맞추기 훈련을 하였다. 한 집단에게는 빛의 굴절에 대한 원리를 가르쳐 주었으며 다른 집단에게는 빛의 굴절 원리를 가르쳐 주지 않았다. 그리고 4 inch의 물 속의 물체를 맞추는 실험을 하였는데, 4inch의 물 속의 물체는 빛의 굴절원리를 알고 있는 학생들이 굴절원리를 이용하여 굴절원리를 모르는 집단보다 더 잘 맞추었다. 이것은 굴절원리를 알고 새로운 장면에 적용하여 일반화한 결과라고 볼 수 있다. 즉 두 학습내용 사이에 원리가 같을 때 전이가 일어난다는 이론이다.

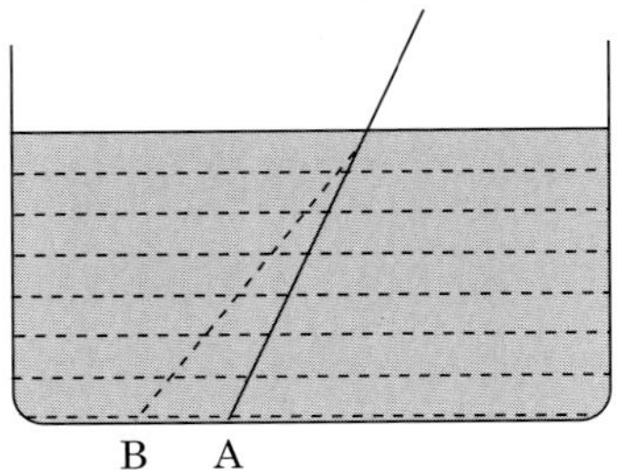

[그림 2-4] 주드의 전이실험

(3) 형태이조설

형태이조설은 형태심리학의 원리에 기초한 것으로, 먼저 경험하거나 학습한 형태가 새로운 경험이나 학습과 형태에 있어서 비슷할 때 앞의 형태가 위상적 이동을 하여 전이된다는 것이다. 한편 장이론에 의하면 먼저 경험하여 인지된 장이 새로운 경험의 장으로 위상적인 이동반응을 유발한다고 한다.

앞의 학습과 다음 학습 간에 전이가 일어나는 학습상황에는 공통성이 존재하는데, 그 공통성은 두 학습자료의 단편적인 요소가 아니라 형태 또는 그 자료 내의 관계성에 있어야 하며, 기억된 내용보다는 이해된 내용이 보다 쉽게 전이된다.

(4) 형식도야설

형식도야설은 인간의 정신을 의지, 기억, 주의, 판단 그리고 추리 등의 능력으로 이루어진 것이라고 보는 능력심리학에 기초를 두고 있다. 이와 같은 능력의 형식적 단련을 강조하는 것이 형식도야설 또는 능력연마설이다.

기억력, 추리력, 주의력 등 몇 가지 기본적인 능력을 집중적으로 단련해 두면 사소한 학습은 쉽게 이루어질 수 있다. 결국 교육은 기본적 능력의 전이에 의한 것으로 형식도야설은 훈련의 전이효과를 크게 중요시한 것이다.

(5) 학습방법의 학습

이전학습의 학습방법이나 기술은 후행학습에 전이효과를 갖는다. 즉 하나의 학습방식이 학습되면 같은 구조를 지닌 문제장면에 대해서는 전이가 쉽게 일어난다. 이것은 학습의 정도가 낮으면 전이가 일어나기 어렵고 높으면 전이가 일어나기 쉬운 것으로 학습방법이 후행하는 학습에 효과적으로 전이되는 것으로 밝혀졌다.

어떤 문제에 직면했을 때 이를 해결하기 위해서 여러 가지 방법을 동원하여 그 문제를 성공적으로 해결하게 되면 다음에 그와 유사한 문제에 당면해서도 이를 효과적으로 해결할 수 있는 방법도 익히게 되는데, 이러한 방법을 익히는 것이 바로 학습방법의 학습이다. 즉 학습방법의 학습이란 스스로 학습해 갈 수 있는 방법을 익히는 학습이라고 할 수 있다. 따라서 학습에 있어서 그 많은 지식을 전부 학습하려고 하기보다는 학습방법의 학습을 통한 전이효과를 높이는 것이 필요하다.

3) 전이효과를 높이는 방법

교육의 목적은 학습 그 자체에 있기보다는 학습한 내용을 활용하고 적용하는 데 있기 때문에 전이는 중요한 의의를 갖는다. 전이효과를 높일 수 있는 방법을 다음과 같이 정리할 수 있다.

① 수업목표를 구체화하여 학습하는 것은 전이효과가 크다.

② 학습한 내용이 새로운 학습에 이용될 것이라는 믿음과 자세가 전이를 가져온다.

③ 선행학습이 완전학습되었을 때 전이효과가 크다.

④ 원리나 법칙을 알고 있을 때 전이가 커진다.

⑤ 학습방법을 학습하였을 때 전이효과가 크다.

⑥ 충분한 연습을 했을 때 전이가 이루어진다.

⑦ 학습자 자신이 학습결과를 평가할 수 있는 기회가 많으면 전이도가 높아진다.

⑧ 안락한 분위기에서 학습하도록 해야 전이의 효과가 크다.

⑨ 학습자 스스로 문제를 해결하고 탐구하는 경험을 많이 가질수록 전이효과가 크다.

⑩ 학급 내의 학습상황을 학교 밖의 실제와 유사하게 하여 학습하고 토론할 수 있도록 하는 것이 전이효과가 크다.

4. 준비성

1) 준비성의 의미

준비성이란 어떤 내용을 학습하기 위해서는 언제가 가장 효과적인가 하는 적시성(timeliness)과 최적기(optimum time)에 초점을 두는 개념이다. 즉 준비성(readiness)이란 어떤 내용을 학습하는 데 필요한 조건이 갖추어져 있는 상태를 의미한다. 여기서 필요한 조건이란 신체나 신경계통의 성숙, 이미 습득하고 있는 지식과 기능, 흥미, 태도, 동기 등을 모두 포괄하는 것이다.

준비성이란 용어는 손다이크가 학습의 법칙에 있어서 준비성의 법칙을 주장한 데서 기인한다. 그리고 발달심리학에서 준비성은 성숙과 동일시하는 입장으로, 학습자의 학습은 필요한 성숙단계에 도달해야만 가능하다고 한다. 따라서 일정한 성숙이 이루어질 때까지 학습활동은 불가능하며 성숙될 때까지 기다려야 한다는 것이다.

연합심리학에서는 발달단계라는 것을 인정하지 않으며 점진적인 학습의 증가만이 있다고 본다. 즉 행동의 변화란 학습의 결과이며 준비성도 이전의 학습 정도에 따라 결정된다고 보는 것이다.

2) 성숙과 준비성

게셀(Gesell, A.)은 일란성 쌍생아를 대상으로 한 계단오르기 실험을 통해

[그림 2-5] 계단오르기 실험

서 시간의 경과에 따라 나타나는 성숙이 일찍부터 실시하는 연습보다 더 중요하다는 결론을 얻었다. 즉 기본적인 신경계통의 성숙이 행동출현의 시기를 결정하는 것이며 학습은 성숙에 의존하고 성숙을 초월할 수는 없다. 이 실험은 일란성 쌍생아 중 한 아이는 생후 46주부터 매일 10분씩 계단오르기 훈련을 했다. 그동안 다른 아이는 그러한 훈련을 하지 않았다. 52주째가 되어 훈련을 했던 아이는 계단을 오르는 데 26초 걸렸으나 연습을 하지 않은 아이는 45초가 걸렸다. 그 후 2주일 동안 훈련을 한 결과 처음 훈련을 받지 않았던 아이는 10초에 계단을 오를 수 있었는데 처음에 훈련을 한 아이는 20초가 걸렸다. 처음 훈련을 했던 아이는 훈련을 하지 않았던 아이보다 3배나 계단오르는 훈련을 더 받았고 7주나 먼저 계단오르기를 배웠는데도 효과가 없었다는 결론이다.

그러므로 성숙적 준비성은 필연적으로 정서적인 요소와 관련을 맺게 된다. 성숙이 이루어지기 전에 무리한 학습을 시킨다는 것은 학습의 효과가 없음은 물론 그 개인에게 어떤 정서문제나 장애를 야기할 수도 있다는 것이다. 성숙과 준비성을 정리하면 다음과 같다.

① 학습은 성숙 수준에 의존한다. 그러므로 성숙 정도에 따라 학습시키는 것이 효과적이다.

② 훈련을 시키는 것이 전혀 영향이 없는 것은 아닐지라도 성숙이 이루어

지지 않으면 그 효과가 적다.

③ 성숙할수록 훈련이 덜 필요하며, 성숙은 어떤 내용을 학습할 수 있는 준비가 된다.

④ 성숙 전의 훈련효과는 일시적이다.

⑤ 성숙 전 훈련이 학습자의 욕구좌절을 일으키면 해롭다.

⑥ 성숙은 학습의 준비성을 이룬다.

이상에서 살펴본 바와 같이 학습은 그 시기의 성숙의 정도에 따라 좌우되며, 성숙의 정도가 다르면 같은 훈련을 시켜도 학습효과가 다르게 나타난다는 것이다. 그리고 학습내용이 성숙도에 적합한 것이 아니면 훈련을 받은 만큼의 효과도 나타나지 않게 된다.

3) 경험과 준비성

환경론이나 결정론은 학습활동에 있어서 경험을 강조하는 입장이다. 이러한 주장은 학습과 발달을 하나로 보려는 것이다. 즉 학습자의 행동변화는 경험의 결과이며 신경구조나 성숙의 결과는 아니라는 것이다. 경험이란 학습하기 전에 어느 정도, 그리고 어떤 종류의 경험을 했느냐에 관계된다. 학습자는 언제나 지난날에 경험한 학습경험을 바탕으로 하여 새로운 반응을 구성해 간다. 어떤 학습이든, 특히 그것이 고등정신 기능을 필요로 하는 학습일수록 이전에 이러한 학습을 해결할 수 있을 정도의 경험을 요구한다. 즉 과거의 학습경험이 중요한 준비성의 성질을 갖게 된다.

학습 준비성을 특정 과제학습에 필요한 선행학습이라고 보는 연합심리학자들의 준비성의 문제는 학습태세의 문제를 낳게 하였다. 새로운 과제를 학습하기 위해서는 그와 유사한 과제를 이전에 학습해야 하며, 그럼으로써 새로운 과제학습에 대한 학습태세가 갖추어지는 것이다. 즉 이전학습을 통해서 새로운 과제를 어떻게 학습할 것인가를 학습하게 된다는 것이다.

브루너(Bruner, J. S)는 준비성을 기다린다는 것은 무익하다고 하며 다음과 같은 주장을 하였다.

① 성숙이 이루어질 때까지 가르쳐야 할 것을 유보하는 것은 교육의 태만이다.

② 발달이란 일정한 연령에 고정되어 있는 것이 아니라 교육과 문화의 힘에 의하여 촉진될 수 있다.

③ 준비성은 선행하는 지식이나 기능을 충분히 익힘에 따라 이루어지는 것이다.

④ 학습이란 준비성을 창조하는 일이다.

이상에서 본 준비성에 있어서 성숙과 경험은 두 부분이 모두 필요한 요소들이라 할 수 있다. 왜냐하면 어떤 과제를 학습할 능력에는 신경구조의 성숙이 필요하며, 학습자가 습득하는 행동은 성숙에만 의존하는 것이 아니라 특정의 지식이 제공되는 사회적 환경이 필요한 것이다. 따라서 성숙과 경험은 학습에 있어서 필수적인 요인이다.

5. 동기

1) 동기의 의미

학습자의 모든 행동은 동기에 의해서 결정되며, 신체적인 성장과 인격적·사회적 성숙, 행동의 과정 등 모두가 동기와 관련된다. 동기란 개체의 행동을 목표로 이끌어 가는 내적인 상태이다. 즉 동기(motive)란 개체의 행동방향을 결정하는 경향이나 태세라고 할 수 있다. 일단 동기가 생기게 되면 행동이 일어나는데 이때 행동은 반드시 어떤 방향으로 나아간다. 그러므로 동기는 행동을 하게 하는 원동력이 된다. 이러한 원동력은 목적 추구의 행동을 하게 하는 준비 태세나 상태이며, 대상이나 목표로 개체를 이끌어갈 수 있게 하는 에너지화한 상태를 의미한다.

2) 동기의 성질

동기의 개념에는 행동의 촉진적 역할을 하는 추동, 요구, 흥미, 가치 및 태도 등이 연관되어 있는 것이어서, 동기화가 되었다든가 동기가 결여되어 있다는 것은 개인으로 하여금 행동하도록 만드는 여러 가지 힘의 여부를 나타내는 것으로, 때로는 고도의 추상적 개념으로 사용되기도 하지만 반면 일반성을 나타내기도 한다.

동기의 성질은 첫째, 개개인의 동기는 정확하게 파악하기 어려우며 행동은 단 하나의 동기에 의해서 유발된다고 판단하기 곤란하다는 것이다. 따라서 동기는 행동의 다양성을 낳게 하는 요인이며 유발된 특정 행동을 일정 목표나 대상으로 이끌어가게 하는 역할을 한다. 둘째, 동기는 생리적인 면, 심리적인 면, 연상적 및 감정적인 면을 가지고 있다. 셋째, 동기는 개인마다 개인차가 있다. 넷째, 동기는 시간적으로나 공간적으로 거리가 있는 목표대상에 대해서도 작용한다.

3) 동기의 기능

동기의 성질은 동기의 기능이 되어 작용한다. 그렇기 때문에 동기의 성질과 기능을 같이 보기도 한다. 그러나 분명히 기능과 성질은 구분되므로 동기의 기능을 발생적 기능, 지향적 기능, 선택적 기능으로 구분하여 살펴본다.

(1) 발생적 기능

동기의 발생적 기능은 행동을 촉진시키는 기능으로 시발적 기능이라고 볼 수 있다. 시작이 반이라고 하듯 동기는 어떤 행동의 출발점 기능을 가지고 개체를 지배한다. 일차적 동기가 발생하여 행동의 유인이 되기도 하고 2차적 동기인 칭찬이나 힐책에 따라 행동이 발생된다. 어떠한 동기가 발생하면 그 목표를 달성할 때까지 긴장상태가 계속되며 그 목표를 달성하면 긴장은 해소되는 것이다. 그러므로 학습에 있어서도 동기의 발생적 기능이 매우 중요하다고 볼 수 있으며, 이 발생적 기능은 성취동기와 같아서 실제 학습상황에서 많이 사용된다.

(2) 지향적 기능

행동의 방향을 결정하는 기능으로서 학습의 목표를 지향해서 학습태도를 가지게 한다. 학습자가 선택한 반응이 동기의 긴장을 해소시켜 학습자에게 만족감을 줄 때에는 그에 따라 학습자는 일정한 방향을 향해서 행동하게 된다. 즉 어떠한 상황에 적절한 행동이나 반응을 나타내어 목표를 정하는 방향감이 그 속에 작용하고 있는 것이 지향적인 기능이다.

(3) 선택적 기능

인간의 행동은 가치 지향적이고 선택적이기 때문에 동물과 다른 행동을 한다. 즉 가장 바람직한 행동을 선택하여 행동으로 나타내게 되는 것이다. 따라서 학습자의 행동은 동기에 의하여 어떻게 반응하면 효과적인가 하는 것을 고려하여 선택적으로 행동을 하게 된다.

4) 성취동기

교육에 있어서 궁극적인 목표는 학습자들에게 지식과 기능을 성취하도록 조성해 주는 것이라 할 수 있다. 성취동기는 때로 성취욕구와 같은 개념으로 사용되기도 하는데, 성취하려고 하는 의욕이나 욕구를 말한다. 성취동기란 도전적이고 어려운 과제를 성취함으로써 만족을 얻으려고 하는 의욕 또는 성취하려고 하는 동기라고 정의할 수 있다. 일반적으로 어떤 일을 성공적으로 완수하거나 성공할 것이라는 느낌이 생기게 되면, 성취의 동기를 충족하려고 노력하게 되거나 가치와 목표추구 활동을 계속하게 된다.

성취동기는 머레이(Murray, H. A.)에 의해 소개된 인간 동기체제 중의 한 요인으로 맥클랜드(McClelland, B. C.)와 그의 동료들에 의해 널리 보급되었다. 머레이(Murray, H. A.)는 사람의 행동을 결정하는 요인을 '동기와 압력' 두 가지로 보았다. 사람의 마음속에 가지고 있는 심리적 요인을 총칭한 것이 동기이며, 개인이 외부환경으로부터 지각하는 것이 압력이라 한다. 따라서 이 두 가지 요인이 어떻게 작용하느냐에 따라 개인의 행동이 결정된다. 심리적 요인인 동기는 인간행동의 내부적 조정자의 역할을 하고, 외적 · 환경적 요인인 압력은 인간행동의 외부적 역할을 각기 맡게 된다.

빅스(Biggs, J. B.)는 동기를 학습전략의 결정과 선택 여하에 영향을 미치는 변인으로 보았다. 파리스(Paris, S. G.) 등은 학습전략을 활용하는 방법에 관하여 아는 것 자체가 중요한 것이 아니고 학습자가 그러한 학습전략을 융통성 있게 활용할 수 있도록 동기화되어야 한다고 한 바 있다. 즉 선택한 학습전략이 어떤 조건, 상황에서 더욱 효과를 나타내게 된다는 조건적 지식을 알고 있다면 학습자는 그러한 학습전략을 더욱 유효적절하게 활용할 수 있게 되며, 그 결과로 학습전략 활용에 대한 동기 수준이 높아지게 되는 것이다.

그러므로 학습자의 동기요인은 학습전략을 다른 상황에 전이시키는 데 중요한 역할을 하며, 이를 달성하기 위한 행동은 이 동기의 강약에 의해 결정된다. 따라서 동기의 강약은 학업성취도와 깊은 관계가 있으며, 동기의 개념은 행동과 학습에 관한 어떤 흥미를 자아내는 사실을 이해하고 설명하는 데 적절한 도움을 주게 된다. 왜냐하면 학습자의 행동과 학습에 관한 사실은 동기와 같은 개념 없이는 설명하기가 어렵기 때문이다.

이와 같이 하나의 행동유발의 수단으로서 동기는 지능이나 선행학습과 마찬가지로 학습자가 지식, 이해, 기술을 성취할 것인지의 여부를 결정하는 요인의 하나가 된다. 따라서 성취동기의 정도는 개인의 학습행동 특성을 결정하는 데 있어서 하나의 변수로 작용하게 되며, 학습자의 행동특성은 학습활동을 전개하는 데에나 학업성취의 정도에 중요한 작용을 한다.

성취동기는 성취하려고 하는 동기로서 성취동기가 높은 사람의 행동은 다음과 같은 특성을 나타내고 있다.

① 과업지향성이 있다.

• 자기 능력에 비해서 다소 어렵고 도전적인 가치가 있는 과업에 관심을

갖는다.

- 성취결과에 대한 보상보다 성취과정이나 성취능력을 과시하는 데 흥미를 갖는다.
- 외적인 강요에 의한 과업수행에 있어서는 성취동기가 낮은 사람보다 성취결과가 좋지 않다.
- 과업지향적이며 지위향상적이다.

② 적절한 모험성이 있다.

- 능력과 기능의 한계 내에서 적절한 곤란과 모험심이 있는 과업을 선택하며 흥미를 갖는다.

③ 자신감이 있다.

- 과거에 경험하지 않았던 과업에 대해서는 성취동기가 낮은 사람보다 자신감이 있다.
- 이전에 경험한 바가 있거나 그 과업의 본질에 관해서 알고 있을 경우에는 자신감이 있지 않다.
- 성취가능성의 한도 내에서 자신의 능력을 검토해서 자신을 갖는 실천가이다.

④ 정열적이고 혁신적인 활동성이 있다.

- 자신의 능력 한도 내에서 어떤 과업도 열중하며 새롭고 도전적인 과업에 흥미를 갖는다.
- 문제해결에 새로운 방안을 모색하고, 자신의 성취과업에 만족한다.
- 새로운 사태와 문제를 만들고 단순한 경영자가 아니라 기업가적 기질을 가지고 있다.
- 도전적이고 새로운 문제나 과업이 아닐 때는 성취동기가 낮은 사람보다 더 게으르고 한가하다.
- 항상 새로운 문제, 도전적인 가치가 있는 일을 찾는다.

⑤ 자기 책임감이 강하다.

- 자신이 성취한 성공과 실패를 타인에게 전가하지 않는다.
- 자유와 책임이 허용되지 않는 일에는 흥미를 느끼지 않는다.

⑥ 결과에 대한 지식을 추구한다.

- 예상되는 결과에 대해 구체적 · 객관적으로 정확한 정보를 계속 추구하려 한다.
- 결과에 대한 지식 그 자체를 목표로 삼지 않고, 성취활동을 평가하는 수단으로 생각한다.

⑦ 미래지향성이 강하다.

- 미래의 성취과업과 이에 대한 만족을 기대하면서 현재의 고통이나 갈등과 계속 싸워 나간다.

5) 동기유발의 원리와 방법

동기유발(motivation)이란 행동의 근원이 되는 힘인 동기를 일으키는 것을 말한다. 즉 동기유발이란 개체가 동기를 가지고 목표지향적인 행동을 일으키는 과정이다. 학습에 있어서 동기유발은 학습자가 하고자 하는 경향이 생기게 하고 유목적적이고 적극적인 학습활동을 하도록 하는 것이다.

(1) 동기유발의 일반원리

① 학습자의 흥미나 능력과 결부되는 학습활동의 형태를 갖추기 위해 학습자 개개인을 연구한다.

② 풍부한 학습경험과 그 경험의 심화를 도모할 수 있는 학습의 형태를 찾기 위해 학습내용을 연구한다.

③ 위의 두 가지를 결부하는 기술적인 원리를 찾기 위해서 동기유발에 대한 일반원리의 연구가 필요하다.

④ 동기유발에 대한 기술적인 원리

- 학습동기의 유발은 이미 경험한 내용과 결부시킨다.
- 학습자의 흥미나 관심과 결부시킨다.
- 성공감, 필요성 등을 갖게 함으로써 학습의욕을 일으킨다.
- 학습목표를 스스로 깨닫도록 한다.
- 개인차에 맞게 조절한다.

(2) 동기유발의 방법

학습활동에 있어서 동기유발을 내적 동기유발(intrinsic motivation)과 외적 동기유발(extrinsic motivation)로 나눌 수 있다. 내적 동기유발은 학습활동에 있어서 흥미나 관심을 환기시키며 재미가 있어서 공부하도록 하는 것이다. 외적 동기유발은 칭찬하거나 꾸짖거나 경쟁심을 북돋움으로 해서 학습활동을 강화시키는 것이다. 즉 내적 동기유발은 학습자 스스로 학습하려는 의욕을 갖게 되는 것이고 외적 동기유발은 외부에서 학습자로 하여금 학습하도록 학습활동을 일으키는 것을 말한다.

브루너는 내적 동기의 중요성을 강조하면서 이를 유발하기 위해서는 가르칠 학습내용 그 자체에 대한 흥미를 증진시키고 학습자에게 발견감을 주어야 하며, 말하고자 하는 것을 학습자의 적절한 사고형태로 바꾸어 놓아야 한다고 하였다. 경우에 따라서는 어떤 학습내용에 대하여 저절로 내적 동기가 유발될 수 있지만, 교사의 노력에 의하여 외적 동기에서 내적 동기로 옮아 가도록 하는 것이 보통이다. 그래서 교사는 외적 동기와 내적 동기의 균형을 이루는 데 노력을 기울여야 하는 것이다.

① 내적 동기유발 방법

- 학습자가 학습문제에 대하여 호기심을 갖도록 한다.
- 성취감을 갖도록 한다.
- 실패의 경험을 적게 갖도록 한다.
- 지식, 기능 또는 인격 등에 감명을 줄 수 있는 모델을 정하고 이에 동일시하도록 한다.

② **외적 동기유발 방법**

- 학습목표를 분명히 알게 한다.
- 학습과정을 충분히 알게 함으로써 흥미를 갖고 학습활동에 적극적으로 참여하게 한다.
- 학습결과, 특히 무엇이 어떻게 잘못되어 나온 결과인가를 상세히 알게 한다.
- 집단 소속원으로서의 소속감을 갖게 한다.
- 다양한 학습자료나 실증적인 예화를 들려준다.
- 학습자 개개인의 장점을 찾아 칭찬을 한다.
- 학습활동의 중요한 과정에서 주의를 집중시킨다.
- 학습과정에서 약간의 불안을 느끼게 할 수 있는 교사의 발문으로 사고의 기회를 마련해 준다.
- 약간의 경쟁심을 자극한다.
- 올바른 학습습관이나 태도를 기른다.
  - 학습 중에 주의집중을 할 수 있는 태도
  - 끈기있게 학습하는 태도
  - 자기 생각을 간추려 발표할 수 있는 태도
  - 토의에 적극적으로 참여하는 태도
  - 사전을 잘 이용하는 태도
  - 요점을 잘 정리하여 기록하는 태도
  - 계획을 세워 학습하는 태도
  - 채점한 답안지를 받으면 맞은 것과 틀린 것을 살펴보고 다시 학습하는 습관
  - 예습 · 복습을 게을리하지 않는 습관
  - 의문사항이 있거나 모르는 내용은 반드시 물어서 해결하려는 태도
- 상과 벌을 적당히 활용한다.

이상과 같이 학습현장에서 동기유발을 하는 구체적 제시는 일반적 방법을

응용한 것에 불과하나 매우 의미있는 것이므로 교사는 이를 효과적으로 사용해야 한다. 그러나 교사는 동기유발을 할 때 다음과 같은 사항을 유의할 필요가 있다.

- 동기는 인간의 심리적 과정의 일부에 불과하다.
- 동기는 개인마다 그 체제나 강도가 다르다.
- 동기는 그 유발조건이 다르다.
- 동기는 상호 간에 대립되는 경우가 있다.
- 개인은 그 자신의 동기를 알 수 없는 경우도 있다.

6. 연습

1) 연습의 의미

학습경험의 망각을 방지하고 효과적인 파지를 위해서는 반복연습이 필요하다. 연습이란 새로운 경험이나 행동의 획득을 목표로 행동을 반복하는 운동과정과, 그 효과를 포함한 전체과정을 의미한다. 학습이나 작업에 있어서 처음에는 행동이 매우 느리고 거칠며 정확하지 못하던 것이 연습을 통해서 점차 속도가 빨라지고 원활해지며 정확해진다. 그리고 연습에 따라 작업량도 많아져서 학습능률이 현저히 향상되는 것을 볼 수 있다.

일반적으로 연습의 결과를 정확하게 측정하는 방법으로 다음과 같은 것을 들 수 있다.

① 일정한 시간 내에 할 수 있는 작업량의 증가 정도
② 일정한 작업량을 달성할 수 있는 시간의 감소 정도
③ 학습결과에 대한 정오비율에 있어서 착오수의 감소 정도
④ 학습결과나 목표에 대한 성공과 실패의 비율
⑤ 작업결과의 우열성

[그림 2-6] 연습을 통한 학습

그러나 연습에 의한 학습 및 작업성적의 향상은 일방적으로 학습자의 능력, 교양, 기능, 동기, 체질과 작업의 성질, 곤란도, 장소 및 상황 등의 여하에 따라 여러 가지의 차이가 있다. 보통 연습을 시작하면 처음에는 미숙해서 능률이 오르지 않다가 시간이 경과함에 따라 점차 능률이 오르게 된다. 그러다가 어느 정도 시간이 경과하면 오히려 능률이 오르지 않고, 한동안 정체 상태에 들어간다. 이때를 연습의 고원(plateau)이라고 한다. 고원 현상은 동기의 감퇴, 포화, 피로, 행동의 단조로움, 곤란한 문제 등 여러 원인에 의해서 생기게 된다. 이 고원에 달하면 일단 쉬고, 다시 기분을 전환시켜 시작하는 것이 효과적이다. 결과에만 집착하여 진전이 없으면 연습을 포기하는 수가 있기 때문에 이때는 각별한 격려와 조언이 필요하다.

2) 연습과 훈련

같은 학습이나 작업이라도 연습 횟수와 그 학습효과와는 밀접한 관계를 가지고 있다. 즉 학습이나 작업의 결과는 연습의 횟수와 정도에 따라 얼마나 기억할 수 있게 하느냐 그렇지 않느냐의 문제와 직접 관계가 있다. 연습을 계속하여 기억하고 이해할 뿐만 아니라 자동적으로 신속하게 행동이나 작업을 해낼 수 있는 상태를 훈련이라 한다. 그러므로 숙련은 연습을 기초로 해서 이루어질 수 있다.

3) 연습의 방법

연습과정에 있어서 도중에 휴식없이 연속적으로 반복연습하는 것을 전습법이라 하며, 연습 도중에 휴식을 하며 연습해 가는 것을 분습법이라고 한다. 이러한 과정을 결정할 때는 고려되어야 할 조건들이 있다. 학습해야 할 기능의 성질, 휴식시간의 길이, 연습기간 중의 시행횟수 소요시간, 학습자의 능력 등은 연습방법에 크게 영향을 미친다.

(1) 전습법

전습법은 학습내용이나 기술을 한꺼번에 학습하는 방법이다. 전습법의 장점은 망각이 적고, 학습에 필요한 반복이 적으며, 시간과 노력이 적게 든다는 것이다.

전습법이 필요한 경우는 다음과 같다.

① 학습과제가 비교적 유의성이 있고 통찰학습이 가능한 경우

② 과거의 학습효과가 적극적인 전이가 용이한 경우

③ 이미 학습된 기능이 어느 정도 망각이 일어난다고 하더라도 높은 수준의 효과를 이루고 있을 경우

④ 잘 알려진 지식과 기능을 숙달하기 위한 고도의 요구가 있을 경우

⑤ 연습기간이 장기간 연장되어도 생산적인 결과를 필요로 하는 경우

(2) 분습법

분습법은 학습내용이나 기술을 몇 개의 단위로 나누어 학습하는 방법이다. 분습법은 순수분습법, 점진적 분습법, 반복적 분습법으로 나누어 볼 수 있다.

① 순수분습법

순수분수법은 각 내용이나 기술을 일정한 수준에 도달할 때까지 각각 학습하고 그 후 각 내용이나 기술을 동시에 학습하여 일정한 수준까지 학습하는 방법이다.

② 점진적 분습법

내용이나 기술 1과 내용이나 기술 2를 각각 학습하고, 다음에 내용이나 기술 1과 2를 동시에 학습하여 전체로 하며, 내용이나 기술 3을 학습하고 1, 2, 3을 동시에 학습한다. 이와 같이 내용을 점차 합해서 전체를 학습하는 방법이다.

③ 반복적 분습법

내용 1을 학습하고 다음에 내용 2를 동시에 학습하며, 그 다음 내용과 함께 1, 2, 3을 동시에 학습하는 방법이다. 분습법이 필요한 경우는 다음과 같다.

- 작업량이나 학습과제량이 비교적 많은 경우
- 학습과제가 유의성이 없는 경우
- 학습과제의 내용이 복잡하고 곤란도가 큰 경우
- 그릇되게 반응하기 쉽고 특히 학습의 초보단계인 경우
- 동기유발이 낮고, 많은 노력과 시간이 투입되어야 할 경우

이와 같이 전습법과 분습법을 생각할 수 있는데 어느 방법이 효과적이냐 하는 것은 일률적으로 결정할 수 없다. 그러나 대체로 다음과 같은 경향을 살펴볼 수 있다.

① 지능이 우수한 학습자나 연령이 증가함에 따라 전습법이 유리하고 효과적이다.

② 연습도가 증가하는 데는 전습법이 유리하다.

③ 유의미한 학습자료는 전습법이, 내부적 관련성이 적고 무의미한 학습자료는 분습법이 유리하다.

④ 분산적 학습일 때는 전습법이 유리하나 집중적 학습법일 때에는 분습법이 유리하다.

⑤ 학습내용이 길고 어려운 경우에는 분습법이 유리하다.

4) 연습의 원리

- 학습자에게 연습의 필요성을 알도록 한다.
- 연습의 의미와 효과를 이해시킨다.
- 학습결과 또는 진전상태를 옳게 이해시킨다.
- 개인차를 고려해서 연습시킨다.
- 학습자료의 내용을 분석해서 그것에 맞게 전습법과 분습법, 또는 집중법과 분산법을 적절히 이용하여 연습하게 한다.
- 연습목표를 성취하려는 성취동기를 갖도록 지도한다.

7. 심리적 포화

1) 심리적 포화의 의미

일정한 학습을 계속하면 차츰 싫증이 나서 마침내 그 학습을 계속하기가 싫어진다. 그러한 다음엔 노력을 계속하려고 해도 학습을 할 수 없게 된다. 이와 같은 과정을 심리적 포화라 하며 신체적 피로와 구분하여 다룬다. 피로는 학습의욕이 있어도 학습활동은 저하되는 것에 비해, 심리적 포화는 학습의욕이 감퇴되거나 변화되어 버리는 것이고 학습활동의 에너지가 반드시 없어지는 것은 아니다. 그리고 심리적 포화는 실제로 실행한 작업에 대해서 뿐만 아니라 실제로 행하지 않은 작업에 대해서도 일어난다.

2) 학습과 포화

심리적 포화는 피로와 같이 학습의 진행을 방해할 뿐만 아니라 피로와는 달리 학습목표나 학습흥미 그 자체가 변하게 해서 학습태도의 방향을 근본적으로 변화시켜 버리고 마는 경향이 있기 때문에 주의해야 한다. 이 심리적 포화를 예방하고 완화하기 위해서는 몇 가지 사항을 고려해야 한다. 즉 흥미가 없는 학습의 심리적 포화를 예방한다는 의미에서 흥미를 기초로 한 동기유발이 가능하다. 그러나 흥미가 있는 학습도 포화상태에 이를 수 있으므로, 흥미와 포화는 직접 관련이 있다고 볼 수 없다. 일반적으로 기계적인 단순한 학습의 반복은 심리적 포화를 일으키기 쉬운데 이것은 흥미가 적기 때문만이 아니고 아무리 작업을 해도 일만을 하는 경우에 볼 수 있는 일이다. 학습 그 자체를 목표로 정하면 아무리 학습을 해도 그 목표에 접근하기가 어렵다. 똑같은 기계적인 일을 한다 해도 자기가 얼마만큼 작업을 계속할 수 있을 것인가

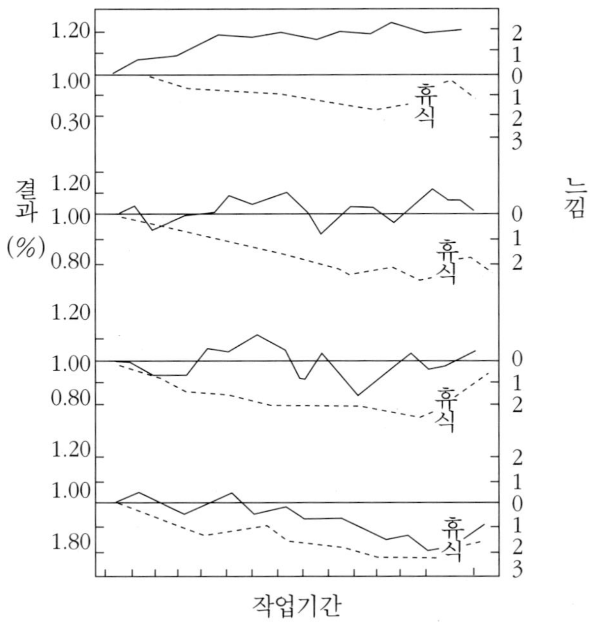

[그림 2-7] 네 가지 형의 정신작업 결과와 느낌과의 관계
(실선은 결과, 점선은 느낌의 기록)

를 목표로 하는 경우는 학습을 계속한다는 것이 목표에 점차적으로 접근해 가는 것이기 때문에 심리적 포화는 일어나지 않는다. 따라서 목표를 정하는 방법에 따라서 학습의 뜻이 바뀌면 심리적 포화가 일어나는 방법이 바뀐다.

또한 자아에 관련된 동작, 쾌감이나 불쾌감이 수반되는 학습의 반복은 정상적인 학습에 비하여 심리적 포화가 빨리 일어나고, 포화의 속도는 쾌나 불쾌의 정도와 같이 증가한다. 이것은 요구수준과도 관계가 깊어서 열심히 학습하는 학습이 빨리 포화상태에 이른다. 마음을 쏟지 않는 일이나 곤란한 학습을 하는 경우는 되도록이면 자아와 작업을 분리시켜 무관심의 태도로 하는 것이 심리적 포화를 지연시키는 데 효율적이다. 그런데 학습에 있어서 심리적 포화나 피로는 증가하더라도 실제 학습효과가 반드시 저하되는 것은 아니다. [그림 2-7]에서와 같이 심리적 포화나 피로와 학습효과와의 관계를 고려하여 심리적 포화를 해소하는 데 구체적 방안을 모색해야 할 것이다.

8. 불안

1) 불안의 의미

불안(anxiety)은 공포, 걱정 그리고 생리적 긴장으로 특징지워지는 정서반응의 하나로, 뚜렷하지 않는 대상으로부터 느끼는 심리적 동요상태를 말한다. 이 불안의 개념은 정신분석학에서 가장 중요한 개념이며 인성발달에 있어서 중요한 역할을 하는 것으로, 신체의 내부기관에 생기는 흥분은 내적·외적 자극에 의해서 생겨나게 되고 인체의 자율신경계통의 지배를 받는다. 예컨대 위험스러운 상황에 처하게 되면 심장이 빨리 뛰고 호흡이 가빠지며 입은 마르고 손발에 땀이 난다.

프로이트(Freud, S.)는 불안의 형태를 세 가지로 구분하여 첫째, 현실적인 또는 객관적 불안 둘째, 신경증적 불안 셋째, 도덕적인 불안이 있음을 밝혔다. 이 세 가지 불안은 성질에 있어서 불쾌하다는 동질성을 가지고 있으며 유일한 기능은 자아에게 위험신호를 보내주는 것이고, 이러한 위험신호가 의식계에 나타나면 자아는 위험에 대처할 준비를 갖추게 된다. 이러한 불안이 고통스럽기 때문에 일반적으로 그것이 없어지기를 바라지만, 불안은 내적·외적 위험이 다가옴을 알려주는 것이기도 하다. 이와 같은 경고를 받음으로써 다가오는 위험을 물리치거나 회피할 수 있는 방법을 모색할 수 있게 된다.

2) 불안과 학업성취

일반적으로 불안이 학업성취와 부적 상관을 갖는다는 것은 이론적으로나 경험적으로 알려진 사실이다. 불안의 정도가 높으면 복잡하고 어려운 과제에서는 그렇지 않은 과제에서보다 더 많은 실수를 저질러 그 수행의 저하를 가져오고, 불안의 정도가 낮으면 오히려 그 반대현상이 나타나게 된다. 멕칸드레스(McCandless, B. R.)는 30개 교과목의 성취결과와 불안과의 상관관계를 분석하여 그 중 13개의 과목에서 통계적으로 유의한 역상관이 있다고 밝혔다. 또한 성패의 경험과 시험불안과의 관계에서 실패경험 뒤에는 시험불안수준이 높아졌고 성공경험 뒤에는 불안수준이 낮아졌다고 하여, 과거의 학업성취가 다음 시험상황에서의 불안에 영향을 미친다고 한다. 초등학교 학습자를 대상으로 한 연구에서 불안과 언어학습 간에는 −.57, 수리적 학습과는 −.60의 의미있는 역상관이 있는 것으로 밝혀졌다. 이와 같이 불안은 학업성취에 방해적 요인이 되고 있다는 것을 알 수 있다.

사라손(Sarason, S. B.) 등은 불안이 높은 경우에 측정된 IQ는 낮았고, 불안이 낮은 학습자의 경우 측정된 IQ는 높게 나타나 IQ와 불안의 부적 상관관계를 밝혔다. 불안이 높은 개인은 자신의 지식을 바르게 평가, 판단하지 못하고 정확한 선택반응을 결정하지 못한다는 것이며, 선택한 것에 대해서는 정확성을 과대평가하고 선택하지 않은 것에 대해서는 과소평가하는 경향이 있다고 한다.

연구된 결과에 의하면 불안수준이 높은 사람은 어렵고 복잡하며 시간이 충분하지 않은 경우에 학습장애를 일으키며, 쉽고 단순하며 시간이 여유있을 때가 적절하다고 한다. 반면에 시간적 제한이 있고 복잡한 과제일 때는 불안수준이 낮은 학습자가 유리하며, 불안수준이 낮은 학습자들의 학업성취도가 불안수준이 높은 학습자보다 우수하였다.

이와 같이 불안이 학업성취에 주는 영향을 생각할 때 교사는 수업에 있어서 학습자에게 자신감을 가질 수 있도록 하는 언어적인 보상이나 긍적적 반응을 보여줌으로써 자기 신뢰감을 가질 수 있도록 하고, 다양한 경험을 가지도록 함으로써 적응능력과 문제에 접근하려는 의욕을 불러일으켜야 할 것이다. 그리고 수업내용과 방법을 학습자의 개인차에 맞도록 하여 학습자들이 성취감을 가질 수 있도록 하는 방안이 모색되어야 한다.

9. 학습환경

1) 학습환경의 의미

인간의 성장발달은 유전과 환경의 상호작용에 의해서 실현되는 것이다. 교육은 학습자의 성장발달을 촉진하는 환경을 조성하는 것이라 할 수 있다. 즉 학습자의 생득적인 능력인 소질을 최대한 개발할 수 있는 환경을 제공해 주는 것이 교육이다. 따라서 학습환경은 학습자의 학습활동에 있어서 중요한 조건이 되며 학습성과와 밀접한 관계를 가지고 있는 것이다.

환경이란 개인에게 영향을 주고 상호작용하는 물리적 · 심리적 조건과 과정 및 외적 자극이라고 규정할 수 있다. 레빈(Lewin, K.)은 개인을 규정하는 환경을 생활환경 · 심리적 생활공간이라고 하였다. 즉 인간의 행동을 위상적 개념으로 보고, 행동은 각 개인이 지니고 있는 개인 특성과 그 인간을 둘러싸고 있는 환경의 상호작용에 의해 결정된다고 하였으며, 특히 심리적 행동특성은 심리적 환경의 함수관계로 개인의 행동에 직접 관계되거나 의미를 주는 것이라 하였다. 이와는 달리 구성원들의 환경에 대한 주관적 지각과 판단에 근거하여 환경을 파악하려는 입장을 주관적 환경, 심리적 환경, 지각환경이라 부르고 있으며 배타환경이라 부르기도 한다.

지각환경은 정도의 차이는 있지만 학습자가 환경에 대하여 느끼는 심리적 의미의 중요성을 반영하고 인간은 환경에 대하여 자신의 인지구조, 신념, 욕구성향 등의 요인에 따라 해석하고 의미를 부여한다는 것이다. 한편 머레이는 압력의 개념으로 개인에게 주는 환경의 작용을 설명하면서 환경내에 힘이 있으며, 이러한 힘이 개인의 특성에 작용하는 것을 환경적 압력이라는 개념으로 발전시켰다.

블룸(Bloom, B. S.)도 장기간에 걸친 연구결과 환경의 작용에 관한 일반적인 견해를 다음과 같이 다섯 가지로 제시하고 있다.

첫째, 환경은 인간의 특성에 일어나는 변화의 범위나 종류를 결정해 주는 요인이 된다.

둘째, 환경이 미치는 영향은 인간 발달과정 중에서 가장 급격한 발달을 가져오는 시기에 더욱 큰 영향을 미친다.

셋째, 인간에게 주어진 환경 중에서 초기의 환경은 큰 영향을 미치기 때문에 더욱 중요하다.

넷째, 환경은 원칙적으로 개인에게 변별적인 작용을 한다고 할 수 있으나, 환경 중 일부는 그것이 지니는 강력한 힘 때문에 접하고 있는 모든 개인을 동일하게 변화시키는 작용을 한다.

다섯째, 환경이 작용하며 일으키는 변화에는 한계가 있다. 인간발달과정의 초기에는 환경이 보다 강력한 작용을 하지만 연령이 높아짐에 따라서 그 작용은 점차로 감소된다.

일반적으로 환경이라 하면 물리적 조건만을 지칭하는 수가 많으나 환경은 심리적 · 사회적인 제조건이 모두 포함되는 것이다. 학습환경이란 학습자의 학습에 영향을 주는 학습자의 모든 외적 조건이라고 정의할 수 있다. 교육은 이러한 학습환경을 촉진시켜 주는 데 그 의미가 있는 것이며, 학습환경은 개인에게 교육적으로 긍정적인 영향을 미치는 외적 조건 및 자극의 개별적 또는 총합적인 구조와 작용으로 볼 수 있다. 결국 학습환경은 학습자를 둘러싸고 있는 모든 인적 · 물적 조건과 상황을 모두 포괄한 것이라고 볼 수 있으나 다만 물리적 환경은 학습에 필요조건이며 이를 효율적으로 운용하기 위해서는 환경의 사회심리적 상호작용이 적절히 이루어져야 하는 것이다.

2) 학습환경의 구성

수업은 학습의 주체적인 활동에 의해서 이룩됨을 전제로 하여 교사는 학습환경의 일부가 되어 학습환경을 조성하고, 학습자의 학습활동을 돕는 위치에서 학습자의 자발적인 학습활동을 보다 활발하게 이룩하려는 것으로 볼 수 있다.

레빈(Lewin, K.)은 장의 개념에 기초하여 인간의 행동을 $B = \int(P \cdot E)$라는 방정식으로 설명하였다. 이와 같은 관계에서 수업은 바람직한 행동의 변화를 위하여 학습자와 환경이 함수적 관계를 맺게 하는 활동이라고 할 수 있다. 그런데 교사가 직접적으로 조작이 가능한 것은 환경뿐이고, 학습자에게는 환경이라는 매개물을 통해서 간접적인 영향만이 미치게 될 뿐이다. 즉 수업이란 학습자가 자발적으로 효율적인 학습활동을 전개할 수 있도록 학습환경을 구성하는 일이라고 할 수 있다.

(1) 사회심리적 환경

모든 집단은 그 집단에 특유한 사회심리적 구조 내지 풍토를 형성하고 유지하며 변화시킨다. 이것은 학교사회나 학급집단에게도 적용되는 것으로 한 학교의 사회체제 내지 풍토는 학습집단의 사회심리적 구조와 불가분의 관계를 갖는다.

학교의 교육목표와 교육방침과 행정적 지도성 여하에 따라 학습의 사회심리적 구조가 받는 영향이 크며, 각 학급의 사회심리적 구조가 전체 학교의 문화적 풍토를 결정하는 데 중요한 역할을 한다. 학교 속에서의 직접적인 사회환경 대부분을 학급집단이 차지한다. 이러한 학급집단 구조에 작용하는 요인들을 살펴보면 다음과 같다.

① 학교가 설정한 교육목표는 학급집단의 사회심리적 구조에 중요한 작용

을 하게 된다. 학교의 교육목표가 학급집단 구조의 형성에 미치는 작용을 좀 더 엄밀하게 분석하면 학급집단을 이끌어 나가는 교사의 교육목표 해석 여하와 그 달성을 위한 교육방법 선택 여하에 따라 한 학급집단과 다른 학급집단 사이에 차이를 보이게 될 뿐만 아니라, 학교 교육목표 해석에 있어서 교사들 간의 합의도에 따라 학교교육의 목표가 학급집단에 미치는 힘의 강도가 달라진다. 또 학교의 교육목표에 대한 교사의 해석과 수락 정도에 차이를 보일 때 그 학교의 목표가 가지는 학급집단 구조에의 영향은 감소되거나 학급집단의 사회심리적 구조의 기초가 동요되게 된다.

학교가 하나의 사회기관이고 조직인 이상 그 기관의 질서와 통합이 필요하다. 이를 위해서 모든 교사에게 역할과 책임이 분배되어야 하며 순조로운 학교운영을 위한 제반 규칙이 필요하게 된다. 이와 같은 교사의 인간관계는 학급집단의 사회심리적 구조형성에 영향을 미치게 된다.

② 학습자와 교사의 인성적 관계는 학급집단의 사회심리적 구조에 중요한 작용을 하게 된다. 한 집단의 능률성은 그 성원의 인간관계에 크게 의존하고 있는데, 학교 사회에 있어서도 교사와 교사, 교사와 학습자, 학습자와 학습자 간의 상호 인간관계가 어떻게 형성되고 있으며, 그 유형이 어떠한지가 학교의 사회적 풍토형성이나 학습성과에 중요한 결정적 요소가 된다. 수업은 교사와 학습자, 학습자 상호 간의 관계를 통하여 이루어지는 것이기 때문에 수업의 효과는 이들의 관계의 정도에 따라 영향을 받게 마련이다. 학급 구성원 간의 사회심리적 관계의 차원을 살펴보면 다음과 같다.

- 문제해결과 과업 중심의 관계 : 학급구성원의 관계는 학습목표 달성과 학습활동을 통한 학습자 개개인의 성장적 필요의 충족과 관련된 인간관계이다. 일정한 학습목표를 달성하기 위하여 교사를 중심으로 한 학습활동에서 학습자의 역할이나 책임 수행이 전체 학급의 집단형성에 영향을 주게 된다.
- 결정을 위한 권위관계 : 한 학급 내에서는 환경정리, 소풍, 학습계획 등 여러 가지 결정을 내릴 사항이 많다. 이러한 학급 내의 결정에 관한 교사의 정책과 학습자의 개인적 특성 및 상호작용에 따라 학급 내의 특성과

상호관계는 학급마다 달라진다.

- 힘의 관계 : 교사는 학교체제에 부여된 권위로 인하여 학급 내 학습자의 행동에 많은 영향을 줄 수 있는 능력을 가졌다고 하겠다. 또한 학습자는 그들 나름대로 상대방에 영향을 줄 수 있는 힘을 가지고 있다. 이와 같이 성원들이 상호 영향을 주고받는 조직망은 학급의 사회심리적 구조의 하나가 되는 것이다.
- 사회적 수용관계 : 각 학급 구성원은 자기 특유의 인성특징이 있고, 일정한 생활양식, 습관, 가치판단, 감정표시를 가지고 학급성원들과 생활하며 학습에 참여한다. 이러한 행동에 대해서 학습자들은 그 타당성과 가치를 의식적으로 혹은 무의식적으로 판단하게 된다. 학급 내에서 수용관계는 성원들의 개인적 만족과 성취에 작용하는 정도만큼 집단구조의 또 하나의 차원이 되는 것이다.
- 개별적 교우관계 : 가까운 친구관계를 가지고 각자의 개인적 경험을 나눌 수 있다는 점에서 또래집단이 가지는 정서적 색조는 강하며, 따라서 그 소집단들의 행동양식과 다른 집단과의 관계는 학급집단의 과업수행에 큰 영향을 주면서 그 학급의 사회심리적 구조의 형성, 유지, 변화에 작용한다.

이상에서 살펴본 바와 같이 학습환경을 구성하는 학급의 사회심리적 차원들을 학교행정가나 교사가 어떻게 관리 운영하느냐에 따라 학습자의 학업성취 결과에 크나큰 영향을 주게 될 것이다. 학습자의 학습에 미치는 여러 요인과 더불어 학급의 사회심리적 환경의 문제는 계속 연구되어야 할 중요한 작용변수라고 볼 수 있다.

(2) 물리적 환경

학급의 시설이나 설비는 단순한 물리적 존재로 의미가 있는 것이 아니라 생동하는 학습자의 성장발달에 도움을 줄 때 비로소 그 가치가 인정된다고 할 수 있다. 그러므로 학급의 시설이나 설비는 학습자의 성장이나 발달에 긍정적 자극이나 조건이 되는 방향에서 고려되어야 한다. 이에 대하여 타이디만(Tidyman)은 교육적인 학급환경의 조건으로 첫째, 실용성 또는 유용성(utility or usefulness), 둘째, 건강(health), 셋째, 미 또는 매력성(beauty or attractiveness)을 들고 있다.

이상과 같은 고려사항을 중심으로 교육의 시설 및 설비를 위한 일반적인 원칙을 정리해 보면 다음과 같다.

① 교실의 시설환경은 학습자로 하여금 풍부한 교육적 경험을 할 수 있도록 마련되어야 한다.

② 교실의 시설환경은 학습자의 성장발달 단계나 학년의 차이에 따라 변화될 수 있는 것이어야 한다. 그러나 각 학년마다 단 하나만의 유형이 존재한다고 생각해서는 안 된다.

③ 교실의 환경은 학습자의 학습내용에 알맞은 것이라야 한다. 다시 말하면 동일한 환경 속에서 오랫동안 학생들이 학습한다는 것은 교육적이 못 된다. 그러므로 교실의 시설환경은 부분적으로나 전체적으로 자주 변화가 있어야 한다.

④ 학년 초에 교실의 환경을 구성할 때에는 교사와 학습자들이 모두 그 계획에 참여할 것이며, 혹시 수정을 필요로 할 때에도 교사가 단독적으로 할 것이 아니라 학습자로 하여금 협의하게 해서 그들의 흥미와 의사에 따라서 변경하게 하는 것이 좋다.

⑤ 교실의 시설환경은 고정적이어서는 안 되며 언제나 움직일 수 있는 유동적인 것이어야 한다.

⑥ 가능하면 교실의 크기는 넓게 해서 그 속에서 극이나 기타 놀이도 할 수 있게 하는 것이 좋다.

⑦ 특히 저학년에 있어서는 그들의 신체 및 운동기능의 발달이 비교적 거칠기 때문에 위 학년에 비해 넓은 공간을 차지하도록 하는 것이 이상적이다.

⑧ 교실의 시설은 학습활동 중이라도 작업상의 필요에 따라 학습자가 자유롭게 실내를 다닐 수 있도록 여유가 있어야 한다.

⑨ 교실의 설비 및 비품은 학습자들의 작업을 능률적으로 할 수 있게 고려함과 아울러, 보건 위생상 또는 미적 관점에서도 특별히 배려가 있어야 한다.

⑩ 교사의 좌석은 그 학급의 모든 학습자를 내려다볼 수 있는 위압적인 위치가 아니고, 학습자와 동등하다는 느낌을 줄 수 있는 앞자리의 측면이 적당하다.

학급의 물리적 환경으로 담임교사가 관심을 갖고 관리해야 할 몇 가지 중요한 시설이나 설비에 대해서는 다음과 같이 정리할 수 있다.

① 공간관리

교실은 인원수에 비하여 넓을수록 좋다. 미국은 학습자 1인 평균 3㎡, 영국은 2㎡라고 하나 우리나라는 학급당 60명 평균으로 계산하면 1.2㎡에 불과하다. 그러므로 우리나라 학급 담임교사들의 교실공간 관리는 중요한 업무가 된다. 주어진 공간은 분단조직이나 책 · 걸상의 배열 등에서 가급적이면 좁은 장소라도 넓게 쓸 수 있도록 배려해야 한다.

② 창문관리

창문은 교실의 환기와 실내온도 조절에 절대적인 역할을 할 뿐 아니라 실외의 상황에도 주의를 끌도록 하는 일을 한다. 종래에는 창문을 통하여 교실 밖이 보이는 것이 학습자의 주의를 산만하게 하는 원인이 된다고 창문을 높게 하자는 의견도 있었으나, 타이디만은 창문을 낮추어 창밖에서 일어나는 일에 학습자가 관심을 가지게 하여 학급 내의 일에 묘미를 갖도록 하자고 주장하기도 하였다. 그러므로 학급담임은 환기와 온도조절을 위하여 항상 관심을 가질 뿐만 아니라 밖의 상황을 관찰할 수 있도록 깨끗이 관리해야 한다.

③ 조명관리

부적당한 조명은 학습자의 자세에 해를 주고, 피로를 촉진하며 시력에 영향을 미친다고 한다. 따라서 교사에게 조명관리는 매우 중요하다. 최근의 연구에 의하면 교실 조명으로는 300룩스 이상이 가장 적당하며, 광원이 학습자들의 왼쪽 어깨 위에서 비추는 것이 좋다고 한다. 조명의 밝기와 함께 조명의 색채도 감정에 큰 영향을 미친다. 적색은 흥분, 황색은 경쾌, 녹색은 안정과 만족, 청색은 밝은 느낌을 준다. 일반적으로 적색 계통은 따뜻하고 활동적이며, 청색 계통은 차고 정지적인 느낌을 주게 된다. 따라서 실내의 천장이나 벽의 색깔을 어떻게 할 것인가는 학습능률면과 관련하여 선택 결정해야 할 것이다.

④ 음향관리

음향과 학습의 관계를 보면 교실에서는 소음이 40폰(phon) 이하가 되어야 적합하다고 한다. 이보다 높은 소음이 있으면 학습속도나 정확한 반응, 학습능률, 학습오차 등에 많은 능률상의 차이를 가져오게 된다. 따라서 학교에서의 소음방지는 물론이고 가정학습에서도 유의해야 할 것이다.

⑤ 온도와 습도관리

적당한 습도와 온도는 학습자의 건강뿐 아니라 학습에도 많은 영향을 미

[그림 2-8] 교실환경

친다. 그러므로 겨울은 따뜻하고, 여름은 시원하여 학습자의 건강이나 학습에 영향이 없도록 조절하여야 한다. 학습자의 건강이나 학습에 가장 알맞는 온도는 17~20℃이고, 습도는 40~50%가 가장 좋다. 그러므로 담임교사는 난방장치, 창문개방 등을 통해 온도와 습도가 적당하게 유지되도록 관리해야 한다.

3

학습자의 특성

학습의 결과에 영향을 미치는 학습자특성으로는 학습자의 지능의 정도, 창의성, 자아개념, 인성을 들 수 있다. 교사는 학습자의 특성에 따라 수업을 계획하여 실행할 필요가 있다.

1. 지능

1) 지능의 의미

비네(Binet, A.)는 지능이란 개체가 목표를 지향하고 생활에 적응하며 목표를 아는 능력이라고 하였고, 스턴(Stern, W.)은 지능이란 사고 작용을 통하여 새로운 요구에 의식적으로 적응하는 일반적 능력이라고 하였다. 또한 터만(Terman, L. M.)은 지능은 추상적 사고를 하는 능력이며 여러 문제를 해결하는 데 추상적인 상징을 사용하는 능력이라고 규정하였다. 핀트너(Pintner, K.)

는 지능이란 새로운 환경에 적응할 수 있는 능력이라고 하였고 웩슬러(Wecschler, D.)는 지능이란 유목적적으로 행동하고 합리적으로 사고하며 환경을 효과적으로 다루는 개인의 전체적 · 종합적 능력이라고 하였다.

지능은 학교학습에 있어서 학업성취를 예언하는 매우 강력한 학습자 변인으로 연구되어 왔으나 지능의 정의에 관해서는 통일된 결정적 정의는 내리지 못하고 있다. 그러나 일반적으로 지능을 학습능력으로 보는 견해, 정신적 적응능력으로 보는 견해, 고등정신능력으로 보는 견해가 있다.

① 지능을 학습능력으로 보는 견해는 지능이란 교육을 받을 수 있는 능력의 정도라고 보는 것이며, 지능이 높은 사람은 지적인 학습을 할 수 있는 능력이 높고 지능이 낮은 사람은 학습할 수 있는 능력이 낮다는 정의이다.

② 지능을 정신적 적응능력으로 보는 견해에 따르면 지능이란 개인의 전체 환경에 대한 적응력이며, 생활의 새로운 문제와 상황에 대한 일반적인 정신적 적응능력이라고 정의한다. 개인의 주위에는 여러 가지 새로운 문제나 생활이 계속적으로 일어나고 있는데 이러한 문제나 생활에 부딪쳤을 때 개인의 행동을 보다 효과적이고 적절하게 재구성하여 적응하도록 하는 능력을 바로 지능으로 보는 관점이다.

③ 지능을 고등정신능력으로 보는 견해에 따르면 지능은 추상적 사고를 할 뿐만 아니라 그것을 구체적 사실과 관련시키는 능력이라고 정의하고 있다. 즉 어떤 추상적 개념이 구체화되는 현상을 파악하는 것과 구체적인 현상을 관련시킬 수 있는 능력을 지능이라고 보는 입장이다. 그러므로 지능이란 어떤 목적을 향하여 행동하고 합리적으로 사고하며 환경에 효과적으로 대처해 가는 인간의 종합적인 능력이라고 정의할 수 있다.

이와 같이 지능은 현실적인 능력이나 학력이 아니라 잠재적인 능력이나 소질적 능력으로서, 새로운 문제의 해결과 새로운 환경에 보다 합리적이고 목적적이며 통찰적으로 적응할 수 있는 정신능력이라고 볼 수 있다.

2) 지능의 요인

(1) 일반요인설

일반요인설이란 지능의 구조가 일반요인으로 구성되었다고 보는 것으로 1요인설이라고도 한다. 스피어만(Spearman, C.)은 인간의 여러 가지 정신능력은 서로 상관관계가 있다고 보고 그것을 공통요인 또는 일반요인으로 보았다. 이 일반요인은 누구나 생득적인 것이며 인간의 모든 정신기능에 작용하는 고유한 개인의 특성이다.

(2) 2요인설

2요인설은 지능의 구조를 g(general factor)요인과 s요인(specific factor)으로 설명하는 것이다. 이러한 주장은 일반요인설에서 발전하여 지능은 일반적이며 공통적인 요인 외에 특수한 요인이 있다고 보는 것이다.

(3) 다요인설

다요인설은 지능의 구조를 여러 개의 구성요인으로 설명하는 입장이다. 써스톤(Thurston, L. L.)은 요인분석의 방법을 고안하여 지능에 포함된 7개의 요인을 밝혀내고 이를 인간의 기본 정신능력(primary mental ability)이라고 하였다. 군집요인이라고도 하는 7개의 요인은 다음과 같다.

- 언어이해요인(verbal comprihension: V factor)
- 수요인(number factor: N factor)
- 공간요인(spatial factor: S factor)
- 지각요인(perceptual factor: P factor)
- 연합적 기억요인(associative memory factor: A factor)
- 추리요인(reasoning factor: R factor)
- 언어의 유창성(word fluency: W factor)

(4) 복합요인설

길포드(Guilford, J. P.)는 지적 능력이 3차원이라는 견해를 가지고 지적 능력을 크게 사고력(thinking ability)과 기억력(memory ability)으로 구분하고 사고력은 다시 인지적 사고력(cognitive thinking ability), 생산적 사고력(productive thinking ability), 평가적 사고력(evaluative thinking ability)으로 세분하였다. 생산적 사고력은 다시 수렴적 사고력(convergent thinking ability)과 확산적 사고력(divergent thinking ability)으로 구분하였다. 이와 같은 지적 능력의 차원은 [그림 3-1]과 같이 체계화할 수 있다.

- 기억력(memory ability) : 인지된 사실의 파지능력
- 인지적 사고력(cognitive thinking ability) : 여러 가지 지식과 정보의 발견 및 인지와 관련된 사고력
- 수렴적 사고력(convergent thinking ability) : 이미 알고 있는 지식이나 기억된 정보에서 어떤 지식을 도출해 내는 능력
- 확산적 사고력(divergent thinking ability) : 이미 알고 있거나 기억된 지식 외에 전혀 새로운 지식을 창출해 내는 능력
- 평가적 사고력(evaluative thinking ability) : 기억되고 인지되어 생산된 지식정보의 정당성과 양호성을 판단하는 능력

이와 같은 다섯 개 부분을 조작차원으로 하고 이와 관련된 형태, 상징, 언

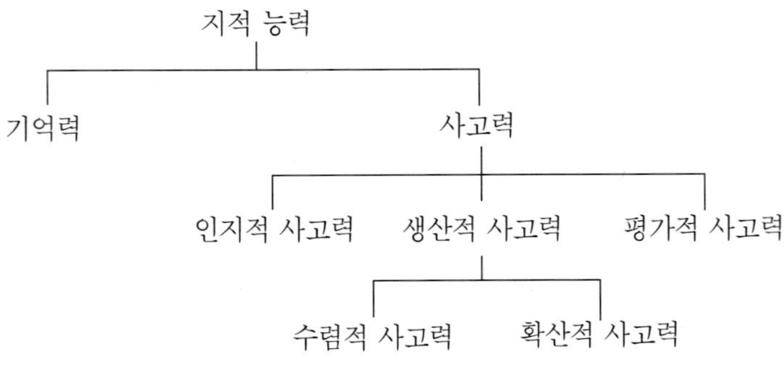

[그림 3-1] Guiford의 지적 능력의 구분

어, 행동의 내용요인을 다른 한 차원으로 하며 그 결과의 차원을 단위, 종류, 관계, 체계, 변용, 함축으로 구분하여 지능의 구조를 세 가지 차원의 복합적 구성으로 설명하고 있다. 따라서 이 세 가지 차원이 서로 다르게 상호작용하고 있는 120개(5×4×6)의 복합적 능력을 지능이라고 보는 것이다.

3) 지능과 학업성취

버트(Burt, C. L.)의 연구에 의하면 지능과 학습내용 간의 상관에 있어서 지적 교과나 추상적인 교과는 지능과의 상관이 높고 기술적 · 예능적 교과와의 상관은 낮다고 한다. 또한 지능 수준과 독서 시험점수의 상관에 관한 또 다른 연구에 의하면 지능과 독서점수 사이에는 어느 집단, 어느 학년에서나 높은 상관이 있다고 한다.

이러한 사실은 지능과 학업성취는 높은 상관관계가 있는 것이어서 지능의 측정치로 학업성취를 예언할 수 있다는 것을 시사한다. 일반지능과 학업성취도와 상관계수가 평균 $r = .70$ 정도라면 그 변량(r^2)은 약 49%인데, IQ가 성적을 이 정도밖에 설명해 줄 수 없다고는 하지만, 하나의 요인으로 이 정도만큼 설명할 수 있는 것도 없다. 따라서 지능의 측정치는 학업성취와 높은 상관관계가 있는 것이어서 지능의 측정치는 학교성적을 예측할 수 있는 훌륭한 지수다.

또한 지능이 우수한 사람들은 기억력, 주의집중력, 어휘력, 논리적 사고력, 비판력, 일반화 능력, 독창력, 호기심, 민첩성 등에서 보통 사람보다 앞선다고 하며, 천재아들은 초등학교 시기에 학업성취면에서 평균 점수에 비하여 약 14% 정도 높았고 교과의 숙달도에 있어서는 44% 정도 앞서 있는 것으로 보고되었다. 그러나 개개의 교과목에 따라서는 특정적 차이가 발견되고 있다. 즉 독서, 수학적 추리력, 과학, 문학 등은 의미와 이해가 상당히 영향을 주고, 판단이나 사고, 응용을 요하는 교과에서는 훨씬 높은 학업성취를 보인다는 것이다.

2. 창의성

1) 창의성의 의미

창의성은 사물을 새롭게 만드는 과정이며, 알려지지 않은 참신한 아이디어나 그 복합체를 산출하는 능력 또는 특성이라고 정의한다. 또한 창의성을 고도의 사회적 유용성이나 좋은 형태의 독창적 생산이라고 정의하기도 하다. 여기서 독창성은 창의력의 유일한 준거는 될 수 없는 반면에 창의성은 유용성이나 형태라는 기준에 따라서 판단되어야 한다. 즉 창의성은 새롭고 가치 있는 결과라고 특징지을 수 있으며 문제해결의 특수한 형태라고 할 수 있다.

2) 창의성의 요인

길포드(Guilford, J. P.)는 창의적 사고와 관련된 일련의 요인분석적 연구를 410명의 공군 사관학생을 대상으로 한 바 있다. 그는 일련의 연구를 통하여 창의성과 관련되어 있는 53개의 변수와 1,400개의 상관계수를 얻었고 이를 통하여 창의적 사고와 관련된 6개의 기본요인을 제시하였다. 이와 같이 분류된 창의성의 요인은 [그림 3-2]와 같이 나타낼 수 있다.

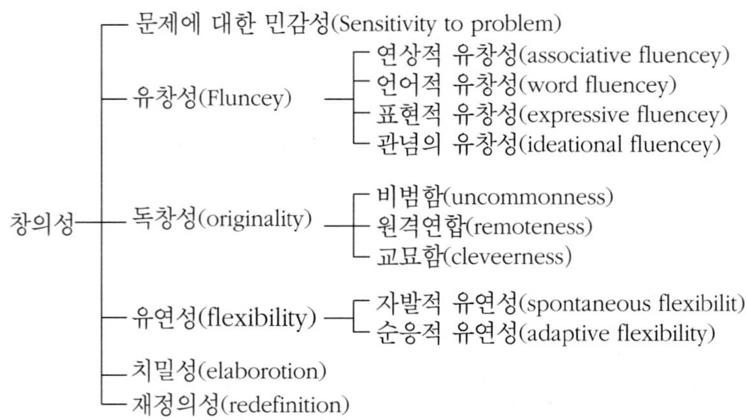

[그림 3-2] 창의성의 요인

(1) 문제에 대한 민감성

문제에 대한 민감성은 어떤 도구의 결점을 말하도록 하는 검사에 의해 조사되는 기능이다. 처음에는 문제에 대한 감수성과 평가의 능력을 구별하고 있었지만 최근의 연구에서는 모두 동일한 기능에 속하는 것으로 본다.

(2) 사고의 유창성

사고의 유창성은 아이디어의 풍부함에 대한 양적인 측면이다. 즉 언어, 연상, 표현, 관념의 유창성인 요인이다.

- 언어의 유창성 : 언어의 유창성은 주어진 문자를 조합하여 언어를 만든다든지 하는 능력을 말하는 것이다.
- 연상의 유창성 : 연상의 유창성은 동의어를 몇 개나 답하는가에 관한 검사로 측정되는 기능으로써, 작문을 위해서 중요한 것으로 확인되고 있다.
- 표현의 유창성 : 표현의 유창성은 문장을 만드는 검사 등에 의해서 조사되며, 이 득점은 다른 방법에 의한 창의성 측정치와 높은 상관을 나타낸다.
- 관념의 유창성 : 관념의 유창성은 단단하고, 희고, 먹는 것은 무엇인가의 질문에 답하도록 하거나 이야기의 제목을 생각해 내도록 하는 검사에 의해서 조사되는 것으로써 질보다는 양이 문제가 되는 것이다.

(3) 독창성

독창성이란 통계적으로 다수인의 응답과 상이한 응답을 하는 것, 그리고 다음과 같이 응답의 성질에 의해서 채점되는 기능이다.

- 비범성 : 비범성은 언어 연상검사에서 정상이면 평범한 것이고 비정상이면 비범한 것이다.
- 원격연합 : 원격연합은 두 개의 낱말을 주고서 그 관계를 나타내도록 했을 때 아주 멀리 떨어진 두 낱말을 나타내 주는 능력이다.
- 교묘성 : 교묘성은 이야기의 줄거리를 주고서 제목을 붙이게 하는 검사에 의해서 답의 내용에 흡사한 정도를 채점한 것이다.

(4) 사고의 유연성

사고의 유연성은 낡고 오래된 사고를 버리고 새로운 생각을 받아들이는 능력으로서 자의적 유연성과 적응의 유연성이 있다.

(5) 치밀성

치밀성은 아이디어가 어떤 대상의 기능, 위치에 대한 행동, 목표에 어느 정도 정확하게 접근하고 있는가에 관계된다.

(6) 재정의성

재정의성은 어떤 문제를 주었을 때 답을 얻은 후 그것이 정답인지 재확인하는 것을 의미한다.

3) 창의성의 유형

(1) 표현적 창의성

표현적 창의성은 예능이나 잠재능력을 독창적인 표현으로 나타내는 것이며 가장 기본적인 창조성이다.

(2) 기술의 창의성

기술의 창의성은 창조적 기술, 즉 작품이나 생산품의 정치성, 숙달성으로 나타나는 창조성이다.

(3) 발명적 창의성

발명적 창의성은 탐구력의 작용으로 나타나는 창조성이다.

(4) 창출적 창의성

창출적 창의성은 추상적 · 논리적 가설을 처음으로 창출해 내는 창조성이다.

(5) 혁신적 창의성

혁신적 창의성은 어떤 설정된 기본적 원리나 가설을 변경, 수정하여 개선을 시도하는 창조성이다.

4) 창의성이 높은 사람의 특성

창의성이 높은 사람은 확신하고 있는 일에 용기를 가지고 호기심이 강하며 자기 스스로 판단한다. 또한 위험이나 실수를 두려워하지 않는 특성을 가지고 있다. 그리고 창의성이 높은 사람의 특성은 높은 자신감, 뛰어난 사회성, 융통성, 자기 수용성, 자립심, 자기만족, 독자적인 판단, 높은 감수성, 비합리성의 발견, 모험적, 극기적, 내성적, 자아 긍정성 등을 지니고 있다는 것이다.

지능은 낮은 편인데도 창의성이 높은 집단은 창의성이 낮으며 지능이 높은 집단보다 학업성취도가 높은 것으로 나타났다. 이러한 사실을 통하여 창의성도 학업성취와 높은 상관이 있다는 것을 시사받을 수 있다.

3. 창의적 문제 해결 능력

1) 창의적 문제 해결 능력의 의미

(1) 문제 해결

교육에서 문제를 해결하기 위해서는 문제의 개념을 정확히 인식하는 것이 중요하다. 문제란 학습자에게 목적은 있으나 그 목적을 달성하기 위한 수단을 아직 인식하지 못한 상태다. 그러므로 문제는 학습자가 해야 하거나 풀어야 할 일 또는 수행 과제이며, 새로운 도전, 성장과 발전의 기회를 의미한다. 다시 말해, 문제란 목표를 실현할 때까지 겪게 되는 걸림돌로써 사전에 접해 보지 못한 과제를 수행하는 데 필요한 해결책이 주어지지 않은 상황을 의미한다.

이러한 문제는 개인에 따라 상대적 의미를 갖는데, 어떤 특정한 개인에 대하여 문제가 될 수 있는지의 여부는 그 상황에 직면한 학습자인 해결자가 그 상황을 어떻게 보는지에 달려 있다. 예컨대 학습자 수준에 따라 문제에 대한 정의와 구조화 상태가 달라질 수 있고, 학습 영역 및 횟수에 따라 익숙한(routine) 문제와 생소한(nonroutine) 문제로 그 기준이 달라질 수 있다.

김영채는 문제 해결을 '장애물을 극복하고 적절한 통로를 찾아 시초 상태에서 목표 상태로 이동함으로써 이들 사이의 거리가 없어지는 과정'이라 하였다. 이상봉은 문제 해결을 두 가지의 관점에서 문제 해결 과정과 문제 해결 전략으로 분류하고, 이러한 문제를 해결하기 위해서는 단순한 사실의 발견 이상의 고차원적인 사고 기능을 사용해야 한다고 하였다.

(2) 창의적인 문제 해결

일반적으로 학자들은 창의성과 문제 해결의 관계를 밀접하게 보고 있다. 그러나 두 개념의 관점은 매우 다르다. 창의성과 문제 해결을 대등한 개념으로 보기도 하고, 문제 해결을 창의성의 하위 개념으로 보기도 하며, 창의성을 문제 해결의 하위 개념으로 보기도 한다. 예컨대 펠두센(Feldhusen, Treffinger)은 창의성과 문제 해결을 동일하게 여기지 않고, 두 개념을 복합하여 '창의적인 문제 해결(Creative problem solving: CPS)'이라 명명하였다. 뉴웰(Newell, Shaw, Simon, 1962)은 창의성을 문제 해결의 하위 개념으로 평가했으며, 델루카(Deluca)는 문제 해결을 창의성의 개념으로 간주하였다.

여기서는 창의성과 문제 해결을 대등한 개념으로 본 펠두센의 '창의적인 문제 해결' 이론에 근거하였다. 그들은 창의적인 문제 해결에 대한 준거로 첫째, 학습자가 실생활에서 겪게 되는 문제를 해결하는 데 도움을 주었느냐 둘째, 학습자가 불확실한 미래에 지혜롭게 대처하는 데 도움을 주었느냐 셋째, 인간의 삶에 활력소를 주었느냐 넷째, 학습자로 하여금 폭넓은 사고를 할 수 있게 도와주었느냐 다섯째, 학습자로 하여금 생산적인 참여를 통해 보상과 기쁨을 맛보게 해 주었느냐에 있다고 하였다.

따라서 이 장에서는 이러한 조건을 만족시킬 수 있는 문제 해결 과정에 창의성을 복합적으로 적용한 창의적인 문제 해결 과정을 다루었다.

창의적인 문제 해결 과정을 볼 때, 창의성과 문제 해결은 완전히 겹친 것도, 완전히 떨어진 상태도 아니기 때문에 모든 단계에서 동일하게 창의성과 문제 해결이 나타나는 것도, 단계마다 따로따로 나타나는 것도 아니다. 이들은 창의적인 문제 해결 과정의 모든 단계에서 나타나되, 단지 차지하는 정도의 차이가 있을 뿐이다.

지금까지 살펴본 창의성과 문제 해결에 관한 선행 연구들을 종합해, 장수웅은 창의적인 문제 해결을 '문제와 관련된 지식, 태도, 기능을 토대로 탐색적 사고와 개발적 사고가 역동적으로 상호 작용하여 새롭고, 적절한 산출물을 생각(ideation)하거나 표현(communication)하거나 기록(documentation) 또는 만들어(production) 내는 과정' 으로 정의하였다. 따라서 이 과정에서 필요한 능력을 창의적인 문제 해결 능력(Creative problem solving capability: CPSC)이라 하였다.

2) 창의적 문제 해결 능력의 구성요소

창의적인 문제 해결 능력은 어떤 하나의 독특한 능력만으로 설명될 수 있는 것이 아니라 다양한 고등 사고 기능들, 예컨대 창의성과 문제 해결 능력들이 복합적으로 상호 작용하는 가운데 형성되는 능력이다. 이때 필요한 절차적 지식을 지식이라 하고, 필요한 동기나 성격을 태도, 표현되는 모든 것들을 기능이라 하고, 이 모두를 합쳐 일반인이 갖추어야 할 교양이라 하였다.

여기서 창의적인 문제 해결 능력은 펠두센의 '창의적인 문제 해결' 이론에 기초하여, 문제 해결 능력과 창의성을 서로 교차시켜 창의적인 문제 해결 능력에 필요한 구성요소를 〈표 2-1〉과 같이 구성하였다. 즉, 문제 해결 능력은 과정과 전략적인 두 측면으로 제시된다. 과정적인 측면에서는 문제 해결 과정에서 능력(P)에 관한 준거 영역을 네 가지 관점인 문제의 이해(u), 해결책 탐색 및 개발(d), 실현(r), 산출물 평가(e)로 두었다. 창의성(C)에 관한 준거 영역을 세 가지 관점인 인지적 특성(c), 정의적 성향(a), 산출물(P)로 간주하였다. 이 영역을 다시 인지적 특성 관점에서 독창성, 융통성, 유창성, 정교성으로, 정의적 성향 관점에서 흥미, 집요함, 추진력으로, 산출물적 관점에서 새로움, 적절함, 정교함으로 하위 요소를 세분화하였다.

〈표 2-1〉 창의적인 문제 해결 능력에 관한 구성요소

구성요소		창의성		
		인지적 특성(c)	정의적 성향(a)	산출물(p)
문제 해결 과정 능력(P)	문제의 이해(u)	PuCc	PuCa	PuCp
	해결책 탐색 및 개발(d)	PdCc	PdCa	PdCp
	실현(r)	PrCc	PrCa	PrCp
	산출물 평가(e)	PeCc	PeCa	PeCp

주: 'PuCc'는 '피유시시'라 읽고, 해석은 '창의적인 문제 해결 과정에서의 인지적 특성에 기초한 문제 이해 능력'이라 함.

〈표 2-1〉에 의하면 창의적인 문제 해결 능력에 필요한 구성요소는 12개이다. 이 구성요소들은 문제 해결 과정의 각 단계별 3개씩 분포되어 있다. 즉, 문제의 이해 단계에서의 능력은 PuCc, PuCa, PuCp이고, 해결책 탐색 및 개발 단계에서의 능력은 PdCc, PdCa, PdCp이며, 실현 단계에서의 능력은 PrCc, PrCa, PrCp이다. 그리고 산출물 평가 단계에서의 능력은 PeCc, PeCa, PeCp이다.

창의적인 문제 해결 능력을 구성요소별로 정리하면 다음과 같다.

(1) PuCc

문제 상황에서, 문제가 의미하는 것이 무엇인지 세분화해서 해석할 수 있고, 자기의 언어로 재구성하여 명료하게 진술할 수 있는 인지적 특성 능력이다.

(2) PuCa

학습자가 호기심을 가지고 문제 상황에 몰입하여 기존의 틀에 얽매이지 않고 해석해 문제의 의미를 인식할 수 있는 정의적 성향 능력이다.

(3) PuCp

문제 상황에서, 학습자가 새로운 관점으로 이해한 문제를 그림이나 수식 등과 같은 독특한 방법으로 표현할 수 있거나 구성원들이 해석한 내용을 차별화하여 내놓을 수 있는 산출물적 능력이다.

(4) PdCc

문제를 해결하기 위한 탐색 또는 개발 과정에서, 학습자가 해결책을 다양하고 논리적으로 제시할 수 있거나 구성원과의 의견을 합리적으로 조정할 수 있는 인지적 특성 능력이다. 이 과정에서의 인지적 특성 능력은 선행 지식과 원리를 이용하여 해결책을 모색할 수 있고 구성원들의 아이디어를 응용해 새로운 아이디어를 제시할 수 있다. 이때 복잡하거나 새로운 아이디어를 이해하기 쉽게 통합할 수 있고, 자신의 아이디어를 논리적으로 표현할 수 있으며, 형성된 아이디어를 비판적으로 평가할 수 있는 능력도 요구된다.

(5) PdCa

문제를 해결하기 위한 탐색 또는 개발 과정에서, 학습자가 집요하게 집착하거나 해결책을 구성원에게 설명할 수 있고, 아이디어를 개발하기 위해 협동적으로 토의하여 새로운 아이디어나 해결책을 다양하게 표현할 수 있으며, 구성원의 새로운 아이디어를 받아들일 수 있는 정의적 성향 능력이다. 또한 하나에만 집착하지 않고 새로운 것에 도전할 수 있는 능력도 될 수 있다. 이때 프리핸드 스케치나 마인드맵을 이용하여 아이디어를 모형화할 수 있는 능력이 요구된다.

(6) PdCp

문제를 해결하기 위한 탐색 또는 개발 과정에서, 학습자가 경제적이고 효율적인 방법을 모색하여 정교하고 세밀하게 설계해 낼 수 있는 산출물적 능력이다.

(7) PrCc

실현 과정 중 학습자가 자신의 경험을 재조직하여 해결책 개발 단계에서 예상하지 못했던 문제를 해결할 수 있는 인지적 특성 능력이다.

(8) PrCa

실현 과정에서 목표 실현을 위해 학습자가 계획한 산출물을 구성원과 협동할 수 있을 뿐만 아니라 자신이 맡은 일에 최선을 다할 수 있고, 목표한 일을 반드시 해낼 수 있으며, 주변을 정리정돈할 수 있는 정의적 성향 능력이다.

(9) PrCp

실현 과정에서 개발된 아이디어에 따라 학습자가 치밀하게 재료를 사용하거나 새롭고 독창적인 산출물을 제작하기 위해 숙달된 자세로 도구를 다룰 수 있는 산출물적 능력이다.

(10) PeCc

학습자가 산출물을 제작하는 과정에서 사용한 원리와 기능을 이해하고 비판할 수 있으며, 기발한 아이디어로 수행준거에 따라 산출물을 설명할 수 있는 인지적 특성 능력이다. 또한 체험 활동 중 문제 해결 과정에서 형성된 아이디어를 범주화하고, 개념적 지식과 절차적 지식을 활용해 기록할 수 있는 능력이다.

(11) PeCa

산출물을 발표할 때, 학습자가 독특한 화술로 청중의 관심을 끌 수 있는 정의적 성향 능력이다. 또한 일상적인 틀에 얽매이지 않고 기발한 아이디어로 포트폴리오를 작성할 수 있는 능력이다.

(12) PeCp

학습자가 완성도 높은 작품, 즉 정교성, 내구성, 심미성을 갖춘 매력적인 작품을 제작해 다른 작품과 차별화할 수 있는 산출물적 능력이다. 또한 독특한 방법으로 구성원들의 역할과 활동을 포트폴리오에 명확히 제시할 수 있는 능력이다.

이 구성요소가 종합적으로 어우러져 창의적인 문제 해결 능력을 이루는 것이다.

4. 자아개념

1) 자아개념의 의미

인간은 누구나 자기 자신에 대한 관점을 갖게 마련이고, 이것이 각 개인의 특이성 및 주관적 현실세계를 구성하게 된다. 어떤 이는 자기 자신을 유능하고 훌륭한 사람으로 여기는가 하면, 어떤 이는 자기 자신을 무능하고 보잘 것 없는 인간이라고 생각하기도 한다. 말하자면 사람들은 누구나 자기 마음속에 '자기 스스로' 를 나타내거나 반영하는 또 하나의 '자기' 의 모습을 간직하게 되는데, 이것이 개인의 행동을 결정하거나 적어도 그 행동에 영향을 미치는 중요한 요인으로 작용하게 된다. 이와 같은 자아개념에 대한 정의는 학자에 따라 다소 견해 차이를 보이고 있는데, 로저스(Rogers, C.)는 자아개념을 '개인의 의식 속으로 들어올 수 있도록 용인된 자아지각의 조직된 형태' 라고 정의하고 개인은 이러한 자아개념을 계속 유지하고 환경적 요인이 허용하는 한 그 자아를 실현하고 신장하려는 경향이 있다고 주장하고 있으며, 콤즈와 스니그(Combs, A. W. & Snygg, D.)는 '개인이 그의 경험을 통하여 그 자신이라고 생각하는 바' 를 자아개념으로 규정하고 개인의 모든 행동은 예외없이 자신의 의미(meaning) 또는 준거체제(frame of reference)로서의 자아개념에 의존하며 계속적으로 자아를 유지, 확장하려는 기본적 욕구(need)가 있다고 강조하고 있다.

이러한 자아개념을 인간행동에 결정인자로서 작용하는 심리적 과정의 한

군집으로 보는(self-as-process) 견해가 있는가 하면, 다른 한편에선 인간이 그 자신을 대상화하여 지각한 자기 자신에 대한 태도나 느낌의 총체로 보는 (self-as-object)견해가 있다. 전자는 정신분석학적 자아이론에 근거하여 자아를 사고, 기억, 지각 등과 같은 일군의 심리적 과정으로서 구성되어 있다고 보는 입장이며, 후자는 사회심리학적 자아이론과 현상학적 자아이론에 근거하여 자아란 자신을 대상으로 하여 가지는 감정, 지각 그리고 평가 등의 지각내용으로 구성된다고 보는 입장이다.

그러나 이러한 견해 차이에도 불구하고, 여러 가지 정의 속에 포함되어 있는 자아개념의 속성은 자신에 대한 지각, 신념, 태도로 집약될 수 있다. 이중 지각과 신념을 인지적 속성으로 본다면, 태도는 정의적 속성으로 볼 수 있다. 결국 자아개념은 인지적 속성과 정의적 속성을 포함하는 것으로 이해될 수 있다. 이런 관점에서 펠커(Felker, D. W.)는 자아개념을 '개인이 자신에 대해 가지는 지각, 관념(ideas), 태도의 독특한 체제' 로 정의하였다.

2) 자아개념의 구성요소

자아개념의 구성요소에 대해서도 학자마다 견해를 달리하고 있다. 로저스(Rogers, C.)는 자아개념의 구성요소로서 자신의 성격이나 능력에 대한 지각, 다른 사람이나 환경과 관련을 맺고 있는 자신에 대한 지각, 경험이나 어떤 대상물과 관련지어 생각한 가치의 유형, 그리고 긍정적 또는 부정적 성격을 띠고 있는 것으로 지각된 목표나 이상 등을 지적하고 있다. 한편 퍼케이(Purkey, W. W.)는 자아개념을 나선적 형태로 된 통일된 체제로 보았는데, 이 체제는 나선적 형태로 된 여러 가지 하위 자아개념들로 구성되며 이 하위 개념들은 중심에 가까운 것일수록 심층적이고 중요한 반면, 중심에서 멀수록 불안정하고 덜 중요하다고 보았다. 또 이러한 하위 자아개념들은 독자적인 특성을 가지며 동시에 전체적으로 관련되어 통일을 기하면서 심층 구조화되어 있다고 한다.

이런 가운데 쉐벨손(Shavelson, R. J.), 허브너(Hubner, J. J.) 그리고 스탠톤

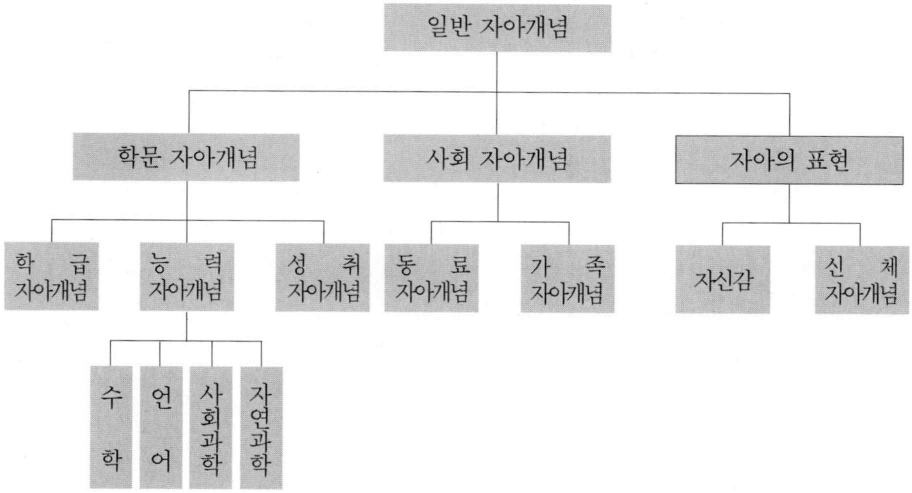

[그림 3-3] 송인섭의 자아개념 위계 구조 모형

(Stanton, J. C.)이 자아개념의 구조를 위계적으로 상정한 가설적 모형은 퍼케이의 가정과 그 맥락을 같이 하는 것으로서, 가장 광범위하고 포괄적인 것이다. 여기서 그들은 일반적 자아개념을 학문적 자아개념과 비학문적 자아개념으로 분류하고, 또 학문적 자아개념의 하위영역으로서 각 학과 영역을 제시하고 비학문적 자아개념을 사회적, 정서적 그리고 신체적 자아개념으로 나누어 그 하위영역으로서 동료와 중요한 타인, 특정 정서상태, 신체적 능력과 외모를 각각 제시하고 있다. 또한 이러한 하위영역들은 특정한 상황에서의 행동평가에 의하여 형성된다고 하였다. 여기서 주목해야 할 것은 위계 서열상위로 올라갈수록 자아개념은 안정되고 변화되지 않으며 밑으로 내려갈수록 불안정하고 쉽게 변한다는 점이다. 따라서 일반적 자아개념의 변화는 그것과 상치되는 특정상황에서의 경험이 계속하여 반복될 때 비로소 가능해진다.

3) 자아개념과 학업성취

학습자는 학교에 입학하면서부터 많은 교과과정을 학습하게 되고 또한 교사나 동급생들을 비롯한 많은 사람들을 만나게 된다. 그리고 이때부터 학습자는 각종 학습과제나 시험을 통해 자신의 능력을 시험하게 되고 또한 교사나 부모 그리고 동급생들에 의해 계속적인 평가를 받게 된다. 이때 각종 시험에서 좋은 성적과 함께 교사나 부모 그리고 동급생들로부터 좋은 평가를 받게 되면 학습자는 자신의 능력을 높게 지각하게 되나, 반대로 시험에서의 낮은 성적과 함께 주위 사람들로부터 나쁜 평가를 받게 되면 학습자는 자신의 능력을 낮게 지각하게 된다. 또한 이때 학습자는 자신의 능력을 그대로 지각하는 것이 아니라 다른 학습자의 능력과 자신의 능력을 항상 상대적으로 비교하여 지각하게 된다. 한편 학습자의 이러한 자신의 능력에 대한 지각을 특별히 능력에 대한 자아개념이라고 부르며 이는 그들의 학업성취도에 의해 크게 영향을 받는다.

또한 학습자의 이러한 능력에 대한 자아개념은 교사나 부모 또는 동료 학습자와 같은 타인들의 태도에 의해서도 크게 영향을 받는 것으로 되어 있다. 즉 학습자는 자신의 학업성취에 대한 다른 학습자의 반응을 통해 자신의 능력을 지각하게 되며, 그중에서도 특히 교사의 태도에 의해 가장 큰 영향을 받는다. 패터슨(Patterson, C. H.)은 이에 관하여 "교사가 학습자에 대하여 가지는 지각은 그대로 학생들 자신에 대한 지각이 되어 버린다."라고 말하고 있다. 즉 교사가 학습자를 능력있고 가치있고 또한 책임감이 있다고 생각해 줄 때는 학습자도 자신들에 대해 스스로 그러한 긍정적인 자아개념을 갖게 되나 반대로 교사가 그들을 무능력하고 가치없고 또한 책임감이 없다고 취급해 버릴 때는 학습자도 자기도 모르는 사이에 자신들에 대해 부정적인 자아개념을 갖게 되는 것이다.

이에 대한 실례로 키퍼(Kifer, E.)는 학업능력에 대한 자아개념과 학업성취(교사의 평정에 의함)의 관계를 연구하였다. 그는 우선 초등학교 1학년에서 중학교 2학년(연구대상 학교는 8년제임)의 학습자 중 학업성취에 있어서 연속 2년 동안, 4년 동안, 6년 동안, 8년 동안 상위 1/5에 속했던 학습자를 하나의 집단으로 구성했다. 그리고 마찬가지로 연속 2년 동안, 4년 동안, 6년 동안, 8년 동안 학업성취에 있어서 하위 1/5에 속했던 학습자를 또 하나의 집단으로 구성했다. 이 두 집단에게 부르코버(Brookover, W. B.)의 능력에 대한 자아개념 검사를 실시했다.

키퍼(Kifer, E.)의 연구결과에 의하면, 학업능력에 대한 자아개념은 학습자가 학교에서 이룩한 학업성취에 대한 교사의 평정에 따라 좌우됨을 알 수 있다. 더 나아가 학업성취에 대한 교사와 평정을 받는 기간이 길어질수록 그만큼 더 학업능력에 대한 자아개념이 긍정적으로 또는 부정적으로 고착되는 경향이 있음을 알 수 없다.

또한 토쉔(Torshen, K. P.)은 능력에 대한 자아개념과 교사의 학습자에 대한 평점의 상관이 학업성취와의 상관보다 더 높음을 보고하고 있다. 즉 능력에 대한 자아개념과 교사의 평점과의 상관이 0.46이었음에 비해 능력에 대한 자아개념과 학업성취의 상관은 0.33이었다. 그러므로 이를 통해서도 교사의 학습자에 대한 태도가 학습자의 자아개념 형성에 큰 영향을 주고 있음을 알 수 있다.

한편 학습자들의 이러한 자아개념은 그들의 학습태도 및 교실에서의 일탈행위와도 상관이 있는 것으로 나타났다. 즉 브란취(Branch, C. V.), 다미코(Damico, S.)와 퍼케이는 중학생을 대상으로 일탈행위와 자아개념의 관계를 알아보기 위해 일탈행위 학생들과 그렇지 않은 정상적인 학습자에게 학습능력에 대한 자아개념 검사를 실시하였다. 연구결과 일탈행위 학습자는 그렇지 않은 정상 학습자에 비해 학습능력에 대한 자아개념이 낮은 것으로 밝혀졌다.

따라서 자신을 학습자로서 부적절하고 무능력하다고 생각하는 것이 학습자로 하여금 교실에서의 일탈행위를 일으키게 하는 원인이 된다고 볼 수 있다. 한편 이와 비슷한 연구로 핏츠(Fitts, W. H.)와 함너(Hamner, W. T.) 그리고 레크레스(Reckless, W. C.)와 디니츠(Dinitz, D.)는 소년범죄와 부정적인 자아개념 간에 높은 상관이 있음을 보고하였다. 이러한 연구결과를 볼 때 학습자의 교실에서의 행동을 이해하고 또한 올바른 학습태도를 갖게 하기 위해서는 그들의 능력에 대한 자아개념을 분석할 필요가 있다.

이제까지 논의한 바를 요약하면 학습자의 능력에 대한 자아개념이란 학교

학습에 있어서 학습자 자신의 능력에 대한 지각이라고 볼 수 있으며 이는 각종 학습과제와 시험성적을 통하여, 그리고 교사, 부모 및 동급생들의 태도에 의해 크게 영향을 받는다고 볼 수 있다.

5. 인성

1) 인성의 의미

인성이란 개인의 행동을 규정하는 일반적 경향으로서, 환경에 대한 개인의 독특한 적응을 결정짓는 심리적 · 신체적 · 물리적 체계로서 개체내에 있어서 역동적 체제라고 할 수 있다. 그러므로 인성은 개체와 환경의 상호작용을 통해서 발달해 가며, 환경에 대한 독자적인 태도와 적응양식 그리고 기본적인 행동경향성이 형성되어 가는 것이라고 할 수 있다.

인성의 개념은 학자들의 입장에 따라 그 이해하는 방식이 다르다. 설리반(Sullivan, H. S.)은 인성을 인간관계에서 나타나는 것으로서 행동을 특징지어 주는 비교적 영속적인 유형이라고 보았고, 카텔(Cattell, J.)은 주어진 상황에서 개인의 행동을 예언할 수 있게 해 주는 것으로서 개인의 추동, 정조 그리고 흥미와 함께 정서적 · 사회적 특질에 관계없는 용어로 보았다.

이와 같이 인성의 정의는 생물신체적 정의와 생물사회적 정의 또는 총괄적 · 통합적 정의 등으로 다양하게 설명되고 있다.

이러한 인성의 기본적인 특성은 독특성, 안정성 및 내용성의 세 가지 측면으로 보는 것이 일반적인 접근방법이다. 각 개인은 환경에 적응하기 위해 각자가 독특한 방법을 가지고 있고 어떠한 상황과 장면에서도 지속적으로 안정되어 있는 일관성있는 행동을 하며, 내 · 외적 통제감, 공격성, 욕구 및 활동성향과 같은 성격의 내용을 가진다.

2) 인성이론

인성의 개념 정의가 다양하게 논의되는 것처럼 인성이론 또한 다양한 견해가 있다. 스미스(Smith, B. D.)는 인성이론을 13유형으로 분류하였는데, 프로이트(Freud, S.)의 정신분석이론, 에릭슨(Erikson, E.)의 자아심리론, 융(Jung, K. G.)의 분석적 이론, 아들러(Adler, A.)의 사회분석이론, 올포트(Allport, G. W.)의 개인심리이론, 로저스(Rogers, C.)의 현상학적 인본주의이론, 도랄드(Dollard, J. L.)의 자극반응 학습이론, 스키너(Skinner, B. F.)의 행동적 접근이론, 켈리(Kelley, G.)의 인지이론, 반두라(Bandura, A.)의 사회적 학습이론, 카텔(Cattell, J.)의 요인이론, 아이젱크(Eysenck, H. J.)의 유형이론, 레빈(Lewin, K.)의 장이론 등이다.

그러므로 인성이론을 포괄적인 하나의 이론으로 제시하기는 어렵고 편의상 정신역동이론, 유형이론, 특성이론으로 범주화하여 살펴보도록 한다.

(1) 정신역동이론

프로이트(Freud, S.)는 인간의 정신세계를 본질적으로 의식(conscious)과 무의식(unconsciousness)으로 구분하여 무의식의 성질과 역할을 중심으로 인성이론을 체계화하였다. 인성이란 본능(id), 자아(ego), 초자아(superego)의 세 부분으로 구성된다고 보고 이 셋의 역동적인 작용과 균형이 인성을 나타낸다고 보았다. 즉 생리적인 기본적 욕구의 충족과 고통을 회피하고 쾌락을 추구하려는 id의 요구와 현실보다는 이상적이고 쾌락보다는 완전을 추구하려는 초자아의 요구 사이에서 자아는 현실에 바탕을 두어 서로 상충하지 않도록 욕구를 조절시켜 나가는 과정에서 개인의 인성은 나타난다.

특히 프로이트는 생후 약 5년에 걸친 시기가 성격형성에 큰 영향을 미치는 것으로 보고, 그 이후의 발달은 5년간에 이루어진 기본적인 구조가 분화되고 세분화되면서 심리성적 단계(psychosexual stage)를 거쳐 인성이 발달한다고 보았다. 즉 인성발달은 성적 리비도(libido)가 특정 단계에 고착됨에 따라 결정된다는 것이다. 프로이트 이후 융, 아들러, 프롬, 호네이 등 많은 정신분석학자들은 프로이트 이론을 심화, 수정, 발달시켜 왔다. 그중 에릭슨은 프로이트 이론에 기초를 두고 프로이트의 본능(id)보다 자아(ego)를 강조하여 자아의 통합적 기능이 인성발달에 있어서 중요한 작용을 한다고 하며 사회화 과정에 있어서도 계속적인 경험을 획득하는 자아의 기능을 강조한다. 또 인성발달에 있어 인간관계를 가족으로부터 보다 확대된 사회적인 관계에서 찾으려 하였는데, 인성발달에 있어 긍정적인 면에 더 중점을 두어 각 발달단계에서 생기는 발달적 위기를 극복해 나가는 과정을 중요시하고 있다.

에릭슨(Erikson, E.)의 발달단계는 기본신뢰감(basic trust), 자율성(autonomy), 자발성(initiative), 근면성(industry), 동일성(identity), 친밀성(intimacy), 생산성(generativity), 통합성(integrity) 단계로, 각 단계는 상호관련성을 가지게 된다. 각 인성특성은 가장 적절한 발달을 위한 결정적 시기가 있는데, 결정적 시기를 전후하여 발달요소가 나타나 계속 성장한다고 한다.

(2) 유형론

개인의 인성을 몇 가지 유형으로 구분하여 그 유형에 따른 특성을 밝히려는 연구를 유형론이라 하며, 인간의 인성을 질적으로 구분하고자 하는 생각이다.

그리스의 히포크라테스(Hippokrates, C.)는 체액의 비례적 결합에 따라 다혈질(sanguine), 점액질(phegnatic), 담즙질(choleric), 우울질(melancholio)의 네 가지 기질형으로 구분하여 특성을 설명하였다. 다혈질은 온정적, 사교적인데 정서적 흥분이 빠르고 쾌할하며 반응이 빠르다. 점액질은 냉담하며 정서가 느린 반면 인내가 강하다. 담즙질은 정서적 흥분이 빠르고 쉽게 노하거나 성급하다. 우울질은 정서가 느리고 쉽게 우울하며 신경적 반응이 강하다.

셀던(Sheldon, W. H.)은 사람의 체형이 6세경에 결정되며 체질도 출생 전에 어느 정도 결정된다고 주장한다. 그리하여 4,000명의 학생을 전, 후, 측면의 사진을 촬영하여 신체구성비율에 따라 세 가지 형의 신체형으로 구분하여 개인의 기질과 심리적 특성을 연구하였다. 내배엽형(endomorphy)은 태아기의 내배엽으로부터 생기는 내장기의 발달로 인해 동체가 튀어나 있으며 복부, 흉부가 잘 발달되어 있고 사지가 짧은 사람이다. 중배엽형(mesomorphy)

은 골격과 근육의 발달이 뛰어나고 피부가 두껍고 거친 사람이며, 외배엽형(ectomorphy)은 신체가 직선적이며 근육이 발달하지 않고 감각기관, 신경계통이 발달한 사람이다.

독일의 정신의학자인 크레치머(Kretchmer, E.)는 인간의 체격유형을 수신형(lepuosome), 투사형(athletic), 비만형(pyqknic), 발육이상형(dysplastic)으로 구분하며 정신병과의 관계를 밝히려 하였다. 비만형의 사람에게는 조울병(manic depressive psychosis)이 많아 조울성 기질(cycloid)이라 하고 수신형이나 투사형의 사람에게는 정신분열병(schizophrenca)이 많아 분열성 기질(schizoid)이라 하였는데, 조울성 기질을 가진 사람은 수다스럽고 쾌활하며 우스운 소리를 잘하고 태평하며 향락적인데 행동형의 사람들이 여기에 속하며, 분열성 기질을 가진 사람은 귀족적이며 신경이 예민하고 이기적이고 냉혹하며, 무미건조한 사람이 이에 속한다

한편 융(Jung, K. G.)은 체격만이 아니라 인간의 심리적 특징에도 유형이 있다고 보는 향성론을 제시하였다. 인간의 심리적 유형은 심적 에너지(psychoenergy)의 방향성에 의하여 결정되는데, 심적 에너지가 외부의 객관적 세계로 지향하면 외향성(extroversion)이 되며 유기체 내부의 세계로 지향하면 내향성(introversion)이 된다고 한다. 외향성의 인성은 대인관계에서 개방적이며 강한 관심을 보여서 새로운 사태에 잘 적응하고 활동적으로 행동하며 사고감정이 자유스럽게 이루어질 수 있는 반면 내향성의 인성은 외부에 대한 관심이 약하고 자폐적 성향을 갖기 때문에 주관적 사고와 행동성을 보이는 특성이 있다.

(3) 특성론

유형론은 인간을 몇 개의 기본적 유형으로 나누고 그에 따른 특징을 발견하려는 데 비하여, 특성론은 개개의 성격적 다양성을 인정하고 그들의 공통성과 특성의 양적 이해에 관심을 둔다. 즉 인성은 여러 상황을 통해서 항구적으로 혹은 일관해서 나타나는 행동경향이라는 특성을 단위로 분석하고, 이러한 행동경향의 집합이 한 개인의 인성을 형성한다고 보는 입장으로, 모든 특

성은 누구에게나 공통적으로 나타나며 단지 양적인 차이가 있을 뿐이라는 것이다.

올포트(Allport, G. W.)는 인성을 구성하고 있는 것을 특성이라고 보았으며, 정도의 차이는 있으나 모든 사람에게 공통적으로 나타나는 특성을 공통특성(common traits)이라 하고 특정 개인에게만 나타나는 개별적 경향성을 개별특성(individual traits)이라고 하였다. 따라서 개인의 인성을 이해하기 위해서는 개인 간의 유사점과 차이점을 밝혀야 하며 개인의 특유하고 독자적인 인성특성을 아울러 탐색해야 된다.

한편 인성특성과 관련하여 광범위한 연구를 시도한 대표적인 학자가 카텔(Cattell, J.)이다. 인성이론은 통계적 · 수학적 방법을 통해 보다 정확한 측정과 명확한 규정이 이루어져야 한다고 하여 소위 요인분석(factor analysis)이라는 수학적 방법을 사용하여 인성의 핵심을 이루는 특성을 연구하였다. 인간의 인성은 하나 혹은 여러 개의 원천특성(source traits)이 표면특성(surface

[그림 3-4] 인성에 영향을 주는 동료의식

traits)으로 발현되는 결과라고 보았다. 그리하여 인성을 구성하고 있는 원천특성을 알아보기 위해 생활기록, 자기 평정, 관찰적 방법을 통해 얻은 자료를 요인분석의 방법으로 비교한 결과 15개의 원천특성을 밝혀내고 여기에 일반적인 지능요인을 포함하여 16개의 일반 인성요인을 제시하였다.

3) 인성과 학업성취

테일러(Taylor, J.)의 학업성적과 비지적 특성의 관계에 관한 연구에 의하면 인성은 학업성적과 유의미한 상관이 있다고 한다. 학업성적이 높은 학습자는 낮은 사람보다 불안감이 적으며 스스로 자기 통제를 하여 불안감을 건설적인 목표달성을 위하여 전환시킨다. 그리고 학업성적이 높은 학습자는 낮은 사람보다 사회적 수용에 더욱 관심을 두며 친구들과 좋은 인간관계를 맺는다.

아이젱크(Eysenck, H. J.)의 내향성, 외향성과 학업성적의 관계에 대한 연구에 의하면 외향성은 사회적, 충동적, 사려성의 부족을 의미하고 내향성은 늘 뒤로 물러서려고 하며 조직적인 자기통제를 할 수 있는 특성을 의미하므로, 학습자의 학업성적은 내향성이 높은 사람이 외향성이 높은 사람보다 높다고 한다.

클라크(Clark, L. F.)는 학습에서 높은 성취를 보이는 학습자는 그렇지 못한 학습자와 인성면에서 자기통찰성, 적응성, 사회성 등에 차이를 보이며, 학습자의 인성은 가정에서 양육되고 생활하는 가운데 부모들과의 관계에서 형성된다고 하였다. 권호숙은 인성과 학업성취의 연구에서 학업성적이 높은 학습자는 지배성, 안정성, 사려성이 높다고 하였으며 구순완은 인성과 학업성취도와 .117~.190의 의의있는 정적 상관이 있다고 보고하였다.

이상에서 본 바와 같이 인성은 개인의 특정적인 행동과 사고를 결정해 주는 내적 구조로, 적응방식이나 습관 등의 특성을 통해서 나타나는 것이다. 그러므로 개인의 인성특성에 따라 학습양식, 학습활동, 학습전략, 학습방법, 학업성적 등에 있어서 다양한 차이가 나타나게 되며 결국 성취행동은 다르게 된다.

6. 우수학습자와 학습부진 학습자의 지도

교사는 모든 학습자들이 수업목표에 도달하도록 학습자의 학습양식을 파악하여 교수양식을 일치시키거나 학습전략을 활용하여 수업효과를 극대화할 수 있다. 그러나 실제로 학습자들은 많은 개인차를 나타내어 우수학습자와 학습부진 학습자라고 하는 현상으로 나타나게 된다. 그러므로 수업내용과 방법의 선택에 있어서 개인차에 따라 지도가 되어야 하며, 우수학습자와 학습부진 학습자에 대한 배려가 필요한 것이다.

1) 우수학습자

(1) 우수학습자의 의미

우수학습자는 천재아를 포함하여 특수능력을 가진 학습자를 말한다. 흔히 학급에서 성적이 좋으면 우수하다고 하는 정도가 아니라 보통학습자들과는 현저한 차가 있는 학습자를 의미한다. 지능지수가 140 이상으로 모든 능력이 탁월하고 독창적이며 때로는 일부분만 특별히 뛰어난 경우도 있다. 우수학습자의 특징을 정리해 보면 다음과 같다.

① 우수학습자는 어떠한 과제를 주어도 잘할 수 있고 건강과 성격도 좋은 편이다.

② 우수학습자는 일반 학습자와 같은 장소에서 수업을 받으므로 그들의 수준과 맞지 않기 때문에 잘못하면 부적응에 빠지기 쉽다.

③ 우수학습자는 흥미가 다양하여 많은 일을 하고 깊은 사색을 한다.

④ 우수학습자는 변명을 하지 않고 태만하지 않다.

⑤ 우수학습자는 학업성적이 뛰어나고 사회성도 월등히 좋다.

우수학습자는 일반교육을 받으면 오히려 문제학습자가 되기 쉽다. 현실적으로 우수학습자도 자기 연령에 맞추어 학교에 다니도록 하므로 문제성이 노출되곤 한다. 우수학습자는 일반적으로 정신연령은 높아도 생활연령이 낮아 사회적으로 적응하기가 힘들다. 그래서 신체적 · 사회적 적응문제가 발생한다. 물론 우수학습자는 신체적 발달도 뛰어나기는 하지만 어느 정도를 넘지 못할 것이며 정서와 사회성이 뛰어나도 한계가 있을 것이므로 우수학습자로서 문제성이 있다고 볼 수 있다. 그리고 모든 발달은 개인차가 있고 개인 간의 차가 있어서 동일한 집단교육을 하는 것은 문제가 있다.

(2) 우수학습자의 지도

학습자의 우수성을 배려하여 지도하는 데 고려되어야 할 방법은 다음과 같다.

① 학습자의 능력에 알맞는 내용을 선정한다.

② 보통 학교에서는 불가능한 많은 종류의 경험을 포괄한 풍부한 내용의 구성을 계획한다.

③ 학습자의 이해력의 범위 내에서 삶의 문제를 동등한 학습자들과 같이 토의하는 기회를 준다.

④ 진취적인 사고를 발달시키는 데 관심을 갖는다.

⑤ 사회를 위해 자신의 능력을 이용할 책임을 자각하게 한다.

2) 학습부진 학습자의 태도

(1) 학습부진 학습자의 의의

학습부진 학습자란 학업성적이 보통 수준보다 낮아 학급에서 지도상 곤란한 학습자를 말한다. 그리고 지능에 비하여 학력이 뒤떨어졌거나 혹은 학업성적이 부진한 경우에 해당된다. 그러나 학업을 지식의 좁은 의미나 성적으로 국한하여 생각할 수만은 없다. 학업이란 학습해야 할 내용으로 지적인 교과면과 행동발달 과업도 있으므로, 행동변화에 관련된 모든 면을 대상으로 부진할 경우에 학업부진이라고 할 수 있다. 그러나 일반적으로 학업부진이라 할 때는 지적 내용의 성적을 의미한다.

(2) 학습부진 학습자의 진단

학습부진 학습자를 진단하는 데는 교사의 일상적인 관찰과 평가가 중요하나, 지능검사와 표준화 학력검사를 실시해서 진단이 된다. 지능검사 결과 지능이 보통보다 떨어진다고 학습부진 학습자에 해당되지 않으므로 지능이 보통 이상인 학습자를 대상으로 한다. 그런 다음에 표준화 학력검사의 학력 편차치와 지능 편차치에서 성취치를 산출한다.

○ 성취치 = 학력 편차치 − 지능 편차치

여기서 성취치가 −10 이하인 학습자는 학습부진 학습자, −9 ~ +9 사이는 학습보통, +10 이상인 자는 우수학습자로 정할 수 있다. 성취치에 의해 학습부진 학습자를 발견하게 되면 학력의 어느 분야가 부진한지 각 영역별로 분석을 해 보거나 교사작성검사 등에 의해 학습부진의 증상을 진단한다. 또한 가정환경, 성격, 흥미, 건강, 친구관계, 학습방법 등에 의해서 그 원인을 진단하고 원인이 발견되면 원인을 제거하고 보충교육을 실시한다.

(3) 학습부진 학습자의 특징

① 주의력이 부족하고 지속시간이 짧아 일정한 흥미를 가질 수 없다.

학습부진 학습자의 학습속도가 느린 것은 적절한 변별을 하는 데에 요구되는 결정적인 자극에 주의를 집중하지 못하는 데 있다. 즉 학습속도가 느린 것은 학습을 시작하는 데 느리기 때문이다.

② 상상력과 창의력, 사고력이 부족하고 기억력이 뒤떨어진다.

학습부진 학습자들은 보고 들은 것, 경험한 것을 기억하는 능력이 부족하다. 효과적인 기억에는 시각적 · 청각적인 영상을 형성하여 서로 연결시키면서 저장하고, 또 파지를 위해 여러 번 되풀이하여 기억활동을 하는 것이 필요하다. 그런데 학습부진 학습자들은 대개 단기 암기력에 결함을 가지고 있다.

③ 학습부진 학습자들은 미루는 버릇이 있다.

미루는 버릇은 해야 할 공부를 그때그때 하지 않고 계속 미루는 것을 말한다. 미루는 버릇을 가진 학습자는 자기의 학습과제 읽기를 시험 직전까지 미루다가 때가 임박해서야 벼락치기로 준비를 하려 한다. 정기시험의 준비에는 적어도 2~3회 복습과 총정리 과정이 필요한데 미루다가 읽기 과정을 한 번도 제대로 하지 못하고 마는 것이다. 이러한 학습자는 학습에 계획이 없으며 실천력 또한 부족하다.

④ 학습 흥미의 변화가 심하다.

오늘은 학습에 흥미를 가지는 듯하다가 내일은 무관심하게 되고, 이런 상태가 반복되면 노트 필기도 중간중간 빠지게 된다. 시험을 대비해서 나름대로 완벽하게 공부한다고 하더라도 교과내용의 흐름이나 앞뒤 관련성 파악이 미흡해서 학과 성적이 좋지 않으며 특히 응용된 문제에 접했을 때는 당황하고 실패하게 된다.

⑤ 일상생활이 무질서하다.

학습준비물을 제대로 챙기지 못하거나 빠뜨린 상태에서 수업에 임하는 경우, 책가방 속의 책과 노트 등이 뒤죽박죽이거나 책을 아무렇게나 흩뜨려 놓는 경우, 책상정리가 엉망인 경우를 모두 무질서한 행동으로 볼 수 있다. 학습자 주변이 단정하게 정리되어 있을 때 공부하고자 하는 의욕도 생기고 또 실행하게도 된다.

⑥ 추상적 개념과 어휘력이 부족하다.

학습부진 학습자들은 구체적 개념보다 추상적 개념과 어휘가 부족하다. 학습부진 학습자들이 학교 학습내용을 수행하는 데 필요한 독서에서 실패하는 중요한 이유 중의 하나가 추상적 개념과 어휘력의 부족이다.

⑦ 정서적 발달이 미숙하여 흥분이 빠르고 자제력이 부족하다.

⑧ 반응과 상황판단이 느려서 효과적 적응이 곤란하다.

⑨ 생활연령에 비해 정신연령이 뒤떨어진다.

(4) 학습부진의 원인

① 학습자 자신의 요인

- 지적인 요인 : 지능은 보통 이상인데도 학업성적이 나쁜 것은 학습자의 지능구조이 문제다. 지능을 구성하고 있는 언어추리요인, 산수추리요인, 도형추리요인 등에 있어서 어느 요인의 결함으로 인해 학업성적이 부진한 경우다.
- 신체적 요인 : 지체부자유자의 청각 결함, 약시, 근시, 난시와 허약체질 등의 요인이 학습부진의 원인이 된다. 신체적 요인은 장애가 있는 학습자가 자신의 장애에 대하여 어떠한 태도와 인식을 가지느냐에 따라서 결과가 달라진다. 장애에 대한 긴장, 불안, 피로 내지 열등감 등이 학습에 나쁜 영향을 미치게 되는 것이다.
- 성격적 요인 : 성격은 학습에 영향을 주게 되는데 의지박약, 주의력 산만, 정서불안, 태만, 공포, 불안경향 등은 학습부진의 원인이 된다. 또한 사회성의 결여도 교사나 친구와 대인관계가 원만하지 못하여 자신감을 상실하거나 열등감을 갖게 하는 등 학습에 대한 흥미를 잃게 할 수도 있다.
- 학습흥미 : 학습자가 학습에 흥미를 느끼지 못하는 경우에는 학습부진의 원인이 된다. 흥미가 있으면 자발적으로 능동적 학습에 집착하게 되어 학업능률이 오르게 되는 것이다.
- 기초학력의 결함 : 결석을 자주 하거나, 전학 등으로 기초학습을 충분히 획득하지 못하여 다음 단계의 학습에 지장을 받게 된다. 특히 계통적 학습인 수학, 과학, 영어 등에서 그 영향이 심하다.
- 학습습관의 문제 : 오랜 시간 앉아서 공부를 한다고 해서 성적이 좋아지는 것은 아니다. 공부하는 데 주의집중이 안 되거나 노트정리를 잘못하거나, 예습과 복습을 제대로 하지 않는 등의 문제는 학습습관이 잘못되어 있기 때문이며, 학력의 향상은 기대할 수 없다.

② 가정환경요인

- 부모의 관심 : 부모가 자녀학습에 무관심하거나 성적 또는 학습활동의

노력 정도 등에 관심이 없을 때 학습의욕은 떨어지게 된다. 상대적으로 과잉관심을 가지고 공부만 강요하게 되면 학습에 대한 노력보다 성적에 대한 부담으로 불안감이나 열등감에 빠지게 되기도 한다.

• 가정의 분위기 : 가정의 안정성과 분위기는 학습자가 안정을 얻을 수 있는 요인이므로 중요하다. 학습자는 부모가 가정에서 어떻게 돌보아 주느냐에 따라 지능, 성격, 정서발달과 신체발달까지도 영향을 받으므로 학습결과와도 관련이 크다. 따라서 안정된 분위기에서 침착하게 차분한 마음으로 공부를 할 수 없게 된다면 학습부진 현상이 나타나게 되는 것이다.

③ 학교환경요인

학습자는 개인차가 있으므로 교사는 이것을 고려해서 지도해야 되나 집단지도라는 이름으로 개인은 전체 속의 부분으로 무시되거나 관심밖으로 되어 학습부진이 된다. 학교시설의 채광, 소음 등의 정도도 학습자의 학력에 영향을 미치며 교사의 교수방법 또한 학습자에 적절하지 못할 때 학습부진에 작용을 하게 된다.

정원식은 학습부진의 원인을 학습습관에 관련된 조건, 개인의 인성에 관련된 조건, 객관적 환경조건, 신체건강 상태, 학습결손의 누적 등으로 지적하였으며 이경준은 학습부진 원인을 [그림 3-5]와 같이 나타내고 있다.

(5) 학습부진 학습자의 지도

① 학과에 부적응된 학습자는 그 정도에 맞는 기초과정부터 보완해 주어야 한다.

② 학습지도 방법을 개선하거나 학습자의 학습양식에 맞는 교수양식을 일치하도록 하며 학습전략을 활용한다.

③ 개인차를 고려하여 지도해야 한다.

④ 학습시간에 긴장감을 주지 않기 위해 학습활동을 단순하게 하고 적은

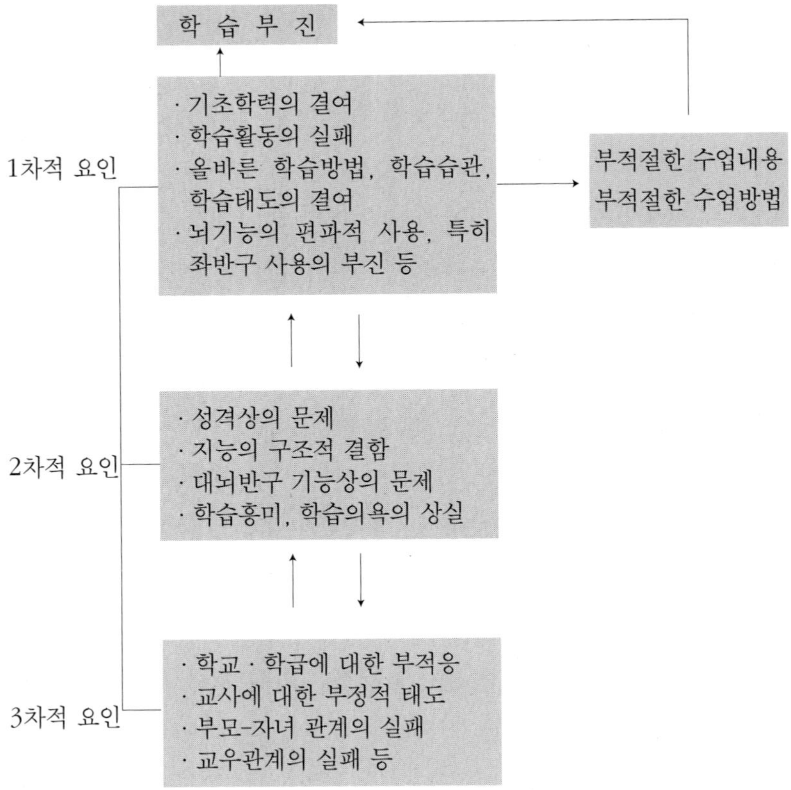

[그림 3-5] 학습부진에 관련된 요인

단위로 학습내용을 구체화하여 제시한다.

⑤ 학습을 연습이나 실험 등의 실행을 통해 하도록 한다.

⑥ 동기를 유발하여 자신감을 가지고 의욕적으로 학습할 수 있도록 조정한다.

⑦ 학습성과를 인정해 주고 격려하여 발표할 기회를 준다.

4

수업의 단계

수업은 교사와 학습자 활동의 계획된 진행과정이다. 교사는 수업의 각 단계의 특성에 따라서 교수 학습활동을 전개해 나가야 하며 학습상황의 여러 변인을 관리하여 수업의 효과를 극대화시켜야 한다.

1. 수업활동과 수업의 단계

1) 수업활동

수업은 교육목표 달성을 위한 수단과 방법으로, 어떤 의도나 계획에 따라 학습자가 학습환경과 상호작용하는 것을 의미한다. 흔히 교수와 수업을 혼동하여 사용하는 경우가 있을 뿐만 아니라 교수가 수업의 전부인 것으로 생각하기도 한다. 그러나 교수는 교사의 가르침으로 수업의 한 부분일 뿐 전부는 아니다. 본래 의미의 교수는 교사가 중심이 되어 교과내용을 학습자에게 주입하는 것이 주 역할이며 학습자는 전적으로 주어진 지식을 수동적으로 기억하는 데 지나지 않는다.

이와 같은 교수만으로는 교육이 의도하는 학습자의 바람직한 행동변화는 이루어질 수 없게 된다. 따라서 수업이란 의도한 목표를 설정하고 이 목표를 달성하기 위한 교사의 교수활동과 학습자의 학습활동이 수업내용(학습내용)이나 교수매체를 통한 상호작용으로 이루어지는 일련의 과정을 말한다. 교수와 학습활동으로 형성되는 수업의 개념을 정리하면 다음과 같다.

① 수업이란 목표를 달성하기 위해 교사의 교수활동과 학습자의 학습활동이 교실에서 실제적이고도 구체적으로 이루어지는 것이다.

② 수업이란 학습활동이 일어나도록 학습자의 내·외적 조건을 체계적으로 조성하는 것이다.

③ 수업이란 학습을 통해서 행동이 변화되도록 일련의 상황을 통제하거나 조작하는 수단이다.

④ 수업이란 학습자가 특정한 조건하에서 특정하게 행동하는 것을 배울 수 있도록 학습자 개인의 환경을 조정하는 과정이다.

⑤ 수업이란 학습자가 의도된 지식, 기능, 신념을 합리적으로 조정하는 과정이다.

⑥ 수업이란 교수와 학업을 줄인 용어로, 교학상장(敎學相長)의 상호작용

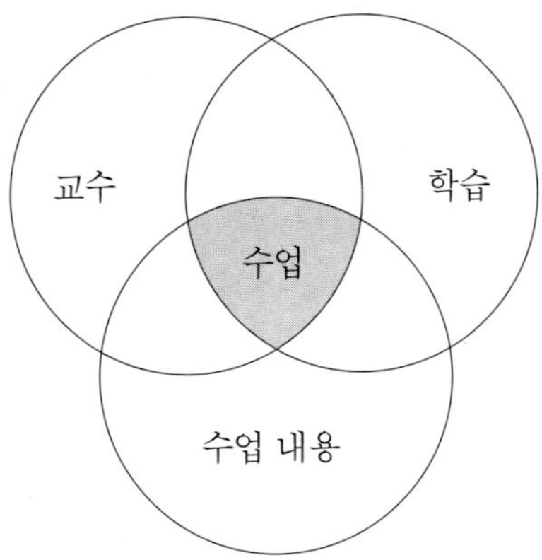

[그림 4-1] 수업의 개념

상황을 의미한다.

이와 같이 수업은 교육의 목적을 달성하기 위해서 교사와 학습자가 수업내용을 가지고 상호작용하는 교육의 핵심적 활동이라고 할 수 있다.

2) 수업단계에 대한 견해

수업이 진행되는 절차에 대한 견해는 다양하다. 수업절차에 관한 여러 견해 중 대표적인 이론은 다음과 같다.

(1) 브라우디, 팔머의 수업단계

브라우디와 팔머(Broudy, H. S. & Palmer, J. R.)는 수업을 준비하는 데부터 평가하는 단계까지 교사가 하는 행위 일체를 포함하여 7단계를 제시하고 있다.

① 수업의 준비

교사가 학습자를 대면하기 이전에 행하는 것으로 자료수집, 수업계획 작성, 주요 사항의 검토, 교사활동에 대한 학습자의 반응을 예측한다.

② 동기의 유발

교사가 학습자의 주의를 집중시키기 위하여 동기를 유발한다.

③ 학습과제의 제시

교사는 학습자가 배우고자 하는 것을 제공한다. 여기에서 여러 형태의 교수방법이 생겨난다.

④ 반응의 유발

교사는 학습자가 주어진 과제나 자료를 학습했는지 확인하기 위하여 교사가 행동해 보이거나 또는 학습자가 행동하기를 요구한다.

⑤ 반응의 교정

이것은 학습자의 반응을 교정하기 위하여 교사가 하는 행동이다. 만일 학습자가 반응을 보여 주어진 과제를 습득했다고 한다면 이 단계는 필요없는 것이다.

⑥ 반응의 고착화

학습자가 배운 것을 파지하고 있는지 확인하기 위하여 교사가 행하는 것이다.

⑦ 검사반응 및 평가

학습자가 주어진 과제를 얼마나 잘 학습하였는지 결정하기 위하여 교사는 평가를 실시한다.

(2) 한국교육개발원의 수업단계 모형

한국교육개발원에서 제시한 수업모형은 계획단계, 진단단계, 지도단계, 발전단계, 평가단계의 다섯 단계를 거쳐 진행된다.

① 계획단계

계획단계에서는 우선 학습과제를 분석하게 된다. 최종목표가 무엇이며 종속목표가 무엇인지를 분석하며 또한 내용구조를 분석하게 된다. 학습과제 분석과 함께 수업을 계획하게 된다. 수업을 계획할 때는 학습자 활동, 교사활동, 학습계열, 수업매체, 평가 등을 고려해야 한다. 실천계획에서는 일정, 교재, 교구, 인력 등에 대한 계획을 수립하게 된다.

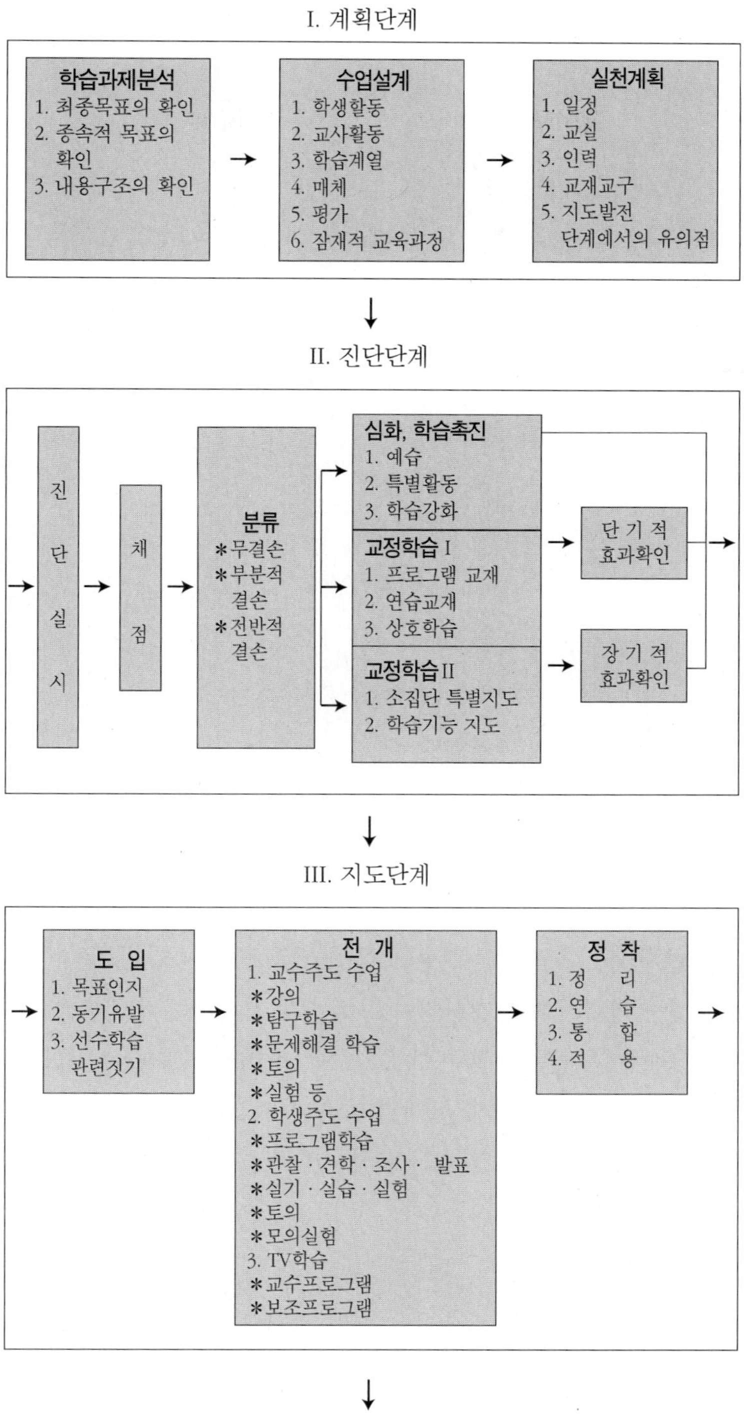
I. 계획단계
학습과제분석
1. 최종목표의 확인
2. 종속적 목표의 확인
3. 내용구조의 확인
수업설계
1. 학생활동
2. 교사활동
3. 학습계열
4. 매체
5. 평가
6. 잠재적 교육과정
실천계획
1. 일정
2. 교실
3. 인력
4. 교재교구
5. 지도발전 단계에서의 유의점
II. 진단단계
진단실시
채점
분류
*무결손
*부분적 결손
*전반적 결손
심화, 학습촉진
1. 예습
2. 특별활동
3. 학습강화
교정학습 I
1. 프로그램 교재
2. 연습교재
3. 상호학습
교정학습 II
1. 소집단 특별지도
2. 학습기능 지도
단기적 효과확인
장기적 효과확인
III. 지도단계
도 입
1. 목표인지
2. 동기유발
3. 선수학습 관련짓기
전 개
1. 교수주도 수업
*강의
*탐구학습
*문제해결 학습
*토의
*실험 등
2. 학생주도 수업
*프로그램학습
*관찰 · 견학 · 조사 · 발표
*실기 · 실습 · 실험
*토의
*모의실험
3. TV학습
*교수프로그램
*보조프로그램
정 착
1. 정 리
2. 연 습
3. 통 합
4. 적 용

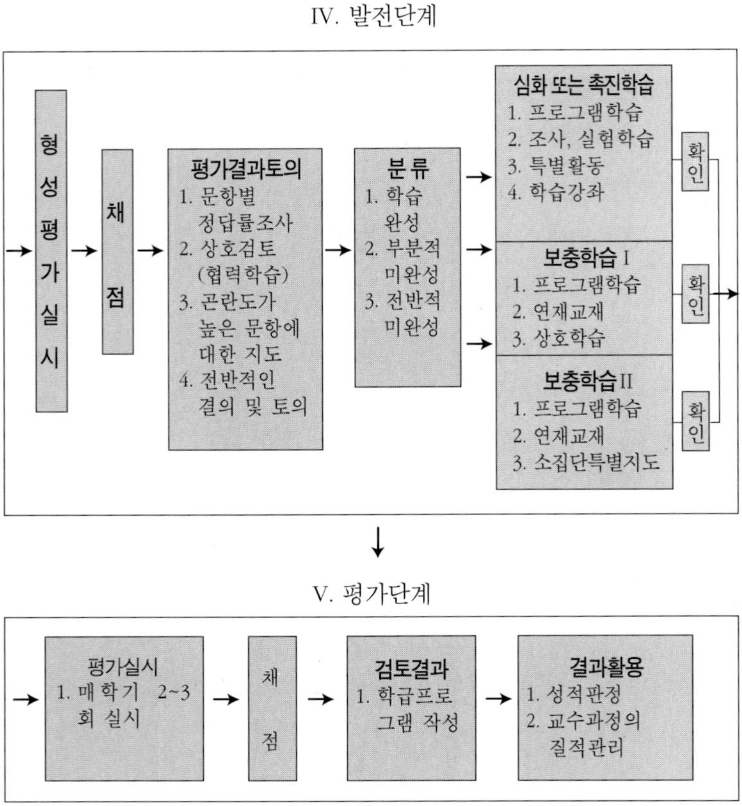

[그림 4-2] 수업단계 모형

② 진단단계

진단단계는 학습자에게 진단검사를 실시하고 채점하여 학습자를 학습 무결손, 부분적 결손, 전반적 결손으로 분류하고 이러한 분류에 따라 무결손집단에게는 심화 또는 촉진학습을 시키며 나머지 집단에게는 교정학습으로 프로그램교재, 연습교재, 상호학습을 통하여 학습을 한다.

③ 지도단계

지도단계는 실제수업이 전개되는데, 수업은 보통 도입, 전개, 정리단계를 거친다. 도입단계는 다시 목표인지, 동기유발, 선수학습 관련짓기로 나누어지고, 전개단계는 교사 주도수업으로 강의, 탐구학습, 토의, 실험 등이며, 학습자 주도수업은 프로그램학습, 관찰, 견학, 조사, 발표 등으로 구성된다. 정착단계에서는 정리, 연습, 통합, 적용이 실시된다.

④ 발전단계

학습자의 수업목표 도달 정도를 알아보기 위하여 형성평가를 실시하고 그 결과에 따라 학습자를 학습완성집단, 부분적 미완성집단, 전반적 미완성집단으로 나누어 각 집단에 따라 심화학습, 보충학습을 실시한다.

⑤ 평가단계

평가단계에서는 수업의 과정을 통하여 학습자가 성취한 학습의 정도를 최종적으로 평가하게 된다. 이 평가단계의 목적은 주요한 지적, 정의적 그리고 기능적 수업목표가 얼마나 잘 달성되었는지를 알아보며 교육과정 속에 명시되어 있지 않더라도 수업의 결과로 나타난 비의도적인 행동특성까지도 평가하는 것이다.

(3) 가네의 수업단계 모형

가네(Gagne, R. M.)는 학습자의 학습과정의 단계를 세분화하여 각 단계에 해당되는 수업절차를 [그림 4-3]과 같이 모형화하였다.

① 동기의 활성화

학습자의 동기가 다양하기 때문에 수업을 계획하는 교사는 학습자의 동기를 발견해 내고 수업목표를 달성할 수 있도록 학습동기를 학습활동에 연결시킨다. 학습자의 학습동기를 촉진시키는 방법에는 보상동기, 과제동기 그리고 성취동기와 같은 것이 있다.

학습자들이 구체적으로 보상을 받게 되면 능력에 맞는 학습활동이 촉진되고, 목표를 성취함으로써 학습능률이 향상되게 된다. 이와 같이 하여 목표를 달성하게 되면 그것이 다시 학습자에게 만족을 주고 계속적인 동기유발의 근원이 되게 된다. 학교에서 계속적인 성공이 긍정적인 자아관을 형성하고 자

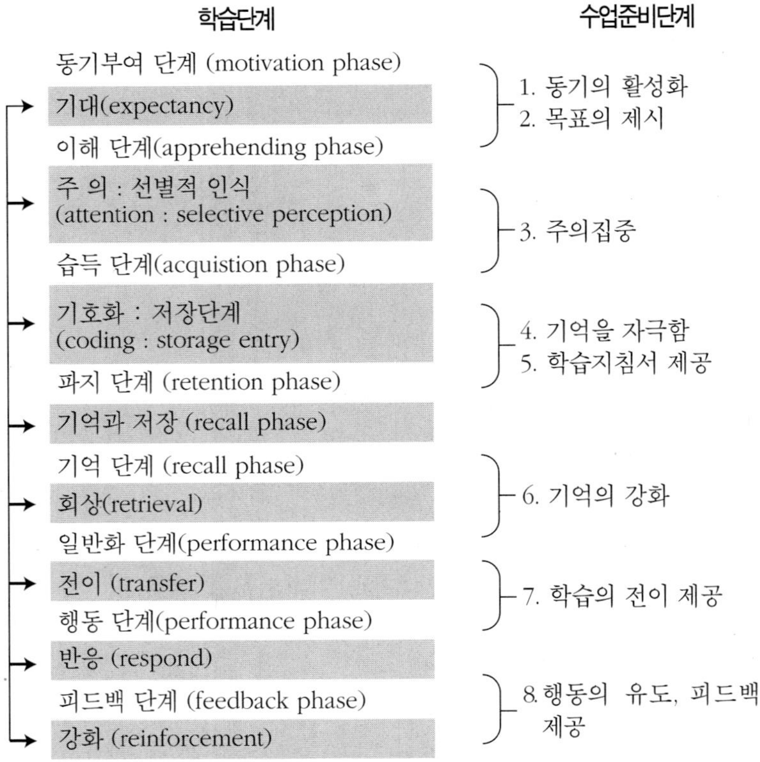

[그림 4-3] 학습단계와 수업단계

아존중의 태도도 기르게 한다.

② 수업목표의 제시

학습동기가 수업에 있어서 유용하게 이용되려면 학습자는 학습의 결과로서 기대되는 성취가 어떤 것인지를 알아야 한다. 따라서 수업목표를 제시하는 것은 학습의 결과로 얻어지는 기대치에 관한 정보를 학습자에게 제공하는 것이다. 교사가 수업을 통하여 얻어지는 예상되는 결과를 가장 분명히 가르쳐 주는 방법은 학습이 시작되기 전에 그 결과가 어떻다는 것을 실제로 보여 주는 것이다.

③ 주의집중

학습자가 주의집중을 하도록 하기 위해서는 두 가지를 사용할 수 있다. 첫번째는 경계기능인데, 이 경계기능에 의해서 학습자의 자세나 근육의 형태가 자극을 받아들일 준비단계에 들어가는 것을 의미한다. 또 학습자가 시선을 자극이 오는 곳과 일치시키는 태도를 취하는 상태를 말한다. 교사는 학습자의 경계를 자극하기 위해서 음성 높이를 조절하거나 여러 가지 방법을 동원하여 활용할 수 있다.

둘째는 선택적인 인식인데, 이것은 학습자에게 전달되는 자극이 학습자의 단기 기억 속에 축적되고 기억되는 내용에 강조점을 주기 위해서 하는 것을 의미한다. 중요한 단어나 구절에 밑줄을 긋는다든가 굵은 활자로 쓴다든가 하는 방법 또는 그림이나 도표 등을 활용하여 선별적 인식을 도울 수도 있다.

④ 선수요건의 기억

새로운 지적 기술의 내용이 학습되려면 하위내용은 새로운 내용의 한 부분으로 다시 기호화될 수 있도록 재생되어야 한다. 만약 언어정보가 학습되려면 이전에 학습되었던 지식은 새로운 내용의 한 부분이 되기 위하여 재생되어야 한다. 그리고 단순한 개념의 정의가 학습되는 데는 이미 배운 것을 인식시키는 자극을 동원하면 된다. 학습자가 직각 삼각형의 세 변의 법칙에 대해서 학습하려면, 직각 삼각형을 그려 보아라, 그리고 어떤 변이 직각을 둘러싸고 있는가를 살펴보아라와 같은 질문을 통해 하위법칙을 기억할 수 있도록 하면 된다. 새로운 법칙의 학습은 필요한 하위개념이 기억될 수 있을 때 가능하다.

⑤ 수업지침서의 제공

언어지시는 수업에 있어서 학습자가 사용하는 기호형태를 구체적으로 지시하기보다는 제안을 하는 것이다. 일반 수업에 있어서 학습자는 언어에 의한 힌트에 의해서 학습한다. 학습자로 하여금 기호화를 하도록 하는 지시는 대체로 질문의 형태를 취한다. 이러한 목적을 위한 질문들은 답에 필요한 모든 언어가 요구되는 것이 아니나 필요한 답을 암시하기 위한 것이다. 언어에 의한 의사소통으로 이루어지는 수업과 모든 교사에게 익숙한 방법의 질문을 통한 수업은 학습자가 틀린 법칙을 학습하는 데 시간을 소비하지 않고 학습의 속도를 높인다.

또한 기호화 과정에서 도형, 그래프 등도 법칙, 정의, 절차 그리고 정보 등을 학습자에게 전달하는 수단으로 이용된다. 그림이나 도형이 수업에 이용되는 것은 그것이 기호화를 위해서 구체적인 시각적 이미지를 동원하기 때문이다. 수업에 있어서 그림의 사용은 기호화과정을 도와주는 중요한 역할을 하고 있다.

⑥ 기억의 강화

수업이란 배운 것을 파지하게 하고 새로운 환경에서의 학습에 전이를 가능하게 하는 것이다. 학습자가 기억을 쉽게 할 수 있도록 가능한 여러 가지 방법이 계획되어야 하는데, 학습내용을 분류하고 도표나 그래프의 형태로 조직하여 제시하는 것은 파지를 가능하게 하는 하나의 자료가 될 수 있다. 이러한 힌트는 이미 배운 것에 연관이 되기도 하고, 지적 구조에서 구할 수도 있다. 수업에서 학습자료로 그림이나 도표를 사용하는 것은 학습자가 기억을 위해 힌트로서 활용하는 중요한 방법이다.

⑦ 전이의 제공

수업의 내용이 새로운 과제나 새로운 환경에 전이가 가능하도록 하는 힌트는 다양한 환경을 만들어 주는 것이다. 학습능력이 광범위한 기호로 형성되었다면 그것은 새롭고 다양한 환경에서 응용될 수 있는 가능성이 많다. 그러므로 학습능력의 활용도는 그것이 가능한 다양한 환경에서 경험되었을 때 높아진다. 즉 학습자가 학습한 것을 다양한 경우에 활용해 보도록 환경과 경험을 만들어 주는 것이 중요한 것이다.

⑧ 과제의 수행

수업목표를 달성하기 위한 수업은 학습자의 기대치를 설정하는 데서부터 시작된다. 모든 학습활동은 여러 가지 중간단계를 거치게 마련인데 학습자의 학업이 끝나는 것은 강화를 통해서이다. 학습자의 학습결과인 과제수행 능력은 시험을 통해 분석되거나 관찰될 수 있고 학습자 스스로가 알 수 있는 것이다. 이렇게 학습자가 학습의 결과로 얻어진 과제수행 능력을 보여 주었을 때 옳고 그른지의 평가를 받는 것이다. 교사는 평가결과에 따라 적절한 반응으로 보상을 주어 피드백을 하게 된다. 피드백은 언제나 외적인 환경에서 오는 것이 아니라 학습자가 이전에 배웠거나 기억한 법칙이나 개념을 통해서 얻어지기도 한다. 많은 경우에 학습자는 자신의 내적인 평가기준을 가지고 자신의 과제수행이 어느 정도인지를 판단한다.

(4) 글레이저의 수업 모형

글레이저(Glaser, R.)는 수업과정을 수업목표의 설정, 출발점 행동의 진단, 수업절차의 선정과 실행, 학습성과의 평가와 사정의 4단계로 구분하였으며, 이 네 단계는 하나의 흐름으로 끝나는 것이 아니라 각 단계에 대한 피드백(feedback)이 이루어져서 각 단계에서 얻은 정보는 전단계의 산출을 평가하고 수정하는 자료로 쓰인다. 이러한 절차를 도식화하면 [그림 4-4]와 같다.

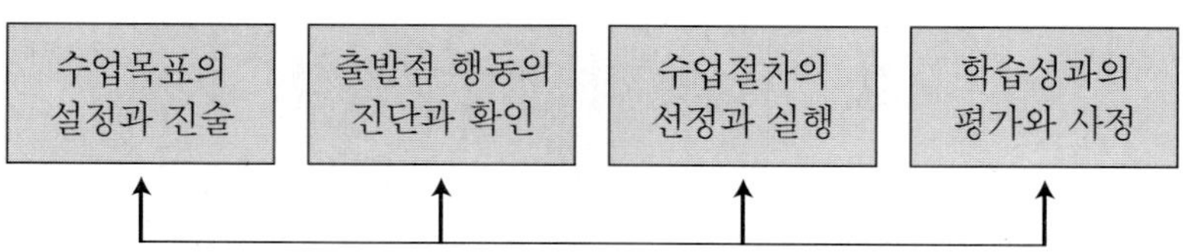

[그림 4-4] 글레이저의 수업 모형

글레이저의 수업 모형에서는 수업과정을 교사에 의한 계속적인 의사결정으로 보고 있다. 교사는 먼저 학습자에게 무엇을 가르칠 것인가를 결정하여 이를 수업목표로 설정한다. 이때 수업목표는 세분화하여 제시하고 이어서 출

[그림 4-5] 수업의 실제

발점 행동을 진단한다. 그리고 수업목표와 출발점 행동을 감안하여 활용할 수업절차에 대한 의사결정을 하여 실제로 학습자들에게 학습경험을 마련해 준다. 이러한 과정이 끝나면 학습자가 학습목표에 어느 정도 달성하였는지 평가하여 다시 앞 단계로 피드백하는 순환을 거치게 되는 것이다.

2. 수업의 각 단계별 특성

1) 수업목표의 설정과 진술

(1) 수업목표의 개념

수업목표란 특정한 수업절차를 통하여 학습자가 달성하는 성취행동이다. 즉 수업활동을 통하여 도달하고자 하는 학습자 행동의 변화 내지는 그 성취점이다. 교육목적은 국가나 국민전체의 수준에서 교육이 구현해야 할 방향이며 전제다. 교육목적은 국가적 수준에서 결정되며 교육의 방향을 제시해 주고 교육적 실천을 구체적으로 시사해 준다. 즉 교육목적에 기술된 내용은 구체적 활동내용으로 나타나고 또 학교의 수업활동을 통하여 성취될 수 있는 실천목표로 바뀐다. 따라서 수업목표는 수업에 참여한 학습자의 행동특성이 어떻게 변화해야 하는지를 표현한 진술문이다.

그러므로 수업목표는 수업의 결과로 학습자가 성취해야 할 학습결과(learning outcomes)를 예정한 것이며, 수업이 끝난 다음 학습자가 도달할 행동특성을 미리 예시한 도착점 행동(terminal behavior)이다. 즉 수업목표는 주제의 수업, 한 교과의 과정 그리고 교육의 전체과정에 참여한 결과로서 얻어지는 변화된 지식의 종류, 지적 능력, 흥미, 태도 등의 학습자 특성을 조작적으로 표현한 문장이다.

(2) 수업목표의 종류

① 일반목표, 정보목표, 계획목표

- 일반목표 : 일반목표는 일반적이고 포괄적인 방향과 원칙을 제시하는 목표다.
- 정보목표 : 정보목표는 일반적 목표와 계획목표 중간의 수업계획, 교육과정, 주제학습계획을 전달하기 위하여 진술하는 대단원의 목표다.
- 계획목표 : 계획목표는 세분화된 목표로 수업의 직접적 목표이며, 학습자들이 그 수업이 끝난 후에 무엇을 할 수 있을지를 명시해 주는 목표다. 즉 계획목표는 행동목표라고 볼 수 있다.

② 인지적 목표, 정의적 목표

- 인지적 목표 : 인지적 목표는 이해력, 문제 해결력과 같은 지적인 행동을 발전시키는 목표다.
- 정의적 목표 : 정의적 목표는 바람직한 태도나 가치관을 형성하려는 것으로, 인지적 목표처럼 이론적으로 구체화되어 있지는 못하다. 그러나 애국심을 기른다든지 국가와 민족을 사랑하는 것과 같이 교육의 중요한

목적은 많은 부분이 태도 및 가치관과 관련된 정의적 행동이다.

③ 최종 수업목표, 세부 수업목표

- 최종 수업목표 : 이 목표는 대 주제의 수업이 끝났을 때 학습자가 최종적으로 획득하게 될 목표다. 즉 대 주제의 수업을 끝낸 후 학습자가 학습이 이루어졌다는 증거로 나타낼 수 있는 행동을 규정하는 목표라고 할 수 있다. 최종 수업목표는 비교적 종합적 · 포괄적 행동을 규정하며 그 목표의 달성은 여러 단계의 학습을 거친 후에야 결과적으로 학습이 가능하거나 학습될 수 있는 것이다.
- 세부 수업목표 : 세부 수업목표는 한 시간의 수업 또는 두 시간의 수업을 통해서 달성시키려고 의도하고 있는 보다 구체적인 수업목표다. 한 개의 최종 수업목표는 몇 개의 세부 수업목표를 포함하고 있다. 한 시간의 수업을 위한 세부 수업목표가 되려면 그 시간의 수업이 끝난 후에 학습된 결과를 분명히 관찰할 수 있는 행동유형으로 진술되어야 한다.

(3) 수업목표의 기능

수업목표에는 몇 가지의 기능이 있기 때문에 수업목표의 설정은 수업목표 자체가 지니고 있는 기능이 가장 효율적으로 수행될 수 있도록 되어야 한다. 수업목표가 지니고 있는 기능은 다음과 같다.

① 수업목표는 교육과정에서 의도하고 있는 목표를 성취시킬 수 있는 학습경험을 선정하는 데 시사기능을 한다.

② 수업목표는 학습자로 하여금 학습을 촉진하도록 하는 기능을 한다.

③ 수업목표는 그 수업의 평가기준이 되는 기능을 한다.

(4) 수업목표 설정의 근거

① 이 념

이념은 문화 속에서 내면화된 가치체계 및 생활양식 · 태도 · 습관을 통해서 표현된다. 즉 이념은 한 사회의 문화 속의 종합적 가치체계다. 이러한 이념을 문화의 근거와 관계 속에서 재해석하고 구체화해서 목표를 설정해야 한다. 예컨대 민주주의라는 이념은 다시 인권의 존중, 자유와 평등, 협동과 책임 등으로 구체화될 수 있다. 이와 같은 특성은 각급학교, 학년, 교과의 목표로 재해석되어 구체화해야 한다.

② 사 회

교육은 사회생활의 필요에 의한 것이며 사회를 존속시키는 수단으로 기능하는 것이다. 개인은 사회의 구성원으로 인정받고 그 사회에 적응해야 하며, 그 사회에 적응하기 위해서는 그 사회가 공인하는 언어, 사고, 감정, 태도, 가치관 그리고 행동양식을 학습하여 내면화해야 한다.

이와 같이 교육이란 사회에서 필요로 하는 인간상을 구체화하여 그러한 인간을 교육 배출하는 기능을 담당하고 있다. 따라서 사회적 인간상을 구체화하는 데 있어서 그 사회와 문화의 현상을 정확히 분석하고 진단하여 반영해야 한다. 즉 수업목표를 설정하기 위하여 사회와 문화의 분석을 우선적으로 해야 하는 것이다. 또한 사회의 현재 추세, 사회의 문제점 및 결함 그리고 해결방안에 대한 과학적인 탐구를 하여 구체적인 수업목표의 설정에 반영하게 된다.

③ 학습자

학습자의 성장과 발달에는 일정한 단계와 법칙이 있으며 이러한 성장과 발달을 설명하는 데는 발달심리학이나 학습심리학의 준비성, 발달과업 등의 개념이 도움이 된다. 학습자는 능력, 흥미, 관심, 취미 등이 다양하고 또한 변화가 많으며, 서로의 환경이나 선행경험들이 다르다. 따라서 수업목표의 설정은 학습자의 제 특성을 기반으로 해야 한다. 즉 학습자의 성숙이나 성장, 발달의 특징, 필요와 흥미, 성공이나 실패의 경험 등을 연구하여 수업목표 설정에 고려해야 한다.

④ 교 과

수업목표는 각 교과의 학문체계를 근거로 설정되어야 한다. 그 교과에서 무엇을 가장 중요한 아이디어로 볼 것인가의 분석을 통해 그것이 학습자의 발달에 기여하는 정도나 다른 교과에 전이 정도를 분석하여 수업목표 설정에 근거로 하는 것이다. 따라서 교과목에 관한 관점에 따라서 수업목표의 강조점도 다르게 된다.

(5) 수업목표의 진술

수업을 통하여 달성하고자 하는 것이 수업의 목표이다. 그러므로 수업목표가 보다 분명하면 할수록 수업은 목표에 보다 접근되도록 충실한 수업활동이 가능하다. 수업을 과학적이고 능률적으로 하며 수업의 성과를 보다 분명히 파악하기 위해서는 분명하고 상세한 수업목표의 진술이 전제되어야 한다. 수업목표를 명확하고 상세히 해야 할 이유를 들면 다음과 같다.

첫째, 수업목표를 명확하게 하면 교사나 학습자가 주어진 시간에 해야 할 활동이 명확하기 때문에 수업시간을 낭비하지 않게 된다.

둘째, 수업목표를 명확하게 하면 학습자 자신이 자기의 학습계획을 세울 수 있기 때문에 학습효과를 높일 수 있다.

셋째, 수업목표를 명확하게 하면 평가의 기준과 근거가 분명하기 때문에 수업평가의 타당도와 신뢰도를 높일 수 있다.

넷째, 수업목표를 명확하게 하면 수업시간에 길러야 할 행동특성이 명확하기 때문에 수업활동에 있어서 적합한 수업매체를 선정할 수 있다.

① 수업목표의 진술방법

(가) 수업목표는 학습내용과 기대되는 학습자의 행동이 동시에 진술되어야 한다.

- 수의 덧셈을(내용) 계산한다(행동).

(나) 수업목표는 수업과정에서 의도하는 행동명, 실행조건 그리고 도달기준이 포함되어야 한다.

- 조선시대 말의 역사적 상황을 제시했을 때(조건) 조선 패망의 직접적인 원인 2가지를(도달기준) 찾아낸다(행동).

• 덧셈 문제 10개를 주었을 때(조건) 9문제를(도달기준) 푼다(행동) .

② 수업목표 진술의 주의점

(가) 교사가 해야 할 활동을 수업목표로 진술하지 않는다.

소리의 원리를 설명해 준다. 자연보호의 중요성을 이해시킨다. 이와 같은 진술은 교사의 행동을 설명하는 것으로 이것은 목표가 아니라 학습자 행동의 변화를 위한 절차나 수단인 것이다. 따라서 이와 같은 진술은 학습자 행동특성의 방향제시도 되어 있지 않으며, 평가기준도 없는 것이다.

(나) 학습의 과정을 수업목표로 진술하지 않는다.

교통표지판을 배우게 한다. 이와 같은 진술문은 학습자가 배워야 할 것은 제시되어 있으나 수업 후에 무엇을 할 수 있어야 하는지의 학습결과인 행동특성이 진술되어 있지 않다.

(다) 내용이나 주요 제목을 수업목표로 열거하지 않는다.

공해문제와 자연보호, 식생활과 건강관리와 같은 경우는 단순한 교과의 주제에 불과하다.

(라) 한 목표 속에 둘 이상의 학습결과를 포함시키지 않는다.

낙하의 법칙을 이해하고 이를 효과적으로 적용한다. 이와 같은 경우는 이해한다와 적용한다의 두 가지 학습결과를 포함하고 있다.

2) 출발점 행동의 진단

(1) 출발점 행동의 의미

① 출발점 행동(entering behavior)이란 새로운 주제나 학습과제를 학습하기 전에 학습자가 이미 획득하고 있는 지식, 기능, 태도 등을 의미한다. 한 주제의 수업이 시작될 때 학습자가 가지고 있는 능력, 태도, 흥미 등은 그 주제의 학습을 위한 출발점 행동이 되며, 그 주제의 학습을 위한 투입행동이다.

출발점 행동에 포함되는 것으로 첫째는 주제나 학습과제의 수업이 이루어지기 전에 반드시 갖추고 있어야 할 능력으로, 이를 선수학습능력 또는 선수

학습요소라고 한다. 둘째는 수업 전에 이미 습득하고 있는 능력으로, 가정이나 학교에서 획득한 능력이다. 셋째는 수업에 관련이 있을 것으로 예상되는 흥미, 성격, 경험배경, 적성, 기능 그리고 학력 등을 들 수 있다.

② 출발점 행동이란 준비성(readiness)이라 설명할 수 있으며 준비성이란 학습하는 데 필요한 신체, 신경계의 성숙, 이미 습득하고 있는 지식과 태도, 동기의 정도라고 할 수 있다.

③ 출발점 행동이란 도착점 행동(terminal behavior)에 대응되는 개념으로, 학습하려는 과제와 관련된 것을 이미 학습한 정도나 학습하려는 행동에 선행조건이 되는 행동을 갖고 있는 정도라고 할 수 있다. 그리고 투입행동(entering behavior)은 새로운 학습 절차를 촉진시킬 수 있는 변인으로, 특수적성이나 지능 등을 들 수 있다. 블룸(Bloom, B. S.)은 인지적 출발행동으로 일반능력, 적성, 학습유형을, 정의적 출발행동으로 과제에 대한 흥미, 태도, 자아개념, 동기를 들고 있다. 수업효과에 있어서 인지적 출발행동은 50%를, 정의적 출발행동은 25%를 차지한다고 한다.

④ 블룸은 학습의 정도를 결정하는 변인으로 적성(aptitude)을 들고 있으며, 이는 출발점 행동의 의미로 볼 수 있다. 적성이란 학습 속도의 결정요인으로 주어진 학습과제를 일정한 수준까지 성취하는 데 필요한 시간이다.

⑤ 브루너(Bruner, J. S.)는 수업이론에서 선행경향성(predisposition)을 심어주어야 한다고 하였다. 선행경향성이란 학습준비성, 출발점 행동과 유사한 의미로, 학습을 하고자 하는 또는 문제를 해결하고자 하는 경향이나 의욕을 뜻하는 것이다. 문화의 특징이나 동기체제, 개인적 요인들은 선행경향성을 결정하는 데 크게 작용한다.

이상에서와 같이 출발점 행동을 여러 측면에서 살펴본 바에 의하면 출발점 행동이란 수업을 하기 위한 학습자의 현재 수준 또는 이미 학습된 능력이라고 할 수 있다.

(2) 출발점 행동의 진단방법

수업목표를 효과적으로 달성하기 위한 방법 중에 하나는 학습자의 출발점 행동을 분명히 진단하고 각 학습자의 출발점 행동의 정도에 따라서 합당한 수업활동을 전개하는 것이다. 각 학습자는 출발점 행동에 있어서 개인차를 가지고 있기 때문에 개인에 맞는 특별한 방법을 강구하지 않고는 수업의 효과는 거둘 수 없게 된다.

① 출발점 행동의 진단요소

(가) 선수학습 능력의 정도 진단

(나) 사전학습 성취 수준의 진단

(다) 수업내용과 학습자특성에 따른 집단 분류

(라) 학습결손의 원인 진단

② 출발점 행동 진단 시기

(가) 학기초, 학년초

(나) 매 주제의 시작 전

③ 출발점 행동의 진단과정

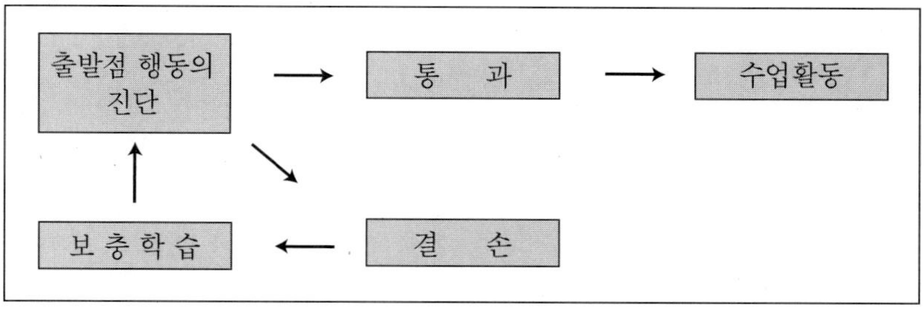

[그림 4-6] 출발점 행동의 진단과정

④ 출발점 행동 진단도구

(가) 형성적 · 총괄적 검사

(나) 표준화 학력검사

(다) 교사제작 검사

(라) 관찰 및 체크리스트

3) 수업활동의 실제

수업목표가 설정되고 학습자의 출발점 행동이 진단되면 진단에 따른 적절한 조치를 하여 수업활동을 시작하게 된다. 수업목표의 설정과 출발점 행동의 진단은 수업의 효과를 높이기 위한 기초적인 단계이며 수업이야말로 교육의 핵심적 활동이라고 할 수 있다.

(1) 수업의 계획

① 수업계획의 의미

계획은 일을 원활하게 추진하기 위해서 꼭 필요한 것이며, 세밀하고 신중히 검토된 계획은 어떤 일을 성공하는 데 있어 필수적인 과정이다. 교육에 있어서 수업은 학습내용을 그대로 학습자에게 전달하는 것이 아니라 무엇을 가르칠 것이며, 어떠한 방법으로 수업을 하고 어떻게 평가할 것인가를 세밀하게 계획하여 수업활동을 전개하는 것이다. 이와 같이 수업을 위한 철저한 준비와 계획은 수업목표를 효과적으로 달성할 수 있게 하는 중요한 수단이 된다. 그러므로 교사는 학습자와 환경에 대한 조사와 학습내용과 방법에 대한 치밀하고 과학적인 계획을 작성해야 한다. 그렇게 함으로써 목표한 수업의 효과를 기대할 수 있다.

② 수업계획의 원리

(가) 수업목표에 적합한 계획이어야 한다.

수업계획은 교육목적이나 수업목표를 효과적으로 달성할 수 있도록 구체적이여야 하며, 교육내용을 흥미있게 계획해야 한다. 수업목표는 그 교과목표는 물론 학교목표에 부합되어야 하며, 사회적 · 국가적인 교육목적에 직결되어야 한다.

따라서 수업계획은 교육목적을 기초로 하여 수업목표가 달성될 수 있도록 구체적이고 명확하게 되어야 한다. 또한 교육과정 구성기준이나 그 학교의 특수목표를 제시한 교육지침을 기초로 하여 계획되어야 할 뿐만 아니라 지역사회의 목표나 국가사회의 일반목표와 연관되도록 체계적으로 계획되어야 한다.

(나) 수업계획은 학습자의 생활경험을 확대시켜 갈 수 있도록 계획되어야 한다.

학습자의 생활은 여러 가지 조건에 따라 확대되어 간다고 할 수 있다. 따라서 어떠한 기회에 어떤 생활경험이 발전되어 가는지를 예상하고 계획해야 한다. 예컨대 계절이나 각종 행사를 고려하여 여기에 적절하게 계획을 세우는 것이다.

(다) 수업계획은 일관성이 있어야 한다.

일관성이란 질서적으로 상호 관련성을 가지고 종·횡적인 조직이 잘 되어 있는 것을 의미한다. 학교교육의 횡적인 면은 학급, 학교, 가정, 사회, 국가로 확대되는 것이기 때문에 이들이 관련될 수 있도록 일관성을 가져야 하며, 학교 내에서도 교과 간, 다른 여러 활동 간에 모두 일관성이 있을 때 교육의 목적은 달성될 수 있다.

학교교육의 종적인 면은 학교의 교육목표, 학년의 목표, 교과의 목표, 주제의 목표 그리고 시간의 목표가 모두 일관성이 있어야 한다. 따라서 수업계획은 학교교육의 종·횡적인 면에서 일관성을 유지하도록 계획되어야 한다.

(라) 수업계획은 역동적이어야 한다.

수업효과를 극대화할 수 있는 것은 특수한 방법에 의한 것이 아니라 수업상황이나 학습자의 흥미와 능력에 따라서 적절한 방법을 적용하는 것이다. 더구나 교사의 일방적인 계획과 열성적 활동만으로는 수업의 성과를 얻을 수 없으며 학습활동의 주체인 학습자가 자발적으로 활발하게 활동해야만 효율적이므로 수업은 학습자의 요구나 태도에 따라서 변화를 가져올 수 있도록 융통성이 있어야 한다.

③ 수업계획의 종류

수업계획은 장기계획과 단기계획으로 구분할 수 있다. 장기계획은 연간, 월간, 대주제의 계획을 포함하며, 단기계획은 주간, 일간, 시간의 계획으로 구분된다.

(가) 연간계획 : 연간계획은 학교 전체의 교육과정, 교과운영계획 등이 포함되며 학교교육에 관한 여러 계획의 근간이 된다. 또한 교사가 직접 지도하는 일과나 주제를 전개하는 배경도 된다. 연간계획은 교과의 시간 배당, 학교행사, 학교환경, 총수업시간과 일수 등을 체계적으로 계획한 것이다.

연간 교과지도계획은 학교의 교육과정 편성의 방침을 확인하고 교과의 학년별 목표를 정하는 것이고, 학교의 교육과정 형성에서 계획한 연간 수업시간수 배당과 학교행사, 특별활동 등으로 생길 결과시간을 고려하여 교과의 실시 수업시간수를 산출해 학년별로 작성하는 것이다. 그런 다음 각 교과 영역별의 목표와 지도내용의 일람표를 만들고 학교와 학년의 특성을 가미하여 그중에서 중점을 두는 것을 가려서 표시하며, 교과 간에 상호관련이 되도록 조정하여 학년별 · 교과별 목표와 지도내용 일람표를 만든다. 그런 다음 학습자의 실태와 학교의 실태를 참고로 지도사항을 명시한다. 이것을 기초로 해서 연간 지도계획을 만드는데, 교과별 주제별의 지도목표와 내용, 지도의 순서와 방법, 교구와 시간배당 등이 명시되도록 한다.

(나) 월간계획 : 교사는 연간 교과지도계획을 기초로 하여 월간 또는 주간 지도계획을 작성하게 된다. 월간계획은 월별의 구체적인 계획으로, 학급운영의 계획 등도 포함된 계획을 말한다.

(다) 주간계획 : 주간 계획은 년, 월간계획을 기초로 하여 주간을 단위로 구성한 구체적인 수업계획안이다.

(라) 일일계획 : 일일계획은 매일의 수업계획을 말하며 주간시간배정에 따라 결정된다. 일일계획은 교사에 따라 다양하게 계획을 세울 수 있는 것이다.

(마) 시간계획 : 이 계획은 일일계획에서 정한 시간별 수업활동을 구체화하는 계획으로 보통 수업계획안이라 하는 것이다. 따라서 그 시간의 학습과제를 가장 효과적으로 교수하고 학습할 수 있도록 구체적으로 계획한다. 보통 시간계획은 세안과 약안으로 작성하여 수업에 활용한다.

(2) 수업계획안

① 수업계획안의 의미

교육은 목적적인 활동이기 때문에 목적을 효과적으로 달성하기 위해서는 세밀한 계획이 있어야 한다. 수업계획안은 교사의 교수와 학습자의 학습활동을 효과적으로 진행하기 위한 조직적이고 구체적인 수업 진행 계획을 의미한다. 따라서 수업계획안은 한 시간 수업활동의 구체적 계획으로, 수업효과를 좌우하는 중요한 계획이다. 교사는 수업계획안을 작성함에 있어서 가르칠 교과내용에 먼저 정통해 있어야 하며 학습자의 능력, 흥미 그리고 요구 등을 명확히 파악하여 계획안을 작성해야 한다.

② 수업계획안이 갖추어야 할 조건

(가) 적절하고 구체적인 수업목표를 정한다.
(나) 학습자의 능력과 흥미 등을 고려해야 한다.
(다) 수업 전개 요령과 유의사항을 명시한다.
(라) 이용 가능한 다양한 실례를 준비한다.
(마) 효율적인 발문을 구상한다.
(바) 수업내용을 충분히 연구한다.
(사) 전 시간의 수업과 관련을 갖도록 한다.
(아) 학습자의 출발점 행동을 조사하여 명시한다.
(자) 수업의 계열을 논리적으로 조정한다.
(차) 학습자의 흥미에 따라 변동될 수 있도록 신축성있게 작성한다.
(카) 수업내용에 적합한 수업과정을 선택한다.
(타) 수업의 각 단계별 시간을 예상한다.

(파) 수업내용을 적절히 요약한다.

③ 수업계획안의 형식

수업계획안은 수업의 내용과 방법에 따라서 다양하기 때문에 일반적인 형식은 다음과 같다.

(가) 주제

주제는 수업내용의 전체, 즉 수업내용의 제목을 말한다. 이 제목은 수업내용 전체의 크고 작음에 따라 대주제, 소주제라고 하며 주제의 기술방법은 세 가지가 있다.

- 제목식 : 명사로 된 제목 그대로를 주제로 표시하는 것으로서 대체적으로 많이 사용하고 있는 형식이다. 예컨대 봄동산, 우리나라, 2차함수, 음악과 인생과 같이 기술하는 것이다.
- 방법식 : 무엇 무엇을 해 보자는 식으로 표현되는데, 예컨대 '계절의 변화에 대하여 알아보자' 와 '교통기관에 대하여 알아보자' 와 같은 방법은 수업내용을 분석하고자 할 때 표현하는 방법이다.
- 문제식 : 의문형 또는 질문식으로 기술하는 것으로 예컨대 '씨앗은 왜 싹이 트나' 와 '그림자는 왜 생기나' 와 같이 나타내는 것이다.

(나) 단원의 개관

이 단원의 전체적인 의의와 특성, 학습자에게 어떤 변화를 줄 수 있는지를 밝히고 내용의 구성이 어떻게 되었는지를 소개한다.

(다) 수업의 목표

여기서의 수업목표는 대주제(대단원)의 목표를 말한다. 수업목표는 일반목표와 특수목표로 구분하고 이해, 기능, 태도를 구체화하여 표현한다. 대체로 이해는 지식에 해당하는 내용, 기능은 능력 또는 기술적인 면, 그리고 태도는 이것을 학습함으로써 어떤 상황 및 학습태도를 갖게 된다는 것을 밝히는 것이다. 수업목표의 진술은 학습자의 기대되는 행동으로 진술해야 하며 수업이 끝났을 때 나타날 수 있는 학습자의 변화된 행동과 관련지어 진술해야 한다.

(라) 수업활동계획

수업활동계획은 대주제(대단원)를 몇 차시로 나누어 지도할 것인가 밝히고 나누어진 수업내용은 무엇이고 준비해야 할 자료는 무엇인가를 계획하는 것으로, 양식을 만들어 쓰는 경우와 서술식으로 쓰는 경우가 있다.

(마) 학습자료 및 기재

수업목표 달성 및 수업내용을 다루는 데 있어서 활용될 학습자료나 기자재를 구체화하여 계획한다.

(바) 평가계획

수업활동이 전개된 후 학습자가 수업목표에 어느 정도 접근하였는지를 확인해 볼 수 있는 방법과 내용을 계획하는 것이다.

(사) 본시의 수업계획

본시의 수업계획은 대주제(대단원)의 계획 중에서 이번 시간에 할 수업활동의 계획을 말한다. 전체 몇 차시 중에 현 수업의 차시를 표시하고, 이번 차시의 주제, 그 주제에 따른 수업목표를 진술하고, 실제 수업계획을 하는 것이다. 수업의 진행과정은 도입, 전개 그리고 정리 및 평가의 단계를 교사의 활동과 학습자의 활동으로 구체화하여 계획한다.

- 본시의 주제 : 수업활동 계획에서 본시에 해당하는 주제를 쓴다.
- 본시의 수업목표 : 대주제의 목표 중에서 본시의 수업과 관련이 있는 목표를 구체화하여 진술하거나 교사가 꼭 습득하도록 해야겠다고 생각되는 행동특성을 구체적으로 기술한다.
- 수업활동의 과정 : 한 시간 동안의 수업활동을 교사와 학습자 활동으로 나누어서 상세히 기술하며, 수업활동이 전개되는 과정을 적당한 단계로 구분하여 시간을 배당하고 수업활동의 형태를 계획한다. 또한 예상되는 질의 응답까지도 상세히 계획하여 수업시간 운영에 차질이 없도록 작성한다.
- 평가 : 설정한 수업목표가 수업활동을 통하여 달성되었는지 여부를 확인할 수 있는 방법과 내용을 작성한다.

수업계획안

1. 주제

2. 단원의 개관

3. 수업의 목표

4. 수업활동계획

차 시	주 제	내 용	자 료
1			
2			
3			
4			
5			
6			
7			
8			
9			
10			

5. 학습자료 및 기재(유의사항)

6. 평가계획

7. 본시의 수업계획(제( )차시)

(1) 본시의 주제

(2) 본시의 수업목표

(3) 수업의 과정

단계	시간	수업내용	교사활동	학습자활동	자료및유의점
도입					
전개					
정리					

(4) 평가

④ **수업과정의 단계**

(가) 도입

도입단계에서는 학습자가 수업내용을 이해하고 참여하려는 태도를 갖도록 하고 주의력을 집중하여 유지하는 데 중점을 둔다. 따라서 교사는 학습자의 흥미를 자극하고 학습의욕을 환기시켜 동기를 유발하도록 한다. 도입단계의 내용을 정리하면 다음과 같다.

㉠ 수업환경 및 수업분위기의 조성

㉡ 전시간 수업내용 및 주제와 관련된 경험의 상기

㉢ 수업의 주제 제시와 동기의 유발

㉣ 수업목표 또는 학습결과의 명확한 제시

(나) 전개

전개의 단계는 수업내용을 순서에 의해 전개해 가는 단계다. 이때 수업내용을 전개하는 데 있어서 내용전개가 체계적이고 논리적으로 되도록 해야 한다.

㉠ 수업활동에 대한 세부적인 계획

㉡ 학습문제와 내용의 제시(판서의 구조화)

㉢ 학습내용의 분석 · 종합 · 비교

㉣ 학습결과의 일반화

(다) 정리

정리단계는 수업내용 중 중요한 점을 강조하여 요약하며 수업목표와 결부시켜 정리하도록 한다.

㉠ 수업결과의 포괄 정리

㉡ 수업결과의 연습 적용

㉢ 수업과정, 방법, 성과의 평가

㉣ 수업의 종합, 개별학습 과제 제시, 차시의 예고

⑤ 수업계획안의 실 예

국어과 수업계획안

학교 제 학년 반

년 월 일 요일 제 교시

지도교사 김 태 권

1. 주제

대주제: 읽기와 토의

소주제: 지사의 길

2. 단원의 개관

사람마다 경험이나 가치관이 다르기 때문에 같은 글을 읽더라도 다양하게 감상할 수 있다. 이 단원은 읽기와 토의를 연계함으로써 글을 읽고 난 후, 자신의 생각을 정리하고 다른 사람과 의견을 나누는 과정을 통해 글의 내용이해를 심화하고 글에 나타난 사항을 생각해 보는 기회를 마련하기 위해 설정하였다. 책을 읽고 학생들 상호간에 이야기를 나눌 수 있는 기회가 적은 실정이기 때문에 글에 관련된 사항을 토의하는 활동은 글을 깊고 넓게 이해할 수 있게 하는 좋은 계기가 된다. 학생들은 다른 사람들과 의견을 교환하는 과정에서 자신이 미처 생각하지 못한 점도 깨달을 수도 있고, 자신의 편협한 생각에서도 벗어나 폭넓은 독서를 하게 될 것이다.

학생들은 토의에 대하여 익숙하지도 않고, 토의 주제를 찾기도 힘들어한다. 일반적으로 토의란, 공동의 관심사가 되는 어떤 문제에 대하여 가장 바람직한 해결방안을 찾으려는 집단적인 사고과정을 말한다.

이 단원은 2개의 소단원으로 구성되어 있는데, 소단원 (1) '지사의 길, 시인의 길' 에서는 이육사의 일생을 다룬 전기문으로 이육사의 삶과 그 의의에 대하여 토의해 보고, 소단원 (2) '일레인 이야기' 에서는 외국에서 한국어를 가르치는 일을 하고 있는 글쓴이의 경험담으로 일레인이라는 캐나다 여성으로부터 받은 여러 가지 느낌을 통해 '외국에서의 한국어 교육' 에 대한 생각을 정리하고 토의하는 활동을 하게 된다.

이 단원은 글을 읽은 후 학생들이 생각을 정리하고 토의하는 과정을 통해 글을 더 깊이 이해할 수 있도록 하는 데 목적이 있다.

소단원 명	소단원 명	교수-학습활동
(1) 지사의 길, 시인의 길	일제 강점하 독립운동가의 삶을 짐작해 보고 우리가 그 시대에 살았다면 어떠했을지 토의해 본다.	교사의 안내와 학생활동
(2) 일레인 이야기	모국어의 중요성과 한국인의 정체성에 대하여 토의해 본다.	교사의 안내와 학생활동

3. 수업목표

- 글을 읽고, 글에 관련된 사항을 토의한다.
- 토의를 통해 글을 더 깊게 이해한다.

4. 단원 내용 구조

(1) 학습 계열

	선수학습	본학습
읽기, 중 1-1 2대단원, 중1-2, 1대단원	• 글의 내용에 대한 생각이나 느낌을 글로 쓰는 태도를 지닌다.	• '글을 읽고, 글에 관련된 사항을 토의할 수 있다. 토의를 통해 글을 더 깊게 이해할 수 있다' 의 두 개의 소단원으로 구성되었다.
문학, 중2-2	• 다양한 시각과 방법으로 작품을 해석하고 평가한다.	

(2) 학습 수준별 내용구조

영역	교육과정내용	교과서 대단원학습목표		수준별 학습활동
읽기	글을 읽고 내용을 정리하여 토의할 수 있다.	• 글을 읽고, 글에 관련된 사항을 토의할 수 있다. • 토의를 통해 글을 더 깊게 이해할 수 있다.	기본	책을 읽고 토의해 본 경험을 자유롭게 이야기하기
			보충	글을 읽으며 토의주제를 찾기
			심화	글을 읽고 주어진 주제에 맞게 토의하기

5. 차시 학습 지도 계획(총 6차시)

차시	소주제명	학습목표	학습 요소	학습 자료
1/6	단원의 길잡이 (1) 지사의 길, 시인의 길	• 글을 읽고 글에 관련된 사항을 토의할 수 있다.	• 표지해설 • 학습목표 설명하기	컴퓨터 PPT 평가지
2/6	(1) 지사의 길, 시인의 길	• 글을 읽고 글에 관련된 사항을 토의할 수 있다.	• 이육사의 생에 정리하기	컴퓨터 PPT 평가지
3/6	(1) 지사의 길, 시인의 길	• 토의를 통해 글을 더 깊게 이해할 수 있다.	• 글을 읽으며 토의주제 생각하기	컴퓨터 PPT 평가지
4/6	(2) '일레인 이야기'	• 토의를 통해 글을 더 깊게 이해할 수 있다.	• 글을 읽으며 토의주제 생각하기	컴퓨터 PPT 평가지
5/6	(2) '일레인 이야기'			컴퓨터 PPT 평가지
6/6	자기점검 보충 · 심화학습 대단원 평가	• 주어진 소재에 맞추어 모둠별로 토의를 할 수 있다.	• 단원학습 내용과 활동을 정리하기	토론 학습지

6. 지도상의 유의점

- 글을 읽으면서 인물의 삶과 필자의 경험에서 본받을 점을 생각하도록 한다.
- 이육사에 대한 역사적 지식을 지나치게 강조하지 않도록 한다.
- 교사는 토의의 과정을 기록했다가 피드백을 해 준다.
- 같은 글이라도 관점에 따라 다양하게 감상할 수 있음을 이해하도록 한다.

7. 본 시의 수업계획(1차시 교수 · 학습과정안)

주제	대단원	4. 읽기와 토의	소주제	(1) 지사의 길, 시인의 길	차시	1/6

학습목표			
학습목표	• 인물의 생애를 정리할 수 있다. • 글을 읽고 글에 관련된 사항을 토의할 수 있다.	학습모형	문제해결학습
		학습조직	개별학습, 소집단 협력학습
		학습 기자재 및 자료	컴퓨터, PPT, 평가지

주제	학습과정	학습과제	수업설계 안내
도입	• 학습동기 유발 • 학습안내 • 문제제시	• 토의 • 토의의 필요성 • 학습요소 • 학습목표	• 토론과 토의의 설명 • 토의를 통해 글을 더 깊게 이해할 수 있다. • 대단원 학습목표 확인 • 학습목표 유도, 제시

주제	학습과정	학습과제	수업설계 안내
전개	• 문제 이해 - 읽기 전 활동	• 단원의 길잡이	• 지명독 • 토의의 의의 이해하기 • 토의의 필요성 이해하기 • PPT로 요약 제시
		• 다른 사람과 의견교환 • 토의 과정을 거치면	• 내가 미처 생각하지 못한 점을 깨닫게 됨 • 편협한 생각에서 벗어날 수 있고, 생각을 확장시킬 수 있다.
	• 문제 적용 - 읽기 중 활동	• 토의의 정의 알기	• 공동의 관심사가 되는 문제에 대하여 가장 바람직한 해결방안을 찾으려고 집단 구성원이 협동적으로 의견을 나누는 과정
	- 읽기 후, 학습활동	• 읽기 후 토의하기의 효과	• 글을 깊고 넓게 이해하게 해 준다. 다른 이들의 생각을 받아들여 편협한 생각에서 벗어날 수 있다.
		• 독서의 과정	• SQ 3R 말해 보기, 지명자 발표
정리 및 평가	• 내면화 • 수행평가 • 차시예고 • 과제제시	• 본시학습 정리 • 메모하며 읽기 요령 • 이육사 메모하기 • 토의할 주제	• 인물됨을 알 수 있는 부분찾기 • 토의할 주제 선정하기

(3) 수업의 질 관리

수업의 질 관리는 수업이 진행되고 있는 과정내에서 이루어져야 한다. 캐롤(Carroll, J. B.)은 수업의 질을 규정하는 4가지의 기준을 제시하고 있다. 첫째, 교사는 학습자가 무엇을 학습해야 하는지, 그리고 어떻게 학습해야 하는지를 분명히 알 수 있도록 해야 한다. 둘째, 학습자 한 사람 한 사람이 학습해야 할 자료와 적절한 감각적 접촉을 유지할 수 있도록 한다. 셋째, 학습과제

하나하나의 단계학습이 각각 그 다음에 이어질 단계학습의 충분한 준비가 될 수 있도록 적절한 순서를 제시해야 한다. 넷째, 수업의 전 과정이 학습자 개개인의 특수한 필요와 성격에 맞도록 조절되어야 한다. 수업은 그 자체가 목적이 아니라 수업목표를 달성하기 위한 과정이며 수단이다. 따라서 수업의 과정에 있어서 질을 높이는 것이 수업목표를 효과적으로 달성하는 것이다. 수업의 질을 관리하기 위한 방법은 다음과 같다.

① 학습자의 출발점 행동의 결손부분을 보충해 준다.

② 수업에 관련된 변인을 조직화한다.

㉮ 동인(drive) : 학습자의 학습활동을 자극한다.

㉯ 단서(cuc) : 배워야 할 학습과제의 방향을 제시한다.

- 단서를 통해 학습자는 학습활동의 방향을 결정한다.
- 수업의 질을 높이기 위해 다양한 단서를 활용한다.
- 단서를 개별화하여 학습자에게 맞도록 조정한다.

㉰ 참여(partcipation) : 학습자가 학습활동에 능동적, 적극으로 참여하도록 한다.

- 외현적 참여 : 관찰할 수 있는 학습자의 참여 활동
- 내재적 참여 : 사고, 문제해결, 문제의 정리 등과 같이 밖에 나타나지 않는 참여 활동

㉱ 보상 : 성취감, 긍정적 자아개념, 자신감이 중요 동기가 되기 때문에 수업활동 중에 적절한 보상을 준다.

③ 학습자의 적성, 수업이해력, 지구력을 높여 주고 학습기회를 적절히 제공한다.

④ 학습자의 발달특성에 맞게 지식을 구조화하여 학습자료를 계열화하고 학습자로 하여금 지적 희열감을 갖도록 한다.

⑤ 학습과제, 학습자의 특성 그리고 수업조건을 고려한 수업이 되도록 한다.

⑥ 학습자의 학습양식과 교사의 교수양식이 맞도록 한다.

⑦ 수업의 질을 향상시키고 수업의 궤도를 수정해 가기 위해 형성평가를 실시한다.

- 단원 중 주요 학습요소는 모두 포함시켜 평가한다.
- 형성평가의 문항형식은 다양하게 작성한다.
- 형성평가의 문항은 위계적으로 조직한다.
- 학습요소의 습득 여부는 기준에 의해 판단한다.

4) 학습의 평가

(1) 학습평가의 의의

일련의 주제 또는 단원의 수업이 끝나게 되면 수험목표의 달성, 성취 그리고 숙달 여부를 종합적으로 판정하게 된다. 수업목표의 설정, 출발점 행동의 진단, 실제 수업활동 그리고 마지막 평가의 과정으로 이루어지는 수업의 절차는 평가의 결과에 따라 피드백되어 순환과정으로 이루어진다.

학습평가는 첫째, 수업의 목표를 실현하기 위한 교육과정과 학습에 관련되는 활동을 진단하고 바람직한 방향으로 성취시키는 데 그 의의가 있으며, 둘째, 학습평가의 목적은 학습자 행동의 성취 정도를 측정하되, 개인 측정 그 자체에 목적을 두는 것이 아니고 최종적으로 학습활동 자체의 타당성을 가려 그 원인을 분석하며 보다 나은 교수-학습계획을 수립하는 데 목적이 있다.

좀 더 구체적으로 표현하면 학습평가는 학습자의 수업목표 도달도 파악, 교사의 교수활동에 대한 효과 파악, 수업의 향상을 위한 교육전반에 관한 자료수집, 학습자의 진로지도에 관한 자료수집에 목적이 있다.

(2) 학습평가의 기능

① 진단과 치료기능

교육에 있어서 평가를 하는 쪽은 교사이고 평가를 받는 쪽은 학습자가 된다. 측정 및 평가결과로 얻어진 자료에 의해 교사는 학습자를 이해하고 진단하며, 학습자가 스스로를 이해하는 데 도움을 줄 수 있다. 평가는 측정치에 의한 판정보다는 원인의 분석과 치료 및 지도를 위해 측정자료를 활용할 때 보다 의의있는 것이 된다. 개개 학습자의 개인차를 밝혀내고 학습부진의 원인을 진단하며, 치료와 지도대책을 세우는 일이 평가의 보다 중요한 기능이 된다. 학습평가의 목적은 학습자의 현재상태를 올바르게 이해하는 데 있으며 모든 수업계획은 학습자의 현재상태에 대한 이해에 기초를 두고 수립된다.

② 학습촉진기능

학습평가는 학습자의 학습촉진을 위해 필요한 학습동기를 유발해 주는 심리학적 기능을 수행한다. 시험을 실시한다고 할 때 학습자들은 좋든 싫든 이 자극에 반응하여 학습을 하게 된다. 학습자를 자극하여 학습으로 유도하는 이 평가기능은 자율적 학습동기 유발의 계기가 되며 또 인위적 학습동기유발의 계기가 된다. 평소에 좋은 학습태도를 가지고 준비를 갖추고 있던 학습자는 자기 자신의 향상과 진보를 확인할 수 있는 좋은 계기로 평가를 받아들이고 이어 자율적으로 적극적 반응을 보일 것이며, 학습태도가 불량하다거나 준비가 부족한 학습자에게는 인위적 · 소극적 학습동기유발이 되어 타율적으로 반응하게 될 것이다.

그러므로 학습평가는 학습자의 적극적인 반응이 전제되어 이루어질 때 보다 효과가 커지는 것이며, 이러한 경우 학습자는 평가를 통해 자기를 올바르게 진단하고 이해함으로써 보다 나은 학습의 진보를 위해 적극적으로 노력을 기울이게 된다. 학습평가는 바로 학습자가 자기 자신을 올바르게 이해하고 자신의 향상을 위해 평가를 받아들이는 적극적 자세가 갖추어졌을 때 단순히 학습촉진의 기능에 머무르지 않고 자기 진보를 위한 동기로 받아들여지게 된다.

③ 수업개선의 기능

학습평가는 학습자만의 평가가 아니며, 학습자의 평가로 얻어진 자료는 교사, 학습지도방법, 교육과정 등을 평가하는 데 유효한 증거가 될 수 있다. 교사란 평가대상에서 제외되는 권위적 존재라고 생각할 수 없다. 교사의 학습지도 능력, 학습지도 방법, 교사의 인성, 가치관, 태도 등은 학습자들의 학습활동에 직결되는 문제들이다. 밝고 명랑한 학습자가 되길 원한다면 교사의 인성이 그러해야만 되고, 개인차에 알맞는 훌륭한 지도를 원한다면 교사의 교육적 신념과 교육애가 보다 희생적이고 봉사적이어야 할 것이다. 그러므로 학습자를 평가하여 얻은 결과는 교사를 평가하는 데 자료가 된다.

학습평가 결과란 언제나 교사가 자기 자신을 반성하고 비판하여 새로운 자아의 성취나 개선이 이루어질 때 그 효과와 가치를 가지는 것이다. 뿐만 아니라 교사는 자신의 학습지도 방법에 대하여 책임을 지고 학습자의 평가결과와 비교해 보아야 한다. 학습자에게서 얻어진 측정자료는 학습자의 잘못에만 문제가 있는 것이 아니라 교사의 지도방법에도 상관있음이 증명되고 있다.

④ 생활지도의 기능

학습자의 학업성적뿐 아니라 적성, 흥미, 성격, 지능, 건강, 가치관, 태도, 개인적 문제 등과 같은 일련의 특성에 대한 정확한 진단과 평가자료는 그 학습자를 있는 그대로 정확히 이해할 수 있는 좋은 자료가 되며, 전인적 인간으로 발달하는 데 필요한 좋은 지도자료가 될 수 있다. 학습자의 현재의 이해뿐만 아니라 장래의 진로나 취업지도를 위해서도 필요한 정보자료가 된다. 생활지도는 지도대상에 대한 보다 광범한 이해로부터 출발해야 하며 학습자들의 능력, 성격, 학급, 가정, 사회환경에 대한 정확한 이해에서 시작되어야 하기 때문에 수업평가의 활동은 올바른 생활지도의 기초가 된다.

⑤ 교육정치의 기능

교육정치란 학습자를 그들이 지닌 능력이나 조건에 알맞게 위치를 정해 주는 것을 말한다. 즉 학습자들의 능력과 적성에 알맞는 과정과 진학활동, 그리고 신체적 조건에 적합한 활동이나 장래계획 등에 그들의 능력을 충분히 발휘할 수 있게 하는 활동이다. 즉 개인의 능력, 소질, 성격, 체력 등을 충분히 고려하여 계획하며 목표달성에 최선을 다하는 것이다. 교육정치는 바로 이와 같은 정신에서 출발하여 친구와의 생활, 교과별 수업의 반별계획, 그리고 장래의 진로계획에 이르기까지 개인의 능력을 충분히 발달시키기 위하여 위치를 정하는 배려가 필요하다.

(3) 학습평가의 형태

① 평가기준에 따른 분류

(가) 상대평가

상대적 평가는 집단내의 개인을 집단 속의 어떤 규준과 비교하여 그 상대적 위치를 밝혀보는 데 그 의의가 있다. 예컨대 학급 내의 다른 학습자와 비교를 하거나 한 학교 내의 동학년 전체 또는 전도, 전국의 동학년 학습자의 성적을 규준으로 하여 그것과 비교하여 상대적으로 평가하는 것이다. 따라서 상대적 평가에서 평점은 개인의 어떤 행동특성의 상대적 위치를 표시하는 의미를 갖게 된다. 그래서 상대평가는 규준에 의한 평가(norm-referenced evaluation)이다.

한 학습자가 성공적인 결과를 얻었다고 해도 다른 학습자와 비교하여 뒤떨어져 있다고 하면 양이나 가라는 평가를 받게 된다. 상대평가의 장점은 첫째, 그 학급, 그 학교 안에서는 객관적으로 평가할 수 있으며 교사의 주관에 의한 편견이 없다. 둘째, 각 평점이 나타내고 있는 가치의 정도와 각 학습자의 집단 내에서의 상대적 위치가 명확하며 애매하지 않다. 셋째, 평가나 해석은 타인과 비교해 본 뒤라야 잘 이해가 된다. 그리고 단점으로는 첫째, 지능, 성격, 건강, 환경이나 여러 조건 등의 개인적 사정을 무시하고 결과만으로써 상대적인 평가를 하므로 개성이 소홀히 될 염려가 있다. 둘째, 비상하게 노력을 하였다 해도 전 집단이 같이 향상되었다면 상대적 평가에서 그 내용과 상태를 표시할 수가 없다. 따라서 성적이 열등한 학습자는 결국 자포자기에 빠지기 쉬운 경향을 가진다. 셋째, 우수한 학급에서도 양, 가의 평점이 학습자 수만큼 있어야 하며 또 실력이 낮은 학급에서도 정해진 만큼의 수, 우를 정해야 한다.

(나) 절대평가

절대적 평가는 학습자들의 현재의 성취수준이나 행동목표의 도달 정도를 알아보기 위한 평가방법이다. 즉 다른 학습자와 상대적으로 비교하는 것이 아니라 교육 또는 수업목표에 비추어 평가하는 것이다. 그래서 이를 목표에 의한 평가(criteron-referenced evalution)라고 한다. 따라서 절대평가방법을 택

〈표 4-1〉 평가기준에 따른 학습평가의 유형과 특징

평가유형	유형	장점	문제점
임의평가	• 평가기준이 교사 개개인의 주관적인 판단에 의하여 좌우되며 교사에 의한 100점 만점식 평가		• 평가의 기준이 교사에 의해서 임의로 설정 • 평가결과에 대한 판단이 서로 상이할 수 있다.
상대평가	• 평가의 기준이 어떤 표준 척도에 의하여 이루어지는 평가형태 • 규준점수 척도에 의거한 규준지향적 평가방법	• 개인차의 변별이 가능 • 집단 내에서 각 점수의 객관적 평가 가능 • 외적 동기유발에 좋은 방법 • 검사신뢰도 강조	• 개개 학습자가 교육목표에 도달되었는가의 여부를 밝히는 기준적 판단을 할 수 없다. • 비교육적인 경쟁심 유발 • 모든 학습자가 교육목표에 도달할 수 있다는 교육의 가능성 부정
절대평가	• 평가기준을 교육과정을 통해서 달성하려고 하는 수업목표, 또는 도착점 행동에 두는 목표지향적 평가	• 교육의 효과에 대한 적극적인 신념을 기초로 하고 있다. • 학습자의 도전 상대는 같은 학습자가 아니라 지적 탁월성인 절대기준 • 교수-학습의 개선 • 교육개선을 위한 자료제공	• 절대기준설정의 난점 • 개인차 변별의 곤란 • 통계적 활용의 난점

하는 검사는 학습자들이 무엇을 할 수 있는지 없는지에 관한 정보를 제공한다. 절대평가는 타 학습자와의 관계나 그 학급에서의 위치는 문제시되지 않는다. 개개 학습자의 도달 정도가 문제되는 것이다. 따라서 절대평가는 학기말, 학년말 또는 학기중간과 같은 특정한 시기에만 실시하는 것이 아니라 학습자들의 출발점 행동 또는 도착행동을 알아보려고 할 때 언제나 실시한다. 그리고 절대적 평가를 위한 검사는 백분율(percentile marking)로 표시된다.

② 수업과정의 단계에 따른 분류

(가) 진단평가

학습자가 어떤 특성을 지니고 있으며 과거 학습의 정도, 준비도, 흥미, 동기상태 등 학습이 시작되기 이전의 초기 상태가 어떠한가에 관한 진단이 교수의 효율화와 학습의 능력을 향상시키기 위해서 중요하다는 것을 알 수 있다. 이러한 진단평가의 특징은 다음과 같다.

첫째, 수업이 시작되기 이전에 실시하는 진단평가는 학습자가 학습을 시작하기 전에 그가 어떤 출발 단계에 놓여 있는가를 결정한다. 이 목적을 위한 진단은 대개 계획된 학습단위의 목표를 성취하는 데 선행조건이 된다고 추측되는 출발점 행동 및 기능을 학습자가 소유하고 있는가 없는가를 결정하는 것이며, 주어진 학습단위 혹은 과정의 목표를 학습자가 이에 통달했는지, 그럼으로써 보다 높은 수준의 학습 프로그램을 제공해야 할지 어떠할지를 결정하려는 것이며, 학습자가 지니고 있는 어떤 특성, 예컨대 흥미, 성격, 집념, 적성, 선행학습사 등에 비추어 분류하고 그에 따라 적절한 교수전략이나 교수방법의 대안을 제공하려는 것이다.

둘째, 교수가 진행 중일 때 하는 것으로 이 평가의 주된 기능은 학습자가 학습에서 나타내는 계속적인 결손의 원인과 환경을 진단하려는 것이다. 형성평가도 학습 도중의 학습결함을 진단하는 기능을 가지고 있다. 그러나 형성평가는 학습목표에 관련해서 교수학습 및 교재 자체의 개선에 의해 학습을 개선·증진하려는 것인데 반해 진단평가는 신체적·정서적·문화적 환경의 결함을 찾으려는 것이다.

(나) 형성평가

형성평가는 교사·학습자에게 도움을 주며, 교수학습이 진행되고 있고 유동적인 상태에서 학습자에게 피드백(feed back)을 주어 자기 평가를 하고 교육과정을 개선하며 수업방법을 개선하기 위해 실시하는 활동이다. 즉 형성평가는 학습자의 학습을 증진시키기 위한 목적뿐만 아니라 교수방법을 개선하고 교육과정에 어떤 개선을 가져오기 위해 실시하는 것이다. 또한 학습이 형성되고 있는 시기에 실시하는 평가이기 때문에 학습증진의 극대화가 되도록 해야 하는 것이 그 목적이다. 형성평가의 역할은 다음과 같다.

첫째, 각 학습자의 학습진도를 자기의 학습능력에 맞추어 나가는 데 중요한 역할을 한다. 형성평가는 하나의 학습단위를 학습하는 도중에 여러 번 실시할 수 있고 이것은 학습자 각자로 하여금 자기의 학습진도를 적절히 개별화하는 데 도움을 준다.

둘째, 형성평가의 주된 목적의 하나는 교수학습과정의 각 단계에서 학습자에게 피드백을 주고 수정해 주려는 데 있다. 주어진 형성평가에서 좋은 성취를 보이는 학습자는 형성평가의 결과 그것 하나만으로도 보상과 강화의 역할이 된다. 각 학습단위에서의 성공은 곧 정적 강화를 주기 때문에 학습자에게 중요한 강화효과를 준다. 더욱이 형성평가의 빈도가 잦아서 계속해서 여러 번 실시할 경우 좋은 성취를 보이는 학습자는 누적적 성취경험을 갖게 되고 이것은 결국 긍정적 자아개념의 형성에도 영향을 미치게 된다.

셋째, 형성평가를 통해 학습자가 필요로 하는 정보는 단지 한 학습단위에서 성공했느냐 실패했느냐의 정보뿐 아니라 더 나아가 만약 실패했다면 그 실패의 원인에 관한 정보를 제공해 준다. 즉 학습곤란을 진단하는 것이다. 어떤 내용의 행동에서 자기가 실패했다는 것을 안다는 것은 곧 그것을 다시 학습할 경우 중요한 강화의 효과가 된다. 단지 어느 문항에서 실패했다는 것을 밝혀주는 정보만으로도 피드백의 효과는 충분히 있다고 할 수 있겠으나, 만약 이 실패 문항에 대하여 왜 그렇게 되었던가 하는 원인을 밝혀 주게 된다면 그 효과는 더욱 상승할 것이다.

(다) 총합평가

총합평가는 학습과제, 단위, 교과가 끝난 다음이나 기말, 연말에 총합적으로 교육목표의 달성 정도를 평가하는 것이다. 형성적 평가가 과정의 도중에 평가함에 비하여 총합적 평가는 과정 종료 후에 실시하는 평가다. 따라서 총합평가는 학습을 통해서 의도하는 교육목표에 대한 종합적 성취에 관심을 갖는다. 그러므로 형성평가는 세분된 선행기능 및 지식을 평가하려는 것이며 총합평가는 보다 일반화되고 광범위한 목표를 평가하려는 것이다. 총합적 평가의 역할은 다음과 같다.

〈표 4-2〉 학습평가의 수업과정 단계에 따른 분류

구 분	평가의 형태		
	진단평가	형성평가	총합평가
개 념	• 교수-학습활동이 시작되기 전에 학습자의 출발수준과 특성을 확인하기 위함	• 교수-학습활동이 진행 중 학습목표 도달도 확인	• 전체 교과에 대한 학습자의 학습성취 수준을 종합적으로 평가하여 등급을 매김
기 능	• 교수전략을 위한 기초자료를 얻어 교수방법 등을 세움	• 교수하고 있는 교육목표의 성취도를 알아 학습내용, 학습지도 방법을 개선하기 위한 절대평가의 입장	• 전교과학습이 끝난 다음 학습자의 성취수준을 평가하여 평점을 내어 서열을 결정하는 상대적 평가
평가에 있어서 강조점	• 지적, 정의적, 심리 운동적 행동 요인	• 지적 행동	• 일반적으로 지적 행동 • 교과에 따라 심리 운동적 행동
실시 시기	• 주제, 학기, 학년이 시작되는 때	• 교수활동 진행 중	• 주제, 학기, 학년의 종료시
검사 형태	• 예비 검사용의 형성적 종합적 검사, 표준학력검사, 표준진단 검사, 관찰법과 체크리스트	• 특별히 고안된 형성평가 검사	• 학기말 검사 또는 종합평가 검사

첫째, 학습자의 성취도를 알기 위한 점수판정이며 점수판정의 목적은 각 학습자의 학습 정도나 수준에 의거해서 학습자 사이의 상대적 위치를 결정하는 데 있다. 그렇기 때문에 총합평가의 도구는 될 수 있는 대로 각 학습자의 개인차를 정확하게 이해할 수 있어야 한다.

둘째, 총합평가의 목적 중 하나는 학습자가 어떤 기능이나 능력, 지식에 있어서 요구하는 정도의 자격이 있는지 없는지를 판정하기 위한 판단의 역할을 하는 경우도 있다. 다시 말하면 자격인정이다.

셋째, 다음 과정에서의 성공예언이다. 즉 총합평가의 결과는 다음 학습과정의 학습에서 학습자가 성공할 수 있느냐를 예언하는 데 중요한 역할을 한다.

넷째, 총합평가는 학기 도중에 중간시험의 형식으로 실시할 수도 있지만 대개의 경우 학기말에 실시하게 되는 것이 보통이다. 이와 같이 실시되는 총합평가의 결과는 다음 학년의 수업이 시작될 때 각 학습자 혹은 학급의 학습자를 어느 정도의 수준에서 수업해야 할 것인지를 결정하는 데 도움을 준다.

다섯째, 학습자 각자의 학습진도가 어느 정도 이루어지고 있느냐의 정보를 학습자에게 알려주는 것은 형성평가의 주된 목적이었다. 총합평가도 필요에 따라 이와 같은 목적을 위해 활용할 수 있다.

여섯째, 집단 간의 성적결과를 비교하기 위해 총합평가는 필수적이다.

③ 수행평가

(가) 수행평가의 개념

수행평가란 평가자가 학습자의 학습과제 수행과정 및 결과를 직접 관찰하고 그 관찰 결과를 전문적으로 판단하는 평가방법이다. 여기서 학습과제란 학습자에게 성취되기를 기대하는 수업목표와 관련되는 것으로 가능한 한 실제 생활에서 보다 의미있고, 중요하며 유용한 과제를 의미한다.

수행이란 학습자가 단순히 답을 선택하는 것이 아니라 학습자 스스로 답을 구성하는 것, 산출물이나 작품을 만들어 내는 것, 태도나 가치관을 행동으로 드러내는 것 등을 포함한다.

(나) 수행평가의 특징

㉠ 수행평가는 학습자가 문제의 정답을 작성하거나 정답을 선택하게 하는 것이 아니라 자기 스스로 작성하거나 행동으로 나타내도록 하는 평가방법이다.

㉡ 수행평가는 추구하고자 하는 수업목표 달성 여부를 가능한 한 실제 상황하에서 파악하고자 하는 평가방법이다.

㉢ 수행평가는 교수학습 결과뿐 아니라 교수학습 과정도 함께 중시하는 평가방법이다.

㉣ 수행평가는 단편적인 영역에 대해 일회적으로 평가하기보다는 학습자 개개인의 변화 발달과정을 종합적으로 평가하기 위해 전체적이면서도 지속적으로 이루어지는 것을 강조하는 방법이다.

ⓜ 수행평가는 개개인을 단위로 해서 평가하기도 하지만 집단에 대한 평가도 중시하는 평가방식이다.

ⓑ 수행평가는 학습과정을 진단하고 개별학습을 촉진하려는 노력을 중시하는 평가방법이다.

ⓢ 수행평가는 학습자의 인지적 영역(창의성, 문제 해결력 등 고등정신 능력)뿐만 아니라 학습자 개개인의 행동발달 상황이나 흥미, 태도 등 정의적 영역, 심동적 영역에 대한 종합적이고 전인적인 평가를 중시하는 평가방법이다.

(다) 수행평가의 방법

㉠ 서술형 및 논술형 평가

서술형검사는 주관식검사라고 하는 것으로, 문제의 답을 선택하는 것이 아니라 학습자가 직접 서술하는 검사이다. 논술형 평가는 서술형 평가이기는 하나 자기 나름의 생각이나 주장을 창의적이고 논리적이며 설득력 있게 작성하는 데 차이가 있다.

㉡ 실기평가

실기평가란 지식이나 기능을 직접 행동으로 나타내도록 하는 것이다. 시험을 치르는 상황이 통제되거나 강요된 상황이 아니라 자연스러운 상황이라는 특징이 있다.

㉢ 실험실습

실험실습 평가는 자연과학 분야에서 많이 사용하는 것으로, 어떤 과제에 대해서 학습자로 하여금 직접 실험실습을 하도록 한 후 그 결과 보고서를 제출하게 하는 것이다.

㉣ 관찰평가

관찰평가는 학습자의 지식이나 기능을 평가하기 위한 가장 일반적인 방법으로, 개별 학습자 또는 집단으로 관찰하여 평가하는 것이다.

㉤ 토론평가

토론평가란 교수학습 활동과 평가 등을 통합적으로 수행하는 것으로, 주어진 주제에 대해 학습자들이 서로 토론하는 것을 보고 평가하는 방법이다.

ⓗ 구술평가

구술평가란 특정 교육 내용이나 주제에 대해서 질문한 다음 학습자의 의견이나 생각을 표현하도록 하여 평가하는 것이다.

ⓢ 자기평가 및 동료평가 보고서

자기평가는 특정 주제나 교수학습 영역에 대해 자기 스스로 학습과정이나 결과에 대해 자세히 평가하도록 하여 그 결과를 보고하도록 하는 것이며, 동료평가는 동료들이 상대방을 서로 평가하도록 하여 그 결과를 보고하는 것이다.

ⓞ 연구보고서 평가

연구보고서 평가는 각 교과별로나 통합교과적으로 주어진 주제에 대하여 자기 나름대로 자료를 수집하고 분석 종합하여 연구보고서를 작성하고 제출하도록 하여 평가하는 것이다.

ⓙ 포트폴리오 평가

포트폴리오 평가란 자신이 쓰거나 만든 작품을 지속적이고 체계적으로 모아 둔 개인별 작품집을 이용한 평가 방법이다.

(라) 수행평가의 시행 절차

ⓐ 평가를 하고자 하는 이유를 명확히 한다.

ⓑ 평가하고자 하는 수업목표(성취기준)을 명확히 한다.

ⓒ 성취기준을 실제 얼마나 성취했는지의 수준을 파악하기 위한 기준(평가기준)을 명확히 한다.

ⓓ 적절한 평가방식을 결정하고 평가도구를 개발한다.

ⓔ 평가를 실시한다.

ⓗ 미리 개발된 채점 기준표에 따라 채점하고 그 결과를 처리한다.

(마) 수행평가의 유의사항

ⓐ 교사는 수행평가에 대한 전문적 소양을 갖추어야 한다.

ⓑ 수행평가의 비중을 점진적으로 늘려 가도록 해야 한다.

ⓒ 평가 목적에 가장 알맞은 평가방식을 선택하도록 한다.

ⓓ 평가의 신뢰도보다는 타당도를 더 중요시하도록 한다.

ⓔ 교사는 수행평가의 시행을 전문성 확보의 기회로 삼아야 한다.

(4) 학습평가의 절차

학습평가의 절차는 교육과정과 밀접한 관계를 가지고 진행된다. 학습평가의 절차는 다음과 같은 5단계의 과정을 밟는다.

첫째, 평가목표의 설정 및 명료화

둘째, 평가방법의 계획

셋째, 평가도구의 제작 및 선정

넷째, 평가의 실시 및 결과처리

다섯째, 평가결과의 해석 및 활용

① 평가의 목표의 설정

평가의 목표는 곧 학습목표 또는 수업목표이기도 하다. 즉 무엇을 평가할 것인가의 문제는 곧 수업목표달성 여부의 판단문제가 되기 때문에 평가의 과정에서 우선적인 작업은 평가의 목표를 설정하는 일이다. 평가목표를 설정한다는 것은 결국 평가내용 또는 검사내용을 정하는 일이 된다. 즉 무엇을 재느냐를 결정하는 일이다. 교육목표가 내용과 행동으로 규정되는 것처럼 평가목표 또한 내용과 행동으로 분류된다.

(가) 평가내용 분류

평가내용의 분류는 수업내용에서 그대로 추출된다. 예컨대 사회시험을 위한 평가내용 분류와 문제수의 비율은 다음과 같다.

사회시험의 평가와 내용

경기지방	10%
충청지방	20%
전라지방	20%
경상지방	30%
제주지방	20%
	100%

실제평가에 있어서 평가내용은 더욱 자세하게 되고 수업목표에 관련된 내용을 충분히 표집한다. 이때 각기 분류한 내용의 비중을 정하는 것은 평가자의 소양에 달려 있다.

(나) 행동분류

지적 영역의 행동목표는 지식, 이해, 적용, 분석, 종합, 평가의 여섯 가지로 분류되고, 정의적 영역의 행동목표는 감수, 반응, 가치화, 조직화, 인격화의 다섯 가지로 분류된다. 오늘날 행동분류는 조작주의적 정의방법에 크게 의존하는 경향이 없지 않다. 종래의 행동목표 진술이 철학적이고 사변적인 정의방법에 입각하고 있었기 때문에 일의적으로 해석될 수 없는 혼란을 야기하여 왔음에 비해, 지시될 수 있는 사실과 반복될 수 있는 조작만으로 정의해야 한다는 주장, 즉 행동적 정의는 일의적으로 쉽게 포착할 수 있는 조작만으로 정의해야 한다는 주장, 즉 행동적 정의는 일의적으로 쉽게 파악할 수 있는 목표로 분류할 수 있게 한다는 점에서 매우 과학적이라 할 수 있다.

(다) 평가의 이원분류

평가목표에 내포된 내용면과 행동면이 분석되면 이 두 차원의 목표를 결합하여 이원분류표를 만들어야 한다. 이분류표를 보면 어떤 내용을 평가의 대상으로 삼아 어떤 행동을 측정할 것이냐 하는 것이 일목요연하게 된다. 예컨대 앞서 나온 사회시험의 평가목표에서 평가내용과 행동을 연결시켜 보면 〈표 4-3〉과 같다.

〈표 4-3〉 사회시험 이원분류표

	지식	이해력	적용력	분석력	종합력	평가력	계
경기지방	5	3	·	2	·	·	10
충청지방	5	7	3	·	3	2	20
전라지방	5	6	4	·	·	5	20
경상지방	10	5	5	5	5	·	30
제주지방	5	4	3	3	2	3	20
계	30	25	15	10	10	10	100

② **평가방법의 계획**

평가방법이란 평가목표에서 분류된 행동을 어느 정도 잘 아느냐, 즉 수업목표의 달성도를 어떻게 재느냐를 말하며 행동의 증거가 드러날 만한 검사상태를 모색함을 의미한다. 행동적으로 정의된 목표행동이 그래도 다 드러날 수 있는 상태를 고른 것, 바로 그 행동을 학습자가 할 수 있는 또는 할 수 있었던 기회가 내포된 상태를 고르는 일이다. 수업평가에서 이용될 수 있는 검사상태는 풍부히 많으며 평가할 각 행동에 따라 여러 가지로 할 수 있다. 즉 필답검사, 면접, 행동관찰, 작품분석 등으로 할 수 있다.

③ **평가도구의 제작 및 선정**

평가방법이 계획되었으면 평가도구를 제작 선정하는 단계다. 평가도구를 제작한다는 것은 교사가 평가방법에 맞는 시험문제를 만드는 것을 말하며 선정한다는 것은 이미 만들어져 있는 표준화검사 중에서 선정한다는 뜻이다. 여기서 기준으로 삼아야 할 것은 앞에서 설명한 이원분류표다. 좋은 문항이 되도록 시험문제가 제작되어야 하며, 면담의 경우에도 면담조사표가 사전에 마련되어 질문의 순서, 질문의 내용, 응답내용의 처리 등이 계획되어야 한다. 행동관찰에 있어서도 관찰 조사표가 준비되어 활용될 수 있게 한다. 모든 평가의 도구는 객관도, 신뢰도 타당도, 실용도가 높게 제작될 것이 요구되며 문항의 변별력이나 곤란도가 적절하게 제작되어야 한다.

(가) 문항제작의 기준

㉠ 수업목표에서 의도하는 구체적 내용 및 행동이 제대로 드러나도록 문항은 적절해야 한다.

㉡ 사실적인 기억 이상의 능력을 평가할 수 있도록 이해력, 적용력 등을 자극하는 적절하고 복잡한 것이라야 한다.

㉢ 너무 구체성에 얽매여 단편적인 지식의 측정이 되지 않도록 일반화하고 보편화할 수 있도록 추상적이어야 한다.

㉣ 가능하면 새로운 장면에서 새로운 능력을 평가하는 문항형식이 되도록

참신해야 한다.

ⓜ 학습자에게 명확한 의미를 줄 수 있도록 구조화해야 한다.

ⓑ 너무 쉽거나 어렵지 않도록 곤란도의 정도를 적절히 구조화해야 한다.

ⓢ 학습자들이 자기의 올바른 능력을 나타내고, 그것을 표현하고 싶도록 동기 유발을 할 수 있는 문항이어야 한다.

(나) 문항유형의 분류

㉠ 서답형: 단답형, 완성형, 논문형

㉡ 선택형: 진위형, 배합형, 선다형

(다) 각 문항의 특징

구분	정 의	장 점	단 점	문항 예
단답형	한두 개 정도의 단어, 어구 또는 숫자, 기호, 간단한 그림이나 한두 줄의 짧은 문장을 이용하여 답하는 문항형식	• 출제가 용이 • 추측에 의해서 우연히 정답할 가능성 희박	• 지식수준 이상의 학습결과를 측정하기 곤란 • 두 가지 이상의 정답이 나올 수 있음 • 철자를 잘못 쓴 답안의 처리 등 채점상의 곤란	• 고구려의 시조는 누구인가? • 춘원 이광수의 작품 특징을 한 문장으로 써라.
완성형	한 문장이나 도형적 자료의 중요한 부분을 공란으로 만들어 적당한 단어나 어구, 기호 또는 숫자를 채워 넣는 문항형식	• 단답형의 장점과 비슷	• 단답형의 단점과 비슷 • 응답의 의미가 불명료하여 학습자의 임의적 판단에 의해 응답할 가능성이 큼	• 유전은 (　　)세대 사이의 (　)관계이다. • 훈민정음은 (　　)년에 창제되었다.
논문형	주어진 주제에 관한 지시나 질문에 따라 응답자가 문장형태로 답안을 작성함에 어느 정도 자유가 허용되는 문항	• 응답자는 자기들의 지식의 배경 속에서 선택하여 답안 작성 • 전체적 관련에 주의 집중시킴 • 응답자의 창조력 측정	• 채점의 비신뢰성 • 채점에 소요되는 시간과 노력 과다 • 학생 간의 타당성 비교 불가	• 고려의 불교문화에 대하여 논하라. • 논문형 평가의 장점을 객관식 평가와 비교하여 설명하라.

진위형	진술문을 제시하고 그 진위나 정오를 묻는 문항형식	• 문항작성이 용이하고 짧은 시간에 많은 문항에 답할 수 있어 광범위한 내용을 검사에 포함시킬 수 있음	• 지식수준 이상의 학습결과 측정에 부적합 • 추측에 의해서 정답할 가능성이 큼	• 다음 글을 읽고 맞으면 ○표 하여라 • 시내에서 보행자는 표시된 건널목이나 육교를 이용하여 길을 건너야 한다.
배합형(연결형)	한쪽에서 일련의 전제가 주어지고 다른 한쪽에는 이에 관련된 일련의 답지를 주어 지시문의 지시에 따라 서로 관계되는 번호를 괄호 속에 쓰거나 짝지워 연결하도록 하는 문항	• 진위형과 같음	• 진위형과 같으며 배합형에 적합한 동질적인 성격을 가진 학습내용을 찾아내기가 어려움	• 다음 국경일로 맞는 번호를 ( )안에 써라 삼일절( ) 현충일( ) 제헌절( ) 개천절( ) ① 7월 17일 ② 6월 6일 ③ 3월 1일 ④ 5월 5일 ⑤ 10월 3일
선다형	3개 이상의 답지 중에서 문항에 제시된 조건에 따라 정답이나 최선답을 선택하도록 하는 문항형식, 답지의 수에 따라 4지 또는 5지 선다형이라 부름	• 진위형보다 추측에 의해서 정답할 가능성이 적음 • 주관식 검사가 갖는 주관성과 비능률성이 적음 • 이해력 · 적용력 등 어느 정도의 고등정신능력도 측정 가능	• 적당한 수준의 문항을 제출하는 데는 상당한 지식과 경험이 요구되고 출제에 어려움이 있음 • 종합력이나 평가력 등 높은 수준의 학습 결과를 측정하기 어려움	• 대법원장은 누가 임명하는가? ( ) ① 국민 ② 국무총리 ③ 국회의장 ④ 대통령

④ 평가의 실시와 결과 처리

(가) 평가의 실시

평가를 실시하기 전에 출제문항을 검토하고 문항을 곤란도에 따라 배열 편집하여 문제지를 인쇄한다. 시험에 있어서 시험장의 물리적 조건을 일정하게 하고 환기, 채광, 온도를 조절한다. 평가자는 시험의 실시요령에 익숙해야 하며 시험의 지시문을 준수해야 한다. 그리고 시험중에 부정행위가 발생하지 않도록 공정하며 정확한 감독을 해야 한다.

(나) 결과의 처리

검사나 행동의 증거가 수집되면 예정된 방법에 의하여 정리하고 통계적 계산을 하게 된다.

㉠ 주관식 검사의 채점

주관식 검사는 채점기준표를 작성해서 활용하고 학습자에게서 나올 만한 답을 짐작하고 대책을 세운다. 문항이 여러 개 있을 때는 학습자 단위로 채점하지 말고 문항단위로 채점하고 후에 학습자 단위로 종합한다. 복명채점법을 활용하고 가능한 경우 두 사람 이상이 채점한다.

㉡ 객관식 검사의 채점

객관식 검사 중 선택형 검사에 있어 학습자들이 몰라도 짐작이나 요행으로 정답을 고르는 수가 있다. 이것을 추측요인이라 한다. 이 경우 추측요인을 교정하기 위하여 다음과 같은 공식을 사용한다. S=R-W/n-1, 여기서 R은 정답수, W는 오답한 수, n은 한 문항 속의 답지수, S는 교정된 점수이다. 학습자가 답을 고르는 데는 두 가지가 있다. 하나는 완전히 알아서 답하는 경우와 또 하나는 순전히 추측으로 답하는 경우다. 오답은 모두 추측으로 고르게 된 것이고, 순전히 추측으로 답하는 경우에는 어떤 답지든 선택할 가능성이 다 같다고 볼 수 있는 것이다.

이와 같이 오답을 빼는 수도 있고 문항에 따라 채점의 비중을 달리하기도 하여 채점한다. 이렇게 수집된 결과는 숫자나 언어 등의 기호로 정리된다. 어느 경우에나 숫자가 무슨 의미를 갖는 것인지, 언어나 기호가 무슨 의미인지를 공통적으로 이해할 수 있게 정리해야 한다.

⑤ 결과의 해석과 활용

(가) 결과의 해석

결과의 해석에 있어서 우선적으로 수업목표 즉 평가목표의 달성 여부를 알아보아야 한다. 기대에 어긋난 결과가 나타났다면 이에 대한 원인, 수업목적 설정의 타당성, 평가실시의 적절성 등 수업의 전과정에 걸친 진단적인 해석이 필요하다. 다음으로 평균치와 표준편차를 비교함으로써 점수분포의 편포도를 알아볼 수 있고 다른 집단과의 평균점수의 비교에서 학급성적의 수준을 검토할 수 있으며 우수학습자와 학습부진 학습자를 발견할 수도 있다. 나아가서 문항반응분포의 분석이나 검사의 신뢰도 계수도 검토될 수 있다.

(나) 결과의 활용

첫째, 평가의 과정과 결과는 수업목표를 설정하는 데 활용할 수 있다. 둘째, 평가의 결과는 한 학습경험의 타당도, 유의도 검증에 활용될 수 있다. 즉 수업목적달성에 어느 경험이 가장 유효한지를 평가는 지시해 준다. 셋째, 평가의 결과는 교수방법의 개선에 활용될 수 있다. 넷째, 평가의 결과는 학습자의 필요, 개인차, 어떤 특성의 경향 등을 이해하는 수단으로 활용되며, 생활지도상담의 기초자료를 제공해 준다. 다섯째, 평가의 결과는 교육정치에 활용될 수 있다. 여섯째, 평가의 결과는 평가방법 자체의 개선에 도움을 준다. 일곱째, 평가의 결과는 교육 과정 개선의 기초자료를 제공해 주며, 학교행정 개선의 기초를 마련해 주기도 하고, 교육계획의 길잡이가 되거나 장학절차와 방법의 개선에 유용하게 활용될 수 있다. 여덟째, 수업의 반성과 연구자료로 활용된다. 아홉째, 학습경험 구성의 적성성 및 교육적 효능의 정도를 결정하는 데 도움을 준다.

3. 연구수업

1) 연구수업의 의미와 목적

교사는 교과의 교수활동에 있어서 연구와 자기 발전을 위해 연구수업을 하게 된다. 사회변화에 따른 사회현상의 교육에 적용과 효율적인 교수방법의 탐구와 연찬은 교육효과 증진을 위해 필수적인 것이다. 따라서 학교에서의 연구수업은 각 교과에서 한 교사씩 선정하여 형식적으로 실시하는 데 그치기보다는 계획적이고 조직적인 수업연구가 필요한 것이다. 교사의 가장 중요한 임무는 수업을 효과적으로 운영하는 것이기 때문에 수업을 훌륭하게 효과적으로 진행할 수 있는 지도력 향상을 위한 연구수업은 절실한 문제라고 할 수 있다. 그래서 학교에서는 정기적으로 연구수업을 계획하여 교사 각자의 지도력 향상을 위한 기회로 삼는 것이 일반적이다. 연구수업은 그 목적에 따라 명칭을 달리하고 있다.

① 공개수업

공개수업은 특정 또는 불특정의 다수인이 참관할 수 있도록 공개적으로 하는 수업이다.

② 모범수업(시범수업)

모범수업은 교수법에 능숙한 교사가 미숙한 초임교사 또는 장차 교사가 되려는 사람들에게 학습지도의 방법을 실제로 참관시켜 도움을 주는 수업이다.

③ 연구수업

연구수업은 학습지도의 방법을 개선 향상시킬 목적으로 참관자들 앞에서 행하는 수업으로 최근에는 수업연구라 하기도 하고, 실제로 실연해 본다는 의미에서 실연수업이라고도 한다. 모범적, 공개적, 실연적 그리고 연구적이며 참관자에게 보인다는 점에서는 공개수업이나 모범수업과 공통적이다. 수업연구의 궁극적 목적은 어떻게 하면 학습자에게 보다 더 바람직한 학습효과를 줄 수 있겠는가를 협동적으로 연구하고자 하는 데 있다.

2) 연구수업의 계획

① 수업 전의 계획

연구수업을 하는 교사는 연구수업 주제의 결정, 선정된 주제의 검토, 사전에 학습자 등의 실태조사를 한다.

② 수업실시의 계획

연구수업 시간계획, 수업과정의 계획, 수업 보조자료의 계획, 수업방법의 계획, 수업평가의 계획을 한다.

이상과 같은 연구수업의 계획에서 특히 연구수업의 목적을 달성하기 위한 노력이 무엇보다도 중요하다. 그러기 위해서는 다음과 같은 사항이 고려되어야 한다.

첫째, 교재의 기초적 · 기본적인 사항이 학습자에게 확실하게 습득되도록 내용을 정선한다.

둘째, 학습내용이나 학습활동이 타 주제나 타 교과나 타 영역에 관련되도록 한다.

셋째, 학습자의 실태나 특성 등이 고려되도록 한다.

넷째, 학습내용이나 활동의 시간이 목표달성이나 학습자의 실태에 맞게 한다.

다섯째, 학습환경을 적절하게 조정하고 교재, 교구 등과의 관련을 고려한다.

여섯째, 학습효과를 정확하게 파악할 수 있는 평가기준과 도구를 배려한다.

3) 연구수업을 위한 준비

① 교실 환경의 정리

② 연구수업에 관련된 인쇄물 정리

③ 수업계획안의 검토

④ 수업에 관련된 사항의 검토

- 학습자는 연구수업의 의미를 잘 이해하고 있는가?
- 학습의 진도는 예정대로 진행되고 있는가?
- 연구수업의 주제와 연구 발표의 각 제목이 관련되어 있는가?
- 학습에 필요한 교구나 참고자료는 잘 준비되어 있는가?
- 학습에 필요한 학습자의 실태가 잘 파악되어 있는가?
- 참관자에 대한 태도나 예의면의 지도는 잘 되어 있는가?
- 참관자에게 배부할 인쇄물은 준비되어 있는가?

- 교사 내외의 청소는 잘 되어 있는가?
- 환경구성 및 정비가 잘 되어 있는가?
- 참관자의 안내계획이 잘 되어 있는가?
- 복도, 벽면 등이 학습자에 의해 잘 이용되고 있는가?

4) 연구수업의 참관

① 연구수업 참관 시 유의사항

- 참관 중에는 정숙하고 수업에 방해가 될 수 있는 행동을 하지 않는다.
- 수업방법에 있어서 사용하는 의도를 파악하여 수업을 이해한다.
- 수업의 전체적인 과정을 고려하여 평가하도록 한다.
- 수업계획안의 내용을 충분히 파악하고 참관에 임한다.
- 수업의 참관을 통하여 실질적인 도움을 받도록 노력한다.

② 연구수업 참관내용

(가) 수업계획안

㉠ 수업의 목표는 학교교육목표와 관련이 있고 구체적인 진술인가?
㉡ 학습자의 기초행동이 명확히 밝혀지고 있는가?
㉢ 교재의 중심 관련과 기본적인 요소가 명확하여 구조화를 도모하고 있는가?
㉣ 수업형태 및 시간배당이 수업목표 및 내용에 적당한가?
㉤ 학습 및 지역사회의 실태를 고려한 계획인가?
㉥ 수업결과의 평가계획이 적절한가?
㉦ 교구는 충분히 활용하도록 되었나?
㉧ 수업이 역동성 있는 활동을 계획하고 있는가?

(나) 교사활동

㉠ 학습활동을 촉진하기 위하여 자유로운 학습분위기를 조성하고 있는가?

ⓛ 이미 배운 교재와 관련지어 조리있게 전개하고 있는가?
ⓒ 교사의 발문, 학습자의 질문 처리는 적절한가?
ⓡ 개개 학습자의 반응을 살피며 이해도를 고려하여 수업을 진행하는가?
ⓜ 전체적인 능률과 개별적인 능률을 고려하고 있는가?
ⓑ 사고해야 할 곳을 유기적으로 구조화하여 자율적으로 문제를 해결할 수 있도록 하는가?
ⓢ 교재활용, 판서의 내용, 시기, 방법이 적절한가?
ⓞ 지도의 중심이 명확하며 임기응변의 조치는 없는가?
ⓙ 개별학습이 이루어지도록 노력하는가?

(다) 학습활동

ⓖ 본시 수업목표는 명확히 파악되고 학습자의 학습의욕은 왕성한가?
ⓛ 교사의 권위, 학습자의 경쟁의식이 위축되지 않는 자유로운 분위기인가?
ⓒ 학습자가 자주적이고 비판적인 학습활동(자발적인 발언, 학습의 참여)을 잘 이루어 가고 있는가?
ⓡ 교재교구의 이용이 잘되는가?

(라) 수업환경

ⓖ 학습효과를 자극할 만한 수업환경이 이루어졌는가?
ⓛ 학습활동의 전개에 충분한 교구와 자료를 갖추고 있는가?
ⓒ 기존교구 외에 창의적인 제작교구를 갖추고 있는가?
ⓡ 교재의 관리는 잘 이루어지고 있는가?

(마) 학습의 평가와 정리

ⓖ 학습도중 학습의 평가와 정착이 적절하게 이루어지고 있는가?
ⓛ 평가내용은 본시의 수업목표와 직결되어 있는가?
ⓒ 평가내용에 타당한 방법을 활용하고 있는가?
ⓡ 평소에 학습정리를 중시하고 계속적인 변화를 누가 기록하고 있는가?
ⓜ 본시의 수업내용에서 중심적인 것을 체계적으로 정리하는가?

㉥ 학습결과의 응용 및 차시학습으로 발전적인 계열화가 이루어지는가?
㉦ 기본적인 사항에 대한 연습은 적절히 이루어지고 있는가?
㉧ 가정학습의 과제는 적절히 주고 있는가?

4. 수업에서의 발문방법

1) 발문의 의의

발문법의 근원은 소크라테스(Socrates)의 교육에서 찾을 수 있다. 그는 제자들과 문답을 통해서 진리를 깨닫도록 함으로써 발문과 토론을 학문의 수단으로 삼았다. 이러한 문답법은 주입식 교수방법에 비하여 학습자의 자주적인 사고작용을 자극할 수 있기 때문에 널리 사용되어 왔다.

수업활동에 있어서 교사는 발문을 통하여 수업내용을 전달하거나 전달한 내용을 확대시켜 확인하기도 한다. 발문은 수업에 있어서 매우 중요하며, 교사와 학습자가 대화하지 않고 수업을 할 수 없듯이 발문 없이는 수업을 할 수 없다. 따라서 발문은 여러 가지 수업목표를 달성하는 데 도움을 주기 때문에 수업활동에서 발문을 사용하게 된다.

그런데 교사의 발문을 질문과 동일한 의미로 혼동해서 사용하는 경우가 있다. 질문은 의문이 되는 점을 바로잡아 밝히려는 물음이며, 어느 만큼 어떻게 알고 있는지를 알아보려고 묻는 것이다. 그러나 발문이란 학습자의 사고를 자극하고 유발하여 새로운 추구나 발견 또는 상상의 확대를 하도록 발전시켜 나가기 위한 문제의 제기라고 할 수 있다. 즉 질문은 기억 재생을 위한 물음으로 평가적 성격을 띠고 있으며, 발문은 사고활동을 촉진하여 문제해결로 안내하고 보조하는 물음인 것이다. 따라서 수업 중에 교사의 물음은 발문의 성격을 갖게 되는 것이다. 이러한 발문이 갖는 기능은 다음과 같다.

① 발문은 새로운 문제의 제기이며 학습활동을 추진한다.

② 발문은 학습방법이나 작업방법에 대한 암시를 주게 되어 문제해결 절차

에 따라 학습자 스스로가 답을 구할 수 있게 한다.

③ 발문은 정의적인 측면에서 교사와 학습자 간의 인격적인 인간관계를 통하여 온화하고 민주적인 수업분위기를 조성할 수 있다.

④ 발문은 학습자들의 사고활동을 촉진하고 발전시켜 학습자들이 주체적 자기학습을 통하여 효과적으로 문제를 해결할 수 있도록 안내하고 도와줄 수 있다.

2) 발문의 유형

발문은 학습자의 사고활동을 유발하고 촉진하는 문제의 제기로서 학습지도의 중요한 방법이다. 그러기 때문에 항상 동일한 유형과 방법의 발문을 할 수 없으며, 수업의 형태나 학습내용, 학습자의 능력 등에 따라서 다양한 발문이 주어져야 한다.

김종서는 발문의 종류를 형식적인 면과 학습자들의 사고에 대한 자극과 반응면으로 나누고 형식적인 면을 다시 넓은 발문과 좁은 발문으로, 학습자들의 사고에 대한 자극과 반응면을 단순 기억발문과 한정발문, 확산적 발문 및 평가적 발문으로 분류하였다. 그리고 박병학은 학습자의 사고활동을 촉진하는 면을 중시하여 재생적 발문과 창조적 발문으로 구분하였다. 발문의 유형과 그 특성을 정리하면 다음과 같다.

① 재생적 발문

재생적 발문은 학습했던 내용이나 경험한 사실을 알아보기 위한 것으로 대체로 도입단계에서 사용하게 된다.

삼국사기를 쓴 사람은 누구였는가? 백두산의 높이는 얼마인가? 이와 같이 단순한 지식과 사실, 방법과 원리, 열거, 계산 등에 관한 발문으로 1문 1답의 형태이다.

② 추론적 발문

학습자가 지식, 정보 등을 이용하여 비교, 대조, 구분, 분석, 종합하여 응답하게 하는 발문으로, 생각하게 하는 발문이다.

이 글의 주제는 무엇인가? 학생이 주인공이라면 어떻게 하겠는가? 등과 같은 문제해결 수준의 발문이다.

③ 적용적 발문

학습자들의 확산적 사고를 개발하기 위하여 새로운 상황에 적용, 예언 또는 가설을 설정하도록 하는 발문이다.

이 원리를 이용해서 자동차를 만들 수 있는가? 공해가 인체에 어떠한 영향을 미치겠는가? 이와 같이 학습한 결과를 토대로 보다 확산적 사고활동을 촉진하는 발문이다.

④ 요구적 발문

요구적 발문이란 학습자들에게 요구하는 발문의 형태이다.

- 작업을 요구하는 발문 : 읽어 볼까?, 써 볼까?, 좀 더 생각해 볼까?
- 의견을 요구하는 발문 : 왜 그럴까?, 어떻게 했을까?
- 개괄을 요구하는 발문 : 그 결과는?, 한마디로 말한다면?
- 정의를 요구하는 발문 : 사각형의 면적 계산 공식은?, 물이 끓는 이유는?

⑤ 확인적 발문

확인적 발문은 문답법에서 많이 사용할 수 있는 것으로, 수업의 과정에 있어서 문제해결의 이해 여부를 알려는 수단으로서 경험, 이해, 지식, 기능, 태도 등의 상태를 확인하려는 발문이다.

- 경험을 확인하는 발문 : 박물관에 가 본 사람은?
- 기억을 확인하는 발문 : 이 글의 전체의 뜻은 무엇이었나?
- 이해 정도를 확인하는 발문 : 이렇게 하면 결과가 어떻게 된다고 하였나?

⑥ 정의적 발문

정의적 발문은 응답자로 하여금 단어, 용어 또는 구에 대하여 정의를 내리도록 하는 것이다. 정의적 발문에 대한 응답에서 응답자는 어떠한 말의 의미를 기술적으로 설명하거나, 명칭을 붙이거나, 말의 의미를 표현하기 위하여 그 말에 속하는 구체적 사례를 들게 된다.

- 물이란 무엇인가? 교통기관의 종류를 들어 보고 교통기관이 무엇인지 설명하여라.

⑦ **평가적 발문**

평가적 발문은 응답자 자신의 가치판단을 요구한다. 가치판단은 어떤 것에 대한 칭찬, 비난, 비판, 평가를 의미한다. 또한 가치판단은 개인의 태도, 느낌, 도덕관, 신념, 정치관 등과 관계를 맺고 있다. 그러므로 타인의 경험이나 가치판단을 그대로 진술하거나 해석하게 하는 발문은 평가적 발문이 아니다. 이러한 발문은 응답자의 개인적인 가치판단이 요구되지 않기 때문이다.

- 현대의 시인 중 가장 좋아하는 사람은 누구인가? 성년을 20세부터로 하는 것을 어떻게 생각하나?

⑧ **형이상학적 발문**

형이상학적 발문은 응답자로 하여금 자신이 가지고 있는 형이상학적 신념이나 신학적 신념을 진술하게 한다.

- 신은 존재하는가, 존재하지 않는가? 사람은 사후에 어떻게 되는가?

⑨ **단순형 발문**

단순 발문은 종속절이나 세밀한 내용을 피하는 방법으로, 강조하고 있는 것이 무엇인지를 쉽게 이해할 수 있게 한다.

⑩ **복합형 발문**

복합형 발문은 발문을 명확히 하기 위한 조건절을 포함하는 방법이다. 조건절은 단서를 주기도 하나 그 단서들이 발문에 대한 주의를 분산시키고 발문자가 의미하는 것을 방해하기도 한다.

⑪ **내포형 발문**

내포형 발문은 여러 내용 중에 발문이 들어 있는 방법이다.

- 실습을 효과적으로 마치려면 조원끼리 어떠한 방법을 생각해야 할까?

⑫ 제한적 발문

제한적 발문은 낮은 수준의 사고 또는 간단한 사실적 대답을 기대하는 발문으로 발문 자체가 매우 구체적이며 기대되는 대답은 제한되어 있는 것이다. 따라서 대답은 예측이 가능하고 대답하는 데 부담을 주지 않는다. 제한적 발문에 포함된 인지 · 기억형 발문은 어떠한 사실, 개념, 기억된 정보의 재생을 요구하는 발문이며, 수렴적 발문은 정답이나 최선의 답이 있는 발문으로 어떠한 관계를 기술하거나 설명하는 발문방법이다.

⑬ 확산적 발문

확산적 발문은 매우 다양한 대답이 가능한 발문으로서, 질문에 대한 답을 예측하기가 어렵다. 사고를 자극하여 대답자로 하여금 추론하거나, 분석하거나, 종합하도록 하는 발문이다. 여기엔 대답자의 느낌, 판단, 의견 등이 나타나며, 학습자의 지적 기능을 개발하는 데 도움을 주는 방법이다.

확산적 발문은 어떠한 상황의 결과 또는 불확실한 미래를 예측하거나 가설을 설정, 추론하거나 또는 분석된 요소들을 재구성하는 등의 지적인 활동을 요구하는 발문이다. 그러므로 발산적 발문은 창의적인 노력을 필요로 하며, 탐색과 실험 그리고 추리를 촉진한다. 평가적 발문은 인지 · 기억, 수렴적 · 발산적 사고의 지적 능력을 동원하는 고도의 사고를 요구하는 발문이다.

3) 발문의 구상

① 발문 구상방법

발문의 조건과 유형에 적합한 발문을 계획할 때는 수업목표와 수업내용에서 발문의 소재를 추출하여 발문을 구상하는 것이다. 발문을 구상할 때는 첫째, 수업내용에 따라 발문의 유형을 결정하고, 둘째, 단계적으로 발문의 수준을 높여 가게 구성하며, 셋째, 학습자의 능력에 맞도록 사고활동을 촉진하는 발문을 구상해야 한다.

② 발문의 요령

- 허용적이고 탐구적인 수업분위기를 조성하는 발문을 한다. 학습자가 마음을 열어 놓고 대답할 수 있도록 하는 발문, 사고를 자극할 수 있게 문제점이나 의문, 또는 모순점을 제시하는 발문, 학습자의 생각을 바탕으로 하는 발문을 함으로써 응답의 실패나 모욕감의 부담을 갖지 않고 자유스럽게 응답하도록 해야 한다.
- 학습자에게 문제의식을 준 다음 적절한 시기를 택하여 발문을 한다. 발문은 학습활동의 순서에 알맞은 발문, 문제를 해결하는 방법을 찾아내도록 하는 발문 등 시기에 맞는 것이어야 한다.
- 시간을 갖고 사고하여 여러 답이 나올 수 있게 하는 개방적 발문을 한다. 여러 각도에서 생각해야 답을 할 수 있는 발문이어야만 창의력을 길러줄 수 있는 것이다.
- 학습자의 능력에 알맞는 개인차를 고려한 발문을 한다.
- 발문을 되풀이해서 하지 않는다.
- 하나의 발문에 두 가지 이상의 물음이 겹치지 않도록 한다.
- 발문은 적절한 어조로 표현되어야 한다.
- 즉시 예, 아니오의 일제답이 나오지 않도록 확산적 발문을 한다.
- 하나의 응답을 구하는 발문은 피해야 한다.
- 다양한 능력을 발견해낼 수 있는 발문을 한다.
- 발문한 다음 생각하여 응답할 수 있도록 기다린다.
- 발문의 주제를 명확히 한다.

4) 발문의 처리

① 발문에 대한 성공적인 응답은 칭찬과 격려로 성취감을 갖게 한다.

② 학습자의 응답이 미흡할 경우 구체적으로 친절하게 지적 또는 시정을 해 주고, 암시적인 재질문으로 학습자 스스로 틀린 것을 찾아낼 수 있도록 한다.

③ 옳지 않은 답이나 의견이 나왔을 때 교사가 즉시 정답을 제시하지 말고 다시 생각할 수 있는 기회를 준다.

④ 학습자의 반응을 공평하고 친절하게 수용한다.

⑤ 발문에 대해 응답할 수 있는 시간을 주며, 독촉하지 않도록 한다.

5) 발문모형

<table>
<tr><th>단계</th><th>지도요소</th><th>발문의 보기</th></tr>
<tr><td rowspan="3">도
입</td><td>제재에의
접 근</td><td>• 제목과 관계있는 글을 썼거나 읽었던 경험이 있으면 발표해 볼까요?
• 제목만 보고 우선 무엇을 느낄 수 있나요?
• 제목만 읽고 어떤 이야기일 것이라고 생각되나요?</td></tr>
<tr><td>대 충
읽 기</td><td>• 글 전체를 소리내어 읽어 볼까요?(묵도도 좋음)
• 어떤 이야기인가를 잘 생각하면서 읽어 볼까요?
• 주인공, 때와 장소, 용건을 생각하면서 읽어 볼까요?
(글의 유형에 따라 각각 다른 내용의 발문 제시)</td></tr>
<tr><td>글의 대강
줄 거 리
잡 기</td><td>• 글을 읽었으니 대강의 줄거리를 이야기해 볼까요?
• 삽화를 보고 이야기해 볼까요?
• 글에 나타난 중심 이야기를 말해 볼까요?
(주요 사건과 인물, 주요 사실을 찾아낼 수 있는 발문)
• 무엇에 관한 이야기입니까?
• 위의 사실들을 바탕으로 간략히 줄거리를 써 볼까요?</td></tr>
<tr><td rowspan="3">전
개</td><td>글의 형식
살 피 기</td><td>• 이 글은 어떤 유형의 글인가요?
• 이런 유형의 글은 어떤 특징이 있나요?
• 이 글은 어떤 방법으로 문단을 나누면 좋을까요?
• 사건의 전개, 시간의 흐름, 주인공의 행동변화에 따라 글을 구분해 볼까요? (형식, 의미 등)</td></tr>
<tr><td>내 용
살 피 기</td><td>• 각 부문 속에서 주요 사실, 주요 인물, 주요 관계를 찾아내 볼까요?
• 이 글의 유형상 특징 있는 표현은 어디에 있나요?
• 글쓴이가 말하고자 하는 것은 무엇인가요?</td></tr>
<tr><td>글의 흐름
잡 기</td><td>• 등장인물의 행동, 성격 등이 잘 나타난 곳은 어디인지 찾아볼까요?
• 사실을 나타낸 곳과 의견을 나타낸 곳은 어디인가요?
• 주인공의 심정은 어떻게 달라져 가고 있나요?</td></tr>
</table>

		• 전체와 각 문단과의 관계는 어떠한가요? • 처음, 가운데, 끝맺음으로 나누어 살펴볼까요?
정리	주 제 잡 기	• 사실과 의견, 사실과 상상 등의 의미를 구별해 볼까요? • 글의 주제를 생각하면서 문단의 요점을 생각해 볼까요? • 문단의 요점을 이어서 하나의 이야기로 말해 볼까요? • 글쓴이가 말하고자 하는 의도가 어느 문장에 잘 나타나 있나요? • 주제에 따른 작은 제목을 생각해 볼까요?
	감상하기	• 글의 줄거리와 느낌을 이야기해 볼까요? • 글을 읽고 재미있었던 점을 이야기해 볼까요? • 지은이(주인공)의 생각(의견)이 바람직하다고 느낀 점은 무엇인가요? • 주인공의 심정과 자신의 생각을 비교하면 어떠한가요? • 글을 읽은 느낌을 간단하게 글로 써 볼까요? • 글의 흐름, 문장부호 등에 맞도록 낭독해 볼까요?
	적 용	• 같은 유형의 글을 써 볼까요? (일기, 편지글, 기행문, 보고문, 실용문 등) • 같은 유형의 글을 도서관에서 찾아볼까요? • 많은 감동을 받은 책을 친구들에게 소개해 볼까요?

5. 판서의 방법

1) 판서의 의미

판서는 수업의 능률을 올릴 수 있는 중요한 수업기술이며, 학습자의 사고 활동을 촉진하는 동기요인이라 할 수 있다. 또한 판서는 수업내용을 구조화 할 계획으로 수업내용의 특성과 학습자의 발달단계를 고려하여 이루어지는 수업의 과정이다. 따라서 판서의 구조화와 계획이 수업 전에 적절히 이루어 질 때 수업의 효과도 가능해지는 것이다.

2) 판서의 기능

① 판서는 시각을 강조하기 때문에 언어적 전달보다 쉽게 이해할 수 있게 된다.

② 학습자의 주의를 집중시킬 수 있다.

③ 전체 학습자를 대상으로 하기 때문에 집단사고의 기회가 된다.

④ 색채의 사용이나 다양한 구성을 통해 학습의 흥미를 유발할 수 있다.

⑤ 잔상의 효과가 있기 때문에 깊은 인상을 갖게 한다.

3) 판서의 원리

판서는 수업내용의 요점을 공간에 제시하는 것이기 때문에 간략하게 계열적으로 발전되게 해야 한다. 간략의 원리는 판서해야 할 내용을 핵심적인 것으로 기호화하거나 도형화하는 것을 의미한다. 즉 핵심적인 요점을 관련시켜 계통화하고 구조화하여 판서하는 것이 효과적이다. 계속성의 원리는 판서를 전개하는 경우에 순서대로 써 나가면서 보충해 가는 것이다. 그렇기 때문에 판서는 결과뿐 아니라 판서의 과정에서 의미를 찾을 수 있는 것이다.

4) 판서의 유형

(1) 판서의 내용에 따른 유형

① 문장형

주로 문장의 요점을 정리한다.

② 단어 나열형

단어를 열거하거나 그 뜻 또는 풀이를 간단히 정리한다.

③ 기호 표시형

A, B, C 등 기호나 수식, 악보 등을 표기한다.

④ 그림 도시형

그림으로 그리거나 수학의 도형, 그래프 등을 도시한다.

⑤ 관계 도시형

선으로 연결하거나 시간적 계열 등을 도시한다.

⑥ 도시형

이해하기 쉬운 형식의 표로 문장, 어휘, 그림, 기호 등을 기입한다.

(2) 표시형태에 따른 유형

① 병렬형

학습사항이나 학생의 발언을 나열해 가는 형태이다.

〈보기 1〉

〈보기 2〉

② 대조형

상 · 하, 좌 · 우에 각기 내용의 특색을 쓰고 그 차이를 비교 · 대조한다.

〈보기 1〉

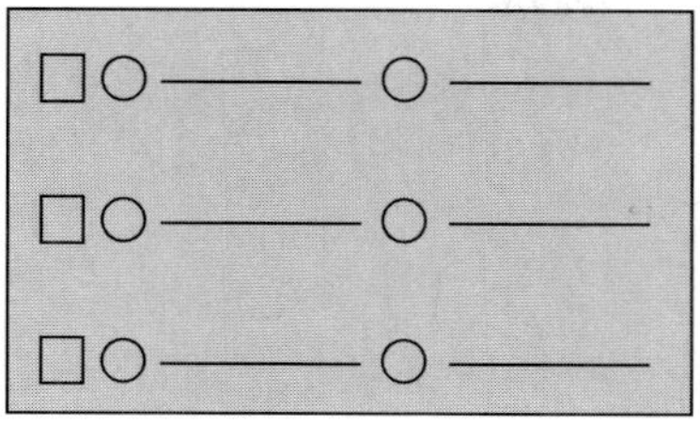

〈보기 2〉

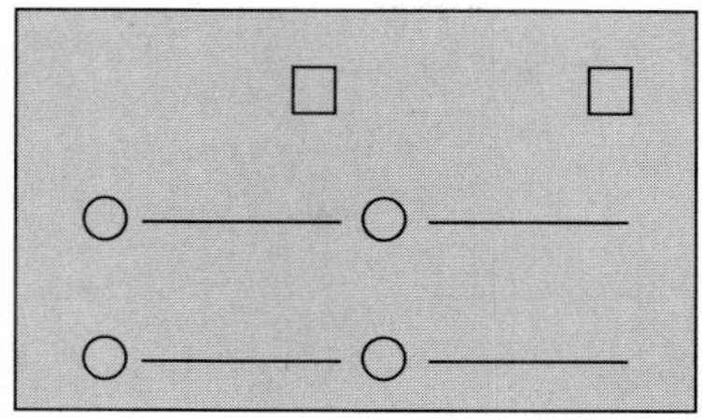

③ 구조형

교재를 계통화, 체계화해서 지도내용의 요점을 구조화한다.

〈보기 1〉

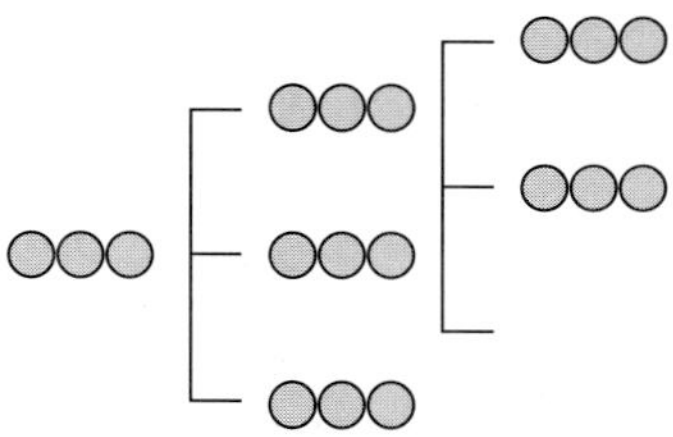

〈보기 2〉

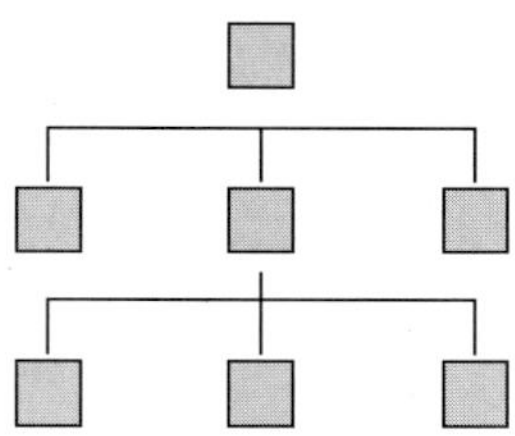

④ 귀납형

부분을 묶어서 전체를 이해시키기 위하여 쓰이는 방법으로, 하나하나의 사례를 묶어서 결론을 적어 간다.

〈보기 1〉

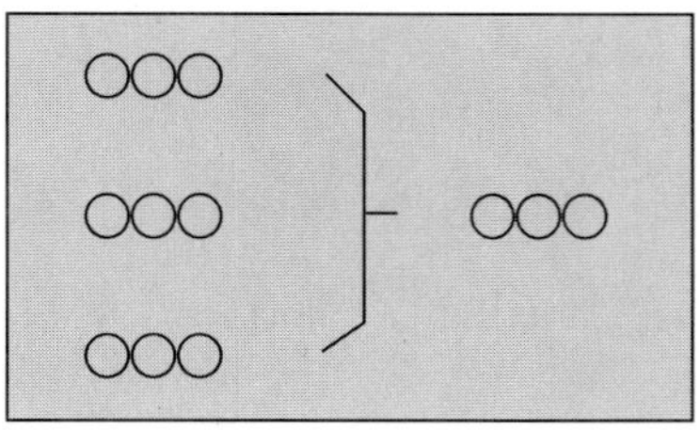

〈보기 2〉

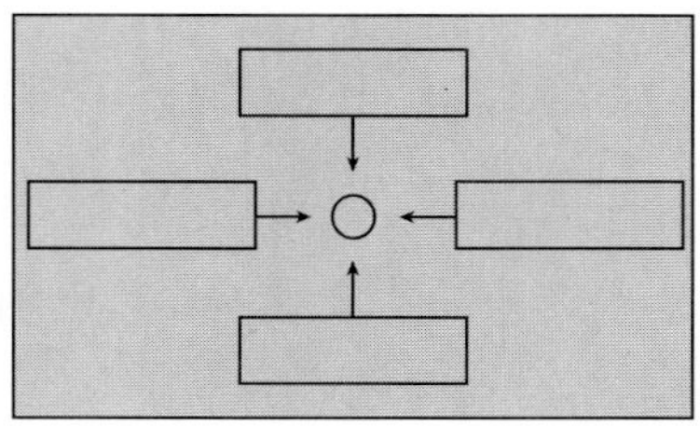

(3) 사용하는 용도에 따른 유형

① 제목 제시형

도입시에 제목, 단원을 제시하거나 목적, 방향, 과제, 문제 등을 제시한다.

② 활동형

해결할 문제를 분석하고 그 과정을 설명하며 사고의 추이를 해명하거나 전개 시에 활용된다.

③ 내용형

학습내용의 의미 · 성질이나 구조 등을 해설하거나, 문자나 도형을 표시 또는 자료를 설명하는 경우 사용된다.

④ 정리형

어떤 사물을 메모하거나 지적 · 수정 · 확인하기도 하고, 요지를 간추리기도 하며 정리하는 경우에 사용된다.

5) 판서의 시기

판서는 수업진행의 흐름에 따라 이루어지는 것이 보통이다. 판서를 언제 할 것인가도 학습지도에 있어서 고려되어야 하는데 판서의 시기는 학습초기, 학습전개 중, 최후의 종결의 단계로 생각할 수 있으며 이를 더 세분할 수도 있다.

(1) 3단계 판서시기

① 수업 초의 판서

수업이 시작될 때 판서해 두고 이에 따라 수업내용을 전개해 가는 것으로서, 그 시간에 해야 할 학습내용을 제시하고 해설하여 실제의 학습을 전개하는 경우 등이 이에 해당한다.

② 수업을 전개하면서 판서

학습자에게 사고를 하도록 하거나 요점을 차례로 요약할 때, 또는 설명하면서 판서한다든지 하여 최후에 하나의 관계로 요약하는 경우에 이 방법을 쓸 수 있다. 그러나 1시간 전체를 이 방법에 의할 수는 없으며 그 시간의 내용과 관련하여 부분적으로 이 방법을 사용할 경우도 많다.

③ 마지막 정리로서의 판서

이 방법은 그 시간의 학습내용 전체를 요약할 때와 부분적으로 요약할 때 사용하는 것이다.

(2) 7단계의 판서시기

① 판서를 하고 노트를 하며, 또 판서하고 노트하는 과정을 반복하는 방법이다.

② 판서 없이 수업을 진행하고 수업의 마지막 단계에서 집중적으로 판서하는 방법이다.

③ 수업 중에는 전혀 판서를 하지 않고 수업의 마지막 단계에서 학습자에게 상기시켜 보는 방법이다.

④ 수업 중 판서를 계속하고 도중에 노트를 하지 않도록 하며 수업의 마지막 단계에 요약하여 노트한다.

⑤ 수업 전에 미리 판서하여 두고 이에 의하여 수업을 한다.

⑥ 수업 전에 미리 판서하여 두었다가 수업 중 필요할 때 그것을 제시한다.

⑦ 판서한 위에 미리 준비한 내용의 종이를 붙여 가며 이해를 돕는다.

6) 판서의 내용

판서할 내용은 교과나 교사에 따라 다양하게 이루어질 수 있으며 획일적으로 규제할 것은 아니다. 따라서 다음과 같은 내용을 들어 볼 수 있다.

① 학습의 방향을 제시하거나 목표 또는 문제의 제시

② 이해가 곤란하다고 생각되는 추상적인 내용의 해설

③ 구조적인 것의 해설

④ 전체를 요약, 정리, 확인하는 내용

⑤ 용어, 인명의 표기

7) 판서의 방법

① 판서의 위치는 학습자가 잘 볼 수 있도록 중앙을 중심으로 하되 칠판의 어느 위치에 쓸 것인가를 예정해 놓는다.

② 판서의 글자는 되도록 정자로 짜임새 있는 글자로 쓴다.

③ 글자의 크기는 저학년일수록 크고 고학년일수록 작게 쓰되 뒤에 앉은 학습자라도 잘 보이도록 쓴다.

④ 내용은 길게 쓸 것이 아니라 요점만 간단하게 쓴다.

⑤ 판서한 내용이 가리지 않도록 교사의 위치에 주의해야 한다.

⑥ 학습자가 필기할 시간을 따로 주기도 하지만 되도록 쓰면서 듣고, 보는 식으로 진행한다.

⑦ 수업내용에 따른 계획적인 판서가 되도록 한다.

⑧ 수업 전에 판서하는 데 필요한 분필 등을 미리 준비한다.

⑨ 수업내용에 따라 색분필을 효과적으로 사용하면 시각적 효과를 더할 수 있다.

⑩ 칠판이 어둡거나 반사하지 않도록 광선을 잘 조절한다.

⑪ 글자 외에 그림 · 사진 · 도표 등을 많이 이용한다.

⑫ 학습자들에게 판서할 기회를 주도록 한다. 학습자들이 판서를 하는 것은 수업에 변화를 가져오는 동시에 학습자의 실태를 파악하거나 참여의식을 주게 된다.

6. 과제물의 제시와 처리

1) 과제의 제시 목적

과제물을 제시하는 것은 다음과 같은 목적을 달성하기 위해서이다.

① 정규학교 수업의 학습부족을 보충한다.

② 예습, 복습을 하여 학교의 학습효과를 향상시킨다.

③ 가정과 학교의 협력관계를 향상시킨다.

④ 자학자습의 습관을 기른다.

⑤ 비교육적 행동으로 보내는 시간을 주지 않는다.

2) 과제의 제시 방법

과제물은 수업목표와 수업내용 등을 고려하여 적절히 주어져야 효과적이다. 과제 제시의 요령은 다음과 같이 정리할 수 있다.

① 과제물의 형식과 내용, 정도와 분량, 부담률이 적절하게 제시되어야 한다.

② 과제의 제출기간에 알맞는 내용을 제시하고 타교과의 과제와 균형을 이루도록 조정한다.

③ 과제는 학습자의 생활경험과 밀접한 것이어야 한다.

④ 수업내용을 정리할 수 있고 다음 학습에 도움이 되도록 한다.

⑤ 과제는 구두로 하는 것과 쓰거나 제작하는 것으로 분류할 수 있다.

⑥ 과제를 제시할 때 처리할 방법에 관해서 미리 알려준다.

⑦ 단독 작업과 그룹 작업으로 나누어 처리할 수 있다.

⑧ 개인의 능력차를 고려하여 처리한다.

⑨ 과제의 내용을 잘 이해하고 있는가를 알기 위해서 질문의 기회를 준다.

5

수업효과 제고 방법

수업의 궁극적인 목표는 수업활동을 통하여 학습자의 학습활동을 성취하는 일이다. 따라서 교사는 수업의 효과를 높이기 위한 수단과 방법을 계획하여 실천하기 위한 노력이 필요하다.

1. 수업에서의 문제

오늘날 교육이 당면하고 있는 많은 문제들 중에서 무엇보다도 중요한 것은 양적 증대에 따른 질의 문제라고 할 수 있다. 많은 사람이 교육을 받아도 그들 자신이나 국가에 실질적으로 소용이 없으면 그것은 낭비에 불과한 것이다. 질적인 강화가 제대로 되지 않은 교육이 단순히 양적으로 증가했다고 교육력에 대한 고무적인 평가라고 할 수는 없는 것이다.

또한 사회를 변화시키고 발전시키는 데 필요한 창조적 인간의 양성이라는 교육에 대한 사회적 중시 경향은 당연한 일이라고 할 수 있겠으나, 과연 이 같은 양적 확대가 그 목적하는 바대로 질적 관리 및 통제가 이루어지고 있는가의 문제와 사회에서 요구하는 인력배출이 되고 있는가는 재고되어야 할 문제이다.

이와 같이 교육이 안고 있는 문제는 교육 인구의 양적 팽창에도 불구하고 학교의 내적 충실과 질적 향상이 이에 미치지 못하고 있으며 특히 과다한 학생수로 인한 획일적 강의 일변도의 전통적 수업을 탈피하지 못하고 있는 실정이라는 것이다. 학습은 학습자의 능동적인 행동을 통해서 일어나기 때문에 학습의 효과는 학습자 자신이 무엇을 하는가에 달려 있으며, 교사가 무엇을 하는가에 달려 있는 것은 아니다. 집단을 가르치는 교사가 아무리 우수하다 하더라도 집단 속에서 개개인의 학습에는 반드시 커다란 차이가 나타나게 된다. 학교학습에 영향을 주는 요인에는 학습자의 흥미, 태도, 가치, 자아개념 등의 정의적 특성을 들 수 있으며, 배우는 속도, 배우는 방법, 배우는 수준 등 학습에 관련된 개인차는 물론 개인의 관심, 발달 수준, 적성, 동기, 지능 등 많은 개인차를 가지고 있다. 즉 모든 학습자들은 각각 그들 나름의 독특하고 고유한 개별화된 학습조건(conditions of learning)을 가지고 있다.

이와 같이 학습자는 지식과 기술을 습득하는 방법이 각각 다르고 학습활동에서도 서로 다른 양식을 지니고 있으므로 교사의 교수방법 또한 학습자의 요구와 필요에 맞도록 각기 다른 기술과 방법이어야 할 것이다. 그렇기 때문에 수업에 있어서 교사에 의한 획일적이며 통제적인 교수방법보다는 학습자의 개성 또는 개인차에 따르는 다양한 교수구조와 지도방법이 강조되어야 할 것이다. 학습자의 특성에 알맞는 교수방법으로 수업을 하면 모든 학습자가 목표에 도달할 수 있으며 학습자의 학업성취수준과 수업효과는 학습자의 특성과 그들에게 주어지는 교수방법과의 상호작용에 의하여 결정될 것이다.

그러나 오늘날 교수이론이나 방법에 대한 논의는 많으나 학습자의 개인적 특성을 진단하고 처방하려는 노력, 특히 학습자의 학습하는 양식에 대한 고려는 부족했던 것이다. 최근 교육공학의 발달로 학습자의 개별지도가 용이해짐에 따라, 또한 학습자의 다양화 및 이질화 현상이 가중됨에 따라 학습자의 학습하는 양식의 파악과 학습양식에 일치하는 교수양식에 관한 연구의 필요성은 절실하다.

2. 학습양식과 교수양식

1) 학습양식의 의미

지금까지 학습양식에 관한 개념 정의가 통일되어 있지 않아 학습양식과 인지양식은 가끔 동의어로 사용되기도 한다. 그러나 학습양식과 인지양식은 동일한 개념은 아니다. 올포트(Allport, G. W.)는 적응의 문제를 설명하기 위해 인지양식(cognitive style)이란 말을 처음 사용하였으며 이 연구는 그레고륵(Gregorc, A.)과 레테리(Letteri, C. A.)가 학교와 관련된 인지모델을 개발하면서 발전적으로 전개되기 시작하였다. 그 후 학습양식(learning style)이란 용어를 처음으로 사용한 이는 그룹의 역동성을 설명하려고 하였던 텔렌(Thelen, H.)이었으며, 이 용어는 몇몇 사람들에 의해 여러 방향으로 설명이 되었다. 메식(Messick, S.)은 매우 일반적인 수준에서 인지양식과 학습양식의 두 개념을 구분하여 인지양식은 인지과정의 조직과 통제를, 학습양식은 학습전략과 지식 획득의 조직과 통제를 의미한다고 하였다.

이와 같이 학습양식은 인지양식보다 아주 늦은 최근에 주로 관심을 얻게 되었지만, 구체적 학습상황과 밀접하게 연결되어 연구되었다. 그레고륵은 학습양식을 정신작용이 어떻게 사물을 지각하는지를 설명해 줄 수 있는 독특하고 관찰될 수 있는 행동들로 보고 있다. 이러한 것은 어떤 목표나 내용의 변화에도 불구하고 지속적으로 유지되는 심리적 특성이며 또한 획득되는 것이라 할 수 있다. 그러므로 학습양식은 학습자가 환경으로부터 어떻게 배우고 어떻게 적응하는가를 밝히는 징표로서 특징적인 행동들로 구성되며 개인의 심리적 작용이 어떻게 이루어지는지를 알리는 단서가 된다. 그러나 이러한 설명은 학습자의 특징적인 행동이나 심리적 작용의 단서 등에 대한 구체적인 내용은 제시하지 못하고 있음을 알 수 있다.

캔필드(Canfield, J.)는 학습양식이란 학습조건(교사 및 동급생과의 관계), 구조조건(조건), 성적조건 내용, 선택된 학습방법 등에 의해 결정되는 것이라고 보고, 던(Dunn, R.)은 학습양식을 정보를 선택하고 획득하는 능력에 영향을 주는 학습자세 또는 선호하는 학습환경이라고 하였으며, 학습양식은 환경요인(소리, 빛, 온도, 교실구조), 정서적 요인(동기, 지구력, 책임감), 사회적 요인(개인, 그룹, 어른), 신체적 요인(지각요령, 자세), 심리적 요인(분석적, 대외선호, 반사적) 등에 있어서 학습자의 학습하는 요령이라고 하였다. 그러나 이러한 설명은 학습과정에 작용하는 인지적 측면을 무시하고 있으며 학습자 스스로 자신의 선호를 정확히 진술할 수 있느냐의 문제가 제기된다.

또 콜브(Kolb, D. A.)는 학습양식이란 유전, 과거의 경험, 그리고 개인의 경향에 의해 결정되는 것이라 하였으며 헌트(Hunt, D. E.)는 학습양식을 학습자가 가장 잘 학습하게 되는 학습조건이나 상황이라고 하면서 그것은 어떻게 학습하느냐 하는 방법을 말하는 것이지 무엇을 학습하느냐를 설명해 주는 것은 아니라고 하였다. 그는 학습양식을 특징짓는 요소들을 개념적 수준으로 설명하고 있는데, 이러한 헌트의 정의에는 학습자의 구체적인 행동특성이 진술되어 있지 않다는 점을 지적할 수 있다.

케페(Keffc, J. W.)는 학습양식이란 학습자가 학습환경을 어떻게 지각하며 어떻게 상호작용하는가를 나타내 주는 비교적 지속적이고 안정적인 인지적 · 정의적 · 운동기능적 행동들이라 규정하고 있다. 인지적 요소는 정보처리에 속하는 것이며 정의적 요소는 선호에 관한 것이며 생리적 요소는 환경에 대한 학습자의 반응에 기초를 두고 있다. 이와 같은 학습양식은 학습자가 어떻게 학습하는가를 나타내 주는 외현적 행동을 관찰함으로써 알 수 있다고 한다. 그러나 이러한 정의도 구체적인 행동세목을 제시하지 못하고 있으며, 또 학습양식을 인지양식의 개념과 구별하지 않고 있다는 점과 너무 많은 요소들로 구성되어 학습양식을 파악하기가 어렵다는 점을 지적할 수 있다.

한편 학습양식이라는 용어 대신 학습전략이라고 표현하거나 학습접근이라는 용어를 사용하기도 하는데, 학습양식을 학습전략과 관련시켜 설명하려는 시도로서 쉐멕(Schmeck, R. R.)은 학습전략은 학습자가 학습과제에 직면하였을 때 정보를 처리하는 활동유형(형태)이라고 정의하였다. 그는 학습과정에 관련한 자기보고 질문지를 개발하였으며 또한 양식(style)이라는 용어 대신에 지향성(orientation)이라는 용어를 사용하려고 하면서, 학습양식은 특정 학습 전략을 사용하는 경향성이라고 하였다. 또한 스노우만(Snowman, J.)은 학습양식을 학업성취를 위한 절차의 연속, 그리고 전술(tactics)이라 불리는 특수한 절차라고 하였다

엔트윗슬(Entwistle, E.)은 학교교재 읽기에 관한 대학생들의 방법에서 나타내는 근본 차이를 설명하기 위해 학습접근이라는 용어를 사용하였다. 접근이란 학습의 내용과 맥락에 의존하는 변인이며, 또한 학습상황에 따라 상당히 일관성을 보여주고 있는 것으로 융통적 학습, 이해학습, 조작학습, 조직적 성취지향학습으로 접근유형을 구분하였다. 그리고 빅스(Biggs, J. B.)는 학습양식을 개인이 가지고 있는 특징의 하나로서 과제에 접근하는 안정된 방법이라고 하였으며 접근방법을 피상적 접근, 심층적 접근, 성취적 접근으로 구분하였다. 이와 같이 접근방식과 학습양식의 개념을 명확히 구분하기는 어렵지만 학습접근은 특수한 과제를 다루는 방법으로 학습과정 차원과 더불어 지향성을 내포하며, 양식(style)은 학습과정 차원에 주로 관련되는 것을 의미한다. 그렇기 때문에 접근은 학습과제에 대한 학습자의 지각으로부터 나타나는 학습과정이라고 할 수 있으며 상황, 개인, 그리고 전략과 의도를 포함한 광범위한 개념이라 할 수 있다.

이와 같이 학습양식의 용어나 그 설명이 다양하게 제시되어 있으므로 학습양식을 다음과 같이 정의할 수 있다. 첫째, 학습양식은 학습하는 과정에 나타나는 학습자 특성으로 학습습관, 학습방법, 학습요령 등 여러 요소로 구성되는 복합적 개념이라고 할 수 있다. 둘째, 학습양식이란 학습자가 학습할 때의 상황이 전제되며 여기서 나타나는 학습자의 독특한 행동양식이라고 할 수 있다. 이러한 행동양식은 상황이 바뀌더라도 어느 정도 지속성과 안정성을 지니고 있는 것이다. 따라서 일시적이나 외부의 강압에 의한 행동은 학습양식의 의미에 포함될 수 없다. 셋째, 학습양식은 학습능력이나 지능 그리고 인지양식과는 구별되는 것이다. 따라서 인지양식은 학습양식의 하위 영역에 속하

는 개념이라 할 수 있다. 넷째, 학습양식은 정신작용의 외면적 표출로서 학습자가 학습상황에서 학습환경과 상호작용하는 독특한 행동특성이며, 학습자의 행동이나 반응을 통하여 알 수 있다.

2) 학습양식의 유형

학습양식의 유형은 학자마다 다르게 분류하여 설명하고 있으나 이 책에서는 일반적으로 알려진 휘셔(Fischer, B. B.)와 그라샤(Grasha, A)·리치만(Reichman, S. W.)의 학습유형만을 살펴보고자 한다.

(1) 휘셔의 학습유형

① 증가적 학습자

학습자는 광범위한 이해를 하기 위하여 세부적인 것들로부터 단계적으로 학습해 나간다. 벽돌을 쌓는 것과 같이 일반화에 이르기 위해 단편적인 사실을 하나하나 학습해 가는 유형의 프로그램으로 된 자료학습(programmed materials)이 효과적이다.

② 직관적 학습자

학습자는 전통적 논리나 단계적인 절차를 따르지 않고 여러 가지 방향이나 즉흥적 통찰, 또는 비체계적인 방법으로 얻는 경험이나 정보를 통해 의미있고도 정확한 일반화로 전진하게 된다.

③ 감각적 학습자

학습자는 정서적으로 충만된 교실 분위기에서 가장 잘 기능을 발휘한다. 교사가 정서적으로 다채롭고 생생한 학습분위기를 조성하거나 상호작용하는 수업을 좋아한다.

④ 정서중립적 학습자

학습자는 정서적인 분위기가 가감되어 중립적인 교실에서 기능을 가장 잘 발휘한다.

⑤ 구조적 학습자

학습자는 교수가 명백한 학습체계를 명시할 때 가장 잘 학습한다. 한계와 목표 등이 잘 규정된 구조 속에서 안정되고, 안전하다고 느낄 때 가장 잘 기능을 발휘한다. 한계가 없고 느슨한 학습분위기는 이런 학습자에게 방해가 되며 학습을 감소시킨다.

⑥ 개방적 학습자

학습자는 개방된 학습환경 속에서 평안하게 느끼며 공부를 아주 잘한다. 사전에 계획되지 않은 현상에 대한 탐구를 하기 때문에 전반적인 학습구조에서 이탈하려는 경향이 있으며 느슨한 분위기에서 개방적인 활동을 한다.

⑦ 손상된 학습자

육체적으로는 정상이지만 자아개념, 사회성, 지적, 미적인 감수성에 상처받은 학습자들이다. 체계적인 학습을 피하고 거절하여 자율적이지 못하다.

⑧ 절충적 학습자

학습자는 주위 환경의 조건에 따라 적절하고 효과적인 학습양식을 스스로 선택하여 학습해 나간다. 또 어느 환경에든 적응하므로 학교에서 성공적으로 학습한다.

(2) 그라샤와 리취만의 학습유형

① 독립적 학습자

혼자 힘으로 공부하길 원하는 학습자의 특징으로, 필요한 경우에는 다른 학습자의 아이디어에도 귀를 기울일 줄 안다. 중요하다고 느끼는 내용을 배우며 또한 자신의 학습능력에 대하여 자신감을 가지고 있다. 이들은 교사중심보다는 학습자중심 수업방법을 좋아한다.

② 의존적 학습자

지적 호기심이 거의 없거나 또 교사가 요구하는 것만을 배우려는 학습자의 특징으로, 교사나 동료학습자들의 권위있는 지침을 기대하며 무엇을 해야 하는가에 관해 듣기를 원한다. 교사가 흑판에 개요나 요점을 써 주는 교사중심의 수업을 좋아한다.

③ 협동적 학습자

각자가 가지고 있는 지식이나 재능, 그리고 창의성 등을 서로 교환함으로써 가장 많은 것을 배울 수 있다고 느낀다. 교사와 동료학습자와 협력하며 서로 어울려 공부하기를 원한다. 소그룹 형식의 토의에 협력적이고 개별적인 것보다는 그룹으로 하며 교사와 상호작용을 잘 한다.

④ 경쟁적 학습자

학급에서 다른 학습자보다 더 잘하려는 학습자들이다. 좋은 성적을 얻거나 혹은 교사의 관심을 받기 위해서는 다른 학습자들과 경쟁을 해야 한다고 생각한다. 그들은 경쟁적인 교실상황을 좋아하며 강연회나 세미나 같은 것도 보통 수업 못지않게 좋아한다.

⑤ 참가적 학습자

교과내용을 배우길 원하며 수업에 참가하기를 원하는 학습자들로, 수업에 관련된 활동에는 가능한 한 많은 참여를 해야 한다고 생각한다. 과제를 논의하는 토론을 좋아하며 수업에서 과제의 분석과 통합에 능한 교사를 좋아한다.

⑥ 회피적 학습자

교과학습의 수업내용에 별로 흥미가 없는 학습자들로 이들은 교실에서 교사나 동료들과 함께 어울리지 않으며 교실 내에서 일어나고 있는 일에 흥미가 없거나 질려 있는 형이다. 시험에 흥미도 없고 열광적으로 수업하는 교사를 싫어하며, 계획적이고 조직적인 강의를 싫어하거나 개인적 접촉을 하려는 교사를 싫어한다.

학습양식에 관해 최근 국내에서 이루어진 연구는 다음과 같다.

임창재(1994). 학습양식, 형설출판사.
김서래(1995). 학습양식의 학교급별 및 성별 차이와 학업성취와의 관계 분석, 충남대학교 석사학위논문.
장 웅(1996). 학습양식과 학업성취, 한양대학교 석사학위논문.
기채영(1997). 학습양식 및 선호하는 수업방식이 중학생의 학업성취에 미치는 영향, 전남대학교 석사학위논문.
이길영(1998). 학습양식과 학습자의 정의적 특성과의 관계, 홍익대학교 석사학위논문.
민경일(1998). 학습양식과 협동학습 유형이 학업성취에 미치는 상호작용 효과, 건국대학교 박사학위논문.
김은정(2000). 학습양식의 유형 및 구성요소와 교육과정과의 관계에 대한 연구, 연세대학교 박사학위논문.
전현경(2002). 학습양식과 대학 전공과의 상관 연구, 연세대학교 석사학위논문.
서종진(2003). 학습양식에 따라 구성한 협동 학습이 수학 학습에 미치는 영향, 단국대학교 박사학위논문.

3) 교수양식의 특성

여러 유형의 학습양식이 있는 것과 같이 교수양식도 여러 유형이 있을 수 있다. 각 교사들은 전 수업시간에 걸쳐 일관성 있고 수업에 독특한 성질의 교수행동양식, 즉 교사의 개성을 반영하는 행동을 하고 있다. 이 교수양식을 형성하는 데는 교사와 지적인 면, 전문적 훈련, 동기, 감정 등 여러 요인이 합쳐서 그 교사의 독특한 교수양식을 형성해 준다. 대체로 교사는 의식적이든 무의식적이든 자기 나름의 독특한 교수양식을 갖게 되며 그것은 상당히 다양하다. 즉 교수유형은 개개교사를 독특한 교사로 구분하게 하는 교사의 개인적 특성을 말한다.

휘셔는 이와 같은 교수양식을 과업중심형(the task oriented), 협동적 계획형

(the cooperative planner), 학습자중심형(the student-centered), 감정형(the emotionally exciting and counterpart)으로 구분하여 설명하고 있으며, 코즈마(Kozma, R. B.)는 내용중심형(the content-centered instructor), 교사중심형(the instructor-centered prototype), 지식중심형(the intellect-centered instructor), 인격중심형(the person-centered instructor)으로 구분하였다.

한편 하디(Hardy, N. T.)는 교과중심형(discipline-centered teaching), 교사중심형(instructor-centered teaching), 학습자중심인지형(student-centered cognitive teaching), 학습자중심정의형(student-centered affective teaching)으로 설명하였다.

지식이나 기술과 같은 실제적 지식을 가르치는 데는 단계적으로 훈련을 하며 잘 조직된 강의 위주의 내용중심이 효과적이나, 인간성이나 태도형성에는 학습자와 자주 접촉하여 상호작용하는 인격중심교수가 효과적이다. 윗킨(Witkin, H. A.)은 이것을 장의존변인과 장독립변인으로 구분하여 설명하였다. 장의존형은 사회현상의 배경에 의한 영향을 강하게 받으며 환경에 대한 만족에 더 관심을 갖는다. 태도, 신념, 감정, 자아인식은 주변의 사람들, 특히 권위적 인물에 의해 더 영향을 받는 형으로 수업에서 토론을 선호하며 민주적인 교육계획에 대해 더 관심을 갖는다. 반면 장독립형은 강의와 방법의 발견을 더 좋아하고 학습자에 대해 좀 더 지배적인 경향을 갖는다. 이상에서 설명한 교수양식을 교사중심형, 내용중심형, 학습자중심형으로 구분하여 〈표 5-1〉과 같이 정리할 수 있다.

교사중심형은 학습자야 어떻든 간에 자기 도취에 빠져 혼자 가르치는 교사라 하겠다. 때로 독단적이며 형식적인 권위를 내세우는 교사일 수도 있다. 가르치는 일에 몰입해 자기 흥분과 최고의 감정에 빠지기 쉽다. 무엇을 가르치고 어떻게 과제를 내주고 어떻게 평가할 것인가 등과 같은 계획을 그대로 실천해 가는 과업중심 성향이기도 하다. 한편 학습자중심형은 치료자처럼 비지시적으로 학습자의 흥미와 요구, 능력수준, 준비도 등에 대한 진단을 한 후에 가르친다. 학습자의 학습을 도와주고 자문해 주는 조성자이며 학습자와 모든 계획을 협동적으로 이끌어 나가려고 노력한다. 내용중심형은 학습자야 어떻든 간에 교과서에 기술된 대로 지식만을 가르치는 일에 열중한다. 나는 그저 교과서에 쓰인 대로 가르치면 그만이라는 교사라고 할 수 있다.

〈표 5-1〉 교수양식의 특성

구분	내용중심 교수양식	교사중심 교수양식	학습자중심 교수양식
목 표	교과, 교재	지적 성장, 교수내용	지적 훈련, 개인 · 정서적 성장
교 수 행 동	전문가, 정보제공, 학습 결과확인, 질문답변	교사가 곧 교과 직업 · 지식 접근의 모델	안내자, 조력자
교 과 내 용	물리학, 의학, 엔지니어 기술적 · 직업적 내용	인지적, 정의적, 인문 분야의 과목	인지적, 정의적 내용
교 수 방 법	자기수업, 프로그램의 수업, 강의, 필름 등	교사양식에 의존, 강의	role, play, simulation, 독립학습, 프로그램학습
학습자 양 식	의존적인 학습자, 장독립적인 학생	참여적, 장의존적인 학습자	협동적, 독립적, 장의존적
평가	교사에 의한 객관식 시험	교사에 의한 essay exam,written report	형성적 평가, 개별평가
환 경	교사중심환경	교사중심환경	유동적인 좌석, 소집단

3. 수업효과 제고방향

어떤 교수방법도 모든 학습자에게 다 같이 최적의 학습성과를 얻게 할 수는 없다. 그 집단의 학습자에 잘 어울리는 교수방법을 결합시킴으로써 그 집단에 최고의 교수, 학습효과를 얻을 수 있다. 베네트(Bennet, E. L.)는 초등학교 교사의 교수양식이 학업성취에 미치는 영향을 연구한 바 있다. 교사와 교수양식을 형식적인 방법과 비형식적인 방법으로 나누어 초등학교 3, 4학년 37 학급에 실시하였다. 그 결과 형식적인 교수방법에 의해 학습을 받은 학습자는 읽기, 쓰기, 셈하기의 성적이 우수하였고, 비형식적인 교수양식에 의해 교육을 받은 학습자는 학우들과의 협동을 통하여 성공적으로 배웠다. 이는 형식적인 교수방법이 비형식적인 교수나 강의방법보다 지적 능력 향상에 기여한다는 것을 시사하는 것이다.

브루클린(Brooklyn) 대학에서는 초등학교 교사들의 성격을 역동형, 자제형, 불안형으로 분류하여 순종형, 반발형, 산만형, 노력형 학습자의 학습양식에 관련시켜 연구한 결과 노력형의 학습자만이 교사의 성격에 구애되지 않고 학습하였다. 역동형 교사는 학습자의 창의력과 학력을 높이는 데 능률적이며 자제형 교사들은 반발형과 산만형 학습자의 사회성 개발에 도움을 주었다. 불안형 교사는 오직 노력형의 학습자에게만 도움이 되었다. 이렇게 교사의 교수양식과 학습자의 학습양식에 맞추어 수업한 결과 학업성취도 높아졌고 학급관리도 훨씬 쉬웠다고 한다.

오늘날 모든 것이 가속도적으로 변화하고 있는 상황 속에서 학교의 교육방법은 변화가 없이 교과중심의 교사 1인 활동으로 이루어지고 있는 것이 보통이다. 베블렌(Veblen)은 교수방법의 병폐를 비판하면서 강의는 학습자의 창의성을 묵살할 만큼 잔인하기에 충분하다고 했다.

즉 무미건조한 암기식 위주의 고답적인 강의법은 학습자 자신에게 내재되어 있는 호기심을 추구하려는 본능과 자극을 말살하기에 충분하다는 것이다.

훌륭한 교사는 잘 가르쳐 주는 것(good teaching)이 아니고 학습자 스스로가 알도록 하는 것(heuristic)이다. 학교의 교수방법에서 강의는 교사중심 수업으로 억압적 방법이며 토의, 프로젝트(project) 학습 등은 학습자중심의 수업으로 민주적인 교수방법이라고 할 수 있다. 교사로부터 자유스러운 개별학습은 교과서 내용, 진도, 방법 등에서 학습자의 능력에 따라 이루어질 수 있는 수업이다. 또한 방향 제시와 학습자료를 제공하고 각 학습자의 학습능력과 학습속도에 따라 학습지도가 이루어지며 교사는 지식의 전달보다 학습자의 동기유발을 강조하게 된다. 학업에 성공하느냐 실패하느냐 하는 것은 인지능력 외에 학습자의 동기상태가 큰 역할을 하기 때문에 이와 같은 수업은 효과적이라 할 수 있는 것이다.

그러므로 일방적으로 듣기만 하는 강의방법이 학습자의 능동적인 학습의

욕을 외면한 채 공부하지 않는 학습자를 만들고 있으므로 토의학습, 자율학습, 세미나식 방법을 내용에 맞추어 시행하는 것이 바람직하다고 하겠다. 교사는 수업계획표를 학습자에게 미리 나누어 주어 예습이나 부과된 과제물을 작성함으로써 충분한 토의와 발표준비를 갖춘 상태에서 효과적인 교수·학습활동이 이루어지도록 할 수 있을 것이다.

이와 같이 학교에서의 수업의 초점은 학습자 각자가 자발적으로 학습과제를 탐색·발견하도록 유도하거나 이를 제공하는 데 두어야 할 것이다. 글레이저(Glaser, R.)도 가르치는 사람은 좋은 수업을 고안하기 위해서 학습자의 특성을 분석하여 학습자의 특성에 알맞는 수업환경을 제공해 주어야 된다고 하였다. 즉 학습자의 학업성취 수준은 학습자가 가지고 있는 개인의 능력 차에 의하여 결정되는 것이 아니라 학습자의 특성과 그들에게 주어지는 교수방법의 상호작용에 의하여 결정된다는 것을 의미한다. 그렇기 때문에 수업효과를 높이기 위해서는 학습자의 학습양식에 일치하는 교수방법을 마련해야 한다. 이러한 방법이 개인차를 무시하고 시행되는 수업보다 훨씬 바람직하고 효과적일 것이다. 따라서 학습자의 학습양식과 교사의 교수양식을 파악하는데 관련된 연구가 계속되어야 한다.

4. 학습전략의 활용

1) 학습전략의 의미

학습자의 학습활동을 나타내는 다양한 표현으로 공부활동(studing activity), 학습전략, 학습방법 등을 들 수 있다. 공부란 학습자 자신의 노력에 의해 교실이나 도서관 등에서 이루어지는 자율적인 학습활동이다. 즉 교실에서의 주의집중, 이해, 자습, 숙제, 독서, 연습문제풀이와 지식이나 기술을 획득하기 위해 참여하는 모든 활동을 말한다. 학습전략이란 주의집중, 학습, 기억, 사고의 방법을 선택하고 조절하는 수단으로 사용하는 내적 통제과정으로, 학습자의 자기조정기술이다. 또 학과목의 완전숙달에 기여하는 것으로 훈련이나 지적 · 정의적 기술이라 할 수 있다. 이와 같이 학업성취를 위해 사용되는 기술 및 전술들을 학습전략이라고 하는데, 학습전략은 학습에 필요한 기술로 보는 관점과 학습자가 학습과제에 관한 정보를 처리하는 과정으로 보는 것이 일반적이다.

첫째, 학습에 필요한 기술

학습전략은 학습자가 학습하는 동안 사용하는 학습방법으로 학습습관, 학습기술, 학습방법, 학습기법 등으로 불렸으며 1920년대 이래 효과적인 학습방법의 진단과 치료를 목적으로 연구되었다.

둘째, 인지전략, 정보처리전략

1970년대 이후 학업성취의 향상을 위한 프로그램의 개발을 중심으로 연구되었으며 학습전략을 외부에서 유입되는 정보를 인지적 기억과정에 영향을 주기 위해 의미있는 정보로 재조직하고 정교화하는 학습기법으로 보고 있다. 대표적으로 쉐멕은 기억을 정보처리 결과로 남겨진 흔적으로 보고 학습전략을 예상된 기억력검사를 준비하기 위해서 사용하는 정보처리양식이라고 하면서 학습양식은 특정 학습전략을 사용하는 경향성이라고 하였다. 또한 리그네이(Rigney, J. W.)는 다양한 지식의 획득, 파지, 재생을 용이하게 하기 위해서 학습자가 사용하는 인지적으로 통제되는 정보처리 과정으로서의 조작과 절차라고 하였다.

토비아스(Tobias, S.)는 학습전략에는 지적 능력면에서 미시적 정보처리에서부터 일반적 사고기능까지 모두가 포함된다고 보았다. 구릭(Gulick, R. M.)은 인간의 정보처리 능력은 한정된 것이기 때문에 학습자는 정보를 받아들이고 조직하여 처리하는 과정에서 다양한 인지적, 정의적, 운동적 학습전략의 사용이 불가피하게 되며, 학습전략이란 학습자가 학습자료를 받아들이고 파지하고 인출하는 과정을 원활히 촉진하기 위해서 사용되는 전략으로서 학습상황에서의 정보를 조직하는 기본적 약정(protocol)이라고 하였다.

베인스테인(Weinsterin, C. E.)과 메이어(Mayer, R. E.)도 인지전략이란 인지적 기억과정과 새로운 지식의 획득, 재생을 용이하게 하는 데 영향을 줄 인지과정을 포함하는 것이라고 하였다. 즉 학습전략을 학습자가 사용하고 학습자의 학습과정에 영향을 미치는 행동양식과 사고체제로서 학습자가 새로운 정보를 선택, 획득, 조직, 통합하는 방식에 영향을 미치는 정보처리활동으로 보고 있다.

학습전략을 보다 포괄적이면서도 체계적으로 연구한 것으로는 단서로우(Dansereau, D. F.)의 정의를 들 수 있다. 학습전략은 효과적인 학습이 이루어질 수 있도록 불안을 제거하는 등의 긴장완화의 방법으로 학습 분위기를 조성하는 전학습활동, 학습하는 동안 요약하고 암송하는 학습과정활동, 그리고 어떠한 지식을 획득한 이후에도 계속해서 학습동기를 유지하기 위한 자기강화와 같은 후기학습활동 등을 포함하여, 학습상황에 직면했을 때 학습자가 학습하고자 하는 정보나 기술 등의 지식을 효과적으로 획득하고 재생할 수 있도록 학습자가 이미 알고 있는 지식이나 자료를 구성하거나 이용하는 방법이라고 한다. 단서로우는 효과적인 학습전략은 정보의 획득, 저장, 활용을 용이하게 할 수 있는 과정이나 절차라고 하면서 학습전략을 주전략(primary strategies)과 보조전략(support strategies)으로 나누었다. 주전략은 학습에 직접적인 영향을 미치는 것으로 이해-파지전략과 재생-활용전략으로 나뉜다.

(1) 이해-파지전략

① 이해(understand) : 주어진 학습자료의 주요한 개념을 이해하기 위한 읽기

② 회상(recall) : 학습자료를 읽은 후에 그 내용을 회상하기

③ 소화(digest) : 학습자료를 완전하게 이해하기 위하여 관련정보를 확인하고 기억하기

④ 확장(expand) : 자기 자신에게 질문하여 답을 찾고 송환과정을 통해 지식을 확장하고 중요한 정보를 기억하기

⑤ 재음미(review) : 학습한 결과를 평가하여 실수한 내용을 복습하고 정리하기

이와 같은 이해-파지전략에는 학습과제를 실제 언어나 그림 또는 상상력으로 표현하는 의역-영상전략(paraphrase-imagery stategy)과 학습자료를 마디

로 연결된 지도나 방으로 구성해 보는 망조직전략(networking strategy), 그리고 망조직 전략으로부터 파생된 것으로 학습자가 학습자료에서 주요개념을 알아내어 개념을 정교화하고 주요개념을 관련지어 보는 핵심개념의 분석(analysis of key ideas) 전략이 포함된다.

(2) 재생-활용전략

① 이해(understand) : 주어진 과제를 정확하게 읽고 이해하기

② 회상(recall) : 과제와 시험문제와 관련된 주요개념을 회상하기

③ 세부화(detail) : 주요개념과 관련된 세부사항을 회상하기

④ 확장(expand) : 회상과 세부화 단계에서 인출해낸 정보를 조직하고 확장하기

⑤ 재음미(review) : 최종적인 결과를 재검토하기

(3) 보조전략

시간을 효율적으로 사용하기 위해서 구체적인 학습목표와 시간계획을 학습 이전에 설정하는 전략, 긍정적인 학습태도를 기르는 전략, 주의력을 향상시키려는 전략, 과제목표에 어느 정도 달성했는지 점검해 보는 진단평가(monitoring) 전략이 포함된다.

2) 학습전략의 유형

학습전략의 유형들은 인지적 기억과정(encoding process)에서 학습자가 사용할 수 있는 방법으로 구성되어 있으며 이러한 전략활동들의 목적은 학습결과를 증진하는 것이다. 인지적 기억과정은 다음과 같은 단계로 이루어져 있다.

① 선택단계(selection) : 학습자는 감각기관으로부터 느껴지는 정보에 주의를 기울이며 이 정보를 작동기억(working memory)으로 전이시킨다.

② 획득단계(acquisition) : 학습자는 정보를 영구히 저장하기 위해서 적극적

으로 정보를 작동기억에서 장기기억으로 전환시킨다.

③ 구성단계(construction) : 학습자는 작동기억 장치에 있던 정보간에 관계를 구성 · 조직한다.

④ 통합단계(integration) : 학습자는 기억장치에 저장되어 있는 사전 지식을 찾아내어 다시 작동기억 장치로 보낸다. 그러므로 새로운 정보와 이미 알고 있는 지식 간에 관계를 형성한다. 선택과 획득단계는 학습의 양을 결정지으며 구성과 통합의 단계는 학습한 내용 간의 관계들을 구조화하는 인지적 과정이다.

이러한 인지적 기억과정을 촉진시키는 데 유효한 전략들이 있다. 예컨대 정보의 획득과 선택은 암송전략, 정보의 구성과 통합은 조직화 전략과 정교화 전략, 선택, 획득, 구성, 통합의 모든 단계에 이해수준 평가전략과 정의적 및 동기화 전략이 적용된다. 따라서 학습전략의 유형은 다음과 같이 정리할 수 있다.

(1) 암송전략

① 기본 학습과제의 암송전략

암송전략은 학습하는 동안 제시된 항목을 학습자가 적극적으로 명명하거나 열거하는 것으로, 서열화된 목록의 항목 명칭들을 반복하는 전략이다. 이 활동의 목적은 작동기억으로 전환될 학습단위의 선택력과 획득력을 촉진시키는 데 있다. 예컨대 기본적 학습과제의 암송전략은 태양으로부터 유성의 순서를 기억해 내는 데 적용할 수 있다.

② 복잡한 과제의 암송전략

학급에서 제시되는 학습자료나 학습내용 중에서 학습할 자료가 산문체일 때 중요한 개념, 사실, 법칙, 원리 등에 밑줄을 긋거나 특기할 만한 표시를 하는 것, 그 자료를 반복해서 큰 소리로 읽거나 자료를 베낌으로써 기억과정을 촉진시키려는 것이다. 암송전략에서 학습자는 학습하는 동안 적극적으로 쓰고, 말하고, 그리고 제시된 학습자료의 여러 부분들을 강조하게 된다.

이 전략에는 두 가지 중요한 목표가 있는데 하나는 선택이고 다른 하나는 획득이다. 선택은 학습자가 자료의 중요한 면에 주의를 집중하도록 도와주는 것이며 획득은 앞으로 학습을 위해 학습자료가 작동기억으로 전환되는 것을 확고하게 해 주는 것이다.

메이어(Mayer, R. E.)와 쿡(Cook, L. K.)은 학습자에게 레이다의 작동에 대하여 기술적 자료를 듣게 하고, 일부 학습자에게 단어들을 반복하도록 지시하며, 또 다른 학습자에게는 단순히 듣게만 하였다. 이어진 검사 결과 단어를 반복하도록 지시받은 학습자는 세세한 것을 더 많이 기억하고 구절을 말 그대로 기억해 내는 반면, 단순히 듣기만 한 학습자는 상세한 것에 대한 기억력은 떨어졌지만 보다 더 개념적인 정보를 기억해 내고, 레이다에 대한 정보를 이용한 창의적인 문제해결 검사에서 더 나은 결과를 보였다. 이 결과로 볼 때 기본적 학습과제에 유용한 암송전략은 보다 더 복잡한 과제에는 유용하지 않을 수도 있다.

또 중요한 부분에 밑줄을 긋거나 옮겨적는 것도 암송전략의 또 다른 형태인데 리차드스(Richards, J. P.)와 오거스트(August, G. J.)는 이러한 방법을 익힌 집단이 단락을 읽으면서 중요하다고 생각되는 부분에 밑줄을 긋지 않고 자료를 읽게만 한 집단에 비해 더 많은 것을 기억해 내었다고 하였다.

(2) 정교화 전략

① 기본적 학습과제의 정교화 전략

외국어의 단어학습과 같은 단어연쇄학습(paired-associated learning)이나 알파벳을 암기하기 위한 학습과 같은 연속적인 목록의 학습과제에 사용되는 정교화 전략은 두 단어 간의 관계를 지적 영상이나 문장으로 기억하는 전략이다. 즉 기억해야 될 일련의 단어들을 문장형식으로 꾸며 본다든지 혹은 어떤 장면과 같은 지적 영상으로 구성해 보는 것이다. 정교화 전략의 중요한 인지적 목표는 구성, 즉 학습할 자료에서 둘 혹은 그 이상의 항목 간에 내적 연합

관계를 구성하는 일이다. 단어연쇄학습을 위한 가장 효과적인 정교화 전략 중의 하나는 지적 영상을 사용하는 것이다. 예를 들어 사과–물고기와 같은 한 쌍의 단어를 기억하기 위해 학습자는 물고기가 사과를 베어먹는 상상을 할 수 있다.

② 복잡한 학습과제의 정교화 전략

외부로부터 받아들인 정보를 이미 알고 있는 지식과 관련을 지어 가면서 더욱 새로운 정보를 재조직하고 요약하고 기술하는 전략이다. 즉 이 전략에서의 활동은 유추하고 의역하며 사전지식, 태도, 경험 등을 이용하는 것과 알고자 하는 것을 적극적으로 연결하도록 하는 것이다. 원리를 매일의 경험에 적용하려고 하고 한 교과목의 내용을 다른 것과 연결하려 하는 것, 어떠한 논점을 요약하는 것 등은 모두 정교화의 다양한 방법들이며, 이러한 학습전략을 사용함으로써 학습과제를 학습해 나갈 때 논리적 유추의 능력이 향상된다.

예컨대 간단한 분자의 구조를 파악한 것을 토대로 더욱 복잡한 분자의 구조를 이해하기 위하여 기존의 분자에 관한 지식과 새롭게 주어진 정보를 토대로 복잡한 분자의 구조를 유추해 내는 것이다.

(3) 조직화 전략

① 기본적 학습과제의 조직화 전략

조직화 전략에서는 정보를 이해하기에 보다 용이하도록 다른 형태로 전환하는 데 초점을 두고 있다. 즉 학습해야 할 사항이나 목록들을 유목화하거나 계열화하는 전략이다. 예를 들면, 세계대전의 전쟁들을 지리학적으로 묶어 보거나 동물을 종에 따라 나누어 보거나, 외국어 어휘를 품사별로 유목화하는 것이나 어떠한 사건에 관련된 사항을 시대순으로 엮어 보는 것 등이다. 정교화 전략과 마찬가지로 조직화 전략은 암송전략보다 학습자의 적극적인 역할을 요구한다.

② 복잡한 학습과제의 조직화 전략

학습내용을 학습위계에 따라 상위개념과 하위개념으로 조직화해 보는 전략이다. 예컨대 교과서에 담긴 내용을 단원과 단락으로 구조화해 보거나 또는 교과내용을 상하의 논리적 구조 도표로 분석해 보는 것이다. 교재의 독서과제에서 일부는 주개념과 세부사항을 알아내고 인지적 기억과정과 회상을 용이하게 하는 방법으로 서로서로를 관련시키는 것이다. 요지를 파악하고 자료를 조직하는 것은 이러한 목표달성을 위해서 흔히 사용되는 것이다. 그러므로 조직화 전략에 의한 두 가지 인지적 목표는 작동기억으로 전환될 정보의 선택과 작동기억 내에서의 개념들 간의 관계를 구성하는 것이다.

(4) 이해수준의 평가전략

이해수준 평가전략이란 학습한 내용을 정확하게 이해하고 있는지에 대하여 점검하는 전략이다. 특히 학급에서 학습한 내용에 대하여 어느 정도 이해하고 있는지를 학습자 스스로 질문을 해 보고 답변을 찾아보는 전략이다.

상위인지(metacognition)는 학습자의 인지과정과 학습결과와 송환작용의 기능으로, 인지과정을 조직하고 점검하고 수정함으로써 이런 기능을 통제하려는 능력을 언급하는 데 사용하고 있다. 상위인지 내에 하부영역으로 이해수준 평가전략이 포함된다.

이해수준 평가전략에서 학습자는 학습목표를 세우고 이 목표가 달성될 수준을 평가하여 필요하다면 목표달성을 위해 사용하는 전략을 수정하게 된다. 그런데 이해수준 평가에서는 몇 가지 지식이 요구된다.

① 학습자 스스로 자신에 대하여 알 필요가 있다.

예컨대 학습자가 선호하는 학습유형은 무엇인가, 어떠한 교과목이 이해하기에 더 어렵거나 쉬운가, 하루 어느 때가 가장 자신이 학습하는 데 좋은 때인가 등이다. 이러한 유형의 지식은 학습자가 그들의 학습활동 계획, 효과적인 학습활동에 필요한 정보원이나 보조자의 종류를 아는 데 도움을 준다.

② 학습자는 과제의 성질에 대하여 지식을 갖추어야 한다.

과제의 목표가 무엇인지도 모른다면 학습을 통한 과제목표의 달성은 어려울 것이다.

③ 관련된 사전지식에 접근하는 일이 중요하다.

여기에는 두 가지 기능이 있는데, 새로운 학습자료의 이해에 도움을 주고, 새로운 학습을 위한 준비와 함께 새로운 지식의 명확성을 점검하는 지침이 되어 주기도 한다.

④ 학습에 지침이 될 수 있고 이해력의 문제에 부딪칠 때 도움을 줄 수 있는 전략에 대한 지식을 갖고 있어야 한다.

여기에는 지금까지 언급했던 여러 유형의 학습전략에 대한 지식과 각 전략들이 사용되어야 할 적당한 시기를 알고 이 방법을 정확하게 사용할 수 있는 능력이 포함된다. 학습자의 이해수준을 평가하는 방법은 여러 가지가 있다. 예컨대 새로운 원리를 적용하려는 시도, 노트를 보면서 자기 스스로 질문과 답변을 찾아보는 것, 그리고 다른 사람에게 자신이 알고 있다고 생각되는 것을 가르치려고 하는 것 등이다.

(5) 정의적 및 동기화 전략

정의적 및 동기화 전략은 학습에 알맞은 내 · 외적 환경을 조성 · 유지하는 데 도움을 주는 전략으로, 학습과제에 주의력을 고취시킨다거나 또는 평가시험에 대한 공포감을 제거해 주는 전략이다. 이 전략이 직접적으로 지식이나 기술획득에 관여하는 것은 아니라 할지라도 효과적인 학습이 이루어질 수 있는 상황을 조성하는 데 도움을 준다. 예컨대 외부로부터 받게 되는 학습방해요인을 제거하여 주의력, 호기심, 학습의욕을 고취시켜 주고 아울러 시험 실패에 대한 불안감을 줄여 주며, 불안을 줄이기 위해 학습하기에 조용한 장소를 찾거나 효과적인 시간 활용을 위해 시간 계획을 짜는 것 등이다.

3) 학습전략과 공부과정

학습전략과 관련하여 빅스(Biggs, J. B.)는 공부과정을 하나의 흐름으로 가정하고 예상(presage), 과정(process), 산출(product)의 기본적 세 단계로 범주화하여 [그림 5-1]과 같이 제시하였다. 예상 단계는 개인적 특성(personal)과 제도적 특성(institutional)으로 구분되며 개인적 특성으로 인지양식, 인성, IQ, 가정배경을 들고, 제도적 변인으로 교과목, 교수법, 평가방식, 코스구조를 들고 있다. 과정단계로는 가치관(values), 동기(motives), 전략(strategies)이 포함되고, 산출단계가 학습성취의 단계이다.

빅스의 모형에서 전략에 영향을 미치는 개인적 특성이 인지양식, 인성, IQ, 가정배경, 가치관, 동기임을 알 수 있다. 몇 년 후 빅스는 학업성취에 대한 결정 요인을 학습자의 개인적 요인과 학업수행을 증진시키는 상황적 변인으로 나누고 이 양자에 매개변인으로 전략을 설정하였다.

그가 제시한 학업수행에 대한 독립, 매개, 종속변인의 모형에서 빅스는 전략에 영향을 미치는 개인차 변인으로 능력, 과정, 인지양식, 성격, 선행지식을 들고, 상황적 변인으로 과제의 본질, 과제의 내용, 과제의 난이도, 제시, 평가를 들었다. 또 개인적 변인, 상황적 변인으로부터 영향을 받고 전략에 영향을 미치는 변인으로 정의적 변인을 들고 있다. 이처럼 학업성취를 전제로 한 학습과정에 있어서 특정 학습전략을 선호하여 사용하려는 경향성을 학습양식이라고 한다.

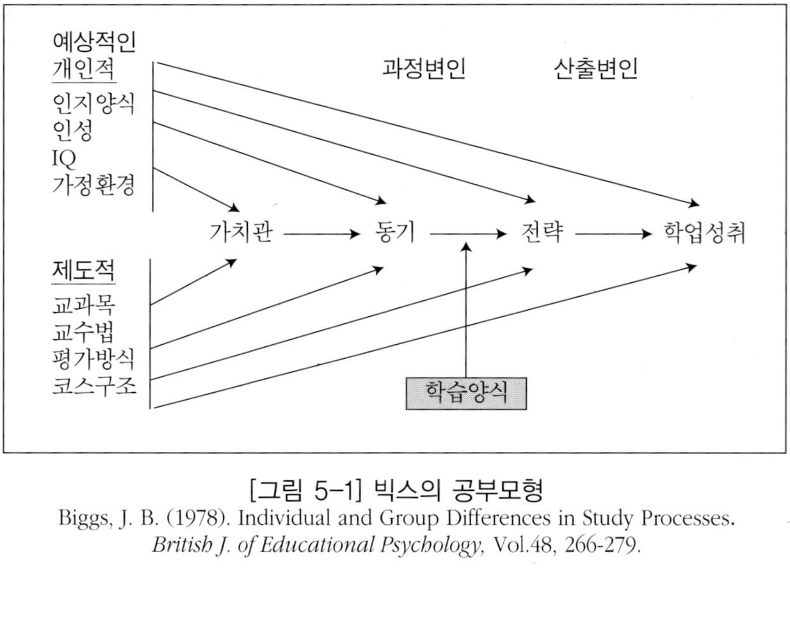

[그림 5-1] 빅스의 공부모형
Biggs, J. B. (1978). Individual and Group Differences in Study Processes. *British J. of Educational Psychology,* Vol.48, 266-279.

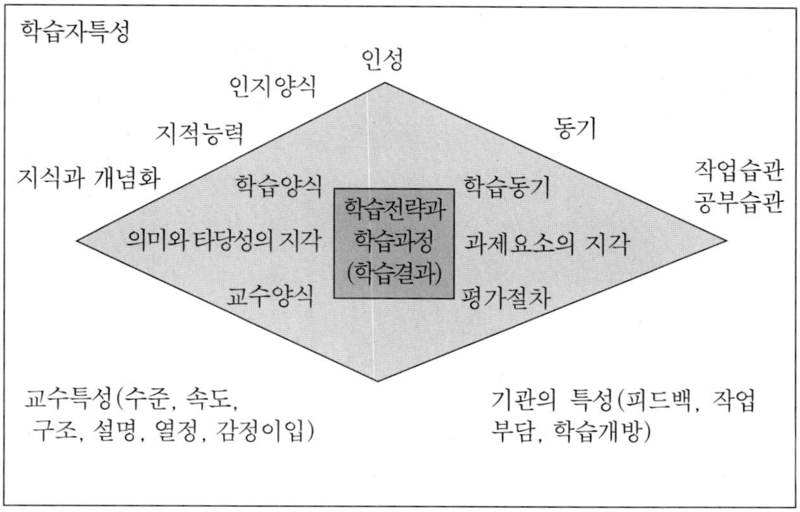

[그림 5-2] 엔트위슬의 교수학습과정 모형
Entwistle, N. "Explaining Individual Difference in School Learning" E.D Corte, Learning & Instruction (N.Y.: Leuven University Press and Pergamon Press, 1987), 83.

한편 엔트위슬(Entwistle, N.)은 교수 학습과정의 탐색적 모형을 [그림 5-2]와 같이 제시하였다. 이 모형은 학습자의 학습양식에 영향을 주는 개인차 변인에 대하여 다루고 있으며, 이러한 학습양식은 학습전략에 영향을 주게 된다.

이 모형에서 학습결과는 어떠한 학습전략을 사용하여 어떠한 학습과정을 거쳤느냐를 개념적 틀로 나타낸 것이다. 즉 학습전략에 영향을 미치는 학습자의 개인적 특성 요소로 지식과 개념화, 지적 능력, 인지양식, 인성, 동기, 작업습관과 공부방법, 학습동기, 그리고 학습양식을 들고 있다.

로이어(Rohwer, W. D.)는 공부모형을 [그림 5-3]과 같이 제시하고 인지적 절차로서 노트필기, 요약하기, 표작성, 문제풀이, 답안작성, 선택, 연습, 정교화, 조직화, 내면적 복습 등이 있고, 정의적 절차로서 불안감소, 목표설정, 자기강화 등이 있으며, 그리고 자원의 관리와 이용으로 시간과 노력의 분배, 부교재 참조, 학습조건의 배열 등이 있다고 하였다.

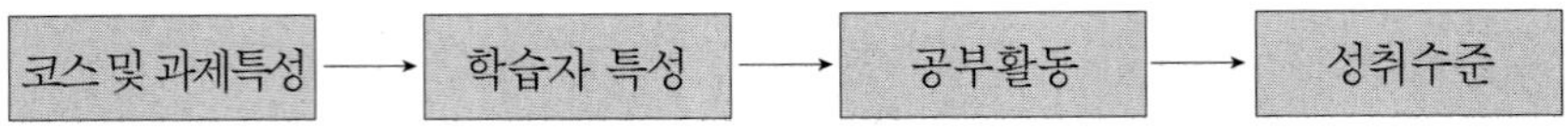

[그림 5-3] 로이어의 공부모형

이와 같이 학습전략은 공부활동에 포함되며 공부활동은 학습자 특성에 영향을 받는다. 공부모형에서 학습전략에 영향을 미치는 학습자의 특성은 연령, 공부에 관련된 지식, 능력, 통제위치, 성취동기 등이다.

이상과 같이 살펴본 결과 학습전략은 관련된 여러 변인이 있으며 그중에서 학습자의 학습양식은 학습전략을 선택 활용하는 데 있어서 중요한 변인이라는 것을 알 수 있다. 따라서 학습활동이나 공부활동의 궁극적인 목적은 학업성취에 있고 학업성취는 학습전략의 정도에 의해서 결정되는 것이라고 할 수 있다. 이와 같이 학습전략은 학습자의 학습양식 유형에 따라서 선호되는 것이어서 각 학습양식에 적절한 학습전략에 관한 관심과 연구가 촉진되어야 한다. 따라서 어떠한 학습양식이 어떠한 학습전략을 선호하고 결과적으로 학업성취는 어떻게 나타나는지에 대한 측정도 이루어져야 한다.

5. 자기주도적 학습

1) 자기주도적 학습의 개념

학습자가 스스로 학습에 참여 여부에서부터 목표 설정 및 교육 프로그램의 선정과 교육평가에 이르기까지 교육의 전 과정을 자발적 의사에 따라 선택하고 결정하여 행하게 되는 학습형태로, 자기주도 학습에서 학습자는 단순히 수직적이고 위계적인 학습 풍토하에서 수동적으로 학습에 임하는 객체가 아니다. 학습자는 학습의 주체로서 학습활동의 전과정에 보다 적극적으로 그리고 자율적으로 참여하게 되며 교사와 학습자는 상호대등한 수평적 관계를 형성하게 된다.

이와 같은 자기주도 학습이 진정한 의미에서 효율적으로 이루어질 수 있기 위해서는 몇 가지 기본 전제 조건들이 충족되어야 한다. 즉, 학습자가 자기주도 학습을 행하기 위해서는 학습에 임함에 있어 먼저 자신의 학습필요와 욕구를 정확하게 파악하고 이를 심층적으로 진단하고 있어야 하며, 학습의 참여 여부와 참여 시기 등을 자율적으로 필요에 따라 적합하게 결정해야 하고, 학습목표를 선정함에 있어 추상적이고 막연한 학습 목표의 설정이 아니라 자신의 학습욕구와 필요에 따라 적정의 학습 목표를 명확하게 선정해야 하며, 학습내용 및 방법의 선정에 있어 이러한 학습욕구 및 학습 필요에 기초하여 어떠한 내용의 학습프로그램이 적합할 것이며 그 방법은 어떠해야 할 것인지를 자율적으로 선택해야 한다. 이때 혼자서 독립적인 학습을 통해 이러한 학습 목표를 달성할 것인지, 사회교육 기관이나 시설학교, 특정의 학습집단에 참여함으로써 집단학습 형태를 통한 자기주도적 학습을 행할 것인지 또는 개별학습계획을 수립하여 자율적으로 독립적 학습에 의해 자기주도 학습을 행할 것인지 등을 결정해야 한다.

이와 함께 교육성취 결과를 평가함에 있어서도 외부의 객관적 평가나 교사 및 전문가에 의한 평가에 앞서 학습자 자신의 주관적인 평가가 먼저 이루어져야 하며 이러한 자율적 자기 판단과 자기 평가가 오히려 더 중시되어야 한다.

2) 자기주도적 학습의 특징

자기주도적 학습에서 학습이란 하나의 목표 지향적인 복합적인 활동이며, 학습자 자신의 의식적인 지시와 규율 아래 이루어지는 활동이다. 학습자 자신을 학습의 모든 과정에서 의사 결정과 행동의 주체로 내세우기 때문에 자기주도적 학습은 그 행동의 주체자인 학습자 자신이 그의 내면적, 외면적인 상황을 어떻게 지각하고 해석하느냐에 크게 영향을 받는다고 볼 수 있다. 따라서 자기주도적 학습의 특성은 다음과 같다.

첫째, 내발성 : 인간의 내적 동기를 말하는 것으로서 자기 주도적 학습은 외부로부터 주어지는 강제 · 강압이나 물적 보상에 유인되는 외발적 동기보다는 학생 자신의 내적 에너지에서 발산되는 내발적 동기에 의해 길러지는 것이라 할 수 있다.

둘째, 자율성 : 학습자의 자기 결정에 의한 행동, 생각, 자주적 행동을 의미하며, 학습과정에서 자기 주도적 학습은 교사 자신의 공동 계획을 통한, 학생 스스로의 학습 설계를 강조하고 있다.

셋째, 목표 달성 지향성 : 자기 주도적 학습에서 학습자는 어떠한 외적 보상이나 보수를 얻기 위해 목표 달성의 행동을 하는 것이 아니라, 학습 목표 달성 자체의 만족감과 자신감, 희열감을 느끼도록 계획, 실천, 평가의 순환 과정(Feedback)을 강조한다.

넷째, 가치 지향성 : 자기주도적 학습은 학습자에게 자기 학습에 대한 가치를 신뢰하고 자기에게 도움이 될 것을 확신하며, 학습 활동이 더욱더 강화되는 방향에서 학습이 이루어지도록 어떤 가치가 부여될 것인가를 분명히 해야 한다.

다섯째, 유희성과 쾌락성 : 자기 주도적 학습에서는 학습하는 것이 즐겁고 재미있다는 것을 강조한다. 쾌락성은 학습자의 수준에서 학습이 성공적으로 수행되었을 때나 학습 활동 자체가 쾌락을 유발할 때 더욱더 강화된다.

3) 교사와 학습자의 역할

교사와 학습자와의 관계는 전통적인 교사와 학습자 관계와는 근본적으로 차이가 있다. 전통적인 교사주도의 수업에서는 교사의 권위로 학습자의 주도성이 학습에 제대로 발휘되지 못하였다. 그러나 자기주도적 학습에서 교사의 임무는 학습자의 자기주도성을 허용 또는 신장시키는 수업환경을 계획하여 운영하는 것이며 구체적으로 다음과 같다.

첫째, 교사는 동료 학습자로서의 역할을 수행해야 한다.

둘째, 교사는 학습 조력자, 안내자, 촉진자, 중재자로서의 역할을 수행한다.

셋째, 교사는 학습경험의 계획, 실시, 평가자로서의 역할을 수행한다.

이제 교사는 정보의 제공자 또는 전달자로서의 교사가 아니라 학습자의 학습을 통합하고 학습자의 정보를 지식으로, 지식을 지혜로 전환하도록 도울 수 있는 전문성이 필요하다. 교사주도의 학습과 자기주도적 학습의 차이는 〈표 5-2〉와 같다.

〈표 5-2〉 교사주도적 학습과 자기주도적 학습 비교

내용	교사주도적 학습	자기주도적 학습
내용과 방법	교사에 의존	학습자가 자기주도적인 위치에서 능력 발휘
학습자의 경험	낮게 평가하고 교사의 체계적인 지도가 필요	높게 평가하고 후속 학습의 자원이 될 수 있다.
학습준비	성숙 수준이 동일한 학생은 같은 내용의 학습 준비를 강조	개인은 자기의 필요에 의해 학습 준비 및 방식이 다름
학습방법	교사 중심 학습에 익숙	과제 중심, 문제 중심의 학습으로 과제 수행 내지 문제 해결 학습 형태로 조직
학습동기 유발	교사의 주도하에 외부 자극에 의해서 이루어짐	자기의 욕구 성취에 대한 갈망, 성장에 대한 충동, 지적 욕구와 호기심, 내적 자극에 의해 동기를 부여받음

4) 자기주도적 학습 유형

정보화 시대의 교수 · 학습 방법은 정보사회의 등장에 따른 정보와 지식의 폭발적 증가와 이로 인한 필요성에서 비롯되었다. 따라서 학교와 교사의 역할이 지식의 전달자에서 지식의 안내자로 전환되었고, 다양한 학습 자료를 학습 과제 해결에 적절하게 적용하고 새로운 정보를 만들어 내서 이를 효과적으로 가공하고 다시 새로운 정보를 창출해 내기 위해서는 학습자 중심의 자기주도적 문제해결 교육, 학습자료 및 매체 이용교육, 웹기반 활용교육 등

정보 이용 교육이 절실하게 대두된 것이다. 이에 다음과 같은 교수 · 학습 방법으로 학습자 개인의 다양한 특성을 고려한 교수 · 학습 방법의 개발과 수업 모형을 구안하는 것이 바람직하다.

가. 프로젝트 학습(문제 해결 학습)

나. 교단 선진화 기기 이용 수업(컴퓨터 활용수업)

다. 인터넷 활용수업

라. 학교홈페이지 활용수업(e-mail과 게시판 활용)

마. 학습자료의 DB구축 및 활용 수업

바. 학교정보화 센터(LAI) 활용 협력수업

6

실기교육의 방법

교육의 실제는 수업목표를 달성하기 위한 수단과 방법이다. 학습자에게 적절한 교수 · 학습 방법을 수업의 실제에 적용하는 일은 무엇보다도 중요하다.

1. 교수방법론의 발달

1) 소피스트의 교수방법

교수 · 학습과정에 대한 연구는 오래전부터 있어 왔다. 그리스 시대의 소피스트(Sophist)들은 지적이고 수사학적인 교수방법을 제시하였다. 소피스트의 대표적인 교사였던 프로타고라스(Protagoras)는 교수과정을 시범적 언변을 학습자에게 가르치기 위하여 간단한 강의 또는 연설을 제시하고 그 시범적 강의나 연설을 면밀히 검토한 다음, 수사학, 문법, 논리를 연구하고 여러 학습자들이 발표한 연설이나 웅변을 교사로부터 비평을 받은 다음 마지막으로 한 학습자가 대중 연설을 하도록 하였다.

그러나 이 교수법은 연설의 기법이나 설득력에 집중했을 뿐 진리를 추구하기 위한 지식에 대한 관심은 없었다. 그들의 교수목적은 오히려 부와 정치적 권력이나 사회적 특권을 얻기 위한 하나의 수단으로서의 기법에 충실하였다.

2) 소크라테스의 교수방법

소피스트들은 교수기법에 관심을 가진 데 반하여 소크라테스(Socrates)는 지식에 대한 진 · 선 · 미의 원리를 학습자가 깨닫도록 하는 교수원리로서 소위 산파법을 창안해 냈다. 소피스트들과는 달리 소크라테스는 지식이나 지혜를 교사로부터 학습자에게 전달할 수 없다고 믿고 있었다.

그는 참된 지식은 모든 사람 안에서의 무의식 상태에서 끌어내는 일이라고 주장하였다. 그러므로 인간을 자유롭게 하는 일은 학습자를 자극해서 그의 무의식 속에 숨어 있는 잠재된 지식을 발견하게 하는 과정이라고 하였다. 이러한 과정은 곧 자기성찰과 자기분석을 통하여 찾아내게 하는 일이라고 하고, 그와 같은 일이 일어나도록 하는 교수과정으로 삶, 진리, 정의의 의미를 발견하기 위하여 학습자들에게 질문을 던지고 이를 촉구하며 교사와의 대화를 통하여 학습자들로 하여금 그의 기본개념을 구성시키고 그의 기본개념을 비판하게 하여, 이를 재구성시키는 대화과정을 제시하였다.

3) 에라스무스의 교수방법

르네상스 시대의 대표적인 교육자 에라스무스(Erasmus, D.)는 파리대학에서 수학한 인문주의 교육자로, 당시의 교육기관들을 비판하고 사회개혁을 주장하였으며 고전교육과 조기교육의 중요성을 강조하였다. 또한 스타일이나 문법을 이해하는 것보다는 내용을 이해하는 것이 보다 중요하다고 믿고 내용을 보다 잘 이해하고 흥미를 유발시키기 위해서 언어를 통한 대화를 강조했을 뿐 아니라 게임이나 시합같은 것도 권장해야 한다고 하였다.

에라스무스는 언어교육을 위한 교수과정으로 저자의 전기를 제시하고 그 전기 내용의 형태를 검토한 다음, 기본 줄거리를 토론하거나 저자의 스타일을 분석하며 그 작품의 도덕적 시사점을 고려하여 그 작품에서 제기되는 광범위한 철학적인 문제를 설명하도록 하였다.

에라스무스는 『아동자유교육론』이라는 저서에서 태아교육과 조기교육의 교육적 가치를 인정하였으며 교육방법의 구체적인 방향을 다음과 같이 제시하였다.

① 체벌 대신에 애정의 교육을 실시하고 자유인에게는 자유스러운 교육이 있어야 하며, 태어나면서부터 자유의 존재인 어린이를 교육에 의해서 노예화해서는 안 된다.

② 어려운 많은 지식을 단번에 주입하지 말고 어린이의 정신발달에 맞게 쉬우면서도 흥미있는 교재를 개인차와 능력에 따라서 조금씩 학습하도록 한다.

③ 학습에 흥미를 갖도록 카드놀이 등 놀이방법을 이용한다.

4) 코메니우스의 교수방법

근대 교수학의 대가인 코메니우스(Comenius, J. M.)는 그의 저서 『대교수학』에서 아동발달의 원리에 따른 교수방법을 제시함으로써 전통적 교수방법에 도전하였다. 학습의 원리로 감각기관에 의한 학습을 강조함으로써 오늘날 시청각 교수법의 아버지라 불리기도 한다. 그는 아동발달 단계를 유아기(가정에서의 비형식적 교육기), 아동기(정식학교에서 학습이 이루어지는 시기), 청년기(대학교육이 이루어지는 시기)의 세 단계로 구분하였다.

코메니우스의 교수원리는 귀납적 교수방법과 논리적 관계에 따른 교수방법으로 특징지울 수 있는데, 그가 제시한 아홉 가지 교수원리는 다음과 같다.

① 단순한 상징이나 개념을 통한 교수가 아닌 구체적이고 직접적 방법으로 제시되는 사물과 아이디어를 포함하는 교수원리(실물교수원리)

② 일상생활에 실질적으로 적용될 수 있는 것을 포함하는 교수원리(실용성의 원리)

③ 교수자료의 제시는 직접적이고 단순하게 하는 원리(단순성의 원리)

④ 가르치는 내용을 원천적인 것과 관련시키는 교수원리(원천성의 원리)

⑤ 일반적 원리를 먼저 학습하고 구체적인 것을 고려하는 교수원리(연역적 접근의 원리)

⑥ 학습되는 모든 것은 전체적인 것에 각 부분이 어떻게 연결되는가를 아는 교수원리(전체-부분 연결성의 원리)

⑦ 자료제시는 점진적인 방법으로 한 번에 한 가지씩 교수하는 원리(점진적 접근 원리)

⑧ 한 가지를 완전히 이해하고 다음 차례로 넘어가는 교수원리(완전성의 원리)

⑨ 획득된 지식 간의 차이를 명백하게 구분할 수 있도록 하는 교수원리(명료성의 원리)

이와 같은 교수원리는 언제나 아동의 흥미와 감각기관을 통한 교육을 잊지 말 것을 강조하고 있으며 교사는 학습자들에게 허용적이며 인내심을 가지고 가르칠 것을 강조하였다. 이와 같은 교수원리에 입각하여 쓰인 책이 『세계도회』라는 교과서이다.

특히 교수이론으로서 인식론을 바탕으로 자연적 과정의 순서에 따라 쉬운 것에서 차차 어려운 것으로 진행되어야 한다고 한다. 인식은 감각을 훈련하고 난 다음에 기억을 하면 여기에서 인식능력이 이루어지며 마침내 판단력이 형성되는 것으로 보고 있다.

그래서 지식은 감각에서 시작되어 심상작용을 거쳐 기억되고 다시 개개 지식의 귀납에 의해서 보편적인 인식으로 이루어진다. 이와 같이 사물이 충분히 인식되면 지식에 대한 판단력이 형성되며 이 과정을 교수단계로 정리한 것이다.

5) 루소의 교수방법

루소(Rousseau, J. J.)는 현대 자유주의 교육에 이론적 근거를 체계적으로 잘 제시한 사람이다. 루소는 그의 저서 『에밀(Emile)』에서 그의 인간교육 원리를 잘 설명하고 있다. 아울러 그는 코메니우스와 같이 아동발달의 원리와 감각기관을 통한 교수원리를 강조하고 있으나, 코메니우스와는 달리 책을 통한 교수원리를 반대하고 자연과 함께 살아가면서 학습할 것을 강조한 낭만적 인간주의 교육자였다. 그는 에밀을 통해서 아동발달의 단계에 따라 교육해야 할 내용과 방법에 관해 다음과 같이 설명하고 있다.

(1) 유아기

이 시기의 아동은 근본적으로 자조능력이 없기 때문에 다른 사람의 보살핌이 필요한 시기이다. 따라서 유아는 그의 신체를 자유롭게 움직이며 활동할 것이 요구된다.

(2) 아동기

이 시기의 아동은 신체적으로 크게 성장하고 강해지며 자기 행동의 결과가 고통스럽거나 즐거우냐에 따라 성격이 형성된다. 이 시기의 아동은 이기적이며 호기심이 많기 때문에 주변의 환경을 탐색하고 그의 감각기관을 통하여 배운다. 그러므로 루소는 아동의 눈, 귀, 손, 발이 첫 번째의 교사라고 하였다. 교육은 자연과 함께 이루어지므로 학교교육은 책을 통해서만 되는 것이 아니며 아동들의 자연과의 접촉을 통한 교육이 무엇보다도 중요하다.

(3) 소년기

이 시기의 아동들은 신체적으로 매우 튼튼하고 활동력이 강하기 때문에 자연으로부터 과학과 지리를 배운다. 동식물의 성장과 발달을 관찰함으로써 에밀은 자연과학을 배운다. 그의 주변을 탐방함으로써 그는 지리공부를 보다 실감나게 학습한다. 에밀은 결국 『로빈슨 크루소』를 읽어 생생한 자연을 배운다.

(4) 사춘기

이 시기의 에밀은 사회로 돌아와 인간의 성에 대한 것을 의식하고 흥미를 느끼게 되어, 성에 대한 질문을 했을 때 교사는 솔직하고 직접적이며 진지한 태도로 답변해 준다. 자연에서 사회로 돌아온 에밀은 이제 바깥 세상의 문제에 관심을 돌려 사회, 정부, 경제와 기업에 대하여 배운다. 그의 심미적 충동은 박물관, 미술관, 도서관, 극장을 방문함으로써 충족되고 예술적 감각이 충족된다.

(5) 청년기

마지막 교육기로 에밀은 파리 여행을 하고 세계 여러 나라를 여행하면서 여러 가지 다른 사람들과 사회를 보게 된다.

이상과 같이 루소는 자연법칙에 따르는 교육을 강조하였는데, 중요한 내용을 정리하면 다음과 같다.

① 어린이는 나면서부터 배울 능력을 가지고 있으므로 자기의 경험에 의해서 자유로이 배우도록 해야 한다.

② 학습은 자연의 발달순서에 따라 행해져야 하며 인위적으로 서둘러서는 안 된다.

③ 언어보다는 실물과 사물을 통한 학습을 해야 한다.

④ 감각은 지식을 얻는 중요한 기관이므로 감각훈련을 강조하여 빨리 발달되도록 한다.

6) 페스탈로치의 교수방법

자연주의 교육자로서 페스탈로치(Pestalozzi, J. H.)는 루소의 에밀의 교육원리를 기본 바탕으로 하는 교수원리를 제안했다. 그가 제창한 교수방법은 일반적 방법과 특수적 방법으로 구분할 수 있다. 그리고 일반적 방법을 특수적 방법에 우선시킬 것을 주장하였다. 일반적 방법의 기본원리는 사람을 바탕으로 한 따뜻하고 정서적으로 안정된 학교 분위기를 의미하고, 특수적 방법의 기본 원리는 감각기관을 통한 학습이다. 감각기관을 통한 교수원리로는 실물학습을 강조하였다.

아동들은 그들 주변에 있는 자연환경에서 발견할 수 있는 공통적 실물을 학습하는데, 이 실물학습의 기본을 이루는 구성요소는 형, 수, 언어로 구성된다. 아동들은 실물을 형태로 파악하여 그 모양을 그리거나 본뜨기를 하고 그 수를 헤아리며 마지막으로 그 물체에 이름을 붙인다. 이와 같은 학습을 통하여 그리기, 쓰기, 세기, 더하기, 빼기, 나누기, 읽기의 형식적 교육을 하게 된다. 따라서 페스탈로치는 이러한 학습이 언어를 통해서가 아니라 감각기관을 통해서 이루어져야 한다고 주장하였다.

교육환경은 가정과 같은 사랑이 풍기는 자연스런 분위기에서 이루어져야 한다는 측면에서 20세기 진보주의 교육의 밑거름이 되었다. 페스탈로치의 교수원리를 보면 추상적 개념을 제시하기 전에 구체적 실물로부터 시작할 것, 멀고 떨어진 것을 취급하기 전에 학습자 주변에 있는 것부터 시작할 것, 항상 점진적이고 누진적이며 천천히 학습을 진행해야 한다는 네 가지 기본원리를 제시하였다.

페스탈로치의 교수방법이 내포하고 있는 원리를 다음과 같이 요약할 수 있다.

(1) 자발성의 원리

교육의 중심은 학습자의 능력을 내부로부터 발전시켜야 한다. 즉 내적으로 존재하는 자연적인 힘을 자발적으로 발전시키며, 교육작용은 스스로의 발전을 보조하는 수단으로서 기능을 하는 것이다. 교육에 있어서 주입식 방법을 지양하고 개별적 방법과 자율적 학습이 이루어지도록 강조되어야 한다.

(2) 방법의 원리

인간성의 발달은 일정한 단계를 거쳐 이루어지는 것이므로 질서있는 단계에 따라 교육이 실시되어야 한다는 것이 방법의 원리이다.

(3) 직관의 원리

직관은 모든 인식의 기초로서 개개의 인식은 반드시 이 직관에서 출발하는 것이다. 여기서 말하는 직관은 코메니우스에 있어서와 같이 수동적으로 외계의 인상을 수용하는 직관이 아니고 오히려 외계의 인상을 결합하여 능동적으로 개념을 구성하는 작용으로서의 직관을 의미한다. 직관의 기본적 요소로서 수, 형, 언어를 강조하였으며 교재선택과 직관교수에 있어서 이 3요소를 활용하도록 하였다.

(4) 조화적 발전의 원리

학습자가 가지고 있는 선천적 기능은 지적, 도덕적, 신체적인 바, 이 세 능력의 조화적 발달을 교육의 이상으로 추구해야 한다.

(5) 사회의 원리

사회를 떠난 개인은 존재하지 않으므로 교육은 사회생활을 통해서만 가능하며 사회의 발전은 개인의 향상에 의해서만 이루어진다. 환경이 사람을 만들고 사람이 환경을 조성한다는 기본 신조로 학습자의 사회화에 이바지해야 한다.

7) 헤르바르트의 교수방법

헤르바르트(Herbart, J. F.)는 도덕적 품성의 도야라고 하는 교육목적을 달성하는 방법으로서 관리, 교수, 훈련의 셋을 들었다. 관리란 교수의 예비적 단계를 의미한다. 관리의 목적은 학습자의 신체적 · 감각적 욕망을 억제함으로써 일시적인 외적 질서를 유지시켜 다음 단계인 교수 및 훈련을 받을 수 있는 소지를 이룩하는 것이다. 그러므로 관리는 다만 외부적인 환경의 정리에 그치게 되므로, 교육의 필수조건이긴 하나 교육 본래의 영역은 아니다. 관리에는 일정한 과업을 주어 학습자를 활동시키는 적극적인 방법과 감시, 금지, 명령, 위협 등의 외형적 수단에 의하여 그 욕망적 충동을 억제하는 소극적인 방법이 있다.

교수는 교육적 교수와 비교육적 교수로 구분하며 비교육적 교수는 단순한 지식, 기능의 전달만을 목적으로 한 데 비하여 교육적 교수는 지식과 기능 전달에만 그치지 않고 의지를 도야하여 도덕적 품성을 형성하는 것을 말한다. 교육적 교수가 될 수 있는 방법은 지식이 감정과 결합하여 흥미를 일으킴으로써 가능하다고 한다. 흥미란 구관념이 신관념을 유목화할 때 생기는 것으로 보고 다방면적 흥미의 환기를 주장하였다. 다방면적 흥미란 추구적 흥미, 직접적 흥미, 영속적 흥미, 그리고 다방면적 흥미라는 분류에서 나오는 것으로 다방면적 흥미는 경험적 흥미, 추구적 흥미, 심미적 흥미, 동정적 흥미, 사교적 흥미, 그리고 종교적 흥미로 세분되어 있다. 흥미를 생기게 하는 방법은 전심과 치사로 전심은 자기를 비워 주고 대상에 주의를 집중하는 작용이며 치사란 전심에서 얻은 대상을 반성에 의해서 통일하는 작용을 말한다.

훈련은 교수와 같이 교재를 매개로 하지 않고 직접적으로 학습자의 정조를 도야하여 도덕적 품성을 기르고자 하는 교육활동이다. 도덕적 품성의 양성을 목적으로 하는 점에서는 교수와 같으나 교재를 매개체로 하지 않는 점에서는 교수와 다르다. 도덕적 품성을 목적으로 하는 훈련의 방법은 학습자의 발달 정도에 따라서 4단계를 거친다.

첫째, 유지적 훈련 단계

교사가 시종일관 동일한 동작을 함으로써 학습자의 의지활동을 일정한 방향으로 유지시켜 마음을 흩어지게 하지 않는 훈련이다.

둘째, 결정적 훈련 단계

교사가 학습자의 심리적 상태를 알아서 미리 그 행위의 결과를 상상하여 학습자로 하여금 올바른 선택의 결정을 하게 하는 방법이다.

셋째, 규정적 훈련 단계

이 단계에서는 학습자의 행위를 규정하여 일정한 표준에 따르게 하는 방법이다. 학습자의 행위가 불확실함은 물론 전후 모순이 있는 경우에는 그 결점을 지적하여 일정한 규정에 의해서 활동하게 한다.

넷째, 조성적 훈련 단계

학습자는 일정한 행동원칙에 따라서 행동하려고 하면서도 때로는 이성적 힘의 부족으로 스스로의 힘에 의해서 이를 행하지 못할 때가 있다. 이때 교사가 학습자의 자율적 도덕을 조성하는 방법이 조성적 훈련이다.

이와 같은 학습활동을 교수의 4단계로 제시한 헤르바르트의 주장은 제자 질러(Ziller, T.)와 레인(Rein, W.)에 의하여 5단계 교수법으로 발전되었으며 이 세 사람의 교수법은 헤르바르트의 5단계 교수법으로 알려져 있다.

첫째, 예비(preparation) : 교사는 새로운 학습과제를 제시하기 앞서 학습자들에게 선행 학습내용을 상기시켜 줌으로써 학습동기를 유발한다.

둘째, 제시(presentation) : 새로운 학습과제를 학습자에게 제시한다.

셋째, 연합(association) : 새로운 학습과제를 선행학습이나 경험내용과 관련시켜 준다.

넷째, 계통화(systematization) : 학습자가 알아야 할 원리나 법칙 등을 설명하기 위하여 여러 가지 예를 든다.

다섯째, 응용(application) : 학습자가 이해하였으며, 또 학습되었는지 알아보기 위하여 평가 또는 확인한다.

8) 듀이의 교수방법

듀이(Dewey, J.)는 학습자의 자발적 자기활동에 의한 학습자중심을 강조하는 입장에서 학습자가 행함으로써 학습해 갈 것을 주장하였다. 교수이론은 학습을 보조하는 것이 되도록 체계화하였으며 헤르바르트의 교사중심에서 학습자중심으로 전환해서 교수방법을 흥미와 훈련, 사고로 체계화하고 교재관을 분명히 하였다.

(1) 흥 미

흥미는 목적, 관심, 의도, 동기 등과 같이 능동적인 욕망이며 어원상 중간이란 의미로, 떨어진 두 사물을 결합하려는 것을 뜻한다. 흥미는 학습의 원동력이 되고 학습의 동기가 되며 목표를 추구하는 능동적인 감정 경향이다. 흥미를 통해서 학습이 발단되고 또 원하는 결과에 도달하는 것이다. 그러므로 수업에 있어서 학습자의 흥미를 유발할 수 있는 활동, 즉 유목적적인 활동에 즐겁게 참여하도록 교재를 발견하고 이용하도록 해야 한다.

(2) 훈 련

학습활동은 목적의식 없이는 효과가 없기 때문에 학습에는 반드시 일정한 목표가 있어야 하며 이 목표를 달성하기 위해서는 상당한 시간과 노력이 필요하다. 흥미의 발달과 목표에 도달될 때까지는 상당한 장애가 있기 때문에 이를 극복하기 위한 인내와 노력이 필요하다. 따라서 훈련이란 자유스러운 자기 능력을 구사해서 자기 발전의 결과를 자인하고 흥미를 음미하게 되는 자기 활동의 정비인 것이다.

(3) 사 고

사고는 경험이 잘 조정되어 있지 않은 상태에서 문제가 발생할 때에 일어나는 것으로서, 사고를 자극하는 것은 현재의 경험이 되며 사고라는 의식활동의 발단이 되는 것이 경험인 것이다. 그러므로 학습자에게 사고를 일어나게 하기 위해서는 일상생활에서 흥미를 가지고 활동하도록 해야 한다. 이 흥미를 촉진하기 위해서는 현실적인 생활 과정에서 사물인 실제적인 도구, 교재 등에 접할 기회를 주어 직접 경험토록 하여야 한다.

(4) 교 재

방법은 '어떻게' 라는 견지에서 보는 것이고 교재는 '무엇' 이라는 면에서 보는 것으로, 교육방법과 교재를 이용하는 데 있어서 최소한의 시간과 노력을 가지고 최대한의 능률을 올리려는 것을 목적으로 하는 것이기 때문에 적당한 교재, 조직화된 경험을 하도록 해야 한다.

이와 같은 듀이의 경험중심, 학습자중심 사상은 학습자의 생활에서의 문제들을 중심으로 하고 있으며 이러한 문제를 역동적이고 실제적으로 해결해 가는 과정을 강조한다.

첫째, 문제해결학습의 방법적 특징은 학습자의 현실 생활 가운데서 당면하는 문제를 중심으로 학습이 이루어지기 때문에 생활학습이라고 하며 다음과 같은 조건에 합당하는 교육적 문제를 다루는 것이다.

① 문제가 본래 학습자 자신의 문제이면서 사회적으로 유익한 것이어야 한다(학습자와 사회의 요구에 관련된 문제).

② 학습자가 살고 있는 지역의 문제이면서 광범한 국가사회의 문제성을 내포한 것이어야 한다(지역성과 국가사회의 관련 문제).

③ 현실생활의 경험적인 문제이면서도 나아가 지식체계에 합당해야 한다(경험과 지식의 관련 문제).

④ 현재 일어난 문제이면서 장래의 생활과 연결되는 문제(현재와 장래의 관련 문제).

둘째, 문제해결학습은 학습자의 능동적인 집단생활에 의해서 추진되는 학습이다. 능동적인 학습을 위해서는 다음과 같은 조건이 필요하다.

① 학습자들의 문제의식이 명확하고 강력한 학습동기가 유발되어야 한다.

② 교사의 지도는 직접적인 것이 아니고 학습자 자신이 판단하고 결정하는 것을 돕는 간접적인 것이어야 한다.

③ 개인적인 활동 위주가 아니고 집단활동을 중시하는 점이 문제해결학습의 특징이다.

셋째, 문제해결학습은 학습자의 주체적인 실천능력의 형성을 중시하며 주체적인 실천능력을 기르기 위해서는 다음과 같은 조건이 필요하다.

① 학습의 계획, 실천, 평가는 학습자 자신이 하도록 해야 한다.

② 추상적인 지식의 습득을 배제하고 지식계열로 이끌도록 해야 한다.

③ 객관적인 지식기능을 그대로 받아들이는 것이 아니라 현실생활 가운데서 학습자의 조작적인 활동을 통하여 주체적으로 조직 및 체계화한 지식을 습득하도록 한다.

이와 같은 원리를 기초로 한 교수학습과정이 반성적 사고과정이다. 반성적 사고과정이란 학습자가 경험의 순수한 상황에 직면하게 되면 자기에게 흥미가 있는 활동에 참여하게 되며, 이와 같은 경험 속에서 학습자는 생각을 일으키게 하는 순수한 문제를 발견하게 된다. 다음으로 학습자는 이 문제를 해결하는 데 필요한 지식정보를 이미 갖고 있을 수도 있고 그렇지 못하면 그 문제해결에 필요한 지식정보를 얻기 위하여 탐색활동을 하게 된다. 그리고 학습자는 그 문제해결이 가능할 것이라고 생각되는 잠정적 해결책을 강구하며 잠정적 해결책을 그 문제에 적용해 봄으로써 검증을 한다. 이와 같은 5단계를 거치는 동안 학습자는 경험을 재구성하게 되며 이러한 과정에서 반성적 사고의 경험이 이루어지는 것이다. 따라서 반성적 사고과정은 문제해결의 과정이고 이 문제해결의 과정이 곧 교수학습의 과정인 것이다.

2. 교수방법의 선정

교수학습의 절차에서 보았듯이 수업이 가장 활발하게 전개되는 단계는 지도단계이다. 교육목표가 잘 설정되었고 내용이 적절하게 선정되었다 하더라도 이러한 내용을 제대로 전달할 수 없다고 한다면 교육이 의도하고 있는 바를 효과적으로 달성하지 못할 것이다. 그러므로 학습자를 어떻게 가르치느냐 하는 것은 결국 교육의 핵심이라 할 수 있다. 교수학습에는 여러 가지 방법이 있으며 이러한 방법은 그 나름대로의 특징이 있기 때문에 어느 한 가지 방법이 어느 수업상황에 제일 좋다고는 말할 수 없다. 교수방법은 결국 수업상황에 따라 결정되어야 할 것이지만 교수방법의 선정기준을 다음 몇 가지로 정리해 본다.

① 교수방법은 교과의 능력, 교사의 지식, 흥미에 적합해야 한다. 즉 교사는 자기가 잘 아는 방법을 활용해야 한다. 그래야 수업진행을 마음 편히 할 수 있다. 이것은 교사가 새로운 방법을 시도하지 말라는 뜻이 아니라 자기의 능력 및 취향에 따라 계속해서 새로운 방법을 개발해야 함을 의미한다. 교수방법은 입는 옷처럼 적합하고 편리해야 한다.

② 교수방법은 학습자의 능력에 맞아야 한다. 만일에 학습자가 자기의 능력을 올바르게 발휘할 수 있는 교수방법이 아니라면 이는 비효과적인 방법이다.

③ 교수방법은 의도하고 있는 교수형태에 지식, 기술, 또는 가치 등을 맞추어야 한다. 교사가 학습자에게 쓰기를 가르친다면 교사는 학습자에게 글을 쓸 수 있는 기회를 제공해 주어야 한다.

④ 교수방법은 수업상황 중 시간과 장소를 고려해야 한다.

⑤ 교수방법은 현재의 교과에 적합해야 한다. 만일에 학습자에게 화학약품이 인체에 미치는 영향에 대하여 가르치려고 한다면, 학습자들에게 이 문제에 대한 토론을 하도록 요구하는 방법은 부적절한 것이다.

⑥ 교수방법은 학습자의 수에 적합해야 한다. 학습자의 수가 80여 명이 넘는 상황에서 토의방법을 사용한다는 것은 적절치 못할 것이다.

⑦ 교수방법은 학습자의 흥미, 경험에 적합해야 한다. 수업이 어느 한 가지 방법으로 일관된다면 학습자들은 이에 싫증을 느낄 수도 있다. 따라서 학습자들의 흥미나 경험을 고려하여 여러 가지 수업방법을 다양하게 활용할 필요가 있다.

⑧ 교수방법은 학습자와 교과와의 관계에 맞추어야 한다. 만일에 물리학 입문을 가르친다고 한다면 교사는 기본적인 용어나 기능을 잘 가르칠 수 있는 방법을 선택할 수 있다.

⑨ 교수방법은 교사와 학습자 간의 관계에 맞추어야 한다. 만일에 교사가 상호신뢰를 수립하지 못했다면 선택된 교수방법은 이러한 신뢰에 이르도록 되어야 한다. 특수한 학과에 어느 방법이 적당한가를 결정함에 있어 교사는 다음과 같은 수업상황, 즉 시간, 장소, 학습자 수, 능력, 경험, 교사의 능력, 취향, 수업에서 강조하고자 하는 것을 고려해야 한다.

⑩ 교수방법은 학습자의 학습양식과 교사의 교수양식에 일치된 것이어야 한다.

3. 수업구조의 기본유형

수업은 교사의 교수와 학습자의 학습활동으로 이루어지며 교수와 학습의 특성에 따라서 수업의 구조적 유형을 이루게 된다. 수업을 계획하여 추진하는 교사는 수업내용이나 학습자 특성에 따라서 교수학습활동을 조직하게 된다. 수업구조의 기본적인 유형은 크게 일제학습, 집단학습, 개별학습으로 구분할 수 있다.

1) 일제학습

일제학습은 한 사람의 교사에 의해서 학급의 학습자 전체가 일시에 같은 장소에서 같은 내용을 같은 속도로 학습활동을 하게 되는 것을 말한다. 많은 학습자를 같은 수준으로 보거나 아니면 중간 정도의 학습자라고 인정하고 획일적으로 가르치는 것으로서, 짧은 시간에 많은 내용을 가르칠 수 있다는 이점이 있다. 즉 일제학습은 교사가 일정한 질문, 과제, 또는 문제를 학급 전체에 제시하여 교사의 지도하에서 학급의 모든 학습자가 교수학습 활동에 참가하도록 요구되고 촉진한다. 일제학습은 교사의 설명, 제시, 해석 등에 의하여 전체적으로 진행될 수 있으므로 시간과 노력의 낭비가 적은 형태라고 할 수 있으나 학습자의 활동은 타율적 학습이 되는 것이다.

이와 같이 일제학습은 한 사람의 교사가 학급 전체의 학습자를 대상으로 하는 것이며 교사를 중심으로 하여 이루어지는 것이므로 자연히 교사활동 위주의 수업이 된다. 따라서 교사가 중심이 되므로 학습자들의 자기활동이 소홀히 되며 수동적 입장이 되기 쉽고 주입식 교수로 흐르기 쉬운 형태이다.

2) 집단학습

집단학습은 학습자가 자유롭고 민주적인 분위기에서 발표하고 토의하는 학습활동을 말한다. 소집단 학습이나 분단학습 등은 집단학습의 형태로, 집단활동을 통하여 자주적인 학습활동과 태도를 신장시키고 지식이나 능력을 적극적 그리고 생산적으로 체험시키기 위한 학습형태이며 학습자의 집단의식과 집단에의 소속감을 발달시키게 된다.

집단학습은 교사중심적인 수업에 대한 비판으로 생겼으며 학습자들의 자주성, 적극성과 교사의 지도성 간에 균형을 강조하는 것이다. 집단학습에서는 교사의 지도가 간접적이긴 하지만 한 시간 수업과정에서 필요한 계획을 사전에 철저히 하여 학습자의 학습활동에 효과적인 도움이 되도록 한다. 그리고 집단의 구성이나 특성을 이해하여 집단을 조직하며 공동작업에 적절한 과제를 설정하여 제시하도록 되어야 한다. 학습자들이 수업을 통하여 획득하는 지식과 기능은 주입이나 암기에 의한 것보다는 사고활동의 많은 충돌과 대립이 있는 집단 안에서 비로소 확실하게 되고 또 심화된다. 따라서 집단적으로 사고하는 것과 집단활동을 통한 과제의 수행은 수업목표의 성취에 있어서 바람직한 방법이 된다고 할 수 있다.

3) 개별학습

개별학습이란 교사가 제시한 과제를 학습자 개개인이 스스로 해결하거나 학습해 가는 것을 말한다. 개별학습은 학습자 개개인의 능력을 계발하는 데 효율적인 방법이며, 교사가 개별적으로 학습자와 접촉하여 학습자를 이해하고 그에 적절한 지도와 도움을 주는 방법이다. 개별학습은 교수학습 활동을 개별화함으로써 학습자 개개인이 가지고 있는 다양한 능력을 고려할 수 있으며, 학습자의 사고나 문제해결력을 주체적으로 적절하게 발달시킬 수 있는 학습형태이다. 또한 많은 학습자가 한꺼번에 같이 학습하고 있으나 각자가 자기 능력의 속도대로 학습활동을 하는 집단 개별학습도 있을 수 있다.

개별학습은 학급을 유지하면서 개별적 학습을 할 수도 있으며, Dalton Plan과 같이 계약표를 활용하는 방법도 있다. 이 안은 교재가 단원으로 구분되어 있어서 학습자는 단원을 1개월 또는 1주일분을 정해서 신청한다. 교실은 학년이 없고 다만 교과별 교실로 되어 있으며 해당과목 교사가 항상 자리한다. 학습자는 신청한 단원을 자기 스스로 학습하는데, 학습하는 도중에 모르는 부분은 교사에게 질문을 하면서 학습할 수 있다. 이렇게 자기의 계획량을 학습하게 되면 학습은 끝나게 된다.

이상에서 설명한 개별학습 방법에 있어서 학습자의 주도적 활동을 강조하는 것은 특이할 만한 방법이지만 여러 면에서 어려운 점이 있다. 첫째는 학습자의 개인차를 학습의 속도나 양으로 보고 흥미나 학습동기 등을 경시하고 있다. 둘째, 개별화 학습은 교육내용보다 방법만을 강조한다. 셋째, 집단생활 속에서 학습자의 특성이 발달된다는 것을 소홀히 한다. 넷째, 개별적으로 학습활동을 할 수 있는 충실한 자습서나 참고서를 만들어야 하는 것을 들 수 있다.

4. 실기교육방법의 형태

앞에서 살펴본 바와 같이 수업방법을 학습조직면에서 일제학습, 집단학습 그리고 개별학습으로 구분할 때 교사가 중심이 되는 것과 학습자가 주도적인 역할과 활동을 하는 것으로 특징지어 볼 수 있다. 교수학습의 방법은 수업내용이나 학습자의 특성에 따라 교사중심의 방법으로 이루어질 수도 있지만 학습자의 능동적이고 자발적인 참여를 강조하는 방법으로도 이루어진다. 따라서 수업방법의 형태를 다음과 같이 구체적으로 나누어 볼 수 있다.

1) 강의법

(1) 강의법의 의미

강의법이란 교사가 설명과 해설을 하면서 수업내용을 학습자에게 일방적으로 전달하는 방법이다. 이 방법은 전통적인 교육에서 유일한 방법으로 사용되어 온 방법인데, 교사의 활동이 주가 되고 학습자는 피동적이어서 교사에 의한 주입식 방법이라는 특징을 가지고 있다.

(2) 강의법의 장점

① 짧은 시간에 많은 내용을 많은 학습자에게 체계적으로 전달할 수 있다.

② 흥미를 환기시키고 학습동기를 유발하는 데 좋은 수단이다.

③ 언어만으로 모든 내용을 전할 수 있다.

④ 교과서에 없는 사실의 전달이나 이해하기 곤란한 사항의 설명에 유리하다.

⑤ 직접 교사와 학습자가 접촉하기 때문에 학습자의 감정을 자극할 수 있다.

⑥ 학습내용을 학습자의 상태에 알맞게 이야기를 조정하여 효과적으로 이끌 수 있다.

⑦ 듣고 쓰면서 생각하고 총괄하여 요점을 정리할 수 있는 힘을 기를 수 있다.

⑧ 기존의 사실이나 생활상태를 생생하게 전개하는 데 적당하다.

(3) 강의법의 단점

① 학습자의 개성이나 능력이 무시되기 쉽다.

② 교사의 능력, 특히 지식에만 의존하게 되므로 교사의 지식이 절대적으로 영향을 주게 된다.

③ 자율적인 학습의 태도를 기를 수 없다.

④ 학습내용에서 이탈하기 쉽다.

⑤ 학습자의 능동적 참여의 기회가 없으므로 수동적 학습이 된다.

⑥ 교사의 일방적 강의에 의하므로 적용화, 사회화의 힘을 기를 수 없다.

⑦ 강의내용을 받아 적는 데 열중하게 되면 내용의 이해와 비판이 어렵다.

(4) 강의법에 있어서 유의사항

① 수업의 목표를 명확히 설정한다.

② 학습자의 입장에서 내용을 알기 쉽게 설명하고 흥미를 자극하도록 한다.

③ 구체적인 실례를 들며 도표 등의 자료를 함께 사용한다.

④ 친절하고 성의있는 어법을 사용한다.

⑤ 내용 중에 중요한 개념은 판서하도록 한다.

⑥ 강의의 속도에 유의하고 학습자가 생각할 여유를 가지도록 한다.

⑦ 사전에 내용을 충분히 이해하고 수업과정을 계획하여 철저히 준비한다.

⑧ 일방적인 강의만 계속하지 말고 문답법, 토의법 등을 병용한다.

⑨ 학습자들에게 질문할 기회를 주고 요점을 정리해 준다.

2) 문답법

(1) 문답법의 의미

문답법은 교사와 학습자 간의 질의응답의 과정을 통하여 수업내용을 전개하는 것이다. 이 문답법은 교사와 학습자 사이의 상호작용을 전제로 하여 교사의 질문에 학습자가 답변하고 학습자의 질문에 교사가 답변하는 지도과정을 통해 학습에 대한 주의를 집중시킬 수 있는 방법이다.

질문은 개념이나 원리 등의 상기, 비교, 가치판단, 선택, 설명, 비판 등에 대한 논술을 요구할 때 사용할 수 있으며 학습자로부터 생생한 보고를 도출하는 것이 주안점이다.

(2) 질문의 조건

① 질문은 학습자가 이해하기 쉽도록 간결·명료하게 하며 바른 언어를 사용해야 한다. 그러므로 모호하고 막연한 질문은 하지 말며 이중질문이 되지 않도록 한다.

② 질문은 수업목표와 결부된 뚜렷한 목적을 지닌 것이어야 한다. 무의미하거나 단편적인 질문은 체계적인 사고활동을 방해하기 쉽다.

③ 질문은 학습자의 지적 활동을 개발하며 사고작용을 자극하도록 전개되어야 한다. 교과서에 있는 내용을 단순히 반복하게 하고 기억을 요구하는 질문은 반성적 사고를 자극하지 못한다.

④ 질문은 학습자 각 개인의 능력이나 흥미에 맞도록 한다. 교사의 질문이

능력이나 흥미를 고려하지 않는다면 학습의욕을 감퇴시킬 수도 있다.

(3) 질문의 목적

① 분석적인 사고를 자극한다.

② 학습의 곤란도를 진단한다.

③ 특수목표에 관한 진도를 결정한다.

④ 학습자의 동기를 유발한다.

⑤ 개념을 분명히 하고 이를 전개한다.

⑥ 학습자의 인식과 태도를 발달시킨다.

⑦ 자기평가의 힘을 기른다.

⑧ 개념을 적용하는 능력을 기른다.

(4) 문답법의 종류

질문은 일반적으로 기억을 재생시켜 응답하게 하는 것과 사고활동을 중심으로 응답을 구성하게 하는 것으로 구분할 수 있다.

① 기억질문

기억질문은 학습자가 기억하고 있는 어의, 쓰기, 외국어, 수학, 자연과학의 단순한 사실들을 확인하는 질문이다. 질문을 받게 되면 기억된 사실을 학습자가 즉시 응답하는 질문을 의미한다.

② 사고질문

사고질문은 반성적 사고에 의하여 응답할 수 있도록 하는 질문을 의미한다. 사고질문은 문제해결력을 기르는 좋은 방법이며 학습자가 스스로 생각함으로써 학습능력을 기르는 데 효과적인 방법이다.

(5) 문답법의 장점

① 학습내용의 정리 및 정착에 효과적이다.

② 학습에 자극을 주어 활기있고 적극적인 학습활동을 하게 한다.

③ 학습자가 스스로가 생각하고 해결할 수 있는 기회를 줄 수 있다.

④ 학습자의 주체적인 학습이 가능하다.

⑤ 교사와 학습자 간의 의사소통의 기회가 많이 주어진다.

(6) 문답법의 단점

① 질문의 내용을 충분히 생각하지 않고 대답하는 것이다.

② 교사의 계속적인 질문을 기대한다. 그러므로 해답은 연속성 없이 단답들로 되기 쉽다.

③ 교사중심으로 되기 쉽다.

④ 자료나 의미에 중점을 두어 대답하기보다 교사의 관심에 초점을 두어 답하려고 한다.

⑤ 우수학습자 중심의 수업으로 되기 쉬우며 그 외의 학습자들에게 좌절감을 주기 쉽다.

(7) 문답법의 유의사항

① 학급 학생 전원에게 응답의 기회를 골고루 준다.

② 학습내용에서 이탈된 질문을 하지 않도록 한다.

③ 학습자가 당황하거나 공포심을 갖지 않도록 한다.

④ 질문의 요지가 명백하고 간결해야 한다.

⑤ 단편적인 질문이 아니고 연속성을 지닌 사고의 정리가 이루어지도록 해야 한다.

⑥ 학습자 상호 간의 질의응답을 억제하지 않는다.

⑦ 질문은 학습자의 경험이나 지식의 범위 내에서 해야 한다.

⑧ 정답일 경우는 칭찬하고 오답일 경우라도 무시하는 태도를 취하지 말아야 한다.

⑨ 학습자의 질문을 언제나 환영해야 한다.

3) 시 범

(1) 시범의 의미

시범은 수업내용의 모범을 보여 주거나 운동기능적인 수업에 있어서 교사가 모델이 되어 학습자에게 본보기를 제시해 주는 방법이다. 시범은 다른 방법과 병행하여 사용되는 것으로 교사의 시범이나 강의와 학습자들의 실제 경험적 활동이 수반된다. 시범은 실험방법을 소개하고 실제를 가르치거나 학습자가 학습내용이나 기술을 쉽게 할 수 있다는 자신감을 심어 주고자 할 때 효과적이다. 그리고 학습자가 학습과정에 관심을 가지도록 하고 실제 학습자가 동작을 해야 할 필요가 있는 것에 유용한 방법이다.

(2) 시범의 장점

① 말이나 글로 설명하는 것보다 학습내용과 과정을 분명하게 전달할 수 있다.

[그림 6-1] 시범학습

② 단계별 학습내용의 요점이 쉽게 관찰되고 파악된다.

③ 학습자는 시범을 보고 직접 실행해 봄으로써 즉시 익힐 수 있다.

(3) 시범의 단점

① 시범 후에 모든 학습자가 실제로 해 볼 수 있는 장소와 시설이 준비되어야 한다.

② 추상적인 것은 다루기 어렵다.

③ 시범자인 교사는 정확하게 시범을 보이고 설명할 수 있어야 한다.

④ 서툰 시범은 학습자에게 불만의 반응을 일으킨다.

(4) 시범의 종류

① 시범방법에 의한 구분

- 강의식 시범
- 실험기구를 이용한 시범
- 시각기구(그림극, 슬라이드, 영화)를 이용한 시범
- 청각기구(라디오, 녹음기)를 이용한 시범

② 대상과 구성에 따른 구분

- 교사의 시범
- 교사 대신 학습자의 시범
- 학습자의 집단별 시범

(5) 시범의 유의사항

① 시범자는 시범의 목적과 내용을 분명히 인식해야 한다.

② 시범은 학습자 전체가 잘 관찰할 수 있어야 한다.

③ 시범은 자세한 설명을 계획한 내용의 순서에 따라 진행하며 필요에 따라 반복한다.

④ 시범에 필요한 교재는 미리 준비한다.

⑤ 시범 후에 학습자들도 연습할 기회를 갖게 한다.

⑥ 시범에 앞서 지도방법을 모색한다.

⑦ 시범 후에는 평가를 실시한다.

4) 토의법

(1) 토의법의 의미

토의법은 공동학습의 형태로서 학습자 상호 간의 의사교환을 통하여 이루어지는 수업방법이다. 토의란 대화나 회화와는 달리 비교적 다수가 어떠한 한 문제를 해결하는 데 서로 의견을 교환해 가면서 원만하고 바람직하게 해결해 가는 수업의 한 방법이며 이를 통해서 집단 속에서 개인 개인이 자유롭게 의견을 발표하고 타인의 의견을 수용하면서 가치있는 결론으로 문제를 해결하는 태도와 습관을 기를 수 있다. 즉 민주적인 학습자를 기르는 것이 이 방법의 가장 중요한 목표라 하겠다.

(2) 토의법의 교육적 효과

① 학습자가 자기 스스로 생각하는 태도를 기른다.

② 자기의 의견을 정확하게 발표하고 전달하는 태도를 기른다.

③ 타인의 의견을 존중하고 이를 수용하는 태도를 기른다.

④ 자기발언의 중요성을 이해하고 타인의 의견을 지성적으로 비판하는 태도를 양성한다.

⑤ 결정된 내용에 따르고 협력하는 태도를 기른다.

⑥ 타인의 의견을 들음으로써 자기의 인식을 확대하고 심화하는 연구적인 태도를 기른다.

⑦ 회의를 민주적으로 운영하는 태도를 기른다.

[그림 6-2] 토의 수업

(3) 토의법 전개의 기본 조건

① 토의 주제는 학습자들이 절실하게 느끼는 필요한 것이어야 한다.

② 실제적인 사실에 근거를 둔 토의여야 한다.

③ 모든 학습자가 참여하도록 진행되어야 한다.

④ 토의는 자유로운 분위기가 조성되어야 한다.

⑤ 토의를 통하여 수업이 진행되는 과정이 명료해야 한다.

⑥ 토의 주제에 관한 기초 조사를 하고 충분히 이해한 후에 진행되어야 한다.

⑦ 타인의 의견을 잘 듣고 서로가 자기의 생각을 높여 가도록 해야 한다.

(4) 토의법의 종류

① **원탁식 토의**(round table dscussion)

원탁식 토의는 어떤 형식에 구애되지 않고 참가한 전원이 원탁에 둘러앉아

자유로운 분위기에서 토의하는 것이다. 성원은 10명 내지 14~15명 정도가 적당하며 사회자는 전원이 상호협조적 태도로 토의가 잘 진행되도록 분위기를 조성하는 노력이 필요하다.

② **배심토의**(panel discussion)

배심토의는 토의해야 할 주제에 대하여 의견을 달리하는 대표자(배심원)를 4~5명 정도 선정하여 사회자의 안내로 토의가 진행되는 것이다. 사회자가 대표자를 소개한 후 주제와 논점을 소개하는 것으로 토의가 시작된다. 토의과정에서 우선 대표자의 발표를 청중은 듣고, 사회자가 필요하다고 판단될 때는 청중을 논의에 참가시켜 질문이나 발언의 기회를 주기도 한다.

이 방법은 타인의 의견을 듣고 비판하는 능력을 기르는 데 좋은 방법으로, 토의에 참석하는 사람은 토의될 주제에 대하여 여러 가지 조사 연구를 해야 하며 경우에 따라서는 전문적인 지식이 필요하므로 전문적인 조사 연구를 해야 한다.

③ **공개토의**(forum discussion)

공개토의는 1~2명의 발표자가 10~20분간 공개적인 발표를 한 다음 그 내용을 중심으로 발표자와 참석자 사이에 질의응답의 과정을 통해 토의하는 형식이다. 사회자는 발표시간을 조정하여 참석자의 발언도 적당히 조절, 통제해야 한다. 이 방법은 주제가 일반 참석자와 관계가 깊을수록 토의는 활발하게 진행된다.

④ **심포지움**(symposium)

심포지움은 본래 음식을 같이 하면서 학문적 또는 예술적 문제를 가지고 서로 이야기를 나누는 교양인의 모임이란 뜻이다. 이 방법은 같은 주제에 대해 2~3명의 발표자가 다른 입장에서 자신의 의견을 준비하여 사회자의 안내로 발표하게 된다. 이때 사회자나 참석자는 질문이나 설명을 요구할 수 있으며 이에 발표자는 대답하면서 토의를 진행하는 것이다. 발표내용이나 필요한 자료는 미리 배부하여 토의 진행에 도움이 되도록 한다. 심포지움은 대체로 사회자나 발표자 그리고 참석자가 전문적인 지식을 갖는다는 특징이 있다.

⑤ **대화식 토의**(dialogue discussion)

대화식 토의는 주제에 관련된 권위자나 전문가를 초빙하거나 또는 현장에 찾아가서 그 주제에 대하여 설명을 듣고 질문을 하여 더 잘 이해하도록 하는 방법이다.

(5) 토의법의 장점

① 토의과정을 통하여 학습자의 사회화를 촉진할 수 있다.
② 자기의 생각과 의사를 분명히 할 수 있는 기회를 줄 수 있다.
③ 타인의 의견을 이해하고 비판적으로 받아들이는 태도를 길러 준다.
④ 주제에 관심과 흥미를 고취시켜 자발적인 학습활동이 가능하다.
⑤ 집단사고의 경험을 통해 민주적인 생활태도를 기를 수 있다.

(6) 토의법의 단점

① 발표내용보다 발표자에 중점을 두기 쉽고 감정에 흐르기 쉽다.
② 방관적인 태도를 갖는 사람이 많을 수 있다.
③ 소수 의견이 경시되거나 무시되기 쉽다.

(7) 토의법에 있어서 유의사항

① 토의과정에서 필요한 자료는 사전에 미리 준비되어야 한다.
② 토의는 우수학생 몇 명이 독점하지 않도록 유의해야 하며 모든 학습자가 열의를 가지고 참가하도록 배려한다.
③ 의견 발표가 자유롭게 될 수 있도록 분위기를 조성한다.
④ 토의는 소수의 의견도 존중되도록 진행되어야 한다.
⑤ 토의는 전체 질서를 존중하고 그릇된 토의가 되지 않도록 지도한다.
⑥ 토의의 목적은 설득하는 데에 있는 것이 아니고 협동적인 문제해결에 있음을 이해하도록 한다.

5) 문제해결법

(1) 문제해결법의 의미

문제해결법(problem method)은 학습자에게 어떤 문제를 제시하고 그 해결 과정을 통하여 지적, 기능, 태도, 그리고 기술 등을 종합적으로 습득하도록 하는 방법이다. 즉 문제해결법은 문제를 매개로 하여 성립되는 수업의 형태로, 주어진 문제를 반성적 사고의 과정을 통하여 의문이나 어려움을 해결하고 현실과 가능성의 대립을 없애 조화를 이루는 것이다. 이 문제해결법은 문제가 될 만한 상황을 주제로 시작하고 문제가 해결되면 검증을 통해 마치게 된다. 그러나 모든 생활이 문제의 연속이므로 문제해결법의 진행도 통합된 활동을 포함하는 것이기 때문에 연속적인 행동의 경험단원을 구성하게 된다.

듀이의 진보주의 교수방법은 학습자가 일상생활에서 부딛치는 문제를 스스로 해결해 가는 과정을 생활로 보고 이 문제를 스스로 해결해 가는 능력을 길러 주어 사회에 잘 적응하여 살아갈 수 있도록 하려는 것이다. 이와 같은 과정을 지도하는 데는 반성적 사고(reflective thinking)의 능력 개발에 중점을 두고 있다. 반성적 사고능력 개발은 첫째, 곤란의 감지 둘째, 그 곤란의 확인 셋째, 가능한 해결의 시사 넷째, 추리에 의한 발표 다섯째, 행동에 의한 가설의 검증과 같은 과정을 기초로 하여 전개된다.

(2) 문제해결의 과정

① 제1단계 : 문제의 결정

1단계에서는 학습자 자신이 문제를 발견하여 충분히 인식하거나 교사가 제시할 때에는 충분히 설명하여 학습자가 그 문제를 파악하도록 한다.

② 제2단계 : 해결방법의 계획

2단계는 결정된 문제를 해결하기 위하여 그 문제의 성질에 따라서 해결방법이나 과정, 그리고 과제의 분담 등을 정하는 것이다.

③ 제3단계 : 자료수집

3단계는 계획에 따라 문제에 관련된 자료를 조사하거나 문헌 등을 통해 자료를 수집하는 것이다.

④ 제4단계 : 활동의 전개

4단계에서는 수집한 문헌조사, 관찰, 실험, 조사연구 등의 자료를 가지고 실제 활동을 전개한다. 이때 활동의 중심은 교사가 아니라 학습자가 중심이 되어 자율적인 활동을 한다. 교사는 문제에 대한 깊은 연구와 정확한 지식을 가지고 학습자에게 시사를 주고 질문에 응하여 문제 전반에 걸친 곤란한 점을 해결하는 데 조력을 하며, 자유로운 분위기에서 자주적인 활동이 가능하도록 조건을 갖추고 환경을 정비해 준다.

(3) 문제해결법의 장점

① 학습자의 자발적인 활동에 의한 자기 자신의 힘으로 학습을 해결하는 것은 자율성과 능동적인 능력을 기를 수 있다.
② 생활문제를 학습의 주제로 하기 때문에 구체적인 행동과 직접경험에 의해 수업이 진행된다. 따라서 수업이 실생활과 유리되지 않는다.
③ 교재의 논리적 체계에 구애받지 않고 학습자의 심리적 단계에 따라 학습되기 때문에 흥미에 맞고 이해하기 쉬우며 실생활에 적응할 수 있는 학습이 된다.
④ 전인적인 발달을 위한 수업이 된다.
② 협동적인 학습활동을 통해 민주적인 생활태도를 기른다.

(4) 문제해결법의 단점

① 문제해결법은 체계적인 기초학력을 기르기 어렵다.
② 수업상황이 어수선하여 일관성있게 진행되기 어렵다.
③ 학습의 노력에 비하여 능률이 낮다.
④ 학문적인 지식을 조속히 학습할 수 없다.

(5) 문제해결법의 유의사항

① 학습자가 문제를 명확히 파악하도록 지도한다.

② 그 문제에 관련되는 관념을 가능한 한 많이 활용하기 위해 상황을 분석, 검토하고 명료한 가설을 형성하며 적용할 수 있는 일반적 법칙이나 원리를 활용한다.

③ 문제해결에 대한 여러 가지 시사를 주의깊게 검토하게 한다. 편견을 피하고 조급한 결론을 내리지 않도록 하며 문제해결의 여러 시사 중에서 조직적으로 적절한 것을 선택하여 부당한 것은 배제한다.

④ 결론을 검증하게 한다.

⑤ 사고과정을 적절히 지도하여 문제해결을 위한 자료를 조직하게 한다.

6) 프로젝트

(1) 프로젝트법의 의미

프로젝트법(project method)이란 문제해결법의 발전적인 형태로서 'project'란 '내던지다', '앞으로 내놓는다'는 뜻으로 마음속에 생각하고 있는 것을 밖으로 내놓고 객관화해서 구체적으로 실현하려는 활동을 의미한다. 그러므로 프로젝트법은 학습자 스스로 어떤 목적을 가지고 자기 힘으로 계획을 세워서 실천함으로써 자발적이고 창의적인 학습의 효과를 거두고자 하는 현대적인 학습지도의 한 방법이다.

문제법이나 프로젝트법이나 다 같이 문제해결을 위한 학습이란 점에서 두 방법의 한계가 분명하지 않으나 킬패트릭(Kilpatrick, W. H.)은 프로젝트를 목적적인 과제에 참여하는 것이라고 표현하였으며 프로젝트의 종류를 넷으로 구분하여 제시하였다.

첫째, 구성 프로젝트 : 사상이나 계획을 실천하는 것을 목적으로 한다.

둘째, 향락 프로젝트 : 기쁨이나 만족을 목적으로 한다.

셋째, 문제 프로젝트 : 지적인 문제의 해결을 목적으로 한다.

넷째, 학습 프로젝트 : 지식이나 기능의 획득을 목적으로 한다.

이와 같은 프로젝트법은 다른 수업방법과 다른 특징을 가지고 있다.

첫째, 명확한 목적에 의하여 동기가 유발된 행동이다.

둘째, 학습자 자신의 계획에 의하여 수행된다.

셋째, 생활의 필요에 의하여 문제를 실제적 · 구체적으로 해결하려고 한다.

넷째, 문제해결을 위하여 물질적 재료를 많이 사용한다.

다섯째, 개인차에 따른 학습활동이 가능하다.

(2) 프로젝트법의 수업단계

① 단계 1

단계 1의 중심이 되는 활동은 주제를 정하고 이에 관한 주제망을 구성하며 알아보기를 원하는 질문거리들을 뽑아내는 활동으로 이루어진다.

계획은 성패의 조건이 되는 것이기 때문에 특히 프로젝트법에서는 계획 수립의 단계가 가장 어렵고 힘든 단계다. 학습자 대부분은 계획을 세우는 복잡한 절차보다 즉시 실천단계로 들어가려는 경향이 있기 때문에 교사는 세밀한 배려로 계획 수립의 중요성을 인식시키고 이 과정을 통해서 일을 수행해 나가는 태도를 가지도록 지도해야 한다.

② 단계 2

단계 2는 단계 1에서 설정된 주제와 의문점을 알아보기 위해 현장활동을 준비하고 현장견학을 나가며 이에 관한 추후활동과 전문가들과의 만남이 이루어지는 단계이다. 교사는 활동의 중도에서 좌절되지 않도록 부단히 개별적인 접촉을 하면서 격려를 하고 창의성을 존중하며 학습환경조성에 유의하면서 최선을 다하도록 간접적 · 개별적인 지도를 해야 한다.

③ 단계 3

단계 3에서는 단계 1과 단계 2를 통해 이루어진 활동과 결과를 검토하고 정리하는 과정을 통해 프로젝트에 대한 평가와 새로운 의문점을 제기한다. 교사는 학습자의 활동에 대한 일방적인 평가를 피하고 적절한 조언을 통해서 자신의 객관적인 자기평가를 하게 하며, 그들 상호 간의 집단평가를 하도록 지도해야 한다. 학습자들은 교사보다도 다른 학습자들의 비판을 중요하게 느끼며, 그들에게 평가의 기회를 주는 것은 비판적 태도를 기르는 데 효과적이다.

(3) 프로젝트 접근법의 특성

프로젝트 접근법이 특성을 분석해 보면 다음과 같다.

① 프로젝트 접근법의 가장 중요한 특성은 주제에 따른 목적적 활동을 강조한다는 점이다. 한편 목적의 테두리 안에서 여러 가지 상황과 아동의 흥미에 따라 활동 내용이나 과정이 발전되고 진전되어 가는 특성을 보인다는 점에서, 사전에 계획된 대로만 진행되는 것이 아닌 현장에서 발생되는 교육과정(emergent approach)의 요소도 포함한다고 할 수 있다.

② 프로젝트 접근법에서는 학습의 전 영역이라고 할 수 있는 지식, 기능(학문적 · 사회적 · 의사소통 기능), 성향, 느낌이 유기적이고 상호 보완적인 관계하에서 성장, 발전할 것을 강조하고 있다는 점이다. 예를 들어, 자발적인 학습상황하에서 읽고자 하는 성향이 강화될 수 있고 이는 읽기 기능을 촉진시키게 되며, 이와 같은 기능을 통해 지식이 증가할 수 있고 또한 자신감이나 만족감을 느낄 수 있게 된다는 것이다. 기존의 교육 프로그램들이 내용을 강조하다 보면 지식이나 기능 쪽으로 편중되기도 하고 학습과정을 강조하다 보면 바람직한 학습 성향은 강화될 수 있으나 자칫 지식이나 기능이 경시될 우려가 있었음에 비해 볼 때, 이와 같은 점은 상당히 의미있는 특성이라고 할 수 있다.

③ 프로젝트 접근법은 어린이의 이전의 지식이나 사고를 확장시키고 풍부하게 하며, 넓히고 깊게 할 뿐 아니라 조정, 변화, 재배열, 적용할 수 있도록 할 것을 강조한다는 점이다. 이와 같은 특성은 프로젝트 활동을 위한 주제 선정 및 주제망 작성과정에서 어린이들이 이미 알고 있는 지식이 무엇인지, 또는 개념, 용어, 아이디어에 대해 어떻게 생각하고 있는지 등에 기초할 것이 강조된다는 점이나, 활동의 전 과정에서 교사의 또래 친구들과의 상호 사고

의 도움 및 토의의 과정을 통해 지식이나 사고의 계속적인 조정을 장려하는 점, 아울러 프로젝트의 결론 부분에서의 토의 및 전시에서 검토와 평가의 과정을 어린이와 함께 함으로써 어린이의 사고를 확정시키고 보다 깊이 있는 탐구 영역으로 이끄는 점 등 프로젝트의 전 과정을 통해 나타나는 특성이다.

④ 프로젝트 접근법은 특정 교육과정이나 단순한 교수법을 지칭하는 것이 아니라는 점이다. 이는 유아교육 단계에서는 자발적인 실내외 놀이, 동화듣기, 음률활동 등의 전형적인 유아교육 활동들과 또한 초등학교 수준에서는 체계적 교수(systematic instruction)와의 보완적 관계 안에서 통합교육과정으로서의 효율적 운영을 이룰 수 있다고 본 점이다.

⑤ 프로젝트를 어떤 교육 체제나 교육 여건 속에서도 조화를 이루면서 적용할 수 있다고 보는 점이다. 즉, 각 교육현장이 가지고 있는 특수한 여건에 따라 각각의 교육 프로그램에 다양한 방법으로 프로젝트가 통합될 수 있으며 병행하여 이루어질 수 있다. 예를 들어, 어떤 경우는 프로젝트 활동이 교육과정의 대부분을 구성할 수도 있고, 어떤 경우는 단지 일주일에 이틀간만 오후 시간을 활용하도록 구성할 수도 있다는 것이다.

⑥ 프로젝트 접근법은 교수방법으로서뿐만 아니라 가르치고 배우는 내용에 관한 것까지도 포함한다는 점이다. 내용 혹은 토픽은 일반적으로 어린이에게 친숙한 세계로부터 이끌어내게 되며, 교사에 의해 미리 전적으로 학습될 내용이나 활동이 정해지는 것이 아니라 어린이들과의 협의 과정을 통하여 결정된다는 특성을 가지고 있다.

⑦ 부모나 주변 사람들, 더 나아가 지역사회의 적극적 참여를 강조하고 있다는 점이다. 이의 중심 근거는 유아의 학습은 이미 이들이 교육기관에 오기 전에 가정에서 시작되었으며 또한 계속 그 영향을 받고 있는 바, 가정, 즉 부모와 연계가 이루어지지 않는 교육은 효율적인 교육과정이 될 수 없다는 것이다. 아울러 부모들이 필요한 자료를 모아 주거나 빌려 주기, 어떤 분야의 전문가로서 이야기 들려주기, 프로젝트를 통한 학습의 결과를 함께 나누기 등의 역할을 통해 유아 학습의 가장 바람직한 자원이 될 수 있으며, 또 그럼으로써 자녀의 학습에 대한 그들의 이해를 높일 수 있다는 다각적인 고려에

기초하는 것이다. 지역사회의 역할 또한 현장 견학의 장으로서뿐만 아니라 여러 가지 자원의 원천으로서 함께 유아교육에 대한 책임을 공유하도록 조장하고 있다.

⑧ 프로젝트 과정 전체 단계가 갖는 강조점 및 그 특성에 따라 세 가지 단계로 나누어 볼 수 있다는 점과 이 경우 각 단계마다 중심 사건과 과정, 어린이들의 활동의 종류가 달라지게 된다는 점, 그리고 이와 유기적인 관계 속에서 교사의 관심 및 역할이 달라져 곧 유아의 경우 프로젝트의 시작이나 마무리 단계에서도 교사가 세심하게 유의해야 한다는 점과 이 단계에서 많은 교육적 의미를 찾을 수 있다는 것을 유추해 볼 수 있다.

⑨ 프로젝트 접근법은 교수 · 학습 상호작용을 특징짓는 여러 가지 구조적 특성을 갖고 있다는 점이다. 어린이의 연령이 어릴수록 단계 1과 단계 3에 주어지는 시간 비율이 높아짐을 알 수 있는데, 이런 특성들은 교사로 하여금 어린이의 흥미와 학습요구에 반응적인 프로젝트가 되도록 촉진하는 역할을 한다는 점에서 그 의미가 크다.

⑩ 활동의 전 과정을 통하여 친구들과 인지적 과정에서의 상호사고의 도움, 즉 사고를 나누는 과정을 통한 상호 협동적인 학습을 강조하고 있다는 점이다. 이와 같은 점은 하데(Hyde)와 비자(Bizar)의 주장인 자기 자신의 학습에 대해 보다 책임있고 성공적인 학습자로서 필요한 Meta Cognitive Abilities의 발달을 위해서는 교사와 친구들과의 상호 협동적인 사고의 교환이 매우 바람직한 영향을 미친다는 논의와 상통한다.

⑪ 프로젝트 접근법은 어린이가 그 자신에 대해 능력있는 존재로 느끼도록 함으로써 긍정적인 자아개념 및 자아존중감을 발전시킬 수 있도록 돕는다는 점에 큰 의미를 두고 있다는 점이다. 이는 어린이의 내적 동기의 중시, 자신의 학습능력이나 특성 또는 강점에 따라 각각 공헌할 수 있는 다양한 기회의 제공, 능동적이고 능력있는 학습자로서의 어린이에 대한 인정 등을 통해 이루어진다.

⑫ 주제 선정 및 주제 전개 과정이나 활동과정 속에서 교사 자신의 흥미와 관심도 반영되고 통합되며 아동에 대한, 또한 아동과 더불어 학습자로서의

역할 또한 중시되고 있다는 점에서 교사들에게도 매우 의미를 줄 수 있는 접근법이라는 점이다.

이러한 특성에 기초하여 보았을 때 프로젝트 접근법에 따른 프로그램은 교사의 의도나 관심, 조정 등이 학습의 전 과정에 중요한 영향을 미치는 한편 학습의 과정이나 결과 등의 모든 면에 있어서 아동과 함께 협의하며 진행해 나간다는 것이다.

(4) 프로젝트법의 장점

① 생활 장면에서 일어나는 실제적인 문제해결의 기회를 준다.

② 학습자의 흥미에서 출발하므로 학습활동의 동기가 효과적이다.

③ 집단수업의 경우에는 협동정신을 기른다.

④ 작업수행이 완성될 때까지 이루어져야 하므로 인내력을 길러 준다.

⑤ 다른 학습자에 대한 관용성과 비판능력을 기른다.

⑥ 창의적인 능력을 기르는 데 효과적이다.

⑦ 자기가 계획하고 실천하는 과정을 통해 주체성과 책임성을 기를 수 있다.

(5) 프로젝트법의 단점

① 학습자가 자기 계획에 의하여 실천하게 되므로 개인에 따라서는 시간의 낭비가 심하다.

② 학습활동에 많은 재료가 필요할 때 재료를 구입하지 못해서 실패할 수 있다.

③ 집단 프로젝트에서는 학습활동이 일부 우수한 학습자에게 독점되는 경향이 있다.

④ 학습자의 흥미에 치우치게 되므로 학습의 논리적인 체계가 등한시 된다.

(6) 프로젝트법 지도의 유의사항

① 주제는 학습자들의 요구에 맞는 것이어야 한다.

② 계획을 정확하고 정밀하게 세우는 습관과 태도를 길러 주어야 한다.

③ 사용할 도구나 재료는 사전에 충분히 준비하여 수업에 지장이 없도록 한다.

④ 주제는 단편적인 것이 아니고 연속적인 과정으로 발전되도록 지도되어야 한다.

⑤ 주제는 학교의 조직이나 계획과 조화를 이루어야 한다.

7) 분단학습

(1) 분단학습의 의미

분단학습은 한 학급의 학습자들을 학습내용이나 목적에 따라 몇 개의 소분단으로 나누어 분단별 학습문제를 해결할 때 사용되는 방법이다. 분단학습은 학습자의 개인차에 맞도록 하고 일제 수업이나 획일적 수업에서 탈피하려는 방법이다. 수업을 하는데 수업내용이 너무 방대하여 일제히 하면 시간과 노력이 너무 많이 들 때에 몇 개의 분단으로 나누어 서로 일을 분담하여 조사나 활동을 하여 발표하도록 함으로써 시간과 노력을 줄이기 위한 분단구성을 할 수 있으며, 학습자의 학습능률을 올리기 위해서 능력이 같은 학습자끼리 집단을 구성하는 동질집단 방법이 있다.

능력집단은 개인의 보다 완전한 발달을 촉진할 수 있는 조건 아래서 함께 작업하고 같이 진보하는 것이 가능한 학습을 할 수 있으며, 학습의 내용과 방법을 개인의 능력에 적응시켜 우수학습자는 지루함을 느끼지 않도록 하고 학습부진 학습자는 포기하지 않도록 수업조직을 하여 수업을 진행시키는 것이다. 그러나 이와 같은 능력분단은 우열분단 사이에 일어나는 결함으로 인해 사회적 성숙에 기초를 둔 사회적 등질을 강조하게 되었다. 사회적 분단은 학습자의 흥미와 공동의 필요성을 중심으로 협력적으로 학습시키고 협동정신과 개성의 발전을 도모하려는 것이다. 그리고 조사, 관찰, 견학 등의 학습을 하고자 할 때 효과적으로 학습시킬 수 있는 분단조직이다.

(2) 분단학습의 장점

① 많은 수를 동시에 학습하는 것보다 분단으로 나누어 학습하면 보다 효과가 크다.

② 개인차를 정확히 파악하여 학습할 수 있다.

③ 분단학습은 공동학습이기에 지도력이나 협동성 등의 자질을 육성하는 데 유효하다.

④ 일반적으로 능력분단에 의한 학습은 학습자 개인의 지식이나 기능을 향상시키는 데 유효하다.

⑤ 학습자 전원이 학습문제 해결에 기여할 수 있는 기회가 주어진다.

(3) 분단학습의 단점

① 분단학습의 운영기술이 부족하면 시간적으로 보아 비능률적인 면이 생긴다.

② 능력별로 분단을 편성하는 경우 학습부진 학습자는 열등의식을 가지기 쉽고 우수한 학습자는 우월감을 갖기 쉽다.

(4) 분단학습에서의 유의사항

① 분단학습은 각자 맡은 일에 대해서는 충실하나 자기 분단의 일이 아닌 것에는 무관심하기 쉬우므로 특별한 관심을 갖도록 한다.

② 분담한 일의 결과는 반드시 분단이나 학급 전체에게 발표하도록 하고 자유롭게 질의 토론하는 기회를 주어 모든 학습자가 전체를 학습한 것과 같은 결과를 얻도록 해야 한다.

③ 분단학습 시 분단의 지도자나 우수한 학습자가 독점하는 일이 없도록 배려해야 한다.

④ 각 분단 간에 경쟁의식으로 대항함으로써 사회성이나 협동성을 파괴할 수 있으므로 주의해야 한다.

⑤ 분단학습은 사회적 발달에 결함이 있는 학습자에게 도움이 된다. 따라서 결함이 있는 학습자가 있는지 관심을 가지고 지도해야 한다.

8) 공동학습

공동학습이란 공동의 목적을 설정하고 모든 학습자가 각기 일을 분담하여 각자의 흥미와 능력에 알맞는 부분을 담당하여 일하면서 학습하는 방법이다. 개인차에 적절한 개별학습이 학습자의 사회성 발달에 단점이 있기 때문에, 공동학습은 경쟁적인 입장에서 일개인이 아니라 사회의 성원 속에서 일원으로서 협동적인 인간성을 기르는 데 있다. 공동학습의 필요조건은 다음과 같다.

① 목적이 모든 학습자에 의하여 공통적으로 의식되어 있어야 한다.

② 모든 학습자가 그 목적에 대하여 책임을 분담해야 한다.

③ 모든 학습자가 서로 존중하고 협조해야 한다.

④ 다른 집단과 충분하고 자유로운 교섭이 있어야 한다.

⑤ 집단의 목적을 달성하는 데 있어서 모든 학습자가 만족과 긍지를 가져야 한다.

9) 버즈학습

(1) 버즈학습의 의미

버즈(Buzz)학습은 6.6법 또는 버즈집회법이라고 하며 소집단 토의법의 하나다. Buzz란 벌 같은 것이 붕붕 하며 날개치는 소리를 뜻하나, 버즈집회법은 토의에 있어서 여러 개의 소집단이 가볍게 상호 의견이나 기분을 이야기하는 방법이며 그 모습이 전체로 볼 때 벌집을 건드린 것과 같다는 데서 붙은 이름이다.

버즈학습은 한 학급의 학습자를 7~8명씩 집단으로 나누어 학습하도록 하는 것인데, 분단학습과 비슷하나 버즈학습은 교사가 지도하지 않고 시간적으로 짧은 것이 분단학습과 다른 점이다. 6.6법은 6명씩 분단을 만들어 6분간 토의한 결과를 가지고 다시 전체가 모여서 토의한다는 데서 나온 것이다. 이것은 다인수의 토의에서 몇몇 학습자만이 토의를 좌우하고 대부분의 학습자는 발표의 기회를 가지지 못하며 수동적으로 따라가는 문제를 없애서 전원이 적극적인 태도로 토의에 참여하게 하는 데 의의가 있다.

버즈학습에서는 동일 주제를 가지고 각 분단이 그 분단 나름으로 학습해 나가기 때문에 분단작업 같은 것이 없는 데서 분단학습이나 공동학습과는 구별되며, 일제학습의 형태하에서 하는 분단지도라 할 수 있다.

(2) 버즈학습의 교육적 관점

① 학교의 학습은 본래 집단적 학습이다.

학교학습은 학급이라는 하나의 집단을 단위로 이루어지고 있으므로 그것은 본래 집단적 학습이라고 말할 수 있다. 교사의 지도하에 다수학습자가 공통의 학습목표를 지향하면서 활동하고 있는 장면은 확실히 집단적 학습방법이다. 집단은 복잡한 인간관계의 집단관계가 존재하며 개인의 행동이나 그 학습성과에 지대한 영향을 미치고 있다는 생각에서 학급에서의 인간관계와 집단관계의 문제를 중시하고, 학급을 하나의 집단으로서 성장하도록 도모하고 교육성과를 얻으려는 것이다.

② 학습지도와 생활지도의 일관성을 중시한다.

교육의 효과를 얻기 위해서는 지도의 일관성을 중요시해야 한다. 특히 지식과 기능의 습득과 성숙을 도모하는 학습지도면과 사회적 가치와 태도, 그리고 행동을 익히도록 하는 생활지도면의 일관성은 중요한 것이다.

③ 인간관계의 형성과 학력신장이 일체가 되도록 한다.

학급 내의 인간관계를 형성하고 학급을 하나의 민주집단으로 그 성장하도록 도모하고 바람직한 사회적 태도와 행동을 발달시켜야 하며, 학력의 향상 발전과 결합하는 것이 중요한 과제이다.

버즈학습의 이와 같은 교육관은 개별학습과 집단학습을 통합하는 포괄적 교육관에 기초를 둔 수업체제와 학력신장과 인간관계 형성을 도모하는 지도의 통합체제라 할 수 있다.

(3) 버즈학습의 장점

① 그룹의 인원수가 적기 때문에 심리적 긴장감이 적다.

② 많은 사람의 발언을 기대할 수 있다.

③ 참가자 전원이 문제를 이해하는 데 참여한다.

(4) 버즈학습의 단점

① 그룹 사이에 분열이 생기기 쉽다.

② 그룹 의견에 구속을 받고 전체 회의에서 개인의 올바른 의견이 나오기 어렵다.

③ 각 그룹마다 고르게 적절한 지도를 하기 어렵다.

④ 어느 정도 자주적으로 토의를 진행할 수 있는 고학년의 경우가 아니면 혼란을 가져올 수 있다.

(5) 버즈학습의 진행방법

① 사회자로부터 토의할 주제에 대한 설명을 듣는다.

② 그 자리에서 5~8명의 작은 그룹으로 나눈다.

③ 각 그룹에서 자기 소개를 한 후 사회자와 기록자를 정한다.

④ 주어진 주제에 대하여 일정한 시간에 토론한다.

⑤ 각 그룹의 사회자 또는 기록자가 각 그룹의 토론을 전체에게 발표한다.

⑥ 전체 사회자는 그 발표를 순차적으로 정리한다.

10) 협동교수

(1) 협동교수의 의미

협동교수(team teaching)란 수업에 있어서 2명 이상의 교사가 팀을 만들어 수업을 진행하는 방법인데, 학습자의 조직을 합동수업의 다수집단으로 만들어 수업계획을 세워서 실시하며 필요에 따라서는 중소집단 또는 개별화하여 수업을 진행하는 것이다. 즉 수 명의 교사의 팀워크(team work)와 수업과정에서의 학습자 집단조직에 신축성을 줌으로써 수업을 보다 효과적으로 실시하고자 하는 방법이다.

(2) 협동교수의 특징

협동교수는 교사 인원의 재구성을 통해서 교육의 효과를 올려 보자는 시도이며, 2명 이상의 교사나 직원이 협동해서 학습지도를 하는 수업의 형태이다.

① 대부분의 경우 3~7명의 교사가 팀이 되어 75~225명의 학습자 집단에 대한 교수책임을 지고 있다.

② 팀을 구성하는 교사들은 각각 다른 수준의 임무를 맡고, 상급교사나 책임자는 교사들보다 높은 보수를 받고 있다.

③ 하급교사는 상급교사나 팀의 책임자의 지도감독을 받으며, 적당한 시간 조정을 통해서 다른 하급교사들이나 팀의 상급교사들의 교수활동을 참관할 수 있는 기회를 제공하고 있다.

④ 협동교수에 있어서는 계획 · 실제지도 · 평가과정에서 개별교사보다 팀에 더 중점을 둔다.

⑤ 학급상황에 있어서는 개별교사의 자율적이고 창의적인 행동을 존중하고 보호해 준다.

⑥ 팀을 구성하는 교사들은 각자의 전문적인 배경을 최대한으로 살려서 협동교수의 효과를 높이는 데 이바지한다.

⑦ 협동교수는 학년 한계를 벗어난 교수집단 편성을 추구해 주며, 무학년제 편성은 협동교수를 촉구해 준다.

⑧ 교수집단의 크기와 교수시간 단위는 수업목표, 내용, 교수기재, 학습자의 필요에 따라 달라진다.

⑨ 교육에 관한 전문적인 일이 아닌 여러 가지 직무는 보조원에게 맡긴다.

⑩ 협동교수에 있어서는 시청각 매개체의 활용을 최대한으로 한다.

(3) 협동교수의 목적

① 수업의 질을 향상한다.

② 수업목표를 위해 효과적인 지도방법을 관련지을 수 있다.

③ 교사의 능력차를 인정하며 이를 충분히 활용하게 한다.

④ 교육과정과 일상 프로그램에 신축성을 준다.

⑤ 교사의 지도계획, 준비, 추수지도를 위하여 도움이 된다.

⑥ 학습자의 적성이나 흥미에 맞는 교과를 권위있는 교사로부터 배우는 기회를 준다.

(4) 협동교수의 기능과 조직

① 교사의 전문성을 강조한다.

② 학습지도의 운영을 개선한다.

③ 전문교사 이외의 요원을 활용한다.

이와 같은 기능을 하기 위한 협동교수의 조직방법은 다음과 같다.

① 동일교과의 교사끼리 조직한다.

② 인접교과의 교사를 포함하여 조직한다.

③ 학교 전체의 교사를 한 팀으로 조직한다.

④ 학년별 교사를 한 팀으로 조직한다.

팀에는 팀의 지도자가 있어서 교수학습 과정의 계획에서 평가 그리고 행정에 이르는 전 책임을 지며, 그를 보좌하면서 주로 교과지도 임무를 담당하는 상급교사도 두게 된다. 나머지 교사는 보조역할을 하는 교수조교 혹은 실습교사, 기술교사, 사무조수, 사무직원 등으로 팀이 형성된다.

수업집단의 조직은 일반적으로 정규 학급정원을 훨씬 초과하는 수의 학습자를 한 수업집단으로 편성하는 것이 특징이다. 이러한 수업집단은 동일 학년에서 학습 영역별의 수업집단을 편성하는 것과 2~3개 학년을 통합하는 교과별 수업집단을 편성하는 것도 가능하다. 극단적인 조직방법은 어떤 교과를 대표하는 교사들로 팀을 구성하여 한 학년의 여러 교과를 가르치는 방법이다.

(5) 협동교수의 단점

① 하나의 팀을 구성하여 그 안에서 조화를 이루며 협동적으로 일할 수 있는 적당한 교직원을 구성하는 일이 쉽지 않다.

② 팀을 이끌어 나가는 고도의 전문적인 능력을 구비한 팀 지도자를 구하는 일이 어렵다.

③ 초등학교에서 융통성 있는 수업집단 편성에 난점이 있고, 교과수가 많아지는 중 · 고등학교에서는 팀 수업시간표 작성에 많은 어려움이 있다.

④ 현존하는 학년별 체제를 흩뜨려 놓는 데서 혼란이 있게 된다.

⑤ 현재의 학년 내 행정체제 속에 새로운 행정적 역할을 부가하는 데서 혼란이 생긴다.

⑥ 개인교사들을 행정적으로 팀에 소속시킴으로써 그들의 자유에 많은 제한을 가하게 된다.

⑦ 팀에 속하지 않은 교사들의 사기 저하의 현상이 생긴다.

(6) 협동교수의 유의사항

① 이 방법을 사용하기에 앞서 팀을 이룰 교사들의 충분한 사전계획과 준비가 있어야 한다.

② 팀 구성원의 선정에 있어서 일반적인 지도는 물론 팀의 목적에 각별히 공헌할 수 있는 특정한 교사를 선택해야 한다.

③ 지도주제를 계획하는 동안 각자가 맡을 일을 제각기 정확하게 확인해야 한다.

④ 협동교수에 있어서 교사와 학생 간의 개별적인 접촉이 유지되도록 해야 한다.

⑤ 협동교수의 구상은 모두가 이해할 수 있도록 계획, 실시, 평가의 과정이 명확해야 한다.

11) 발견학습

(1) 발견학습의 특징

① 교재의 기본구조에 대한 철저한 학습을 강조한다.

교재의 구조란 교재를 이루는 중심관념과 기본요소로서 지엽적인 지식을 선정해낸 핵심의 지식이며, 이러한 핵심을 철저하게 학습함으로써 교과에 대한 이해가 쉽게 이루어지고 망각을 방지할 수 있으며 전이가 쉽게 될 수 있다.

② 학습효과의 전이를 중요시한다.

빠른 속도로 증가하는 지식과 기술의 양 모두 다 배울 수는 없는 것이다. 그러므로 이중에서 가장 원리가 되는 것, 가장 공통성이 있는 것의 요소를 배워 모든 유사한 상황에 대하여 전이가 되도록 해야 한다. 한정된 시간 내에 가장 능률적인 학습을 하는 방법은 하나를 배워 유용하게 활용하고 적용하는 것이다. 전이력은 기본구조에 가까운 것일수록, 그리고 이를 철저히 학습하면 할수록 높아진다.

③ 발견학습은 학습의 결과보다 과정과 방법을 중요시한다.

학습의 과정을 지식의 생성과정과 일치시키고자 하는 것이 발견학습이다. 이것은 급변하는 사회 속에서 그 변화에 대응하는 창조적인 지성과 실천력을 기르기 위해서다. 그러므로 직면하는 일에 대처하여 창조적인 지혜와 실천으로 생활할 수 있는 능력이 필요하기 때문에 과정적 학습은 중요한 것이다.

④ 발견학습은 학습자의 주체적인 학습을 강조한다.

급변하는 변화에 대처하는 훈련과 경험은 스스로 생각하고 자력으로 해결해야 하기 때문에 주체적인 학습이 되지 않으면 안 된다.

(2) 발견학습의 과정

① 과제의 파악단계

1단계는 과제를 파악하는 단계로서 문제의식을 가지고 구체적인 사실을 관찰하는 단계이다. 교사가 구체적인 사실을 제시하여 그것에 의하여 학습자들에게 강한 동기를 주게 된다. 그러면 학습자의 내면에 강한 문제의식이 생겨 사태를 관찰한다. 처음에는 윤곽이나 미분화적인 전체인상을 가지는 것에 그치나 곧 현저한 요점이 되는 사항들이 단편적으로 인지되게 된다. 이때 교사가 관찰하려는 사항을 제시하거나 알맞은 조언을 하는 것이 효과적이다.

② 가설의 수립

2단계는 과제해결의 가설을 세우기 위하여 직관사고에 의한 결과에 대하여 예측이나 가설을 착상하는 과정으로서, 단편적으로 얻은 사항 중에서 여러 형태로 나누어진 불완전한 생각들이 전체 구조의 형태로 성립된다. 그래서 창의적인 직관사고에 의해서 가설을 이루게 된다. 가설에는 문제해결이나 발견으로 이끄는 좋은 가설과 그렇지 못한 가설이 있는데, 좋은 가설이 생각나도록 교사는 단서가 될 적절한 자료나 조언을 제공한다.

③ 가설의 검증

3단계는 가설을 검증하기 위하여 분석적 사고에 의한 원리의 발견 및 가설을 검증하고 개념으로 정착하는 과정이다. 앞의 단계에서 설정된 가설은 학습자 나름대로 상이한 주관적인 개념이다. 그것은 불명확한 점도 많았으나 이 주관적이고 불명확하던 가설을 세련되게 해서 객관적으로 명확하게 개념으로 높일 필요가 있다. 그러기 위하여 가설 내부에 있는 모순을 시정하고 논리적으로 정연하게 하며 또 가설을 사실의 사항에 의해서 점검하게 된다. 이런 과정을 통하여 분석하고 통합하는 논리적 사고가 생기게 되는데, 이 논리적 사고를 발전하도록 조장하는 것은 교사의 적절한 발문이고 그것에 의해서 분석, 통합해야 할 방향이 시사된다.

④ 실제에 적용

4단계에서는 결론을 맺고 적용하여 활용할 수 있는 능력으로 전환해야 한다. 전단계에서 성립된 개념은 추상적이었다고 볼 수 있는데, 이러한 지식은 현실상황에 적용할 수 있도록 해야 할 필요가 있다. 그러기 위하여 구체적으로 현장에서 활용해 보도록 연습도 시켜야 한다.

이상과 같은 과정을 통해 학습자들이 자기 스스로 생각하여 발견한 결과를 기억할 뿐만 아니라 탐구방법도 익힐 수 있는 학습방법이다.

(3) 발견학습의 장점

① 학습자의 사고력을 신장시키고 생활 속에서 실제로 적용할 수 있는 능력을 지니게 한다.

② 자발적인 흥미를 자극하면서 학습을 계속하게 한다.

③ 학습결과에 대한 희열감을 경험하게 된다.

[그림 6-3] 발견학습

(4) 발견학습의 단점

① 한정된 수업시간의 지도이기 때문에, 발견학습에서 다루게 될 내용을 정선하지 않으면 시간 내에 충분히 효과적인 지도를 할 수 없게 되고 도중에서 끝마칠 우려가 있다.

② 능력차에 대한 배려 없이는 특정의 학습자만의 발견학습이 되기 쉽다.

③ 참다운 지식은 자신의 발견에서 얻는다고 하지만 실제로 지식은 타인에 의해서 발견되어 전달된다. 참다운 지식은 발견 여부보다 그 지식을 이용할 수 있느냐의 여부가 중요시된다.

④ 발견학습에서 추상적인 개념은 스스로 발견을 통하여 습득하기 어려운 부분이다. 교사가 언어 형식을 통해 체계적으로 제공하는 것이 효과적일 수 있다.

12) 프로그램 학습

(1) 프로그램 학습의 의미

프로그램 학습(programed learning)은 학습자가 하고자 해서 행동할 때 학습이 성립되는 것이라는 원리에 근거를 두고 있으며, 학습자 개개인이 자기에게 주어진 교재를 가지고 자기 스스로 하는 활동에 의하여 학습을 수행해 가는 방법이다. 이것은 학습이 학급을 단위로 이루어지는 한 학습자 개개인의 능력이나 경험에 호소하는 완전한 학습의 개별화가 불가능하다는 점에서 착안된 것으로, 여기서는 학급집단의 성원 각자에게 개별적인 학습문제를 제시하여 개개인의 능력에 따라서 개인학습을 진행하게 하는 것이다. 이 방법은 자기학습으로 불리며 프로그램 자료를 필요로 하는 학습이다.

(2) 프로그램 학습의 특징

① 학습할 내용은 학습이 효과적으로 수행될 수 있도록 단계적으로 이루어진다.

② 학습자는 제시된 내용에 대하여 적극적인 반응을 나타내게 된다.

③ 학습자는 그의 반응이 옳은지 그른지에 대하여 즉시 알아내게 된다.

④ 학습자는 학습의 내용을 작은 단계로 학습한다.

⑤ 프로그램의 내용은 정답반응이 더 많이 나오도록 조직된다.

⑥ 학습자는 자기의 학습능력에 맞는 문제부터 손을 대기 시작하여 점진적으로 학습목표에 접근한다.

프로그램 학습은 학습자들에게 자극을 주고 학습자의 반응을 일으키며 반응에 대한 강화의 횟수를 증가함으로서 학습의 효과를 높이려는 것이다. 복잡한 교육과 기능인으로서의 많은 훈련을 필요로 하는 현대사회에 있어서는 효율적인 교수방법이 강구되어야 한다는 시각에서 자동학습기재의 활용에 의한 학습이 강조되게 된 것이다.

(3) 프로그램 학습의 과정

① 제시과정

1단계의 제시과정은 자극이 되는 문제를 학습자에게 제시하는 과정으로서, 문제는 간단하고 짧게 만든 Skinner형과 긴 설명을 한 후에 질문을 붙인 Crowder형이 제시된다.

② 반응의 과정

2단계의 반응과정은 학습자의 외적 반응이 일어나는 단계로서, 학습자는 제시된 문제를 읽고 생각하여 대답을 외적인 반응의 형식으로 하는데 이때 문제가 요구하는 형식에 따라 기입하도록 되어 있는 Skinner방식과 다지선택방식(Pressy식)이 다루어진다.

③ 강화과정

3단계의 강화과정은 반응한 정답의 정오를 학습자에게 알려서 확인하는 단계이다. 이와 같이 반응에 대한 정보를 즉시 주어지는 것이 강화인데, 이것은 프로그램 학습의 특징이며 학습의 능률을 올릴 수 있는 효과적인 방법이다.

(4) 프로그램 학습의 종류

① Skinner형

직선형이라고도 하는데, 이 학습에서 바라는 것은 오답을 적게 하고 정확한 반응을 많이 하도록 하는 것이므로 문제는 작은 격차로 배열하게 된다. 스키너형의 특징은 다음과 같다.

- 짧고 간단한 문제를 연속적으로 제시하여 자극을 준다.
- 반응으로서의 해답은 기입형식으로 기입란에 쓰도록 한다.
- 강화의 과정이 즉시 일어나도록 정답을 준비한다.

② Crowder형

분지형이라고도 한다. 학습지도에 있어서 각기 개인의 능력에 따른 지도는 스키너형이나 Pressy의 방법만으로는 불충분하다는 것이며, 크라우더는 다지선택형이 학습자를 오답으로 유인하기 때문에 교육적으로 바람직하지 않다는 스키너의 견해를 일축하였다. 크라우더형의 특징은 다음과 같다.

- 비교적 긴 설명과 함께 3개의 답지로 된 선다형의 질문이 주어진다.
- 이들의 답지 중에서 정답을 선택하게 함으로써 오답의 반응에서 오는 교정학습을 한다.

크라우더형은 학습자가 오답을 했을 때는 각각의 답지가 지시하는 페이지에서 그 잘못을 설명하고 본래 페이지로 되돌려 보내서 다시 한 번 정답을 생각하도록 지시하는 것이며, 이러한 방법을 자동화 개인지도라고 한다.

③ Pressy형

프레시형은 객관적 시험의 채점을 자동화하기 위해서 만들어진 것으로, 다지선택형식을 취해 채점기계에서 가르칠 수 있도록 기능을 갖춘 방법이다. 이 기능은 이미 다른 데서 배웠던 것을 그 반응의 정오만을 가르치는 것이고, 처음으로 배우는 것은 아니다.

(5) 프로그램 학습의 장점

① 학습자 각자의 개인차와 능력에 맞도록 지도할 수 있다.

② 착실하게 단계를 이수할 수 있기 때문에 학력의 공백을 없앨 수 있다.

③ 단순한 지식과 기계적 기술에는 효과적이다.

④ 교사는 일상적인 훈련식 교수에서 벗어나 창조적인 활동 및 학습자와의 상호작용에 보다 많은 시간을 투입할 수 있다.

⑤ 오답률이 낮으므로 효과적인 동기유발이 가능하다.

(6) 프로그램 학습의 단점

① 프로그램 작성에 많은 노력이 요구된다.

② 학습자의 작업 및 문제풀기가 개인적인 사고에 머물고 집단의 장에서 훈련되는 사회적 사고를 경험하지 못한다.

③ 단계의 계열이 단순 요소에서 복잡한 요소로 되어 있기 때문에 유연한 사고경험을 하지 못한다.

(7) 프로그램 학습의 유의사항

① 프로그램 학습을 실시하기 전에 그것의 장단점을 파악해야 한다.

② 프로그램 과정이나 단원의 성공 여부는 프로그램 작성자의 손에 달려 있음에 유의해야 한다.

③ 학습자의 개인차에 적절한 프로그램 자료를 사용해야 한다.

④ 학습지도에 사용될 자료를 선택하기 전에 그것을 사용함으로써 초래되는 효과에 대하여 예상해야 한다.

⑤ 프로그램 자료가 교사의 역할을 전적으로 대신할 수 있다고 단정해서는 안 된다.

13) 역할활동

(1) 역할활동의 의미

역할활동은 어떤 문제를 학습자가 직접 활동을 통하여 경험하는 과정으로, 문제를 밝혀내고 문제를 해결하여 그 결과를 논의해 보는 것이다. 각자가 다른 학습자의 입장에 서 보고, 역할을 수행하는 학습자와 접촉을 해 보는 것이다. 상대방에 대한 이해, 동정심, 분노, 사랑 등이 그 접촉의 과정을 통하여 나타나게 되고 결국 생활의 한 부분으로 학습되는 것이다. 이러한 감정적인 내용도 역할수행 중의 말이나 행동과 같이 나중에 분석의 대상이 된다.

역할활동의 본질은 역할 수행자나 관찰자가 실제 상황에 접하여 봄으로써 문제에 대한 해결이나 이해를 높이려는 것이다. 역할활동을 통하여 학습자들은 다음과 같은 학습결과를 얻게 된다.

① 자신의 감정을 되돌아본다.

② 자신의 인식, 태도, 가치가 무엇인가를 알게 된다.

③ 문제해결력이나 기술을 익힐 수 있다.

④ 다양한 방법으로 문제를 생각해 보는 능력을 기르게 된다.

(2) 역할활동의 목적

① 역할활동은 경험중심의 학습환경을 가정한다.

학습환경을 실제와 동일하게 구성함으로써 학습자들이 생활을 배우도록 한다.

② 감정이나 생각들을 자유롭게 표출해서 누구나 알게 한다.

문제해결은 공개적인 활동으로 위축되지 않으며 전문가가 가르쳐 주어야 하는 것은 아니다. 그보다는 동료들의 집단적인 활동을 통하여 새로운 아이디어가 생겨나기도 하고 성장이나 변화를 위한 어떤 경향이 정해지기도 하는 것이다. 그러므로 역할활동은 강의보다는 동료들로부터 듣고 배우기를 강조하는 것이다.

③ 태도나 가치관 등의 형성에 무의식적으로 작용하는 심리적 작용을 분석해서 알게 한다.

학습자는 자신의 가치관이나 태도를 인정하고 아울러 다른 학습자의 의견을 참고해서 가치체계를 조절할 수 있게 된다. 또한 자신의 태도나 가치관을 평가해 보고 필요하면 수정하도록 돕게 하는 것이다.

(3) 역할활동의 과정

① 준비단계

- 학습자들에게 과제를 설명하고 모든 학습자들이 그 과제를 자신들이 해결해야 할 문제로 인식하도록 한다.
- 예를 들어서 문제를 설명함으로써 학습자 자신들이 문제의 심각성을 충분히 인식하도록 한다.
- 문제의 해결이나 결론에 대하여 생각해 보도록 학습자에게 질문을 던진다.

② 역할수행자 선정

- 교사와 학습자가 그 역할에 대하여 분석해 보고 그 역할이 어떤 것이고 그 인물의 성격과 행동은 어떤 것인지에 대해 이야기한다.
- 역할을 원하는 학습자에게 그 역할을 맡기지 말고 여러 상황을 고려하여 선정한다.
- 한 반을 역할수행자와 관찰자로 나누어 앉게 한다.

③ 실행 준비단계

역할수행자는 전체적인 장면을 연상하고, 구체적인 대화는 시작하지 않고 있는 단계이다. 교사는 학습자들의 역할수행이 어떤 것인지를 생각하고 준비하도록 한다.

④ 관찰자 준비단계

교사는 관찰자로 하여금 관찰 대상을 지정해 줌으로써 관찰자도 역할수행에 적극적으로 참여하도록 한다. 관찰자는 역할수행자의 활동, 묘사 정도 등을 평가하는 단계이다.

⑤ 실행단계

역할담당자들이 각각 역할을 실행하게 된다. 실행은 짧아야 하며 생각했던 인물의 성격이 분명히 드러나거나 어떤 문제점이 발생하면 실행을 멈추도록 해야 한다.

⑥ 토론 및 평가

역할수행자가 보여 주려고 했던 역할의 성격이나 그 결과에 대한 평가와 토론이 이루어진다. 평가된 결과는 다음 실행의 피드백으로 활용하도록 한다.

(4) 역할활동의 장점

① 강의나 토론에서 결핍되기 쉬운 현실성을 느낄 수 있다.

② 학습자에게 실제의 현장과 같은 조건하에서 실패에 대한 두려움을 최소한으로 줄이고 가장 편안한 상태에서 주어진 역할을 수행하도록 할 수 있다.

③ 학습자의 마음이 부담없는 상태에서 자신의 수행을 피드백할 수 있도록 한다.

④ 실제 현장에서 수행하는 것보다 적은 비용으로 사실적인 경험을 할 수 있다.

⑤ 실제로 장시간이 요구되는 과정을 단기간에 경험하고 피드백할 수 있게 해 준다.

⑥ 다른 교육적 방법보다 학습자들이 더욱 적극적으로 참여하도록 유도할 수 있다.

⑦ 일정한 상황하에서 발생하는 사건들을 학생들이 직접 통제, 관리해 볼 수 있게 한다.

⑧ 학습자 상호 간의 협력을 중시한다.

⑨ 인지적 · 정의적 · 운동심리적 영역에 적용이 가능하다.

⑩ 학습자들에게 즉각적인 피드백을 제공한다.

(5) 역할활동의 유의사항

① 교사는 학습자들의 의견이나 감정을 최대한으로 수용해야 한다.

② 교사는 학습자들이 문제를 다각도로 탐구해 보도록 격려해야 한다.

③ 교사는 학습자들의 반응을 정리하고 요약해서 학습자들 자신의 생각이나 감정이 어떤 것인지를 보다 분명하게 인식하도록 한다.

④ 교사는 같은 역할도 달리 수행할 수 있으며 결과적으로 다른 결론에 도달할 수도 있다는 점을 강조해야 한다.

⑤ 문제해결에는 여러 가지 방법이 있으며 어떤 하나의 방법만이 옳다는 이론은 타당하지 않음이 강조되어야 한다.

14) 브레인스토밍

(1) 브레인스토밍의 의미와 원리

브레인스토밍(brain storming)은 뇌에 폭풍을 일으키는 방법이라는 뜻으로, 학습상황에서 학습자의 창의력을 촉진시키고 학습 참여도를 높여 주는 교수방법이며 사전에 어떤 것을 계획하고자 할 때 활용된다. 또한 브레인스토밍은 그룹 전체의 잠재되어 있는 아이디어를 개발하여 문제해결을 시도하는 방법이다. 이 방법이 성공하느냐는 기술적인 실천의 문제이지만 다음과 같은 기본적인 원리에 따르는 노력이 이를 보완할 수 있다.

① 전체 인원은 12명 정도여야 한다.

② 문제는 구체적인 것이어야 한다.

③ 문제해결의 방법은 다양해야 한다.

④ 추구하는 것은 아이디어의 개발이다.

⑤ 우선 1차적으로 다양한 아이디어를 개발하는 것이다.

⑥ 비판은 허용되지 않는다.

⑦ 참석자들이 어떤 생각이든지 머리에 떠오르는 대로 이야기할 수 있는 자유로운 분위기가 보장되어 있어야 한다.

⑧ 참석자들은 다른 참석자의 생각을 참고로 하여 자신의 생각을 보완하거

나 종합한다.

⑨ 참석자들은 그 문제에 대하여 정통해야 한다. 즉 그와 비슷한 문제를 과거에도 다루어 보았어야 한다.

⑩ 가능하다면 브레인스토밍식의 토론법에 익숙한 사람을 몇몇 토론에 참여시킨다.

(2) 브레인스토밍 시행방법

① 교사가 학습자에게 다음 시간에 토론할 주제를 발표한다.

② 학습자에게 각자 3가지씩의 대안을 적어 보도록 한다.

③ 교사가 토론을 유도한다.

④ 교사는 학습자에게 중요한 것은 다양한 아이디어임을 시사하면서 앞으로의 시간은 아이디어를 개발하는 시간으로 활용하겠다고 제안한다.

⑤ 학습자를 같은 수의 두 집단으로 나눈다.

⑥ 교사는 학습자의 과제물을 걷는다.

⑦ 한 집단에서 2명의 기록자를 각각 선출하여 제안된 의견을 기록하도록 한다.

⑧ 한 집단이 토론에 참여할 때 다른 한 집단은 관찰을 하도록 한다.

⑨ 원칙적으로 비판은 허용되지 않는다. 토론의 기본 목적이 새로운 아이디어를 얻자는 것이기 때문이다.

⑩ 한 집단의 학습자들을 교실의 중앙에 앉게 하고 토론을 시작한다.

⑪ 토론이 시작될 때 교사는 몇 가지 아이디어를 제시함으로써 토론에 활력을 불어넣을 수도 있다.

⑫ 토론 중에 교사는 철저하게 자유로운 분위기가 유지되도록 해야 한다.

⑬ 한 집단이 15분 동안 토론을 한 다음에는 역할을 바꾸어서 다른 집단이 역시 15분 동안 토론을 진행하도록 한다.

⑭ 토론이 끝난 후에는 교사가 기록자의 기록 내용을 정리하고 복사하여 다음 시간에 학습자에게 배부하도록 지시한다.

⑮ 그 다음 시간에는 전 시간의 토론 내용을 정리하면서 토론의 주제를 몇

개로 압축시켜 간다.

(3) 브레인스토밍의 장단점

장점은 배우기 쉽고 재미가 있으며 어떤 문제든지 토론의 대상으로 삼을 수 있다는 것이다. 단점은 잘못하면 시간 낭비로 끝나게 되기 때문에 토론을 성공적으로 이끌기 위해서는 고도의 기술이 필요하다는 것이다.

15) 시뮬레이션

(1) 시뮬레이션의 의미

시뮬레이션(simulation)은 실제의 장면 또는 상황과 유사한 사태를 만들어 그 속에서 학습하도록 하는 방법이다. 상품의 개발, 생산, 판매되는 과정이 잘 나타난 가상적인 상황을 제공하여 학습자로 하여금 생산공정이나 대량생산의 원리를 이해하도록 하는 방법이 시뮬레이션 방법이다. 이러한 시뮬레이션을 이용하는 것은 가상적인 상태에서 얻은 지식, 기술, 기능 등이 실상황에 전이될 수 있기 때문이다. 이와 같은 시뮬레이션은 실제 사태에서의 학습이 허용되지 않거나 위험이 따를 때, 그리고 인위적인 조작 과정 그 자체가 중요시될 때에 사용된다.

(2) 시뮬레이션의 장점

① 강의나 토의에서 결핍되기 쉬운 현실성을 불어넣어 준다.
② 학습자들에게 현장과 거의 같은 여건하에서 실제적인 경험을 제공한다.
③ 학습자들이 자신의 수행을 피드백해 보도록 할 수 있다.
④ 실제 현장에서 경험하는 것보다 경제적으로 경험할 수 있다.
⑤ 실제로 장시간이 요구되는 과정을 단기간에 경험할 수 있다.
⑥ 다른 교육적 방법보다 적극적으로 참여하도록 유도할 수 있다.
⑦ 발생되는 상황을 학습자가 직접 통제, 관리해 볼 수 있다.
⑧ 협동학습과 학습자 상호작용을 강조한다.

⑨ 인지적 · 정의적 · 심리운동적 학습을 동시에 수행할 수 있다.

(3) 시뮬레이션의 유의사항

① 학습 초기단계에서는 시설이나 장비의 구조, 특성 및 해야 할 동작에 관하여 학습시키고 가상적인 상황으로 들어가도록 한다.

② 가상적인 경험의 내용을 몇 단계로 구분해서 보다 쉬운 것을 충분히 학습한 후에 최종적인 목표를 수행하도록 한다.

③ 마지막 단계에서는 실제 상황과 거의 흡사한 상태에서 그동안 학습한 기능을 종합적으로 수행해 보도록 한다.

16) 견 학

(1) 견학의 의미

견학은 학교 수업에서 직접 경험할 수 없는 교육내용을 현장에서 어떤 실

[그림 6-4] 견학학습

제사실이나 과정을 직접 경험하게 하여 학습문제를 쉽고 흥미있게 이해하도록 하기 위한 학습활동의 한 형태를 말한다. 견학은 현장학습을 통해 직접 경험을 갖게 하므로 학습자의 이해를 보다 쉽게 하여 능률적인 학습이 될 수 있는 수업방법이다. 또한 견학은 자연상태를 구체적으로 관찰할 수 있고 직접 경험을 제공해 주며 학습자들의 태도변화와 주의집중을 훈련시키고 관찰력을 길러준다.

(2) 견학의 교육적 가치

① 교실에서 학습한 내용을 직접 경험을 통하여 확인하고 교실 수업의 내용을 종합, 정리할 수 있다.

② 견학을 통해 사물을 관찰하고 파악하는 태도를 길러 주며 학습내용을 깊이 생각하는 습관을 갖게 한다.

③ 각 교과의 내용을 통합하는 데 도움이 되는 방법이다.

④ 학습자가 지역사회를 이해하는 기회를 갖게 할 수 있다.

⑤ 교실에서 교과수업을 통해 이해하기 어려운 내용을 쉽게 이해하게 할 수 있다.

(3) 견학의 계획

① 견학지 선정

② 견학지의 협조 요청

③ 견학지의 사전 답사

④ 견학의 시간 배당

⑤ 기관, 학교, 학부모의 승인

⑥ 견학방법의 계획

⑦ 교통편 확인

⑧ 준비물의 점검

(4) 견학실시의 유의사항

① 견학의 목적을 학습자들이 알도록 한다.

② 견학을 위한 준비계획을 세밀히 수립한다.

③ 견학에 필요한 업무는 학습자들이 참여하여 담당하도록 한다.

④ 교사는 항상 학습자들과 함께 행동하고 학습자들의 견학 태도를 지도 감독한다.

⑤ 견학지의 업무에 방해가 되거나 시설을 해치지 않도록 주지시킨다.

⑥ 견학에서 관찰하지 못한 것을 파악하여 견학 후에 보충 설명을 한다.

(5) 견학의 사후활동

① 견학의 목적이 달성되었으며 문제점이 없었는지 평가한다.

② 학습자들의 견학보고서를 통해 학습자들의 이해도를 파악한다.

③ 잘못 이해된 점과 부족한 점은 보충설명하여 이해하도록 한다.

④ 견학한 내용을 그림, 작문 등으로 발표할 기회를 제공한다.

17) 극 활동

(1) 극 활동의 의미

극 활동학습은 어떤 사실을 표현 · 묘사하여 재연하는 것으로, 학습자가 직접 극에 참가하여 경험하는 것이 극을 참관하는 것보다 효과적이다. 학습을 위한 극 활동은 무대장치나 의상준비 등을 학습자 자신이 연구하고 준비하도록 하고, 극 경험은 극중 인물 속에 학습자 자신이 직접 참가하여 구성된 경험을 통한 구체적인 학습경험을 할 수 있는 수업방법이다.

극 활동을 통한 학습은 사건이나 장면을 극적으로 전개함으로써 학습자의 주의를 집중시켜 이해를 쉽게 하고 강한 인상을 줄 수 있으며, 연기자는 극 중에 등장하는 인물의 성격을 실연함으로써 깊이 알게 된다. 그리고 연기로서의 말하기, 표정 등은 표현력을 길러 주며 극 활동을 통하여 협동정신을 기를 수 있다.

(2) 극 활동의 교육적 가치

① 학습자들의 생활환경이나 성격을 자연 그대로 나타낼 수 있기 때문에 학습자의 문제성과 성격지도에 효과적이다.

② 학습자의 흥미를 유발하고 독창적 상상력을 발휘할 기회를 제공할 수 있다.

③ 협동심을 길러 주는 기회가 된다.

④ 정서적이며 상상력이 풍부해지도록 도움을 줄 수 있다.

⑤ 표현력이 풍부해지며 자신감을 준다.

⑥ 풍속 습관이나 도덕성을 자연스럽게 습득할 수 있다.

(3) 극 활동의 종류

① 인형극(puppetry)

여러 모양의 인형을 만들어 손이나 끈으로 움직이도록 동작을 가해 가는 방법이다. 인형극은 특별한 의상이나 배경이 필요하지 않으며 단순하여 사용하기가 편리하며 효과적인 방법이다. 인형의 종류에는 인형 몸체에 막대를 연결하여 막대로 조종하는 막대인형, 인형의 머리와 두 손을 조종자의 세 손가락에 끼우고 조종하는 손인형, 손가락에 끼울 수 있는 크기로 인형을 만들어 조작하는 손가락인형, 테이블 위에 인형을 옮기며 이야기를 표현하는 테이블 인형, 오버헤드 투시기를 이용하여 인형을 반투명 스크린 뒤에서 조작하는 그림자 인형, 인형을 줄이나 철사로 연결하여 위에서 조종하는 줄 인형(marionettes) 등이 있다.

② 그림극(picture drama)

그림극은 무대 대신 그림극 틀에다 한 장 한 장의 그림을 제시하고 그림에 대한 이야기를 해 가며 학습자의 흥미를 유발하는 방법이다. 그림의 크기는 일반적으로 8절지를 이용하며 한 학급 정도의 집단에서 활용할 수 있다. 그림극을 위해서는 해설, 어조에 유의해야 하며 장면의 분위기를 살릴 수 있어야 한다. 연출시의 교사는 그림극 무대의 뒤쪽에서 그림을 오른쪽으로 빼내는 것이 좋으며 조명이나 음악을 사용하면 더욱 효과적이다.

③ **가면극**(mask comedy)

가면극은 탈을 쓰고 연극을 하는 것을 말한다.

④ **사회극**(socio drama)

사회극은 사회문제를 주로 취급하는 것으로 모의국회, 모의재판 등과 같은 것이 해당된다. 또한 사회성, 도덕성의 부조리한 면을 재현하여 자신을 객관적으로 관찰하고 비판하여 올바른 도덕 관념을 기르고 나아갈 방향을 암시해 주는 것이다.

⑤ **심리극**(sycho drama)

개인의 심리적 문제를 해결하기 위하여 준비되며 성격지도나 생활지도에서 활용할 수 있는 방법이다. 개인 자신이 각본도 제작하고 무대에도 나서서 연기자의 역할도 겸할 수 있는 것이다.

[그림 6-5] 가면극 공연

⑥ 무언극(pantomime)

무언극이란 일체 말을 하지 않고 배경과 얼굴의 표정과 손짓, 몸짓 등에 의해 어떤 내용을 암시하는 극을 말한다. 그러므로 배경과 행동의 숙련이 중요하며 시각을 통해서 극의 효과를 얻게 된다. 무언극은 단순한 동작의 표현이 아니라 심리적 묘사와 상징적 표현이 내포되어 있는 것이다.

⑦ 연극

연극은 종합예술로서 형식을 갖춘 극의 하나로, 갈등과 모순 그리고 고민의 내용을 무대 위에 표현하여 관객을 깨우치는 예술형태이다. 교육적 입장에서 연극을 할 경우 전문적인 극작가의 각본을 사용하는 것보다 학습자들과 교사에 의해 완성된 각본이 효과적이다. 연극은 관객의 주의를 집중하고 흥미를 유발하도록 이루어져야 하며 극 후에도 상호 토론할 기회를 제공하는 것도 필요하다.

18) 체험 활동

(1) 체험 활동의 의미

체험 활동(hands-on activities)은 교실, 실험실, 실습실에서 주로 이루어지는 실험 · 실습, 계발활동, 창의적 재량활동 등의 활동을 의미한다.

여기서 교실(classroom)은 일반적으로 강의식 수업이나 발표, 토의가 주로 이루어지는 공간이다. 실험실(laboratory)은 주로 실험이 이루어지는 공간이다. 실험(experiment)이란 일정한 조건을 인위적으로 설정하여 기대했던 현상이 일어나는지 어떤지, 또는 어떤 현상이 나타나는지 조사하는 일이다. 이 실험에서는 숙달된 기능도 중요하지만 수준 높은 고등 사고가 요구된다. 따라서 실험을 중심으로 이루어지는 실험실에서는 창의성이나 문제 해결 능력 같은 고등 사고 능력을 요구하는 창의적인 문제 해결 수업이 적합하다. 반면에, 실습실(shop)은 주로 실습이 이루어지는 공간이다.

실험이란 관찰하려는 일정한 현상을 계획적으로 조성하여 그 현상을 규정하는 조건을 여러 가지로 바꾸어 보고 거기에 나타나는 조건과 결과의 상관관계를 파악하려는 것이다. 수업에 있어서 실험은 학습자의 직관에 호소하는 실물교수의 한 가지 수단으로 이용될 수 있는 것이고 문제해결이라는 탐구적 활동의 일부로 사용되는 것이다.

실습(practice)이란 학습자에게 국한된 기능을 숙달시키기 위해 직접 체험을 반복하여 시키는 일이다. 이 실습에서는 숙련된 기능과 문제 해결 능력이 필요하다. 그러므로 실습을 중심으로 이루어지는 프로젝트법과 같은 수업이 적합하다.

실습이란 학교교육에서 각종 기술을 습득하기 위해 직접 경험을 얻는 방법이다. 이 방법에는 크게 나누어 성인이 실제 생활에서 전개하고 있는 기술의 기본적인 것을 학교 내에 재연하는 학교실습과 실제 생활의 기술장면 속에 학습자를 보내는 현장실습이 있다.

학교는 전인적인 교육을 위해 계획적이며 조직적인 교육을 실천하는 장소이며 현실사회와 연결된 기관으로 구성되어 있다. 학교는 실사회에서 필요한 인재를 양성하여 배출하는 기능을 하는 곳이고, 적응력있는 사회인을 길러내기 위해서는 사회의 삶의 내용을 학습자가 학교에서 미리 경험하고 익혀서 사회에 나갈 수 있도록 교육적 배려가 강조되어야 한다. 그러므로 학교에서 하는 학교실습은 실생활에서 전개되고 있는 기술의 모델이긴 하지만 사회적 산업기술, 생활기술 그 자체는 아니며 단지 그 기초를 이루고 있는 기술이다. 따라서 학교실습은 현대 사회의 산업기술, 생활기술의 개선에 도움이 되는 것으로 이루어져야 하며, 실습을 실시할 때는 현장에서 이루어지고 있는 작업방법을 교육적으로 재조직하여 실시해야 한다. 생산과정의 실습은 생산현장의 공정과 기본적으로는 같으면서 수업목표에 맞도록 단순화, 체계화시켜야 한다.

그러므로 현장실습은 학교실습보다 더욱 실제적이며 교육적 효과가 있다. 기술의 수업은 실제 기술 현장에서 현장감과 함께 작업공정을 익히는 것이 더욱 효율적인 것이다.

창의적인 문제 해결 능력을 함양하는 체험 활동인 실험의 장단점을 요약하면 다음과 같다.

① **실험의 장점**

가. 언제든지 인위적으로 사태(event)를 가질 수 있다.

나. 변인을 통제할 수 있다.

다. 인과 관계나 비교 연구 등에 적합하다.

라. 탐구나 개발 연구에 적합하다.

② **실험의 단점**

가. 모든 것을 실험할 수 없다.

나. 실험은 인위적이므로 실제 생활에 적용하기에는 한계가 있다.

수업의 실험 · 실습을 체험 활동 접근 방법과 비교해 보면 〈표 6-1〉과 같다.

〈표 6-1〉 실험 · 실습을 체험활동 접근 방법과 비교

종 류	접근법	문제 상황	산출물	특징
실험	창의적인 문제해결	교사가 문제 상황을 제시하면, 학습자는 그 상황에서 주어진 재료와 도구만을 가지고 문제를 해결함	다양함	창의성과 문제 해결 능력을 요함
실습	프로젝트	주로 교사와 학습자가 합의하에 실현 가능한 문제를 제시하고 해결함	획일적임	문제 해결 능력을 요함

〈표 6-1〉에 의하면, 실험은 주어진 문제 상황에서 창의적인 문제 해결 능력을 요구하는 체험 활동이라면, 실습은 교사와 학생이 실현 가능한 문제를 설정하는 문제 해결 능력을 요구하는 체험 활동이라 하겠다. 따라서 실험의 대표적인 수업으로 창의적인 문제 해결 중심 수업을 들 수 있고, 실습은 프로젝트법을 들 수 있다.

이러한 체험활동의 원리는 듀이(Dewey)의 '행함으로써 배운다(learning by doing)'는 학습 이론과 피아제(Piaget)의 '추론을 위한 학습(learning to infer)' 이론에 기초한다.

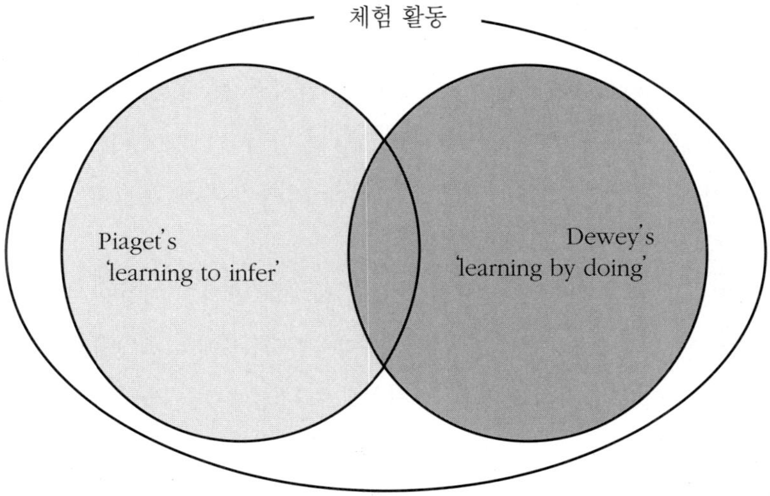

[그림 6-6] 체험 활동의 원리

이때 학생은 수업의 주체로, 습득해야 할 지식이나 정보를 실험 · 실습과 같은 체험 활동을 통해 학생 스스로 절차적 지식을 습득하고, 이를 개념적 지식과 복합해 재개념화한다. 이때 교사는 촉진자 역할을 하게 한다.

(2) 체험 활동에서 사고와 기능의 상호작용

체험 활동은 사고와 기능 중 어느 하나에 의해서만 이루어지는 것이 아니라 사고와 기능이 상호 작용할 때 비로소 사고력이 신장되고 기능이 향상된다. 즉, 문제 상황에 부딪힌 학습자는 가지고 있던 출발점 행동에서의 개념적 지식에 기초한 아이디어만 형성할 수밖에 없다. 그러나 고민하다 보면 브레인스토밍이 생기는데 그때마다 글이나 그림, 기호 등으로 표현하게 된다. 이러한 과정에서 생성된 해결책 중 가장 좋은 것을 찾아 해결책으로 개발하게 된다. 만일 이때 개인이 아닌 여럿이 협동적 토의학습을 실시한다면 출발점 행동이 보다 높은 수준에서 이루어질 것이고, 아이디어뿐 아니라 해결책도 더욱 다양하고 배가될 것이다. 이것이 바로 학습자 간 상호의존적인 협동학습이고, 이 단계에서 보다 발전된 절차적 지식이 형성되어 결국에는 학습자 개인에게는 재개념적 지식이 형성될 것이다. 개발된 해결책에 의존하여 실제로 만들어 실행하는 과정에서 학습자는 기능적인 능력을 향상시킬 수 있다. 예컨대, 평상시에 경험했던 기능은 숙달될 것이고, 하지 않았던 기능에는 자신을 갖게 될 것이다. 즉, 보다 발전된 기능을 향상시킬 것이다. 이때 얻은 산출물을 학습자 스스로 또는 동료나 교사에 의해 평가해 봄으로써 학습자는 스스로 성찰할 수 있는 기회를 갖게 된다.

결론적으로 체험 활동은 발전된 사고력 신장과 발전된 기능의 숙달로 인해 창의적인 문제 해결 능력을 함양시켜 준다. 이 과정에서 학생들이 습득하게 되는 지식은 절차적 지식과 개념적 지식으로 나뉜다. 즉, 개념적 지식은 체험 활동을 위한 기초적 지식이 되며, 체험 활동을 통해 얻게 되는 절차적 지식은 다시 조작 과정을 거쳐 새롭게 개념적 지식을 재조직하게 된다.

(3) 체험 활동에 이용되는 문제 유형

수업에서 제시되는 문제들은 학생이 문제를 해결하기 위해 갖춰야 할 사고의 수준이나 양에 따라 문제의 유형이 달라진다. 문제의 유형은 다음과 같이 3가지로 분류될 수 있다.

① 정의된 수준에 따른 분류
- 잘 정의된(well-defined) 문제
- 정의되지 않은(ill-defined) 문제

② 구조화 수준에 따른 분류
- 잘 구조화된(well-structured) 문제
- 구조화되지 않은(ill-structured) 문제

③ 문제 해결을 위해 요구되는 지적 조작의 형태에 따른 분류
- 수렴적 사고 문제
- 확산적 사고 문제

[그림 6-7]과 같이 첫째, 문제를 유형에 따라 볼 때 잘 구조화된 문제에서 구조화되지 않은 문제로 갈수록, 사고 과정에 따라 볼 때 수렴적 사고에서 확

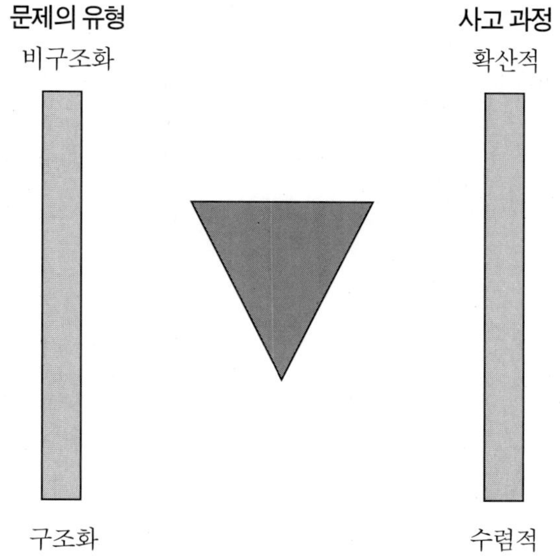

[그림 6-7] 문제의 유형과 사고 과정의 상관관계

산적 사고로 갈수록 창의적인 문제 해결 능력을 함양하는 데 더 효율적이다. 둘째, 문제가 확산적일수록 해결책은 결국 한 개에서 여러 개로 늘어나고 셋째, 문제가 비구조화될수록 창의성과 문제해결 능력이 더욱 요구된다.

(4) 실험수업

실험수업은 학습자가 실험이나 관찰을 통하여 지식을 이해하고 실험기술을 습득하는 방법이다. 실험에는 연구자가 원리나 법칙을 탐구하기 위해 실시하는 연구적 실험과 학습자가 이미 알려진 원리나 법칙을 확인하기 위한 학습적 실험이 있다. 관찰은 자연에 나타나는 현상을 목적에 따라 관찰하는 실험적 관찰을 의미한다.

실험수업은 학습자가 직접적인 경험을 통하여 학습하기 때문에 원리원칙이나 기술의 과학적 근거를 이해할 수 있고 실험기술을 습득하고 문제를 실험적 방법에 의하여 해결하려고 하는 태도를 기를 수 있다.

실험법에 의한 수업을 할 경우, 특히 관찰을 할 경우에는 사전에 관찰하는 목적, 장소, 시간, 방법을 이해하도록 한다. 자연적 관찰에서는 같은 현상을 반복해서 관찰할 수 없기 때문에 인과관계를 명확히 하기 위해서는 실험이 필요할 수도 있다. 이 경우에는 실험의 조건을 잘 선정하여 어떠한 조건이 어떠한 변화를 일으키는가를 분명하게 이해하도록 하고 관찰이나 실험의 결과를 정리할 수 있도록 해야 한다. 실험수업의 과정은 다음과 같은 단계로 진행할 수 있다.

① 문제의 접근

어떤 현상이나 사실에 문제를 의식하는 단계로서 교사는 학습자로 하여금 호기심을 갖게 하고 충분한 자료를 제공한다. 이에 따라 학습자들은 문제를 찾아보고 자신의 경험이나 생각을 되살려 문제에 접근하게 된다.

② 계획과 준비

교사는 의문이나 문제를 해결하기 위한 계획을 학습자 스스로 세우도록 유도하고 탐구의욕을 고취시키기 위한 계획적인 발문을 하며 토의를 통하여 계획을 확실히 하도록 조금씩 암시를 준다. 학습자들은 어떤 결과가 나올까를 미리 생각해 보고 문제를 해결할 수 있는 방법을 모색해 본다.

③ 실험활동

계획된 문제를 해결하기 위한 적극적인 정보수집 단계로서 교사는 학습자의 활동을 통제하지 않고 개별접촉을 통하여 탐구의욕을 북돋아 주도록 한다. 학습자들은 궁금한 점을 생각하며 계획대로 해 보고 발견된 사실을 자세히 정리한다.

④ 결과의 해석

실험결과를 문제해결과 직결시켜 확인하는 단계로서 교사는 객관적인 자료에 의한 확인을 강조하며 결론을 주도하지 않는다. 학습자는 실험 관찰한 내용을 종합해서 자기 생각을 확인하고 다른 사람의 의견과 비교해 보며 다시 확인한다.

⑤ 적용

형성된 개념을 정착하는 단계로서 교사는 의욕적인 탐구가 되도록 학습자에게 새로운 의문을 추구하고 계속적인 개별 탐구의 기회를 제공해 준다. 그리고 더 알아보고 싶은 점을 생각해 보도록 한다.

(5) 실 습

학습자의 기능학습은 다른 수업내용보다 어렵고 복잡하다. 기능학습은 어떤 다른 행동보다 심신의 유기적이고 긴밀한 유대가 요청되므로 학습자의 발달의 정도를 잘 알고 있어야 하며, 학습자의 능동적인 활동이 요구되기 때문에 학습자에게 강한 동기를 불어넣어 주어야 한다. 따라서 기능학습을 위한 실습은 다음과 같은 원리를 적용할 때 효과를 얻을 수 있다.

① 학습자 능력에 맞도록 기능을 분석한다.

② 올바른 시범을 보여 주어야 한다.

[그림 6-8] 실습

③ 학습자가 반응을 시도하도록 이끌어 주어야 한다.

④ 적당한 연습을 하도록 한다.

⑤ 결과에 대한 정보를 주어 부적합한 행동을 조절해야 한다.

⑥ 학습자 스스로 평가하도록 도움을 준다.

(6) 실험실습 지시서의 활용

① 실험실습 지시서의 의미

실습을 개별화하는 효과적인 방법은 실험실습 지시서를 작성하여 사용하는 것이다. 지시서는 일반적으로 문장화된 지시사항에 시각적인 자료를 추가하여 만드는 것이 일반적이다. 수업을 전개하는 과정에서 수업계획안이 교사의 교수활동을 방향지어 주듯이 지시서는 학습자들이 실험실습을 할 때의 활동의 방향과 내용을 제시해 준다.

② 실험실습 지시서의 장점

실험실습 지시서를 활용함으로써 얻을 수 있는 장점은 다음과 같다.

- 지시서를 적절하게 사용하면 학습자에게 직업교육훈련, 실습기간 동안에 효과적인 학습경험을 제공할 수 있다. 학습자가 몇 가지 작업을 하느냐, 어느 수준의 능력 범위에서 작업을 하느냐 하는 상황에서 지시서를 잘 준비하면 교사는 개별화된 수업지도를 잘 수행해 갈 수 있다.
- 지시서를 사용하면 재설명이나 지시의 반복을 줄여 시간을 절약할 수 있다.
- 지시서에는 필요한 경우에 참조할 수 있는 확실하고 명료한 지시사항이 있으므로 학습자가 실수하지 않도록 해 주며 학습자 자신에게 가장 알맞는 속도로 진행할 수 있도록 해 준다.

③ 실습지시서의 단점

- 실습지시서를 오용하거나 남용할 수 있다.
- 실습지시서의 활용은 실습실에서 자발적인 학습활동을 억제한다.

- 같은 자료가 몇 번이고, 또 해마다 되풀이하여 쓰일 수 있다.

④ 지시서의 종류

지시서는 실습목표와 특징, 실습실에서의 효용 등에 따라 몇 가지 유형으로 나누어 볼 수 있다.

- 작업지시서 : 작업지시서는 안전한 하나의 작업을 해 나가는 데 필요한 지시와 설명이 포함되도록 되어 있다.
- 요소작업 지시서 : 요소작업 지시서는 단일한 기본동작이나 과정을 지도하는 데 사용된다. 이 지시서는 실행상에 나타나는 어떤 일이나 문제점에 적용될 수 있다.
- 참고자료지 : 참고자료지는 다른 출처로부터 쉽게 얻을 수 없는 자료를 학습자들에게 마련해 준다. 새로운 기술과 스타일, 직업정보 자료, 또는 부여된 업무를 수행하기 위하여 필요한 전문적인 자료에 관한 정보가 포함되어 있다.

이 외에도 직업교육 훈련교사가 활용할 수 있는 과제지시서, 실험지시서, 작업계획 지시서 등이 있다. 어떤 종류의 지시서이든 간에 모든 지시서는 신중히 생각하고 준비하여 작성해야 한다.

⑤ 지시서 작성 시 유의사항

- 지시서는 학습자가 쉽게 이해할 수 있는 어휘를 사용한다. 새로운 용어는 정의를 해 주고, 자주 쓰이지 않거나 애매한 단어나 문장은 사용하지 않는다.
- 학습자가 필요한 내용을 쉽게 찾을 수 있도록 모든 지시서는 단순한 체제여야 한다. 제목이나 목표는 쉽게 읽을 수 있고 눈에 잘 띌 수 있도록 한다.
- 제목 또는 강조하고 싶은 내용은 쉽게 분별할 수 있도록 밑에 줄을 긋는다.
- 혼동을 피하기 위해 용어는 일관성 있게 사용한다.
- 이해를 명확히 하기 위해 삽화 또는 도표를 첨가한다.

- 특별지시는 가급적 간단 명료하게 한다.
- 한 장의 종이에 지시서를 압축한다.
- 여러 가지 내용은 숫자, 문자, 점 등으로 분류한다.

⑥ 지시서의 활용방법

- 학급단위로 수업을 할 경우 전체 학습자에게 시범이나 설명을 한 후 학습자료를 제시하고 학습자 각자에게 실제 작업을 배당하며 각 개인에게 작업지시서를 나누어 준다.
- 작업표에 관하여 토의할 시간을 주고 그 다음에 필요에 따라 요소작업지시서, 과제지시서, 참고자료지 등을 나누어 준다.
- 교사는 학습자 개별지도와 함께 필요에 따라서는 학습자 전체에게 시범, 사례설명, 실험 등을 해 줄 수 있어야 한다.

(7) 실험실습실의 운영관리

① 실험실습실 운영관리의 의의

값비싼 시설과 기계기구를 갖추고 있는 실험실습실을 잘 관리, 운영하여 실습을 통한 수업목표를 달성하도록 하는 것은 대단히 중요한 일이다. 실험실습실의 운영관리에 있어서 중요한 사항은 다음과 같다.

- 실습장 환경의 조성
- 공구와 자재의 관리
- 장비의 유지
- 학습자 조직 및 지도
- 실습장 활용 시간계획

이와 같이 실험실습실을 잘 관리 운영해야 하는 필요성은 다음과 같이 정리할 수 있다.

- 공구나 실험장비가 잘 정돈되어 있고 소음이 적으며 잘 조직되어 있는 실험실습실은 좋은 수업이 이루어질 수 있는 분위기를 조성해 준다.
- 잘 정리정돈된 실험실습실은 학습자들의 학습의욕을 고취시킨다.

- 잘 조직되어 운영 유지되는 실험실습실은 학습자가 안전하게 일할 수 있도록 해 준다.
- 각종 시설과 장비를 잘 관리하는 것은 사용년한을 연장하는 것이며 경영의 투자 부담을 덜어 준다.
- 잘 관리 유지되면서 운영되는 실험실습실은 학습자에게 본보기가 되어 실험실습의 태도와 관리의 방법을 배우도록 한다.

② 실험실습실의 환경

교사는 실험실습실 환경을 조정하여 학습자가 불편함 없이 실험실습에 임하도록 배려를 해야 한다. 실험실습실의 난방, 환기, 조명, 그리고 소음의 조절에 관하여 교사는 항상 관심을 가지고 살펴야 한다.

③ 실험실습 기자재의 관리

실험실습실에 있는 기자재는 학습자들이 언제나 사용할 수 있도록 준비되어 있어야 한다. 실험실습의 성과는 효과적인 실험실습 기자재의 관리 체제에 많은 영향을 받는다. 그래서 실험실습 기자재의 관리계획을 수립할 때는 다음과 같은 원리를 적용하는 것이 바람직하다.

- 그 분야의 실험실습에 필요한 모든 기자재를 쉽게 사용할 수 있도록 해야 한다. 그러나 값비싼 정밀 기구는 교사가 직접 관리하면서 필요할 때엔 사용할 수 있게 한다.
- 자주 사용하는 기자재는 작업하는 장소에 가까이 위치해 있어야 한다.
- 기자재는 학습자들이 쉽고 정확하게 찾아 쓸 수 있도록 한다.
- 기자재는 실험실습 전과 끝난 후에 교사가 쉽게 수량과 상태를 파악할 수 있도록 조직이 되어 있어야 한다.
- 잃어버렸거나 파손된 기자재는 즉시 보충되어야 한다.
- 모든 기자재는 깨끗히 정돈 보존되어 있어야 한다.

실험실습 기자재를 잘 유지하려면 이를 위한 계획이 필요한데, 그 계획수립의 첫 단계는 정기적인 보수 유지를 필요로 하는 목록을 작성하는 일이다. 그 다음에는 이들 기자재에 요구되는 보수의 내용과 보수에 소요되는 기간 등을 기록하는 일이다. 각 실험실습실별로 기자재 유지 보수장부를 만들어 기자재의 보수부분, 보수의 주기, 보수된 시기, 보수 담당자 등에 관한 기록을 해 놓으면 크게 도움이 된다.

19) 현장실습

(1) 현장실습의 의미

현장실습은 수업목표를 달성하기 위해 생산적인 작업현장에서 경험을 얻도록 계획된 프로그램이라고 정의할 수 있다. 현장 경험을 통한 교육의 중요성은 학습을 실제 생활 체험인 경험에 기초해야 하는 것으로 보는 경험중심 교육철학과 학습자가 학습해야 할 상황에 직접 참여하도록 해야 한다는 학습 이론에서 근거를 찾아볼 수 있다. 이와 같이 현장실습을 통한 교육의 중요성은 다음과 같다.

① 학교에서 배운 지식과 기술을 산업사회의 현장에서 실천해 봄으로써 전공분야에 관한 이론과 실제를 체험할 수 있게 한다.

② 전공분야의 여러 직종에 관한 사전 경험을 통하여 졸업 후 자기 적성, 흥미, 능력에 알맞은 직업을 선택할 기회를 준다.

③ 학습자들에게 일의 중요성과 자신이 할 일에 대한 책임감, 신뢰감, 성취감을 갖게 한다.

④ 복합적인 상황 속에서 여러 사람들과 접촉하고 협동하는 과정에서 원만한 인간관계를 가질 수 있는 소양을 길러 준다.

⑤ 전공분야와 관련있는 사회의 각종 분야와 밀접한 유대관계를 가질 수 있는 계기가 된다.

⑥ 학교시설이 부족한 것을 보충할 수 있고 실험실습에 소요되는 비용을 줄일 수 있다.

⑦ 학교 교육과정을 사회의 요구에 보다 적합하도록 계획, 운영할 수 있다.

(2) 현장실습의 계획과 실시

① 현장실습의 목표설정

목표란 모든 활동의 방향을 정해 주는 지침으로, 활동은 목표를 달성하기 위한 수단이나 방법이 될 뿐 활동 그 자체가 목적이 되어서는 안 된다. 따라서 현장실습도 수업목표를 달성하기 위한 한 방법으로 실시하는 학습자의 학습 형태이므로, 능률적인 현장실습을 하기 위해서는 목표가 구체적이고 분명해야 한다. 그렇게 함으로써 학교, 학습자, 기업체가 목적의식을 갖고 현장실습에 임하고 또 각자 맡은 역할과 책임을 효율적으로 수행할 수 있게 된다.

② 현장실습을 위한 조사

현장실습의 목표를 설정하고 이를 실시하기 위해서는 현장실습을 위한 기초조사가 이루어져야 한다. 기초조사의 내용은 학습자, 실습할 현장, 그리고 관련기관에 해당되며 구체적으로 다음과 같은 사항이 파악되어야 한다.

- 학습자 개개인의 학습능력
- 산학협동교육 프로그램에 대한 흥미와 이해
- 학습하고자 하는 학습욕구
- 학습자의 진로계획
- 직업에 대한 관심과 희망분야
- 학습자 개개인의 생활관
- 학습자 개인의 성격
- 기업이나 대상 실습기관의 형태 및 특성
- 실습기관의 직원 수
- 실습기관의 인력 수요
- 학습자가 맡게 될 직무
- 학교교육에 협조하려는 태도

③ 현장실습 교육의 운영

현장실습을 위한 기초조사가 끝나면 현장실습을 위한 계획을 수립하고 계획에 따라서 현장실습을 실행하게 된다.

현장실습의 실시과정은 다음과 같다.

- 현장실습기관과 산학협동 위원회를 조직하고 전담교사를 둔다.
- 현장실습의 목표에 따라 현장에서 학습하게 될 내용과 단계, 절차에 관한 실천계획을 수립한다.
- 현장실습의 장소와 시기, 기간, 교육내용 및 방법, 숙식, 교통문제 등에 관하여 실습기관 책임자 및 현장실습 지도교사와 협의한다.
- 학교의 행정지원, 현장실습예산, 학교수업과의 관계 등에 관한 계획을 수립한다.
- 학습자들에게 사전 안내교육을 실시하고 실습기관에 협조요청을 한다.
- 학습자들의 현장실습을 전담하는 교사는 수시 방문, 지도한다.
- 현장실습의 결과에 대한 평가는 준비된 평가기준에 의해 평가하고 실습기관과 공동평가회를 갖는다.
- 현장실습의 개선방안을 모색한다.

[그림 6-9] 실습을 통한 학습

④ **현장실습 교육의 평가**

현장실습 지도교사는 현장실습의 목표와 학습내용을 참작하여 평가기준을 정하며 이 기준에 따라 학습자의 현장실습 교육평가를 실시한다. 학교에서는 평가의 모형을 개발하여 현장실습기관의 지도교사가 참고 · 이용할 수 있도록 하는 것이 바람직하다. 현장실습 교육의 평가에 기준이 되는 내용은 대략 다음과 같이 생각해 볼 수 있다.

- 실습기간 중 출퇴근 시간의 실천
- 실습에 임하는 태도
- 실습능력
- 실습의 적응능력
- 용모, 언행
- 실습생과 실습기관 직원의 인간관계
- 책임감과 독자적 수행능력
- 적극적이고 창의적인 태도

(3) 안전교육의 실시

① 안전교육의 의미

안전교육이란 여러 가지 재해로부터 학습자를 안전하게 지키는 교육을 말한다. 각종 실험이나 현장실습의 실시에 있어서 학습자에겐 여러 가지 위험이 산재해 있으며 이러한 위험한 사실을 인지하지 못하는 경우가 있다. 따라서 교사 또는 현장실습 지도교사는 학습자를 재해로부터 지켜주고 학습자 스스로 안전을 지킬 수 있도록 하는 교육을 실시해야 한다. 이와 같은 안전교육은 다음과 같은 요소가 포함되어야 하며, 학습자로 하여금 안전의 중요성에 대한 인식을 높이고 안전에 관한 지식을 넓히도록 하여야 한다.

- 교사는 실험이나 실습을 감독지도하고 교사가 없는 경우에는 실험이나 실습을 하지 않도록 한다.
- 교사는 학습자가 도구와 장비의 사용법에 의문을 갖지 않도록 완벽하게

시범을 보인다.
- 안전의 실천에 관한 토의를 통해 자세를 확립하고 태도를 갖게 한다.
- 학습자들이 안전수칙을 반드시 지키도록 한다.

② 안전교육의 목표

안전교육의 목표는 실험 · 실습장에서 학습자의 안전의식을 높이고 안전을 도모하게 하여 안전한 실험 · 실습을 하는 데 있다. 그 구체적인 목표는 인간 생명을 존중하고 재해의 방지 가능성의 신념을 가지며 안전은 협력적인 활동이라는 것을 알고 실천하는 데 있다.

③ 실험실습실 안전의 기본사항
- 교사의 허락 없이는 기계를 사용하지 않는다.
- 실험실습기구를 작동시킬 때는 모든 사람에게 알린다.
- 실험실습기구의 안전장치를 함부로 만지지 않는다.
- 실험실습기구가 작동될 때는 반드시 옆에서 지켜본다.
- 실험실습기구가 작동될 때는 조정을 하지 않는다.
- 실험실습기구를 작동할 때는 긴 소매가 있는 옷과 넥타이를 매지 않는다.
- 사용 후에는 실험실습기구를 깨끗이 한다.
- 실험실습실에서 뛰거나 장난하지 않는다.
- 실험실습기구를 사용한 후에는 반드시 원위치에 갖다 둔다.
- 바닥에 떨어진 어떤 액체라도 즉시 깨끗이 청소한다.
- 파편과 폐물은 정해진 통에 넣는다.
- 실험실습에 맞는 의복과 안경을 착용한다.

④ 통행과 운반 시 안전사항
- 통로가 아닌 곳은 통행을 삼가한다.
- 정해진 통행규칙을 엄수한다.
- 옆을 본다거나 주머니에 손을 넣고 통행하는 것은 삼가한다.
- 뛰지 않으며 커브길이나 출입구에서는 주의한다.

- 작업 중인 자와 운반 중인 자를 방해하지 않도록 한다.
- 정차 중인 차량 옆을 지날 때에는 갑자기 움직일 것을 대비하여 일정한 간격을 유지한다.
- 무거운 물건을 운반할 때는 맨홀이나 홀 뚜껑에 주의해야 한다.
- 물건 운반 시 앞이 보이지 않도록 높이 쌓지 말아야 한다.
- 승용석이 없는 운반차에 타지 말아야 한다.
- 운반차는 규정속도 이상 달리지 말아야 한다.
- 얼어붙은 바닥은 미끄러지기 쉽다는 점을 생각해야 한다.
- 중요한 통로에는 적당한 표시를 해야 한다.
- 기계와 기계 사이 또는 기계와 다른 설비의 사이에 설치하는 통로의 넓이는 적어도 80cm 이상이어야 한다.

⑤ 공동 실험실습 시 안전사항

실험이나 작업시작 전에 각자에게 분담된 작업내용, 실험이나 작업방법을 알게 하고, 익숙지 못한 작업자에게는 실험이나 작업방법, 신호, 위험방지 방법 등을 잘 가르쳐 주어야 한다.

- 여러 사람이 공동으로 실험이나 작업을 할 때는 지휘자를 정해 놓을 것
- 기계 운전을 시작할 때 송전, 가스, 증기, 압축공기 등을 보내기 시작할 때, 또는 정지시킬 때에는 관리자에게 신호하고 안전을 확인한 다음에 할 것
- 신호는 미리 관계자가 잘 이해하도록 해 놓을 것
- 기계, 전기 설비 등을 보수하는 도중에 부주의로 송전이나 작동 등이 되지 않도록 스위치 및 밸브에 표시하고 관계자에게 연락해 놓을 것
- 중량물을 운반할 때에는 올라갈 때, 걸어갈 때, 정지할 때, 짐을 내릴 때 등의 각 동작마다 분명하게 신호하고 동작을 일치시키도록 할 것
- 상대방의 숙련도에 따라서 실험이나 작업속도를 가감할 것
- 기능이나 체력이 열등한 자에 대해서는 숙련자나 지휘자가 항상 주의해서 보살펴 줄 것

⑥ 중량물 취급 시 안전사항

- 다리를 안정하게 하고 무리가 없는 자세로 취급할 것
- 취급하는 물건에 알맞는 장갑, 안전화, 어깨 덮개 등의 보호구를 착용할 것
- 물건을 내릴 때에는 바닥이나 먼저 내린 물건과의 사이에 손가락이 끼지 않도록 할 것
- 운반하는 통로는 미리 정돈되어 있는가를 확인할 것
- 자신의 힘에 겨운 물건은 기중기나 운반차를 이용할 것
- 작업 지휘자를 반드시 정할 것
- 운반 도중 서로 신호 없이 힘을 빼지 말 것
- 긴 목재를 둘 이상 메고 운반할 때는 소리를 내어 동작을 맞출 것
- 매다는 용구나 운반차 등은 제한 하중을 명시하고 이것을 초과하지 말 것
- 달아 올리는 물건은 항상 수평을 유지할 것
- 필요 이상으로 높이 달지 말고 오래 매달지 말 것
- 차 밖으로 튀어나오지 않도록 쌓고 필요에 따라 빨간 헝겊으로 표시할 것
- 화물을 실을 때나 내릴 때, 또 경사면에 차를 정지시킬 때는 정지장치를 해 놓을 것

⑦ 높은 곳 작업 시의 안전사항

- 안정성있는 발판을 사용한다.
- 양손을 자유롭게 쓸 수 있도록 하되 올라갈 때는 물건을 쥐고 올라가지 않는다.
- 안전모, 루프 등의 보호구를 사용한다.
- 작업 구역에 작업자 이외의 사람은 출입을 금지한다.
- 가벼운 복장을 착용한다.
- 조립 · 해체 등의 시기 · 범위 · 순서 · 준비 등을 작업자에게 철저하게 주지시킨다.
- 다리 달린 사다리, 발판 등은 사용 전에 잘 점검하며 짧은 사다리를 이어

서 사용하지 않는다.

- 발판이 하중에 견딜 수 있는가를 확인한다.
- 발판의 조립 · 해체 · 수리는 숙련된 자가 하도록 한다.
- 옥상의 작업은 숙련자가 할 것이며 슬레이트 지붕은 판자를 깔고 그 위를 걸어다닌다.

⑧ 화기 화학 취급 시 안전관리

가. 화기 발생의 형태

㉠ 화로 : 성냥, 라이타, 토치램프, 용접 난로, 보일러

㉡ 불꽃 : 전기드릴, 연마기, 전동기, 충격 불꽃, 내연기, 시동 스타터

㉢ 고열물 및 기타 : 전기히터, 아이스릴, 단열압축, 자연발화, 담뱃불 등

나. 가연물

㉠ 산화하기 쉬운 것

㉡ 산소와 접촉 면적이 큰 가스류

㉢ 발열량이 커서 연소의 지속성을 갖고 있는 것

㉣ 전도율이 적어 열을 갖고 있는 힘이 높은 것

㉤ 건조한 것

다. 폭발(빛과 소리)

폭발의 종류

㉠ 가스폭발 : 가스 누출방지, 통풍 환기, 화기 관리

㉡ 분진폭발 : 분진발생 억제와 배제, 화기 관리

㉢ 수증기 폭발 : 수분의 억제, 용해된 금속과의 접촉 방지

㉣ 증거폭발 : 충격, 돌풍 방지

라. 위험물의 종류

㉠ 폭발성인 것 : 가열, 충격, 마찰에 의해 발생한다. 과산물, 니트로 화합물

㉡ 발화성인 것 : 공기와 접촉하여 발화–금속나트륨, 카바이트, 생석회, 금속카리움 등

㉢ 산화성인 것 : 산화성이 발열하여 발화-염소산염, 과염소산염, 과산화물 등

㉣ 인화성인 것 : 인화성 억제-기름, 가스 등

㉤ 가연성 가스 : 공기와 일정하게 혼합하여 발화-수소, 메탄, 프로판, 아세틸렌 등

마. 가연성 가스의 폭발 방지

㉠ 가스 누설 조기 발견 처리

㉡ 실내공기 환기

㉢ 가연성 가스 존재 여부 확인

㉣ 점화된 누출 가스 제거

㉤ 위험물 저장장소에서 화기 사용 엄금

⑨ 교사의 유의사항

실험실습장 관리 및 작업 안전관리의 일차적인 책임은 교사에게 있다. 실험실습장 내에서의 안전사고를 미연에 방지하기 위하여 교사는 특히 다음 사항에 유의해야 한다.

㉮ 학습자들이 실습 중일 때 실습장을 떠나지 말아야 한다.

㉯ 학습자들이 처음으로 기계나 실험기구를 사용할 때에는 사용 전에 반드시 그 기계나 실험기구와 관련된 안전교육을 시켜야 한다.

㉰ 기계나 실험기구 또는 장비를 부적절하게 사용하는 학습자들은 교사가 특별히 관심을 두고 지도, 감독해야 한다.

㉱ 실험실습장 내의 모든 기계나 실험기구의 안전장치와 보호장치가 제대로 작동하고 있고 또 사용되고 있는가를 늘 확인하여, 제대로 작동하지 않거나 사용되지 않고 있을 때에는 즉시 적절한 조치를 취하여 시정하도록 한다.

⑩ 안전조치

교사는 다음과 같은 조치로 인간적인 요소와 관련된 안전사고를 최소한으

로 줄일 수 있도록 해야 한다.

㉮ 기계나 실험기구의 사용과 관련된 안전사항과 기계나 실험기구의 사용 방법을 명확하게 학습자들에게 알려 준다.

㉯ 게시판 등을 사용하여 예비 안전조치를 강조한다.

㉰ 항상 안전의 긍정적인 면을 강조한다.

㉱ 기계나 실험기구의 사용에 있어서 항상 청결과 사용하는 기술의 정밀한 작업을 강조한다.

㉲ 시범은 정확하고 바른 절차에 따라 제시하고 시범 지도 중에 제반 안전 사항을 강조하여 지적해 준다.

㉳ 학습자들의 작업 중에 그들의 이해력과 작업수행 능력을 계속 평가해 준다.

㉴ 학급 내 또는 실험실습장 내에서의 안전절차에 관하여 학급토의를 실시 한다.

[그림 6-10] 안전교육

7

실기교육의 교육매체

수업의 효과를 극대화하는 일은 교사와 학습자 그리고 교육내용이 상호작용하는 데 가장 적절한 교육매체를 선정하여 효율적으로 활용하는 일이다.

따라서 교사는 교육내용과 학습자의 특성에 적절한 교육매체를 선정 · 활용하는 데 중요한 역할을 담당해야 한다.

1. 교육매체의 개념

1) 교육매체의 의미

교육매체라는 말은 시청각교육에서 시작되어 비도서자료를 의미하는 것으로 사용되어 오다가 그 개념이 확대되어 도서 및 비도서자료를 포함하는 뜻으로 사용되었다. 매체는 between을 의미하는 media에서 온 말이다.

따라서 매체는 무엇과 무엇과의 사이를 맺어 주는 역할을 의미하게 되며 교육매체는 교수학습과정에서 학습에 자극을 부여할 수 있는 사물이나 구성요소를 의미하게 된다. 즉 교수학습과정에서 학업성취를 도모해 주는 인적자원 및 물적 재료를 의미한다. 교육매체는 교재(instructional materials)와 교구(instructional equipment)로 구성된다. 교재는 교육자료라고도 불리며 교수학습을 위한 자료인데 교구의 개념과 비교하면 상대적인 개념이 된다. 예컨대 영화가 교육매체로 사용될 경우 필름은 교재가 되고 영사기는 교구가 된다. 그러나 교재를 광의로 사용할 때는 교구를 포함하여 모든 교육자료를 의미할 수도 있다. 따라서 시청각교재(audiovisual materials)라 할 때 시청각교구(audiovisual equipment)와 구분하지 않고 시청각교재와 교구를 모두 포함하여 사용되기도 한다.

2) 교육매체의 기능

전통적인 교육매체인 교과서로부터 현대적인 교육매체인 컴퓨터까지를 포함한 교육매체가 교수학습과정에서 가지는 기능을 정리하면 다음과 같다.

(1) 정보의 기록, 고정, 보존, 재생 및 제시

교육매체는 사물, 사상, 개념, 사고과정을 기록하고 고정시켜 보존하고 필요에 따라 재생할 수 있게 한다. 실물이나 표본의 경우에는 매체 자체가 전달을 위한 고정과 보존의 역할을 한다. 교과서의 경우는 종이가 소재로 되고 활자나 그림이 고정화된 것이다. 정보의 기록, 고정, 재생의 기능에 힘입어 교육매체는 학습자에게 사물에 대한 간접적인 대리경험을 제공한다.

(2) 정보의 조작과 편집

교육매체는 수업목표에 의거하여 기록된 정보를 필요에 따라 선택, 조작, 재구성을 할 수 있게 한다. 예컨대 녹화된 자료의 재생시 VTR을 사용하여 움직임을 실제보다 느리게 재생할 수도 있고 움직임을 정지된 영상으로 제시할 수도 있다. 녹화 재생시 특수조작을 구사해서 인간의 육안으로는 불가능한 장면을 볼 수 있게 도와준다.

기록된 언어나 영상, 음성으로 수록된 메시지는 교수학습과정에 적용할 때 체계적으로 필요한 부분만을 선택하여 재편집하게 된다. 편집 시 누락된 부분을 첨가하는 과정도 가능하다. 편집시 고려할 사항은 정보의 종류, 분량, 난해 정도 및 재생순서 등이며, 문제해결학습, 계통학습, 발견학습과 같은 학습방법에 따라 편집이 적절하게 되어야 한다.

(3) 정보의 확대전파성

교육매체는 기록에 의해 고정된 정보를 공간을 초월하여 많은 사람에게 동시에 제공할 수 있다. 교실에서는 매체의 효과가 해당 교실만으로 제한되나 방송매체를 이용하면 많은 대상자에게 정보를 전달할 수 있다.

(4) 개념과 가치의 심상화

교육매체는 추상적인 개념, 법칙, 원리를 심상화해서 제시하게 된다. 예컨대 순환기 모형, 생물의 진화도, 기계의 배선도 등 모형매체는 추상적인 개념을 심상화하여 정보를 제공한다. 텔레비전이나 라디오의 드라마는 지적 이해나 판단뿐만 아니라 정의나 갈등을 불러일으켜 주는 면에서 추상적 원리와 가치를 심상화하여 전달하게 된다. 또한 교육매체는 교수학습과정에서 다음과 같은 특성을 갖는다.

① 교육매체는 수업을 능률적이며 효과적으로 진행하는 데 도움을 준다.

② 학습자의 흥미를 유발하여 적극적인 학습활동을 하도록 하며 기억에 오래 남는 수업을 할 수 있도록 한다.

③ 학습경험의 확대와 심화를 가능하게 하여 수업을 효과적으로 할 수 있다.

④ 모든 학습자에게 공통된 경험을 준다.

⑤ 학습자의 태도형성에 도움을 준다.

3) 교육매체의 선택

교육매체의 선택은 수업설계에 있어서 필수적인 요소이다. 교육매체의 도입으로 교사에 의해 계획된 수업목표가 구체화되고 수업설계가 효과를 거둘 수 있다. 교육매체의 선택기준은 다음과 같다.

- 사고나 개념을 올바르게 전달할 수 있다.
- 수업과정에 있어서 내용을 효과적으로 제시할 수 있다.
- 학습자의 연령, 지능, 경험에 맞출 수 있다.
- 시청각교재 및 교구의 정비상태가 양호하다.
- 교재활용에 관한 안내서가 준비되어 있다.
- 사고력과 비판력을 함양할 수 있다.
- 교재활용에 필요한 시간, 비용, 노동력, 효과 등이 적절하다.

교육매체를 수업목표와 관련시켜 보면 인지적 수업목표는 시청각교재의 활용이 필요하고, 정의적 수업목표는 청각교재나 사진, 영화, 시뮬레이터, 언어실습 등을 이용하여 성취할 수 있다. 또한 운동기능적 수업목표는 청각교재, 시뮬레이터, 언어실습, 견학 등에 의해 달성될 수 있다. 따라서 교육매체를 선택할 때에는 수업목표를 고려하여 선정이 되어야 할 것이다.

겔라크(Gerlach, H.)는 교육매체의 선택에 고려되는 5가지 기준을 다음과 같이 제시하고 있다.

① 적절성 : 매체가 학습과제에 적합한가에 관한 기준

② 난이도 : 매체가 학습자의 지적 수준에 적합한가를 고려한 기준

③ 경제성 : 매체활용에 필요한 비용과 학습효과를 비교하는 기준

④ 이용가능성 : 매체활용이 가능한 시간을 측정하는 기준

⑤ 질적 양호도 : 학습자가 이해하기 쉽도록 매체의 내용과 질이 우수한가의 기준

4) 교육매체의 이론

(1) 데일의 경험원추 이론

데일(Dale, H.)은 『경험의 원추(Cone of Experience)』라는 저서를 통해 시각 교재의 체계를 한층 더 포괄적으로 분류하고 구체적, 추상성을 기준으로 경험학습 자료를 하나의 도식으로 총괄하였다. 원추에서 위로 올라갈수록 추상성이 높아지고 아래로 내려올수록 구체성이 높아진다고 보았다.

① 직접적이고 의도된 경험

경험원추의 제일 아래 부분은 구체적이고 직접적이며 감각적인 경험으로 협동학습의 기초를 이룬다. 생활의 실제경험을 통해 의미있는 정보와 개념을 축적한다.

② 고안된 경험

고안된 경험은 직접경험의 공간적 한계를 극복할 수 있게 하며 실물의 복잡성을 단순화해서 기본적인 요소만을 제시할 수 있다.

③ 극화된 경험

극화된 경험은 직접 접할 수 없는 사건이나 개념을 경험하도록 한다. 연극을 보거나 직접 출연함으로써 이미 없는 사상을 경험할 수 있다.

④ 연시

연시란 중요한 사실, 생각, 과정의 시각적 설명이다. 즉 사진, 그림, 동작을 활용하여 그 경험을 보여주는 것이며 연시경험은 곧 실지로 실행하는 결과를 갖게 된다.

⑤ 견학

견학은 그 일이 실제 일어나는 곳이나 있는 현장을 직접 가서 보고 경험하는 것이다.

⑥ 전시

사진 전시, 그림 전시, 책의 전시 등을 학습자에 보여줌으로써 학습자는 전시된 것을 관찰하며 배운다.

⑦ TV

TV는 현재 진행되고 있는 사건이나 일어나고 있는 현상을 담아서 편집하고 수록할 수 있는 동시성을 지니고 있으며 학습자들에게 직접 경험의 감각을 제공하는 것이다. 또한 여러 가지 내용을 동시에 보여줄 수 있으며 그림이나 글씨를 삽입하여 활용할 수도 있다.

⑧ 영화

영화는 보고 듣는 경험을 제공하며 현실감을 느낄 수 있게 해 줄 뿐만 아니라 중요상황이나 인물을 확대하여 다룰 수 있다. 또한 사실이나 상황을 제작하고 극화하므로 학습자들의 흥미를 유발시킬 수 있다.

⑨ 사진, 그림, 레코드, 라디오

사진, 그림, 레코드, 라디오 등의 매체들은 위의 내용들보다 간접적이긴 하나 동기를 유발하는 데 효과적이며 글을 모르는 학습자들에게는 적절한 매체이다.

⑩ 시각적 상징

시각적 상징은 추상적인 표현을 다루게 되는 것으로 칠판, 지도, 도표, 차트 등을 이용해 실제 물체를 나타내기도 하고 시각적인 기호로 표현하기도 한다. 시각기호는 학습자의 경험과 분명한 연관이 있을 때 기호로서 효과적이다.

⑪ 언어적 상징

언어적 상징은 사물이나 내용이 의미하는 것과 시각적으로 연관을 갖지 못하는 것으로, 시각기호의 의미를 이해하고 있어야 사용할 수 있는 것이다.

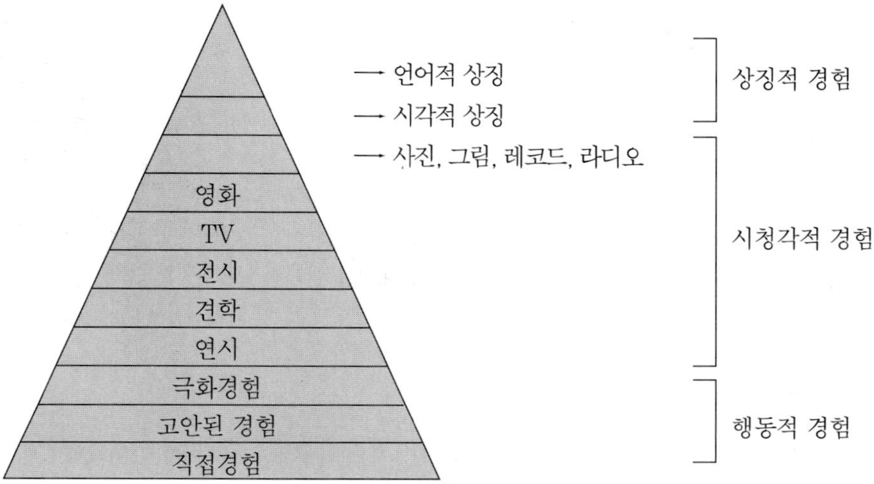

[그림 7-1] 경험의 원추도

(2) 올센의 이론

올센(Olsen, E.)은 학습에는 기본적인 세 가지 형이 있는 것으로 보았다.

① 직접경험에 의한 직접학습

② 대리경험에 의한 대리학습

③ 상징경험에 의한 상징학습

이와 같은 학습유형을 [그림 7-2]와 같이 제시하였다.

올센은 학습유형을 경험학습이 직접적인 것이냐 간접적인 것이냐 또는 현실자체냐 시청각자료냐라는 점에서 분류하여 논리적으로 명확하며 보다 알기 쉽도록 구분하려 하였다. 이러한 유형에서 사용하게 되는 시청각교구의 특징을 다음과 같이 설명하고 있다.

① 시청각교구는 시각과 청각에 직접 호소하는 기계적인 교육의 도구이다.

② 시청각교구의 가치는 다양하다.

- 시청각교구는 산경험을 제공한다.
- 시청각교구는 복잡한 자료를 단순하게 해서 제공한다.
- 지리적으로 먼 상황이나 사진을 인격화한다.

- 과거의 현상을 현실화한다.
- 시간을 경제화한다.

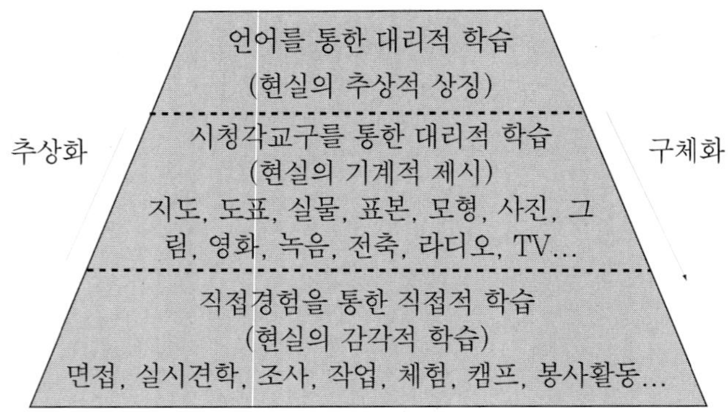

[그림 7-2] 시청각교구와 학습의 분류

③ 시청각교구의 효과적인 이용을 위해서는 여러 가지 조건이 고려되어야 한다.

- 시청각교구는 학습지도를 위해서 보조로 이용되어야 하며 대용물이 되어서는 안 된다.
- 선택된 시청각교구는 계획한 수업목표를 정확하게 달성하기 위하여 직접적이고 효과적으로 이용될 수 있다는 확신을 가져야 한다.
- 시청각교구나 자료는 수업목표에 비추어 선택되어야 한다.
- 교사는 교구가 갖는 특별한 기능에 대하여 잘 알고 있어야 한다.
- 학습자의 흥미나 관심 그리고 능력과 경험 등 심리적 발달단계에 적절한 교재교구를 사용해야 한다.
- 교사는 교재교구의 활용에 앞서 철저한 계획과 준비를 해야 한다.
- 너무 많은 교구를 한꺼번에 사용하는 것은 피해야 한다.
- 시청각교구가 오락적으로 될 수 있음을 고려해야 한다.
- 복잡한 사상들을 너무 간략화하지 않도록 배려한다.

(3) 킨더의 이론

킨더(Kinder, K.)는 지적 활동의 과정을 구체적 · 직접적 단계로 옮겨가는데 감각, 지각, 기억, 표상, 비교, 개념, 추리, 사고의 단계를 거쳐서 형성된다고 하였다. 그리고 각 단계의 활동은 하부의 활동과정을 기반으로 하고 있어 복잡한 개념적 사고도 구체적 현실의 세계에서 완전히 이탈할 수 없다고 하였다. [그림 7-3]에서 보면 아래는 과정이 구체적이지만 위로 올라갈수록 추상적으로 되어 있어 결국 개념의 적용과정으로 볼 수 있다.

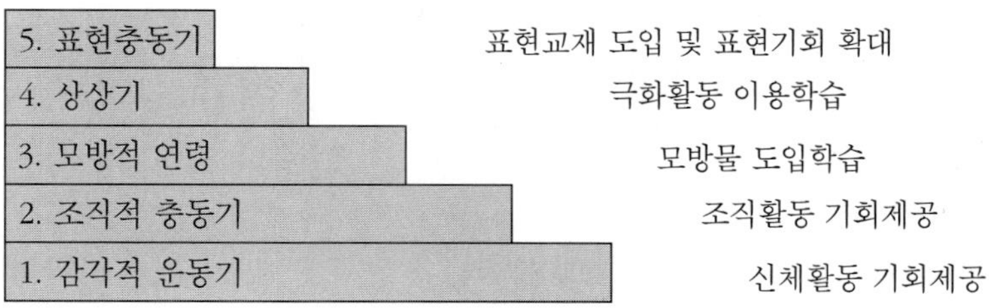

[그림 7-3] 학습과정의 5단계

킨더는 시청각자료를 적절히 사용하였을 때의 효과를 다음과 같이 제시하고 있다.

① 개념적 사고의 기초를 제공하며 학습자의 무의미한 언어반응을 감소한다.

② 시청각자료는 흥미를 유발시킨다.

③ 발전적 학습의 기초를 제공하며 영속적인 학습을 가능하게 한다.

④ 학습자의 능동적인 활동을 자극하는 현실적인 경험을 준다.

⑤ 사고의 계속성을 발전시킨다.

⑥ 의미의 습득에 도움을 주며 어휘를 발달시킨다.

⑦ 교재에서 쉽게 얻을 수 없는 경험을 제공해서 수업의 다양성과 효율성을 높인다.

이와 같은 교육매체의 효과를 활용하기 위해 킨더는 시청각자료 이용의 원칙을 다음과 같이 열거하고 있다.

① 수업계획과 관련하여 종합적으로 이용하도록 한다.
② 치밀한 준비와 사후평가를 해야 한다.
③ 학습자는 준비를 철저히 하여 적극적인 참여를 하도록 계획한다.
④ 전시나 연시는 적극적인 입장에서 사용한다.
⑤ 교사는 학습자의 반응을 유발하도록 한다.
⑥ 오락으로 사용하지 말고 수업목표에 통합시켜야 한다.

2. 교육매체의 종류와 활용

1) 실 물

(1) 실물의 의미와 가치

실물은 실제의 물건이므로 수업에 이용하면 학습자의 흥미를 높여 주고 수업내용을 구체적이고 정확한 인상을 주어 오랫동안 기억할 수 있게 해 준다. 실물에는 순수한 자연물과 인공이 가해진 인공물로 구별할 수 있으며 모두 수업에 적절히 사용할 수 있다.

실물이 가지고 있는 가치는 실물이라는 특성 때문에 연령이나 배경이 다른 학습자에게 이해를 쉽게 하고 정확한 지식을 주므로 광범위하게 사용할 수 있으며, 감각을 통하여 직접 경험을 할 수 있으므로 학습자의 주의와 흥미를 끌어 학습을 보다 의미있고 생생하게 해 준다.

(2) 실물의 장점

① 사물을 자연의 상태로 관찰할 수 있다.
② 직접적이고 구체적이며 입체적인 관찰을 한다.
③ 형태, 색채, 냄새, 음색, 맛, 단단한 정도를 직접 경험할 수 있다.
④ 자연물의 내용을 실생활과 결부시킬 수 있다.

⑤ 수업상황을 종합적으로 체험할 수 있어 실사회생활에 기여할 수 있다.
⑥ 모든 학습자에게 광범위하게 사용할 수 있다.

(3) 실물의 단점

① 시간과 시기적인 제약이 있다.
② 이동상의 제한성과 실물 크기에 한정이 있다.

(4) 실물 사용의 유의사항

① 실물을 선택하는 데 주의해야 한다.
② 학습자가 직접 다루고 관찰하며 교사는 보충설명을 한다.
③ 학습현장 또는 지역사회에서 구입 또는 수집한 것으로 한다.
④ 다른 자료와 병행해서 사용한다.
⑤ 관찰하고 조사한 학습내용을 종합 검토하도록 한다.

2) 표 본

(1) 표본의 의미

표본은 실물과 같은 종류이긴 하나 실물을 수업현장에 제시할 수 없거나 원상태로는 내부의 상태를 관찰할 수 없을 때 이용하며, 표본만으로는 관찰이 불가능할 때는 현장과 관련된 영화, 사진, 그림 등으로 보완하여 활용하면 효과적이다.

표본의 종류는 광물표본, 식물표본, 동물표본, 곤충표본, 생산품표본, 발굴표본, 생산과정표본 등이 있다.

(2) 표본의 장점

① 학습자의 주의와 흥미를 집중시킨다.
② 수업에서 실현 불가능한 것을 합리적으로 경험하게 해 준다.
③ 시간 및 공간의 제한을 받지 않는다.

④ 구체적이고 직접적이어서 개념 형성을 용이하게 해 준다.

(3) 표본의 단점

① 생물체의 표본은 생명이 없다.

② 퇴색하여 색채가 변질되는 것이 있어 원래의 상태를 파악하기 어렵다.

(4) 표본사용의 유의사항

① 가능한 한 실물의 형태를 보존하도록 한다.

② 사용, 보존하기에 편리한 것이어야 한다.

③ 표본의 종류 및 내용을 여러 각도로 수집한다.

④ 수업 내용에 적절한 표본을 선택한다.

⑤ 학습자들이 직접 경험하도록 한다.

⑥ 실물과 표본자료의 크기 차이에 보충설명을 한다

⑦ 가능한 한 교사와 학습자가 공동으로 표본을 제작한다.

[그림 7-4] 표본

⑧ 사용 전에 교사가 자세히 설명하여 자료에 대한 주의를 집중하게 한다.

3) 모 형

(1) 모형의 의미

모형은 실물의 입체적인 재현으로 일반적으로 실물의 대체물로 간주된다. 모형은 표현하는 실물과 비교해서 크게도 하고 작게도 하며, 동일하게도 한다. 모형은 수업목표에 따라 실물과 같이 상세히 제작할 수도 있고 실물보다 단순화할 수도 있다. 모형 중에는 내부를 볼 수 있도록 분해가 가능한 것도 있는데 실물에서는 내부분해가 불가능하다. 실물로는 구도가 너무 복잡해서 이해하기 어려운 경우와 실물제시가 용이하지 않은 경우에는 모형을 사용함으로써 실물과 같은 효과를 얻을 수 있다.

(2) 모형의 종류

① 축소형 모형

우주 전체나 도시모형, 건물모형, 교통 panorama 등에 많이 사용된다.

② 단순형 모형

학습자에게 실물이나 현장이 지나치게 복잡하여 제시하지 못할 때 그 물체를 단순화하여 복잡한 부분의 일부를 노출시켜 제작한 모형을 보여줄 수 있다.

③ 단면모형

증기기관의 단면은 실물로는 내부의 동작상태를 관찰시킬 수는 없으나 단면 모형으로 원리를 설명할 수 있다.

④ 실물대용의 모형

실물을 얻지 못하여 고고학의 유물이나 모조품을 만들어 보여주기 위한 모형이다.

⑤ 확대모형

미생물이나 원자의 모형들을 확대하여 제시하는 모형이다.

(3) 모형의 특징

① 책에서 얻은 간접적인 경험을 모형에 의해 현실적인 이해를 할 수 있게 하며 재현물로 활용할 수 있다.

② 모형은 분해 또는 조립도 가능하여 시각적이고 입체적인 학습자료다.

4) 사진과 그림

(1) 사진과 그림의 특성

사진과 그림은 언어보다 실제적이고 구체적인 인상을 주는 것으로, 언어를 능가하고 문화적인 장벽을 극복할 수 있는 통신매체로서 세계의 공통어의 구실을 한다. 사진과 그림은 시청각교재 중에서 비교적 손쉽게 구하여 이용할 수 있는 시각교재로, 제작하기 쉽고 경비도 적게 든다. 특히 삽화, 판화와 신문, 잡지 등에 나타난 사진과 그림은 중요한 역할을 하고 있으며 사상이나 지각전달의 매체가 된다. 그리고 이러한 자료를 화보, 잡지, 신문 등에서 필요한 것을 손쉽게 구할 수 있는 것이다.

사진과 그림을 올바로 이해하고 그 뜻을 알도록 하기 위해서는 기본적인 능력을 갖추어야 하는데, 사진이나 그림에 나타난 중심되는 물체를 알아보고 무엇인지를 알아야 하며 눈에는 잘 띄지 않는 것까지도 자세히 보도록 해야 한다. 사진과 그림의 특성을 정리하면 다음과 같다.

① 언어와 마찬가지로 사상을 전달한다.

② 언어묘사에 비하여 사진은 지속성이 있으며 간편하고 오랫동안 인상에 남는다.

③ 현상을 효과적으로 압축하고 간결한 모양으로 바꾸어 표현한 것이다.

④ 보관하기 편하고 반복사용할 수 있다.

⑤ 정적 매개체로서 평면적이다.

⑥ 비교연구할 수 있으며 학습자의 연구심을 유발한다.

⑦ 상징적 언어를 지니며 정지된 상태로서 동작을 시사한다.

⑧ 요점을 강조하는 데 효과적이다.

(2) 사진과 그림자료의 선택

사진과 그림을 수업에 사용하기 위해 선택상 고려해야 할 사항은 다음과 같다.

① 수업목표를 달성하는 데 적합한 것이어야 한다.

② 학습자의 수준에 맞는 것이어야 한다.

③ 내용이 흥미로운 것이어야 한다.

④ 학습자의 상상력을 자극할 수 있는 것이어야 한다.

⑤ 학습자의 지식을 증대시킬 수 있는 것이어야 한다.

⑥ 주제가 명료하게 표현되어야 한다.

(3) 사진과 그림자료의 정리

수집한 사진과 그림을 효과적으로 사용하기 위해서는 자료들을 정리하여 보관할 필요가 있다. 여러 자료 중 중요하고 계속 사용해야 할 것은 마운팅(mounting)해서 보관한다. 사진과 그림은 마운팅을 하면 사용하기 편리하고 자료를 보호할 수 있으며 효과를 증가시켜 줄 뿐만 아니라 다루기도 쉽다.

① 수업에 유효하다고 생각되는 사진과 그림은 기회있을 때마다 수집한다.

② 수집한 그림이나 사진은 대지를 붙여 상하지 않게 한다.

③ 분류하고 정리하기에 편리하도록 라벨(label)을 붙인다.

④ 중요한 자료는 비닐 또는 셀로판을 씌워 사용한다.

⑤ 새로 좋은 자료를 입수하였을 때는 낡고 좋지 못한 것은 버린다.

⑥ 서적 중의 사진이나 그림은 백지를 삽입하여 라벨을 붙여 두었다가 실물환등기로 상용한다.

⑦ 사용하기 편리하도록 목록을 작성하고 자료실에 비치해 둔다.

(4) 사진과 그림자료의 장단점

사진과 그림의 장점은 첫째, 저렴한 가격으로 활용할 수 있고 둘째, 융통성 있게 활용할 수 있다는 것이다. 단점으로는 첫째, 크기가 제한되어 있다는 것이고 둘째, 입체감이 없으며 셋째, 활동성이 없다는 점을 들 수 있다.

(5) 사진과 그림 이용의 유의사항

① 교사는 필요한 사전지도를 충분히 한다.
② 학습할 시간적 여유가 있으면 게시 또는 개별적으로 볼 수 있도록 한다.
③ 학습의 흥미를 잃지 않도록 적절하게 제시한다.
④ 자료는 수업목표를 성취할 수 있는 것을 선택한다.
⑤ 적당한 수나 양의 자료를 제시한다.
⑥ 각 자료가 의미하는 것을 지적해 준다.
⑦ 제시의 효과를 높이기 위하여 전시방법을 연구한다.
⑧ 자료에 포함되어 있는 사항은 여러 각도에서 관찰하도록 한다.
⑨ 자료를 보고 배운 사항에 관해 의견을 나누도록 한다.
⑩ 보고 난 후 이해의 정도를 평가한다.

5) 융판

(1) 융판의 의미

융판이란 베니어판이나 카드보드(card board)에 융을 덮어 만든 판이며 그 위에 그림이나 문자 또는 숫자 등의 교재물을 임의로 필요 시에 붙여 사용할 수 있는 자료다. 특히 융판은 다른 시각자료에 비해서 특별한 기계적 조건이 불필요하며 교실의 어떤 특별한 장치나 기술을 요하지 않고, 또 학년이나 과목에 제한도 없어 일반적으로 시각에 호소하는 교재로 그 제작이나 활용방법이 비교적 간단하다. 이야기 내용이나 개념을 순서있게 제시할 수도 있으며 융판을 통하여 훈련 및 창조적 활동을 시킬 수 있게 새로운 지식이나 기술 등을 습득하게 할 수도 있다.

이와 같은 융판의 특징을 정리하면 다음과 같다.

① 기계적 장치와 조건이 필요하지 않으므로 어디에서나 이용할 수 있다.

② 특별한 조작 기술이 필요하지 않으므로 교사와 학생이 손쉽게 이용할 수 있다.

③ 색채적인 효과를 이용하여 다양성있는 제시가 가능하므로 인상적이며 학습효과를 높일 수 있다.

④ 교사와 학습자가 손쉽게 제작할 수 있으며 비용이 적게 든다.

(2) 융판의 제작

① 융판제작에 필요한 재료

- 베니어판 또는 카드보드
- 융 또는 플란넬 모직물
- 졸대
- 가위

[그림 7-5] 융판

- 풀
- 압정
- 사포
- 작은 못
- 철사

② 융판제작 방법

- 교실의 크기와 학습자 수에 따라 만들고자 하는 크기의 베니어판을 준비한다.
- 베니어판의 크기보다 10cm 정도 여분을 두고 융을 잘라 베니어판 위에 놓고 압정으로 고정한다.
- 융을 씌울 때 너무 당겨 고정하면 융털이 눕기 때문에 제시자료가 잘 붙지 않는다.
- 양면 융판을 만들 경우에는 두 조각의 융을 겹쳐 꿰매고 베니어판에 씌워 고정한다.

③ 융판자료의 제작

융판자료로서 적당한 조건은 첫째, 융판에 붙일 수 있고 쉽게 뗄 수 있어야 하고 둘째, 색채는 교육적 배려가 되어 있어서 융판의 색과 구분될 수 있어야 하며 셋째, 많은 수의 자료를 준비한다는 것이 충족되어야 한다.

- 융판에 사용할 자료는 수업내용별로 필요할 때 수시로 사용할 수 있도록 그때그때 만들어 둔다.
- 신문, 잡지 등에서 필요한 자료를 오려 내어 사용한다.
- 모양은 한눈에 특징을 이해하도록 그린다.
- 크기는 장소에 따라 학습자가 잘 볼 수 있는 정도로 한다.
- 인쇄를 할 때는 윤곽을 명확하게 그린다.
- 자료의 뒷면에다 사포나 융을 붙여 융판에 잘 붙도록 한다.

(3) 융판의 장점

① 융판은 만들기 쉽고 사용하기에 쉬우며 운반과 보관이 간편하다.

② 다양한 색상과 형태를 쉽게 붙였다 뗐다 하면서 제시할 수 있으므로 인상적이며 학습자의 주의를 집중시킬 수 있다.

③ 융판은 어떠한 수업에서고 사용할 수 있으며 간단한 것에서 복잡한 것에 이르기까지 어떤 과목에도 제한없이 사용할 수 있다.

④ 준비된 융판자료를 제시하므로 시간이 절약된다.

⑤ 수업을 극적으로 전개할 수 있어 흥미있는 수업활동이 가능하다.

(4) 융판의 단점

① 섬세한 설명에 부적당하다.

② 준비가 필요하다.

③ 내용이 떨어질 수 있다.

(5) 융판 사용상의 유의사항

① 자료는 수업과정에서 제시할 차례로 준비한다.

② 한 번에 모든 자료를 제시하는 것은 비효과적이다.

③ 한 번에 너무 많은 종류를 제시하지 않도록 한다.

④ 자료를 제시한 후 오랜 시간을 방치하지 않도록 한다.

⑤ 자료를 제시할 때는 주의를 집중시킨 후에 한다.

⑥ 자료를 뗄 때에도 학습자의 주의가 산만해지지 않도록 하나하나 다시 설명하면서 뗀다.

⑦ 융판의 사용은 수업내용에 적절하게 사용할 때에 효과적이다.

6) 칠 판

(1) 칠판의 의미

칠판은 어느 교과목에 있어서나 학습자의 이해를 돕고 전달 목적을 효율적으로 이룰 수 있는 도구이며 여러 가지 시각적 자료를 간단히 제시해 주는 매체로서 수업활동에서 가장 많이 이용되는 것이다. 칠판은 다양한 기능과 특징을 가지고 있으며 수업에 이용한 오랜 역사를 가지고 있다. 그러나 중요한 것은 칠판의 특징과 기능을 바로 알고 적절히 활용하는 것이 효과적이라는 것이다. 칠판의 특징과 기능을 정리하면 다음과 같다.

① 중요한 사실이나 원리, 과정, 방법, 정의 등을 제시하여 학습자들의 이해를 돕는다.

② 다이어그램, 그래프, 지도, 그림 등 여러 종류의 시각적 상징의 교재를 여러 방면으로 사용할 수 있다.

③ 학습의 계획, 방향 및 문제의 제시, 학습문제의 구체화 등에 유용하다.

④ 시범이나 연시에 이용될 수 있고 학습자들이 그들의 과제나 연구발표를 하는 데 유용하다.

⑤ 집단교육을 용이하게 해 주며 타 교구에 비해서 적은 훈련이나 연습으로 효과적인 사용을 할 수 있다.

⑥ 다른 교재물의 보조가 될 수 있다.

⑦ 분필의 활용 기술에 따라 학습자들의 주의집중을 효과적으로 유도할 수 있다.

⑧ 비용이 적게 들며 손쉽고 편리하게 장시간 사용할 수 있다.

(2) 칠판의 구비조건

① 칠판의 색과 글씨가 뚜렷이 대조를 이루어야 한다.

② 칠판 표면은 반사되지 않아야 한다.

③ 글씨가 깨끗이 지워져서 얼룩이 남지 않아야 한다.

④ 칠판의 색깔은 교실 내부의 전체적인 색조와 조화를 이루어야 한다.

⑤ 칠판은 학습자들의 손이 쉽게 닿을 수 있어야 한다.

⑥ 칠판 옆에 코르크판의 게시판이 따로 있으면 더욱 편리하다.

(3) 칠판의 장점

① 거의 모든 교실에서 쉽게 이용할 수 있다.
② 다른 교구에 비해 쉽게 사용할 수 있다.
③ 교사와 학습자에 의해 광범위하게 사용될 수 있다.
④ 설치비용이 경제적이다.
⑤ 중요한 요점을 강의하고 요약하는 데 적당하다.

(4) 칠판의 단점

① 많은 양의 자료를 취급할 수 없다.
② 세부적이고 복잡한 그림을 그리기 어렵다.
③ 영구적 기록이 어렵고 같은 내용을 다시 제시하기 힘들다.
④ 분필가루로 인해 건강을 해칠 수 있다.

(5) 칠판 사용상의 유의사항

① 칠판은 깨끗이 관리하여 글씨를 선명히 쓸 수 있게 한다.
② 칠판에는 풀이나 압정을 사용하지 않도록 한다.
③ 칠판을 닦을 때에는 위로부터 아래쪽을 향해서 지우도록 한다.
④ 색분필을 너무 많이 사용하지 않도록 한다.
⑤ 판서는 요점만을 써서 강한 인상을 주도록 하고 한꺼번에 너무 많은 양을 쓰지 않도록 한다.
⑥ 판서는 수업계획안과 마찬가지로 미리 계획을 세워 조직적인 판서가 되도록 한다.
⑦ 칠판의 위치는 창으로 들어오는 광선의 반사를 피하도록 한다.

7) 게시판

(1) 게시판의 의미와 가치

게시판은 교내에서 학습의 흥미와 의욕을 유발하는 전시요소로 학습자의 작품, 그림, 포스터, 소품 등 학습자료를 게시하는 데 사용하는 것이다. 그러므로 시각적인 수단으로서의 게시판은 자료를 읽기 위한 것이기보다는 보기 위한 자료로서, 학습자로 하여금 여러 가지 창의적인 활동을 할 기회를 제공해 주며 과외활동 또는 개별 학습활동의 결과에서 얻은 지식을 서로 교환하는 기회가 되기도 한다. 이와 같은 게시판이 갖는 교육적 가치는 다음과 같다.

① 자발적이고 창의적인 활동을 유발한다.
② 사고력과 비판적 태도를 기르는 데 유용하다.
③ 감상력과 표현력을 기르고 정서적 성장을 증진한다.
④ 학습의 동기와 흥미를 유발한다.
⑤ 시사문제와 학교의 행사를 알리는 모체로 사용된다.
⑥ 수업전후에 수업내용을 전시함으로써 학습분위기를 조성한다.
⑦ 전시활동에 참여함으로써 협동생활을 경험하게 한다.

[그림 7-6] 게시판

(2) 게시판의 제작

게시판은 베니어판을 필요한 크기로 잘라서 각목을 붙여 간단하게 제작할 수 있으며 천이나 융을 씌워서 깨끗하게 할 수도 있다. 게시판에 붙일 게시물은 다음과 같은 단계를 거쳐서 제작 · 완성된다.

① 주제의 결정

먼저 하나의 아이디어나 문제에 강조점을 두고 게시의 내용을 생각해야 한다. 관심과 주의를 끌 만한 표제나 제목을 결정한다.

② 설명문의 작성

흥미를 일으킬 만한 좋은 문장을 작성하고, 간결하고 평이하면서도 짜임새가 있는지를 검토한다.

③ 자료의 수집

게시될 아이디어나 문제를 설명할 그림, 사진, 실물, 팜플렛 등 필요한 모든 재료를 수집한다.

④ 배치의 설계

주의와 흥미를 끌 수 있는 예술적인 배치가 되도록 몇 개의 약도를 그려 보아서 가장 균형이 있는 것을 선택한다. 입체적인 게시나 전기의 힘으로 움직이도록 하는 것도 연구해 볼 일이다.

⑤ 글씨쓰기

먼 데서도 볼 수 있는가를 고려하면서 간단하고 명료하게 미적으로 쓸 것이며 장식적인 형보다 단순한 형태가 바람직하다. 글씨는 적절한 색깔로 구별해서 뚜렷이 나타내고 중요한 글씨는 크게, 중요하지 않은 글씨는 작게 나타낸다.

(3) 게시판의 내용

① 흥미를 일으키는 내용 : 개인 소식, 음악회, 운동회, 새로운 수업의 제목

② 교과목을 발전시키는 내용 : 학습의욕을 돋우는 내용

③ 보도역할의 내용 : 뉴스, 연구결과 보고

④ 태도를 변화시키는 내용 : 예의에 관한 내용, 안전포스터, 보건포스터

⑤ 교실환경을 위한 내용 : 학습자들의 작품, 학습 관련 내용

(4) 게시판의 구성조건

① 조화 : 내용이나 배열은 글자와 배색 등 전체적으로 잘 어울리게 되어야 한다.

② 균형 : 내용 배열이나 배색 등이 균형이 잡혀야 하고 불안감이 없어야 한다.

③ 대조 : 게시 내용의 부분이 확실히 보일 수 있도록 명암이나 크기, 색채 또는 형태가 상호 특성이 잘 나타나도록 한다.

④ 율동 : 형체나 선이 적당한 움직임으로 변화를 주도록 되어야 한다.

⑤ 강조 : 특별히 중요한 부분을 강조하여 단조로움을 깨뜨리고 강한 인상을 주도록 한다.

(5) 게시판의 글씨

① 글씨의 모양 : 정자로 바르게 쓰고 그리는 글씨는 지나치게 모양을 바꾸지 않는다.

② 글씨의 크기 : 강조할 부분의 글씨는 크게 하고 균형을 맞게 한다.

③ 글씨의 색 : 어두운 색의 글씨는 밝은 배경에, 밝은 색의 글씨는 어두운 배경에 쓴다.

(6) 게시판의 평가

① 주제가 게시 장소에 맞는가 확인한다.

② 아이디어와 주제가 잘 나타났는지 평가한다.

③ 학습자의 흥미를 끌고 있는지 평가한다.

④ 균형과 공간분할이 잘 되었는지 평가한다.

⑤ 색깔의 효율성을 평가한다.
⑥ 학습에 도움이 되는지를 평가한다.
⑦ 상상력과 창의력을 일으키는 것인지를 평가한다.
⑧ 시기적으로 적절한가를 본다.

8) 괘 도

(1) 괘도의 의미와 특성

괘도는 칠판과 같이 교실에서 학습보조 자료로서 가장 오래되고 흔히 사용되어 온 것이다. 괘도는 종이칠판, 융판 등의 장점을 아울러 가지고 있다. 괘도는 수업을 용이하게 하기 위하여 연속적인 제시로 이야기나 학습을 발전시키는 데 활용한다.

이와 같이 괘도는 사진, 그림, 도표 중의 어느 것을 단독으로 제시하는 방법에만 그치지 않고, 이들을 효과적으로 편성하여 시각적 서술을 전개할 수 있는 것으로 교사와 학습자가 자작도 용이하다. 따라서 각 교과의 영역에 걸쳐서 유효하게 이용할 수 있는 교재다.

(2) 괘도의 분류

① 형식상의 분류
- 책자형으로 되어 있는 괘도
- 분해, 전시가 가능한 괘도
- 실물, 표본과 병용하는 괘도
- 대형 장부형식의 괘도

② 내용상의 분류
- 교과서에 준거된 괘도
- 단원과 평행하는 괘도
- 각 교과, 각 영역에 따른 괘도

③ 기능상의 분류

- 교수자료로 사용하는 괘도
- 감상용으로 사용하는 괘도
- 수업전개의 도입 및 판서 대용의 종합으로 사용되는 괘도
- 모형이나 교구의 대용으로 사용되는 괘도

(3) 괘도의 장점

① 가볍고 작게 접을 수 있어서 이동하기 쉬우며 거의 모든 장소에 설치할 수 있다.

② 활용하기 쉽고 다루기 쉽다.

③ 교사와 학습자에 의해 다양하게 활용될 수 있다.

④ 몇몇 개인이나 소집단에서 동시에 괘도에 있는 자료를 분리하여 사용할 수 있다.

⑤ 제작이나 구입비용이 적게 든다.

(4) 괘도의 단점

① 많은 자료를 취급할 수 없다.

② 정밀하고 복잡한 그림을 그리기가 어렵고 많은 시간이 소요된다.

③ 괘도의 크기가 한정되어 있기 때문에 대집단 제시는 어렵다.

(5) 괘도의 사용방법

① 매직펜과 유성펜을 사용하여 색상조절의 효과와 글씨 두께의 차이를 높여야 한다.

② 글자와 그림은 충분한 크기로 한다.

③ 긴 설명이나 복잡한 그림을 미리 준비한다.

④ 학습자들의 시야를 가리는 것이 없도록 고려한다.

⑤ 자주 활용되는 자료는 잘 보관해서 다시 사용하도록 한다.

9) 자석판

(1) 자석판의 의미

자석판은 제작이나 사용에 있어서 칠판이나 융판과 비슷하며, 엷은 철판을 사용하는 것이 융판과 다른 것이다. 보통 철판 위에는 백묵으로 판서를 할 수 있도록 칠을 하며 칠판 대용으로 사용할 수도 있으므로 더욱 효과적이다. 자석판에 사용되는 자료는 융판자료와 같은 전시물 뒷면에 작은 자석을 붙여서 만든 것으로 자석판에 자유롭게 붙였다 뗐다 하면서 수업에 활용할 수 있다. 자석판의 크기와 모양은 용도에 따라 적절히 제작 · 사용할 수 있고 이동용 소형을 만들거나 경첩을 달아 접어서 휴대에 편리하도록 제작할 수도 있다.

(2) 자석판의 장점

① 학습자의 주의집중을 도모할 수 있다.

② 그림자료를 붙여 놓고 자석판 뒤에서 자석으로 조정하여 움직이는 활동을 보여줄 수 있다.

[그림 7-7] 자석판

③ 그림자료를 겹쳐서 다양하게 사용할 수 있다.

④ 수직으로 세워도 잘 떨어지지 않기 때문에 쉽게 걸어서 사용할 수 있다.

(3) 자석판의 유의사항

① 자석의 양극에 유의하여 사용해야 한다.

② 자료의 크기를 고려하여 자석을 붙인다.

③ 자료를 사용하기 전에 제시할 순서대로 정리하여 준비한다.

④ 자석판에 칼라 페인트를 사용하면 자석의 힘을 잃게 된다.

⑤ 자석판의 높이는 학습자 시선에 적절하게 한다.

⑥ 자료의 제시는 다양하게 하되 한꺼번에 많이 하지 않는다.

⑦ 자료를 붙이고 떼는 것을 자연스럽게 하여 학습자의 주의를 산만하지 않게 한다.

⑧ 학습자 스스로 자료를 붙여 보고 조작해 보도록 한다.

10) 슬라이드

(1) 슬라이드의 특징

슬라이드는 사진이 촬영된 35mm 필름 또는 그림이 그려진 투영 필름을 한 개씩 프레임에 끼워 영사할 수 있도록 되어 있는 것으로 다음과 같은 특성을 가지고 있다.

① 많은 수의 학습자가 동시에 볼 수 있어 공동경험을 할 수 있다.

② 영상을 확대하여 육안으로 보기 힘든 것도 관찰할 수 있다.

③ 영상을 정지시켜 시간적 제약을 받지 않고 해설과 토의를 할 수 있다.

④ 학습자의 주의력을 집중시킬 수 있다.

⑤ 본 장면을 다시 되돌려서 볼 수 있다.

⑥ 교사나 학습자가 제작할 수 있고 제작비가 적게 든다.

⑦ 언어적 전달보다 현실적으로 정확하게 전달할 수 있다.

(2) 슬라이드의 조작

① 전원을 점검하고 전압을 확인한다.

② 영사대를 준비하고 환등기를 스크린에 맞게 설치한다.

③ 램프 스위치를 켜서 송풍기의 회전을 확인하고 초점을 조절하고 화면의 위치와 크기를 조정한다.

④ 준비된 슬라이드를 순서에 따라 영사한다.

⑤ 영사가 끝나면 램프 스위치를 먼저 끄고 3~4분 정도 송풍기가 작동되도록 하여 환등기가 식은 후 끈다.

⑥ 영사전구의 사용가능성을 항상 확인한다.

(3) 슬라이드 사용의 유의사항

① 영사대는 안전한 것을 선택한다.

② 먼저 모터 스위치를 켜서 작동을 확인한 다음 램프 스위치를 켠다.

③ 슬라이드 장치는 필름의 막면을 자기 앞으로 하고 화상이 거꾸로 되도록 틀에 넣는다.

[그림 7-8] 슬라이드

④ 초점은 언제나 바르게 맞추도록 한다.

⑤ 각 장면은 학습자들이 충분히 볼 수 있도록 제시한다.

⑥ 영사 도중 코드 선을 건드려 코드가 빠지지 않도록 안전한 곳에 설치한다.

⑦ 환등기를 사용한 후에는 간단히 손질을 하여 원래의 위치에 보관한다.

11) 투시자료와 투시물 환등기

(1) 투시자료의 특성

투시영사는 투시물(TP : transparencies) 교재를 환등기인 OHP(overhead projector)에 의해 확대 제시하는 것을 말한다. OHP용 TP 교재는 아세테이트, 셀로판, 플라스틱 등 투명체 위에 TP용 펜으로 원하는 내용을 기재하거나 TP 전용 복사기를 이용해서 제작한다. 투시물 환등기를 OHP라 부르는 이유는 TP교재가 OHP의 반사경 및 렌즈에 의해 교사의 머리 위로 영사되기 때문이다. 투시물 영사를 이용한 수업에서는 OHP를 교실 전면에 놓고 교사가 학습자들과 대면하여 수업을 진행한다.

투시자료(TP)의 특징은 다음과 같다.

① 투시자료는 여러 가지 방법으로 비교적 쉽게 자작할 수 있다.

② 제작방법에 따라 다양한 표현을 할 수 있다.

③ 제시방법을 다양하게 할 수 있다.

④ 수업목표에 맞게 교사가 창의적으로 자작할 수 있다.

⑤ 색채효과를 쉽게 할 수 있다.

⑥ 반복하여 사용할 수 있다.

⑦ 판서에 따른 시간을 절약할 수 있다.

⑧ 학습자와 마주보고 수업을 할 수 있다.

⑨ 학습자의 사고과정이나 이해정도에 적절하게 내용을 제시할 수 있다.

⑩ 기계조작이 간편하여 사용하기에 편리하다.

[그림 7-9] 오버헤드 프로젝트

⑪ 자료활용과 관리가 편리하다.

(2) OHP의 특성

① 칠판 대용으로 사용할 수 있어 시간을 절약할 수 있다.

② 일반 교실에서도 선명하게 확대된 영상을 볼 수 있다.

③ 학습자들의 주의를 집중시켜 밀도 높은 수업을 할 수 있다.

④ 각종 자료나 교재제시를 다채롭게 해 줄 수 있다.

⑤ 가까운 거리에서도 확대율을 적절히 조절할 수 있다.

⑥ 여러 겹의 그림판을 이용하여 내용을 간단하게 조직적으로 설명할 수 있다.

(3) OHP의 활용방법

① 판서적 방법

판서 대신 활용하는 방법으로, TP에 필요한 내용을 미리 기록하였다가 제시하는 것이다.

② 합성분석법

TP교재를 두 장 이상을 겹쳐 맞추어 사용하는 합성투영법과 한 장씩 제거하면서 사용하는 분해투영법 등이 있어 학습자들의 사고나 지도내용의 전개에 따라 단순화, 복잡화할 수 있는 것이 특징이다.

③ 지시법

TP의 어느 부분을 강조하거나 주목시키기 위해 지시봉으로 TP자료를 지시하면서 설명하는 방법이다.

④ 이동법

이동법은 평행이동, 회전이동, 대칭이동으로 분류할 수 있는데 TP자료를 어떻게 이동시키는가에 따라 내용전개의 변화가 다르게 나타난다.

⑤ 유동표시법

TP와 TP를 함께 이용하면 혈액순환 등과 같이 유동적인 운동을 나타낼 수 있다.

⑥ 부분, 전체제시법

수업목표에 따라 내용을 부분만 보이거나 필요에 따라 전체를 보여서 설명하는 방법이다.

⑦ 모형작동법

색깔을 사용하여 실제로 움직이는 모형을 만들고 이를 작동시켜 구조적으로 표현하는 방법이다.

⑧ 순간투영법

순간적으로 보이거나 가리는 방법으로 단어, 단문, 수 등을 인지시키고자 할 때 이용하는 방법이다.

(4) OHP의 조작원리

① 환등기 렌즈가 벽이나 칠판을 향하도록 설치한다.
② 반사경을 조절해서 광선을 스크린에 맞춘다.
③ 스위치를 켠다.
④ 투시판 위에 TP를 놓는다.
⑤ 렌즈를 조절하여 초점을 맞춘다.
⑥ 글을 쓰면서 설명하는 경우에는 손으로 가리지 않도록 조심한다.
⑦ 여러 장의 TP를 중첩하여 사용할 수 있다.

12) 실물환등기

(1) 실물환등기의 특성

실물환등기(opaque project)란 불투명체의 상을 반사광선에 의해 확대 영사하는 것으로서 책의 어떤 부분의 그림이나 표 또는 사진, 그림엽서, 도표, 그리고 기타 실물 등 특별히 영사용으로 만들어진 것이 아니라도 그대로 스크린에 영사할 수 있다. 그러나 실물투영은 반사광선에 의한 것이므로 슬라이드에 비하여 화면이 어둡게 나타나지만 다음과 같은 여러 가지 특성을 가지고 있다.

① 제시하는 실물을 원색 그대로 나타내 준다.
② 다루기가 쉽다.
③ 사용하는 교재에 비용이 적게 든다.
④ 실물이 하나밖에 없거나 또는 작아서 여러 사람이 보기 힘든 것을 투사함으로써 여러 사람이 동시에 확대된 것을 관찰 · 연구할 수 있다.
⑤ 칠판이나 종이에 투사된 것을 그대로 옮겨 그릴 수 있다.
⑥ 학습자들의 흥미를 집중시켜 학습효과를 높일 수 있다.

(2) 실물환등기의 선택

① 조명도가 높아서 선명한 화면을 볼 수 있는 것이어야 한다.

[그림 7-10] 실물환등기

② 어느 정도의 큰 교재도 사용 가능한 것이어야 한다.
③ 냉각장치가 잘 되고 진동이나 소음이 없는 것이 좋다.

(3) 실물환등기의 조작

① 환등기를 영사대에 안전하게 놓고 전원과 연결한다.
② 교재나 자료를 교재판에 놓는다.
③ 모터와 램프를 켠다. 동시에 냉각장치를 작동한다.
④ 스크린에 초점을 맞춘다. 화면을 크게 하려면 환등기를 뒤쪽으로 옮긴다.
⑤ 교재 내용에 따라 렌즈를 조절하여 선명한 화면이 되도록 한다.
⑥ 사용 후에는 모터와 램프를 끈다.

(4) 실물환등기 사용의 유의사항

① 기계부분의 이상이 없도록 렌즈 등을 청소해야 한다.
② 사용시에는 완전한 암실로 한다.
③ 학습자의 수를 고려하여 가능한 한 화면을 작게 함으로써 명도를 높인다.

④ 그림이나 사진을 재료판에 놓을 때는 거꾸로 놓지 않도록 교재 한쪽 구석에 표를 해 두는 것이 좋다.

⑤ 실물을 사용하는 경우에도 판에 선을 그어 위치를 나타내도록 한다.

⑥ 얇은 자료에는 두꺼운 대지를 붙여서 사용한다.

⑦ 교재는 잘 분류해서 정리한다.

13) 컴퓨터

(1) 컴퓨터의 교육적 의미

컴퓨터(computer)는 교수학습 방법을 과학화하고 학습활동을 자동관리하며 개인차를 고려한 개별수업의 필요성에 따라 이용되는 교육매체다. 즉 컴퓨터의 우수한 성능을 교육에 적용하여 학습자 개개인의 특성을 고려한 개별적 교육을 실시하려는 데 목적이 있다. 컴퓨터는 뛰어난 계산기능을 가지고 있고 한정된 시간에 여러 작업을 신속하게 처리할 수 있는 속도성과 방대한 정보를 기억할 수 있는 기억성을 가지고 있어 교수학습에 효율적으로 이용될 수 있는 것이다.

컴퓨터의 교육적 활용은 크게 두 가지로 나누어진다. 첫째는 교수공학적 이용방법인 컴퓨터 보조수업(CAI: computer assisted instruction)이고, 둘째는 비교수적인 측면에 컴퓨터를 이용하는 컴퓨터 운영수업(CMI: computer managed instruction)이다. CAI는 컴퓨터시스템을 이용하여 교수학습과정이 기계와 학습자 간에 이루어지는 수업방법이며, 다양한 학습형태로 개별적인 지도를 실시함으로써 학습자의 흥미를 유지시켜 줄 뿐만 아니라 많은 학습자를 반복적으로 가르칠 수 있어 결과적으로 교사가 개별적인 학습지도에 전념하도록 수업을 지원해 준다. CMI는 컴퓨터를 활용해서 교수학습활동을 기록 · 분석하고, 교사의 능률적인 교수활동을 도와주려는 데 목적이 있다. 또한 CMI는 학업진단 테스트, 성적처리, 성적결과에 따른 다음 지도내용, 학습자의 학업향상 관찰 및 기록 등 교사의 작업을 모두 맡아서 처리할 수 있다. 결국은 CMI

는 학업성취에 관련하여 정보수집 및 관리를 맡아 교사의 보조역할을 효과적으로 수행할 수 있다.

(2) 컴퓨터의 교육적 장점

① 학습자에게 호기심과 흥미를 일으킬 수 있어 주의집중력을 높인다.

② 다양한 색상과 움직임을 묘사하여 현실성있는 학습을 할 수 있다.

③ 학습자의 응답에 즉각적인 강화를 줄 수 있어 능률적이다.

④ 학습자의 학습성과를 기록하여 관리할 수 있다.

⑤ 학습자의 오답에 대한 응답이나 학습자의 이름을 기억하는 등 학습자를 개별적으로 취급해 주므로 학습자에게 자신감을 준다.

⑥ 교사의 사무처리를 해 주므로 교사가 수업계획과 학습자 지도에 철저를 기할 수 있다.

⑦ 미래 컴퓨터 세계에 필요한 컴퓨터 기술을 습득하는 데 좋은 출발을 하게 된다.

⑧ 컴퓨터 학습을 통해 자율성을 기를 수 있으며 자기 능력에 대한 만족감

[그림 7-11] 컴퓨터 수업

을 경험하게 한다.

(3) 컴퓨터 수업의 단점

① 컴퓨터 시스템의 구입과 유지에 드는 비용이 적지 않다.
② 컴퓨터 수업에 필요한 교육 프로그램이 빈약한 상태다.
③ 교사가 교육 프로그램을 제작하기에 어렵다.
④ 컴퓨터 학습과정이 기계적으로 되어 있어 통제적이다.
⑤ 컴퓨터 수업을 하려면 교사교육이 선행되어야 한다.
⑥ 컴퓨터 학습을 함으로써 학습자들에게 협동보다는 경쟁을 유발하거나 창조성을 위축시킬 수 있다.

(4) 컴퓨터 사용의 유의사항

① 컴퓨터의 설치는 직사광선, 온도 변화, 먼지, 그리고 진동 등을 고려하여 적절한 장소에 한다.
② 컴퓨터를 여러 대 연결하여 사용할 때는 전압장치를 하여 전력에 문제가 생기지 않도록 한다.
③ 컴퓨터가 떨어지지 않도록 설치하고 위에는 물건을 올려 놓지 않도록 한다.
④ 전원 코드 등의 안전상태를 확인한다.
⑤ 장시간 사용하지 않도록 계획한다.

14) ICT 활용의 교육

(1) ICT 활용교육의 의미와 목적

교육인적자원부는 2000년 8월에 발표한 초·중등학교 정보통신 기술 교육 운영지침에서 ICT(institute of Computer Technology) 교육의 성격, 목표, 내용, 운영상의 유의점, 교과별 활용방안 등을 구체적으로 제시하고 있다. 제7차 교육과정은 학교에서의 ICT교육을 'ICT 소양교육'과 'ICT 활용교육'으로 나누고 있다. ICT 활용교육은 기본적인 정보소양능력을 바탕으로 학습 및 일상생활의 문제해결에 ICT를 적극적으로 활용할 수 있도록 하는 것을 말한다. 즉, 정보통신 기술을 활용하여 학습자의 학습동기를 유발하고, 자기주도적인 학습능력을 신장시키려는 교육활동을 의미한다. 예를 들면 교육용 CD-ROM을 이용하여 수업을 하거나 인터넷 등을 매개로 웹 자료를 활용하여 교수 · 학습을 하는 형태다.

ICT 교육의 궁극적인 목적은 지식기반 사회에서 능동적이고 창의적으로 삶을 영위하기 위하여 일상생활이나 학습에서 유용한 정보통신 기술을 효과적으로 활용하여 당면하는 문제를 해결하는 능력을 기르는 데 있다. 이를 통해 교과의 목표를 효과적으로 달성하고 문제해결에 정보통신 기술을 활용하여 자기주도적인 학습능력을 신장시키려는 데 있다. 따라서 ICT 활용교육은 그 교과의 특성과 정보통신 기술의 특성이 적절하게 조화를 이룰 때 교육적인 효과가 가장 크다고 하겠다.

(2) ICT 활용교육의 효과

학습자가 갖는 학교교육에 대한 인식을 고려할 때 ICT 활용교육은 다음과 같은 효과를 가지고 있다.

첫째, 유연하고 다양한 학습활동을 제공한다.

지식전달 위주의 교육방법과 교실 중심의 제한된 교육환경에서 탈피하여 ICT는 학생들이 수많은 자료를 정렬 혹은 도식화하는 등의 분석적 활동을 도와준다. 또한 사이버 공간을 통하여 대상과 시간과 장소에 구애받지 않고 자유롭게 의사소통을 할 수 있게 함으로써 학습자의 학습활동이 보다 다양해질 수 있다.

둘째, 자기주도적 학습 능력 및 창의력, 문제해결능력 신장을 도와준다.

ICT는 자료의 수집, 조작, 표형, 공유가 쉽게 이루어질 수 있기 때문에 학습자도 교수 · 학습 활동에 주도적으로 참여할 수 있게 된다. 즉, 학습자는 주어진 문제를 해결하기 위해 인터넷 또는 학교 홈페이지 등에 접속하여 필요한 자료를 탐색하고, 이를 적절히 취사선택하며, 각종 분류 · 분석 활동을 통해 창의성 향상과 문제해결능력의 신장을 기대할 수 있게 된다.

셋째, 동기유발을 통한 능동적인 학습 참여 유도가 된다.

다양한 멀티미디어 교수·학습 자료를 활용하여 생생한 경험을 체득하고, 이를 통해 적극적인 자기표현과 참여를 유도할 수 있다. 또한 실생활과 관련한 주제를 탐색하고 자신에게 흥미있는 정보를 선택, 활용할 수 있는 교육환경을 통해 보다 능동적인 학습참여를 유도할 수 있다.

넷째, 교육의 장이 확대된다.

ICT에 의한 무한한 사이버공간에서는 수많은 정보들을 즉각적으로 얻을 수 있으며, 다양한 부류의 전문가들과도 만날 수 있다. 이제 지식이나 정보를 습득하기 위한 학교라는 물리적인 공간은 기능적인 역할의 대변화가 요구되는 것이다.

(3) ICT 활용교육자료

ICT 활용교육을 실시하기 위한 자료는 컴퓨터와 인터넷 등과 같은 정보통신 인프라로서 하드웨어적 요소이다. 그리고 각종 ICT 활용교육지원 자료 또는 교육용 컨텐츠와 같은 소프트웨어적 요소이다.

① 멀티미디어 교육자료

멀티미디어 교육자료는 교육과정 체계와 단원별 학습요소에 따라 수업과정에서 필요한 각종 자료들을 설계, 구현하여 제공하는 것으로써 제7차 교육과정 적용 연도에 따라 단계적으로 서비스되고 있다. 여기에는 사진, 그림, 소리, 애니메이션, 동영상, 모듈과 같은 6가지 종류의 자료들이 에듀넷의 초기화면 또는 선생님 채널을 통하여 서비스되고 있다.

② 교수용 소프트웨어

교수용 S/W는 일반적으로 단위 학습 주제에 대한 수업을 하는 데 필요한 자료들을 체계화한 것으로 순차적이며 제시형으로 구성되어 있다. 또한 시도 교육청이나 한국교육학술정보원(KERIS)이 주관하는 교육용 S/W 공모전을 통해서도 많은 자료가 개발되고 있다.

(4) ICT의 종류 및 특징

ICT 활용교육을 위해 다양한 ICT를 적용하되 적용기준은 ICT가 수업목표 달성에 반드시 긍정적 효과를 기대할 수 있도록 각 ICT의 특징을 고려해야 한다.

ICT의 종류별 수업 활동은 ICT의 기능적 활용 방법, 주로 컴퓨터 응용프로그램이나 인터넷의 특성에 따른 교육적 활성 가능성을 토대로 한다.

〈표 7-1〉 ICT 활용지원도구 및 매체별 특징

ICT종류	특 징
워드프로세서, 출판 패키지, 프리젠테이션 소프트웨어	• 학생들의 이해력을 높이고 학습결과를 발표하는 데 도움을 줄 수 있다.
그래픽과 애니메이션	• 추상적인 개념을 구체화시켜 주고 학습의 단서를 제공해 준다. • 학습내용의 시각화로 전달이 용이하며 학습동기를 유발할 수 있다.
인터넷 검색도구	• 학습목표달성에 필요한 정보를 쉽게 찾아 활용할 수 있다.
전자우편, 전자게시판, 채팅	• 문화적 차이와 공간의 제약 없이 다양한 사람들과 의사교환을 통한 정보를 수집하고 폭넓은 사고력을 형성할 수 있도록 한다.
비디오 자료	• 제작, 편집이 용이하다. • 컴퓨터, 인터넷 시설이 없는 가운데서 사용이 가능하다.
시뮬레이션 자료	• 직접 실험해 보기 어려운 현상들을 관찰할 수 있고 특정 상황에서 개념에 관한 이해를 강화할 수 있다.
CD-ROM 자료	• 인터넷을 활용할 수 없는 환경에서 효과적인 학습 내용 전달이 가능하다. • 큰 용량의 학습자료를 저장 · 활용할 수 있고 애니메이션이 비디오자료보다 수월하며 인터넷 속도저하의 단점을 극복할 수 있다.
	• 자료가 지니고 있는 변인간의 관련성, 관련성의 유형을 발

데이터베이스와 스프레드시트	견해 낼 수 있으며 가설을 검증하기 위해 정보를 조직, 분류, 탐색할 수 있다. • 공식이나 수치 변화에 따른 표와 그래프의 변화를 신속하게 처리할 수 있다.

부록

[**부록 1**] 각급학교 교육과정

[**부록 2**] 실기교사 자격취득 관련규정 내용

[**부록 3**] 각과 학습지도안

[부록 1]

각급학교 교육과정

1) 교육과정 구성의 방향

(1) 추구하는 인간상

우리나라의 교육은 홍익인간의 이념 아래 모든 국민으로 하여금 인격을 도야하고, 자주적 생활능력과 민주시민으로서 필요한 자질을 갖추게 하여 인간다운 삶을 영위하게 하고, 민주국가의 발전과 인류공영의 이상을 실현하는 데 이바지하게 함을 목적으로 하고 있다.

이러한 교육이념을 바탕으로, 이 교육과정이 추구하는 인간상은 다음과 같다.

가. 전인적 성장의 기반 위에 개성을 추구하는 사람
나. 기초능력을 토대로 창의적인 능력을 발휘하는 사람
다. 폭넓은 교양을 바탕으로 진로를 개척하는 사람
라. 우리 문화에 대한 이해의 토대 위에 새로운 가치를 창조하는 사람
마. 민주시민의식을 기초로 공동체의 발전에 공헌하는 사람

(2) 교육과정의 구성 방침

이 교육과정이 추구하는 인간상을 구현하기 위한 방침은 다음과 같다.

가. 사회적 변화의 흐름을 주도할 수 있는 기본 능력을 길러 줄 수 있도록 교육과정을 구성한다.
나. 국민 공통 기본 교육과정과 선택 중심 교육과정 체제를 도입한다.
다. 교육내용의 양과 수준을 적정화하고, 심도 있는 학습이 이루어지도록

수준별 교육과정을 도입한다.

라. 학생의 능력, 적성, 진로를 고려하여 현장의 자율성을 확대한다.

바. 교육과정 평가체제를 확립하여 교육에 대한 질 관리를 강화한다.

2) 유치원 교육과정

(1) 교육목표

유치원 교육은 전인적 성장을 위한 기초 교육으로서, 유아의 일상 생활에 필요한 기본 능력과 태도를 기르는 데 중점을 둔다.

가. 몸과 마음이 건강하게 자랄 수 있는 경험을 가진다.

나. 기본 생활습관을 기르고, 다른 사람과 더불어 생활하는 태도를 가진다.

라. 바르게 언어를 사용하는 경험을 가진다.

마. 일상생활의 문제에 대하여 스스로 궁리하는 태도를 가진다.

(2) 교육과정의 영역과 시간

① 교육과정은 건강생활, 사회생활, 표현생활, 언어생활, 탐구생활영역으로 구성한다.

② 교육일수는 연간 180일 이상으로 한다.

③ 하루의 교육시간은 180분을 기준으로 하되, 유아의 연령과 발달수준, 기후, 계절, 학부모의 요구 등을 고려하여 실정에 맞도록 조정한다.

(3) 편성

① 유치원은 이 교육과정과 시 · 도의 유치원 교육과정 편성 · 운영 지침, 지역 교육청의 유치원 교육과정 편성 · 운영에 관한 장학자료를 바탕으로 유치원의 실정에 알맞은 교육과정을 편성한다.

② 교육과정을 합리적으로 편성하고 효율적으로 운영함으로써 교육의 질 관리를 위하여 노력한다.
③ 각 영역에 제시된 I 수준, II수준, 공통 수준의 교육내용을 유아의 발달 정도에 알맞게 편성한다.
④ 교육일수와 시간은 유아의 연령 및 발달수준 계절, 학급유형, 학부모의 요구 등을 교육과정 편성에 반영한다.
⑤ 지역 사회의 실정과 특수성, 학부모의 요구 등을 교육과정 편성에 반영한다.

(4) 운영

① 유치원 교육과정의 전 영역에서 기본생활교육, 인성교육, 창의성교육, 전통문화 존중 교육이 중시되도록 한다.
② 교육활동은 유아의 발달 수준과 흥미를 고려하여 선정하고, 통합적으로 운영한다.
③ 실내외 교육환경은 다양한 흥미영역으로 구성하여 교육활동이 충실히 이루어지도록 한다.
④ 교육활동은 놀이중심으로 운영하고, 이에 필요한 다양한 놀잇감을 준비하도록 한다.
⑤ 부모교육은 지역 사회 및 유치원의 실정에 따라 다양하게 실시한다.

3) 초 · 중 · 고등학교 교육과정

(1) 학교급별 교육목표

① 초등학교 교육목표

초등학교의 교육은 학생의 학습과 일상생활에 필요한 기초능력 배양과 기본 생활습관을 형성하는 데 중점을 둔다.

가. 몸과 마음이 균형 있게 자랄 수 있는 다양한 경험을 가진다.

나. 일상생활의 문제를 인식하고 해결하는 기초능력을 기르고 자신의 생각과 느낌을 다양하게 표현하는 경험을 가진다.

마. 일상생활에 필요한 기본 생활습관을 기르고, 이웃과 나라를 사랑하는 마음씨를 가진다.

② 중학교 교육목표

중학교의 교육은 초등학교 교육의 성과를 바탕으로, 학생의 학습과 일상생활에 필요한 기본능력과 민주시민으로서의 자질을 함양하는 데 중점을 둔다.

가. 심신의 조화로운 발달을 추구하고 자기발견의 기회를 가진다.

나. 학습과 생활에 필요한 기본능력과 문제해결력을 기르고 자신의 생각과 느낌을 창의적으로 표현하는 경험을 다진다.

다. 다양한 분야의 지식과 기능을 익혀 적극적으로 진로의 경험을 가진다.

라. 우리의 전통과 문화에 대한 자긍심을 지니고 이를 발전시키려는 태도를 가진다.

마. 일상생활에 필요한 기본 생활습관을 기르고 이웃과 나라를 사랑하는 마음씨를 가진다.

③ 고등학교 교육목표

고등학교의 교육은 중학교 교육의 성과를 바탕으로, 생활의 적성과 소질에 맞는 진로개척능력과 세계 시민으로서 자질을 함양하는 데 중점을 둔다.

가. 심신이 건강한 조화로운 인격을 형성하고 성숙한 자아의식을 가진다.

나. 학문과 생활에 필요한 논리적, 비판적 창의적 사고력과 태도를 익힌다.

다. 다양한 분야의 지식과 능력을 익혀, 적성과 소질에 맞게 진로를 개척하는 능력을 기른다.

라. 우리의 전통과 문화를 세계 속에서 발전시키려는 태도를 가진다.

마. 국가 공동체의 형성과 발전을 노력하며, 세계 시민으로서의 의식과 태

도를 가진다.

(2) 편제와 시간(단위) 배당 기준

① 편제

가. 교육과정은 국민 공통 기본교육과정과 고등학교 선택 중심교육과정으로 구성한다.

나. 국민 공통 기본교육과정은 교과, 재량활동, 특별활동으로 편성한다.

㉮ 교과는 국어, 도덕, 사회, 수학, 과학, 실과(기술 · 가정), 체육, 음악, 미술, 외국어(영어)로 한다. 다만, 초등학교 1, 2학년의 교과는 국어, 수학, 바른생활, 슬기로운 생활, 즐거운 생활, 우리들은 1학년을 한다.

㉯ 재량활동은 교과재량활동과 창의적 재량활동으로 한다.

㉰ 특별활동은 자치활동, 적응활동, 계발활동, 봉사활동, 행사활동으로 한다.

다. 고등학교 선택중심교육과정은 교과와 특별활동으로 편성한다.

㉮ 교과는 보통교과와 전문교과로 한다.

- 보통교과는 국어, 도덕, 사회, 수학, 기술 · 가정, 체육, 음악, 미술, 외국어와 한문, 교련, 교양의 선택과목으로 한다.
- 전문교과는 농업, 공업, 상업, 수산 · 해운, 가사 · 실업, 과학, 체육, 예술, 외국어, 국제에 관한 교과로 한다.

㉯ 특별활동은 자치활동, 적응활동, 계발활동, 봉사활동, 행사활동으로 한다.

② 시간(단위) 배당기준

가. 국민 공통 기본 교육과정

<table>
<tr><th colspan="2" rowspan="2">학교 / 학년 / 구분</th><th colspan="6">초 등 학 교</th><th colspan="3">중 학 교</th><th colspan="3">고등학교</th></tr>
<tr><th>1</th><th>2</th><th>3</th><th>4</th><th>5</th><th>6</th><th>7</th><th>8</th><th>9</th><th>10</th><th>11</th><th>12</th></tr>
<tr><td rowspan="11">교과</td><td>국 어</td><td colspan="2" rowspan="2">국 어
210 238</td><td>238</td><td>204</td><td>204</td><td>204</td><td>170</td><td>136</td><td>136</td><td>136</td><td colspan="2" rowspan="12">선택 과목</td></tr>
<tr><td>도 덕</td><td>34</td><td>34</td><td>34</td><td>34</td><td>68</td><td>68</td><td>34</td><td>34</td></tr>
<tr><td>사 회</td><td colspan="2" rowspan="2">수 학
120 136</td><td>136</td><td>136</td><td>136</td><td>136</td><td>136</td><td>136</td><td>102</td><td>136</td></tr>
<tr><td>수 학</td><td>102</td><td>102</td><td>102</td><td>102</td><td>102</td><td>136</td><td>136</td><td>102</td></tr>
<tr><td>과 학</td><td colspan="2">바른생활
60 68</td><td>102</td><td>102</td><td>102</td><td>102</td><td>102</td><td>136</td><td>136</td><td>102</td></tr>
<tr><td>실 과</td><td colspan="2">슬기로운생활
90 102</td><td>·</td><td>·</td><td>68</td><td>68</td><td>기술 · 가정
68</td><td>102</td><td>102</td><td>102</td></tr>
<tr><td>체 육</td><td colspan="2" rowspan="2">즐거운 생활
180 204</td><td>102</td><td>102</td><td>102</td><td>102</td><td>102</td><td>102</td><td>68</td><td>68</td></tr>
<tr><td>음 악</td><td>68</td><td>68</td><td>68</td><td>68</td><td>68</td><td>34</td><td>34</td><td>34</td></tr>
<tr><td>미 술</td><td colspan="2" rowspan="2">우리들은1학년
80 ·</td><td>68</td><td>68</td><td>68</td><td>68</td><td>34</td><td>34</td><td>68</td><td>34</td></tr>
<tr><td>외국어
(영 어)</td><td>34</td><td>34</td><td>68</td><td>68</td><td>102</td><td>102</td><td>136</td><td>136</td></tr>
<tr><td colspan="2">재량 활동</td><td>60</td><td>68</td><td>68</td><td>68</td><td>68</td><td>68</td><td>136</td><td>136</td><td>136</td><td>204</td></tr>
<tr><td colspan="2">특별 활동</td><td>30</td><td>34</td><td>34</td><td>68</td><td>68</td><td>68</td><td>68</td><td>68</td><td>68</td><td>68</td><td colspan="2">8 단위</td></tr>
<tr><td colspan="2">연간 수업
시간 수</td><td>830</td><td>850</td><td>986</td><td>986</td><td>1,088</td><td>1,088</td><td>1,156</td><td>1,156</td><td>1,156</td><td>1,224</td><td colspan="2">144 단위</td></tr>
</table>

① 이 표의 국민 공통 기본교육기간에 제시된 시간 수는 34주를 기준으로 한 연간 최초 수업시간 수다.

② 1학년의 교과, 재량 활동에 배당된 시간 수는 30주를 기준으로 한 것이며, '우리들은 1학년'에 배당된 시간 수는 3월 한 달 동안의 수업 시간 수를 제시한 것이다.

③ 1시간의 수업은 초등학교 40분, 중학교 45분, 고등학교 50분을 원칙으로 한다. 다만, 기후, 계절, 학생의 발달 정도, 학습 내용의 성격 등을 고려하여 실정에 알맞도록 조절할 수 있다.

④ 11, 12학년의 특별활동과 연간 수업시간 수에 제시된 숫자는 2년 동안 이수해야 할 단위 수다.

나. 고등학교 선택중심 교육과정

보통교과

구 분		국민공통 기본교과	선 택 과 목	
			일반선택과목	심화선택과목
교과	국 어	국어(8)	국어 생활(4)	화법(4), 독서(8), 작문(4), 문학(8)
	도 덕	도덕(2)	시민윤리(4)	윤리와 사상(4), 전통윤리(4)
	사 회	사회(10) (국사 4)	인간 사회와 환경(4)	한국 지리(8), 세계 지리(8), 경제 지리(6) 한국근 · 현대사 (8), 세계사, 법과 사회(6) 정치(8), 경제(6), 사회 · 문화(8)
	수 학	수학(8)	실요 수학(4)	수학 Ⅰ(8), 수학 Ⅱ(8), 미분과 적분(4) 확률과 통계(4), 이산 수학(4)
	과 학	과학(6)	생활과 과학(4)	물리 Ⅰ(4), 화학 Ⅰ(4), 생물 Ⅰ(4), 지구과학 Ⅰ(4) 물리 Ⅱ(6), 화학 Ⅱ(6), 생물 Ⅱ(6), 지구과학 Ⅱ(6)
	기술 · 가정	기술 · 가정(6)	정보 사회와 컴퓨터(4)	농업 과학(6), 공업 기술(6), 기업 경영(6) 해양과학(6), 가정과학(6)
	체 육	체육(4)	체육과 건강(4)	체육이론(4), 체육 실기(4 이상)*
	음 악	음악(2)	음악과 생활(4)	음악이론 (4), 음악 실기(4 이상)*
	미 술	미술(2)	미술과 생활(4)	미술 이론(4), 미술 실기(4 이상)*
	외국어	영어(8)		영어 Ⅰ(8), 영어 Ⅱ(8), 영어 회화(8) 영어독해(8), 영어작문(8)
			독일어 Ⅰ(6), 프랑스어 Ⅰ(6) 스페인어 Ⅰ(6), 중국어 Ⅰ(6) 일본어 Ⅰ(6), 러시아어 Ⅰ(6) 아랍어 Ⅰ(6)	독일어 Ⅱ(6), 프랑스어 Ⅱ(6) 스페인 어 Ⅱ(6), 중국어 Ⅱ(6) 일본어 Ⅱ(6), 러시아어 Ⅱ(6) 아랍어 Ⅱ(6)
	한문		한문(6)	한문 고전(6)
	교련		교련(6)	
	교양		철학(4), 논리학(4), 심리학(4), 교육학(4), 생활경제(4), 종교(4), 생태와 환경 (4), 진로와 직업(4), 기타(4)	
	이수단위	(56)	24 이상	112 이하
재량 활동		(12)		
특별 활동		(4)	8	
총 이수단위			216	

① ( ) 안의 숫자는 단위 수이며, 1단위는 매주 50분 수업을 기준으로 하여 1학기(17주) 동안 이수하는 수업량이다.

② 국민 공통 기본교과와 재량활동에 배당된 단위 수 및 특별활동 4단위는 10학년에서 이수하도록 한 것이다.

③ *표시한 체육, 음악, 미술 교과의 심화 선택과목은 [표 3]의 체육, 예술에 관한 전문 교과의 과목 중에서 선택한다.

④ 교양교과에서 심화 선택과목이 필요한 경우 [표 3]의 과목 중에서 선택하거나 시 · 도 운영 지침에 의거 새로운 과목을 신설할 수도 있다.

(3) 교육과정의 편성 · 운영지침

① 국민 공통 기본 교육과정

1학년부터 10학년까지의 10년 동안에는 국민 공통 기본 교육과정을 편성, 운영한다.

가. 국민 공통 기본 교육과정의 시간 배당 기준에 배당된 학년별 교과, 재량활동, 특별활동의 수업시간 수는 이 기간 동안에 모든 학생들이 필수적으로 이수해야 할 연간 기준 수업시간 수다.

나. 국민 공통 기본 교과 중 다음의 교과는 수준별 교육과정을 편성, 운영한다.

- 수학교과는 1학년부터 10학년까지 10단계, 영어교과는 7학년부터 10학년까지 4단계를 두고, 각 단계별로 학기를 단위로 하는 2개의 하위 단계를 설정하여 단계형 수준별 교육과정을 운영한다.
- 국어교과는 1학년부터 10학년까지, 사회와 과학 교과는 3학년부터 10학년까지, 영어교과는 3학년부터 6학년까지 심화 · 보충형 수준별 교육과정을 운영한다.

다. 재량활동에서 교과 재량활동은 중등학교의 선택과목 학습과 국민 공통 기본 교육과의 심화 · 보충학습을 위한 것이며, 창의적 재량활동은 학교의 독특한 교육적 필요, 학생의 요구 등에, 재량활동은 학교의 실정에 따라 주도적 학습능력을 위한 것이다.

- 초등학교의 재량활동은 학교의 실정에 따라 유통성 있게 배정할 수 있으나, 교과의 심화 · 보충학습보다는 학생의 자기주도적 학습능력을 촉진시키기 위한 창의적 재량활동에 중점을 둔다.
- 중학교의 교과 재량활동의 연간 수업시간 수는 102시간 이상이며, 한문, 컴퓨터, 환경, 생활 외국어(독일어, 프랑스어, 스페인어, 러시아어, 아랍어), 기타의 선택과목 학습시간에 우선 배정하고, 나머지 시간은 국민 공통기본 교과의 심화 · 보충 학습시간으로 활용한다. 창의적 재량활동에는 연간 34시간 이상을 배정한다.

- 고등학교 1학년의 교과 재량활동 연간 이수단위 수는 10단위이며, 국민공동 기본 교과의 심화 · 보충학습에 4~6단위, 선택중심 교육과정의 선택과목에 4~6단위를 배정한다. 다만, 실업계 고등학교의 교과 재량활동은 전문교과로 대체하여 이수할 수 있다. 창의적 재량활동에는 2단위를 배정한다.

라. 특별활동은 다음과 같이 편성, 운영한다.

- 특별활동에 배당된 시간(단위) 수는 학생의 요구와 지역 및 학교의 특성을 고려하여 학교의 재량으로 배정하되, 영역 간의 균형이 유지될 수 있도록 유의한다.
- 시간(단위) 수가 배정되지 않은 활동에는 학교의 실정에 따라 별도의 시간을 확보한다.
- 특별활동은 학교의 필요에 따라 시간(단위) 배당 기준보다 더 많은 시간을 확보하여 운영할 수 있으며, 다양한 방식으로 시간 운영을 통합하거나 분할하여 융통성 있게 할 수 있다.

② 고등학교 선택중심 교육과정

11, 12학년의 2년 동안에는 선택중심 교육과정을 편성, 운영한다.

가. 선택중심 교육과정의 총 이수단위는 144단위로, 선택과목에 136단위, 특별활동에 8단위로 나누어 편성한다.

나. 일반계 고등학교의 교과 편성 · 운영

- 보통교과의 선택과목은 일반 선택과목과 심화 선택과목으로 구분한다.
- 일반 선택과목은 교양 증진 및 실생활과 연관된 과목이며, 심화 선택과목은 학생의 진로, 적성과 소질을 계발하는 데 도움이 되는 과목이다.
- 일반 선택과목은 학생들의 균형적인 이수를 위하여 ① 인문 · 사회 과목군(국어, 도덕, 사회), ② 과학 · 기술 과목군(수학, 과학, 기술 · 가정), ③ 예 · 체능 과목군(체육, 음악, 미술), ④ 외국어 과목군(외국어), ⑤ 교양 과목군(한문, 교련, 교양)으로 나눈다. 모든 학생은 교양과목군에서

는 2개 과목 이상, ① ~ ④ 과목군에서는 각각 1과목 이상을 이수한다. 다만, 자신의 진로와 관련하여 집중 이수하고자 하는 심화 선택과목군의 일반 선택과목은 이수하지 않을 수도 있다.

- 심화 선택과목 중 과목명에 II가 있는 과목을 선택하기 위해서는 I 을 먼저 이수해야 하나, 학교의 실정, 학생의 요구, 교과목의 성격에 따라 이수를 면제하거나 대체할 수 있다.
- 선택과목에 배당된 136단위 중에서 시 · 도 교육청, 단위 학교는 각각 28단위 이상 지정할 수 있다. 학생의 선택 비율은 최대 50%까지 하되, 지역이나 학교의 실정에 따라 가능한 학교부터 점진적으로 시행하도록 한다.
- 보통교과의 선택과목은 기준단위를 2단위까지 증감 운영할 수 있다. 다만, 이수단위가 4단위인 과목은 증배 운영만 가능하다.
- 교양교과에서 일반 선택과목의 기타(4)는 관련 전문교과의 과목 중에서 선택하거나, 새로운 과목을 신설하여 이수할 수 있다.

다. 실업계와 기타계 고등학교의 교과 편성 · 운영

- 국민 공통 기본교과에 배당된 56단위는 필수적으로 이수도록 하고, 이를 포함하여 보통교과를 82단위 이상 이수하도록 한다.
- 선택과목 중에서 전문 교과의 기초가 되는 과목을 선택하여 이수할 경우, 이를 해당 국민 공통 기본교과의 이수로 간주할 수 있다.
- 교원 및 시설 여건과 학생들의 요구를 반영하여 11학년에서도 국민 공통 기본 교과의 일부를 편성할 수 있다.
- 보통 교과의 선택과목은 기준 단위를 2~4단위까지 증감 운영할 수 있다.
- 내용이 유사하거나 관련되는 보통교과의 선택과목과 전문교과는 교체하여 편성, 운영할 수 있다.
- 전문교과는 필요한 경우 다른 계열의 전문과목을 선택하여 편성, 운영할 수 있다.
- 특성화 고등학교, '2 · 1' 체제를 운영하는 공업계열 고등학교 등과 같

이, 전문교육의 강화가 요구되는 학교는 시 · 도 교육감의 승인을 받아 보통 교과 및 전문교과의 총 이수단위 수를 조정, 운영할 수 있다.

- 학교는 필요에 따라서 시 · 도 교육감의 승인을 받아 총 교과 이수단위를 10% 범위 내에서 증배 운영할 수 있다.

라. 11, 12학년의 특별활동에 배당된 8단위는 지역 및 학교 실정에 따라, 각 영역별 이수단위를 학교에서 재량으로 편성한다.

[부록 2]

실기교사 자격취득 관련규정 내용

1) 교원 자격 종별 검정대상 및 검정기관

자격종별	검정대상		검정기관
실기교사	1	• 전문대학 졸업자로서 재학 중 대통령령으로 정하는 실과계의 기능을 이수한 자	대학의 장
		• 고등기술학교의 전공과를 졸업한 자	교육감
	2. 대학 · 전문대학 졸업자로서 재학 중 예능 · 체육 기타 대통령령으로 정하는 기능을 이수한 자		대학의 장
	3. 실업계고등학교 또는 3년제 고등기술학교의 졸업자로서 자격검정에 합격한 자		교육감
	4. 실업과 예능과 또는 보건과에 관한 지식과 기능을 가진 자로서 실기교사의 검정자격에 합격한 자		〃

2) 실기교사 자격증 표시과목

계열별	교사자격표시과목
농업계	축산 · 잠업 · 원예 · 임업 · 조경 · 농업토목 · 식품가공 · 수의 · 작물
공업계	기계 · 자동차 · 항공 · 철도운전 · 철도업무 · 조선 · 주조 · 용접 · 금속 · 전기사 · 건축 · 공예 · 토목 · 통신 · 자원 · 화공 · 섬유 · 절삭가공 · 전기 · 전자 · 인쇄 · 도자기 · 요업 · 전산기기 · 계측제어 · 열처리 · 시계
수산해운계	어로 · 항해 · 수산가공 · 수산증식 · 기관 · 어업
예능계	사진 · 장식 · 미술 · 디자인 · 음악
체육계	체육 · 교련
상업계	속기 · 부기 · 상업계산 · 타자 · 전자계산
기타계	가정 · 한재 · 양재 · 이용 · 수예 · 미용 · 사서 · 요육 · 보육

3) 실기교사 무시험검정

(1) 무시험검정 대상

'실기교사 표시과목의 관련학과 및 기본 이수영역' 에 표시된 관련학과 졸업자 또는 관련학과가 아니더라도 교육부장관으로부터 표시과목 결정승인을 받은 학과의 전문대학 졸업자

(2) 무시험검정 기준

당해 표시과목에 해당하는 기본 이수영역에 해당되는 과목 6학점 이상과 교육학개론 및 실시교육방법론의 2과목(4학점)이 반드시 포함되어야 한다.

(3) 무시험검정 심사기준

① 해당 국가기술자격종목의 취득

○ 실기교사 중 실업계 과목은 초·중등교육법 제21조 별표 1의 규정에 의거 해당 종목의 기능사 2급 이상의 국가기술자격증을 취득해야만 실기교사자격증을 취득할 수 있다.

○ 표시 과목별 국가기술자격종목

- 표시과목 관련 기능사 2급 이상의 자격증은 '5) 실기고사 표시과목 국가기술자격종목' 을 참고한다.
- 국가기술자격법 및 동법시행령 [별표 2] '기능계의 기술분야 및 기술분야별 등급 및 종목' 의 기능사 2급 이상 자격증이 실기교사 표시과목 해당 국가기술자격 종목에 해당되지 않을 경우 표시과목과 그 자격종목과의 상관성이 객관적으로 인정된 것에 한한다.

※ 국가기술 자격증은 졸업 이전에 취득해야 함을 원칙으로 하나 졸업 후 3년 이내의 검정신청기간 내에 취득한 것도 인정된다.

② 실기교사 자격기준 표시(자격증, 자격증 발급대장 기재)

○ 실업계(농업, 공업, 상업, 수산계 등) 표시과목

○ 예 · 체능계 및 기타계(가정, 한재, 수예, 사서, 보육 등) 표시과목

4) 실기교사 표시과목의 관련학과 및 기본 이수영역

계열	표시과목	대 학 의 관 련 학 과	기본 이수영역 또는 과목
농업계 (11개)	축산	축산과, 축산경영학과, 축산가공학과, 농축산학과, 낙농과, 사료과	축산일반실습, 사료재배 및 사양실습, 축산가공실습
	잠업	잠업과, 제사과, 잠사학과	양잠일반실습, 재상실습, 제사 실습
	원예	원예과, 원예조경과, 농생물학과	원예일반실습, 작물보호실습, 농업경영실습
	임업	임업과, 임학과, 임산가공학과, 임산학과, 농림학과	사방실습, 조림실습, 임산가공실습
	조경	조경과, 환경조경과	조경설계제도실습, 조경재료실습, 조경환경 및 보호실습
	농업기계	농업기계과	농업공장실습, 농업기계실습, 농기계관리실습
	농업토목	농업토목과	토목재료 및 시공실습, 농지조성실습, 농지측량실습
	식품가공	식품제조과, 식품가공과, 식품공학과, 식품공업과, 식품영양학과, 농화학과	식품제조 및 관리실습, 식품화학실습, 식품위생실습, 농공, 수산해운계공통
	농촌지도	농촌지도과, 농업협동조합과, 지역사회개발과, 농업경영과, 농업경제학과, 농업과학과	농촌지도실습, 농업경영실습, 농업일반실습
	수의	수의학과	가축생리 및 위생실습, 가축질병실습, 가축번식실습
	작물	농업과	재배학실습, 작물실습, 농장경영실습
	기계	기계과, 기계설계과, 철도기계과, 기계설비과, 기계공작과, 기관과	기계설계제도, 기계공작, 기계수리 작업

공업계 (27개)	자동차	자동차과, 자동차 정비과	자동차새시, 자동차기관, 자동차정비 및 전기 작업
	항공	항공정비과, 항공운항과	항공기 기체작업, 항공기 엔진작업, 항공기기 계통작업
	철도운전	철도운전과	철도운전실습, 철도차량실습, 기계설계제도 및 기계 공작실습
	철도업무	철도경영과, 철도업무과	철도운수실습, 철도행정실습, 부기실습
	조 선	조선과, 조선공학과(공업계, 수산해운계 포함)	조선제도 및 현도, 선체조립, 선체작업
	주 소	주조과	주조작업, 주조조형작업, 주강조형작업
	용 접	용접과	가스용접 및 절단작업, 마이크용접, 특수용접(전기 저항 용접)
	금 속	금속과	야금작업, 금속가공작업, 금속열처리작업
	전기공사	전기과, 전기공학과, 철도전기과	옥내 및 통령배선작업, 전기설계 및 제도작업, 송배전 및 전기계측작업
	건 축	건축과, 건축설비과, 도시공학과	건축구조, 건축설계제도, 계획 및 시공작업
	공 예	공예과, 민속공예과, 산업공예과, 도자기공예과, 금속공예과, 방직공예과, 목칠공예과, 공업디자인과, 산업미술과	색채구조, 건축설계제도, 계획 및 시공작업
	토 목	토목과, 토목공학과, 토건과, 철도토목과, 해양토목과	토목설계제도, 측량, 토질 및 재료실험
	통 신	통신과(공업계, 수산해운계 포함), 통신공학과, 무선통신과, 전자통신과, 항공통신학과, 통신설비과, 통신전공과, 통신선로과	무선통신기기작업, 유선통신기기작업, 전기통신술
	자 원	자원개발과, 광산과, 채광과	광산측량작업, 채광작업, 광물처리 및 탐사관련
	화 공	화공과, 응용화학과	화공 및 장치작업, 공업화학분석작업, 화공설계제도
	섬 유	섬유과, 방직과	방직 및 장식작업, 염색가공작업, 직물가공작업
	절삭가공	기계과, 기계설계과	선반작업, 밀링작업, 연삭 및 형평상작업
	전 기	전기과, 전기공학과, 철도전기과	전기기기작업, 전기제도, 전기계측제어

공업계 (27개)	전 자	전자과, 전기공학과, 전파공학과	전자 및 전기회로작업,전자기기작업, 자동제어작업
	인 쇄	인쇄과	인쇄기계작업, 제판작업, 그래픽디자인
	도 자 기	도자기과, 도자기 공예과	소묘, 도자기도안, 도자기 제도작업
	요 업	요업과, 요업공예과	요업설계제도, 원료분석 및 요업작업, 요업계속
	전산기기	전자과, 전자계산과	디지털 기기작업, 전자기조직 및 구조, 컴퓨터조작
	제어계측	제어계측과	공업계측제어작업, 계장공사, 공업계측 체도
	열 처 리	기계과, 금속과	철강열처리작업, 금속재료시험
	기 계	기계설비과, 정밀기계과	기계수리작업, 기계재료시험
수산 해운계 (6개)	어 로	어로학과	해양학실습, 어업실습, 지문항해 및 선반, 조정실습
	항 해	항해과	지문항해실습, 선박운용실습, 수산가공실습, 적화법실습
	수산가공	수산가공과, 식품공학과(수산계)	수산화학실습, 수산가공실습, 냉동 공학실습
	수산증식	수산증식과, 증식학과	해양학 실습, 수상생물실습
	기 관	기관과, 조선학과	선박기관 및 보조계실습, 기관설계 공작실습
	어 업	어업과	어업일반실습, 수산경영실습
예능계 (5개)	사 진	사진과	촬영실기, 암실작업 및 현상처리, 사진 편집
	장 식	장식미술과, 실내장식과, 의상과, 응용미술과, 산업미술과	소묘, 실내장식디자인
	미 술	미술과, 응용미술과, 회화과, 조소과, 생활미술과, 장식미술과, 동양학과, 공예과, 공업도안과, 산업공예학과, 산업미술과, 목칠과, 상업디자인	소묘, 조형실기(평면입체)
	디자인	상업디자인, 공업디자인, 도안과, 공업도안과, 산업미술과, 생활미술과, 응용미술과	소묘, 디자인실기(그래픽, 공업디자인)

	음 악	음악과, 성악과, 기악과, 작곡과, 국악과, 종교음악과, 관현악과, 교회음악과	시창, 청음, 전공실기(성악, 기악)
체육 (2개)	체 육	체육과, 경기과, 무도과, 무용과, 체육과, 체육행정과	전공실기(육상, 체조, 수영, 구기, 무용 등 전공분야별)
	교 련	체육과, 간호학과	교련실습(남:군사학, 여:간호학)
상업계 (5개)	속 기	속기과	속기(국문, 영문)
	부 기	상학과, 경영과, 세무회계과	전표기입실무, 원장결산기장실무
	상업계산	상학과, 세무회계과, 경영과	전표계산실무, 상업계산, 주산실습
	타 자	비서학과, 행정실무과	국문타자, 영문타자, 사무관리
	전자계산	전자계산과	전자프로그래밍실습, 논리회로실습, 전산기조직 및 실습
기타계 (9개)	가 정	가정과, 가정관리과, 농가정과	영양실습, 피복학실습, 주거학 및 가정경영실습
	한 재	의상과, 의류과, 의생활과	한재재단, 봉재기법
	양 재	의상과, 의류과, 의생활과	양재재단, 봉재기법
	이 용	이용과	이용실기
	수 예	자수과	자수의 기초와 응용, 조형수예, 기계자수
	미 용	미용과	미용실기
	사 서	도서관학과	도서분류실습, 도서목록실습
	요 육	물리치료과	요육실기
	보 육	보육과	유아교육개론, 아동음악지도, 아동발달

5) 실기교사 표시과목 국가 기술자격종목 (예시)

○ 국가기술자격법시행령 [별표 2] 기술계: 기술분야별 등급 및 종목 참조

계열별	표시과목	국 가 기 술 자 격 종 목	
		기사	기능사
농업계	축　　산	축산	식물처리
	원　　예	종자, 시설원예	종자, 시설원예, 채소재배, 버섯종균, 과수재배, 화훼재배
	임　　업	산림경영, 임산가공, 임업종묘, 삼림공학	산림, 식물보호, 임업종묘, 목재가공, 펄프제지, 목질 재료
	조　　경	조경	조경
	농업기계	농업기계	농업기계정비, 농업기계운전
	농업토목	토목	토목제도
	식품가공	식품	수산식품가공, 농산식품가공, 축산식품가공
	작　　물	식품보호	식물보호
공업계	기　　계	일반기계, 건설기계, 기계공정설계, 치공구설계, 정밀측정, 철도차량, 공기조화 및 냉동기계, 사출금형설계, 메카트랙스	선박, 연삭, 밀링, 기어절삭, 정밀측정, 프레스금형, 사출금형, 다듬질, 공구제작, 기계조립, 산업기계정비, 발전기계정비, 기계가공, 금형공구, 기계제도, 전산응용기계 제도, 발전기계설비, 수치제어밀링, 수치제어선반, 공조냉동기계
	자 동 차	자동차정비, 자동차검사	자동차정비, 자동차검사, 자동차 차체수리
	항　　공	항공	항공장비정비, 항공정비, 항공전자정비, 항공기체정비
	철도운전	철도차량	철도동력차기관정비, 철도동력차전기, 객화차정비, 열차조작
	조　　선	조선	전산응용, 선체건조, 선체의장
	용　　접	용접	전기용접, 가스용접, 특수용접
	주　　조	주조	주조, 원형

공업계	금 속	금속, 방사선비파괴검사 초음파비파괴검사, 자기비파괴검사	열처리, 전기도금, 특수도금, 축로, 방사선비파괴검사, 초음파비파괴검사, 냉간압연, 열간압연,침투비파괴검사, 와전류비파괴검사
	전기공사	전기공사, 철도신호, 전기	전기기기, 전기공사, 철도신호
	건 축	건축, 건축설비, 실내건축	목재창호, 조적, 건축목공, 건축제도, 철근, 철골, 비계, 건축도장, 건축응용, 건축제도, 온돌, 기와, 타일, 유리시공, 거푸집, 도배, 철근, 방수, 실내건축
	공 예	제품디자인	금속공예, 목공예, 도자기공예, 등죽 보석감정공예, 인장공예, 석공예, 조화, 보석가공, 귀금속가공, 가구제작, 패세공, 조화공예, 금속도장
	토 목	토목, 건설 재료시험, 철도보선	토목제도, 포장, 건설재료시험, 석공
	통 신	정보처리, 전화통신, 무선통신	인쇄통신기기통신, 무선정보기기운용, 무선통신, 통신선로, 방송통신
	자 원	지하수, 광산보안, 화학류관리	시추, 광산차량기계
	화 공	화공, 공업화학, 화학류제조, 세라믹	화학분석, 세라믹고분자제품제도, 프라스틱제품성형가공, 제지, 위험물관리
	섬 유	섬유, 생사, 방사, 방직, 염색, 염색가공의류	편물, 직기조정, 직물가공, 방적, 섬유제도디자인, 염색
	절삭가공	매카트랙스, 공정설계, 치공구설계, 정밀측정, 프레스 금형설계, 사출금형설계	기계제도, 선반 연삭밀링,기어절삭, 금형공구, 공구제작, 프레스금형, 사출금형, 정밀측정, 기계조립, 시계수리, 계량기계
	전 기	전기, 전기공사	전기기기, 전기공사
	전 자	전자, 공업계측제어, 전자계산기	전자기기, 공업계측제어
	인 쇄		평판인쇄, 스크린인쇄
	도 자 기		도자기공예, 석공예
	요 업	세라믹	세라믹, 고분자제품제조, 프라스틱 성형가공
	전산기기	전자계산기	전자계산기
	제어계측	공업계측제어, 전자	공업계측제어, 전자기기
	열 처 리	원자력, 열관리	열처리

	환경공업	대기환경, 수질환경, 소음진동, 폐기물처리	환경
수 · 산 해운계	항　　해	해양환경, 해양자원개발, 해양공학	
	수산양식	수산양식, 어병, 수산제조	수산양식, 수산제조, 잠수
	기　　관	조선	선박기관정비, 전산응용조선제도, 선체건조, 선체의장
	어　　법	어로	어로
상업계	속　　기		한글속기, 영문속기(2급이상)
	부　　기		부기(2급이상)
	상업계산		컴퓨터활용능력(2급이상)
	타　　자		워드프로세서(2급이상)
	전자계산	정보처리(기사, 기능사 2급이상) 정보기술(산업기사) 컴퓨터 활용능력(2급이상)	
가사 실업계 및 기타계	양　　재		의류(기사), 패션디자인, 양복(산업기사), 양복, 양장(기능사)
	한　　재		의류(기사), 한복(산업기사), 한복(기능사)
	수　　예		자수(산업기사), 자수(산업기사)
	조　　리		조리(기능장), 한식조리, 양식조리, 중식조식, 일식조리, 복어조리(기능사)
	이　　용		이용(기능장), 이용(기능사)
	미　　용		미용(기능장), 미용, 세탁(기능사)

[부록 3]

각과 수업계획안(가나다순)

1) 가정과 수업계획안

일　시:　년 월 일 교시
대　상:　학교 제 학년 반
지도교사:

(1) **주　제:** 우리들의 식생활
소주제: 매일의 식사

(2) 단원의 개관

사람은 살고 있는 동안에 체온을 유지하고 호흡, 순환, 소화, 성장, 운동 등 여러 가지 생활현상을 나타내고 있다. 이러한 생활현상으로 인하여 체내에서 분해되고 소모된 물질과 체온과 일할 때의 필요한 열과 힘을 내는 물질을 끊임없이 보급해야 한다.

이와 같은 여러 가지 필요한 물질은 우리는 음식물에서 섭취하고 있으며 음식물은 매일의 식사기간을 통하여 얻게 된다. 고로 좋은 식사, 즐거운 식사를 마련하려면 먼저 영양소와 식품이 몸에 끼치는 영양적 인식과 특징을 고려하여 합리적인 조리법과 식단작성 등을 연구하고 실천하여 즐겁고 건강의 원천이 될 수 있는 식사를 마련하는 데 도움이 되고자 주제를 설정하였다.

(3) 수업목표

가. 이해면

① 건강유지상 알맞는 식사를 해야 함을 인지한다.

② 여러 가지 영양의 구실을 이해시켜 편식을 하지 않는다.

나. 기능면

① 식품을 선택할 수 있는 기능을 갖는다.

② 식단을 작성할 수 있는 기능을 갖는다.

다. 태도면

① 식사 시의 바른 태도를 기른다.

② 끝정리를 깨끗이 할 수 있는 태도를 갖는다.

(4) 수업의 과정(1교시 50분)

단계	수업내용	수 업 활 동		학 습 자 료	시간 (분)
		교 사	학 습 자		
도입		• 전시교과내용과 본시 학습내용과 연관시켜 동기유발 • 문제제시	• 정리정돈 • 올바른 자세		2
전개	• 매일의 식사가 건강과 식생활에 미치는 영향 1.영양소의 종류와 함유 식품 2.영양소의 구실을 이해 3.편식을 하지 않도록 4.과학적인 조리법 연구 5.즐거운 마음으로 식사하도록	• 식사의 중요성을 질문 • 종합평가 후 설명 • 부족한 점을 보충설명 후 요점 필기 • 종류를 들고 예를 들어 질문함 • 영양, 영양소, 식품을 구분하도록 설명시킴 • 편식? • 편식을 하지 않으려면 • 요리하는 이유 • 요리할 때의 주의 • 적당한 행주 감 • 행주소독	• 설명, 요점 필기 • 식품선택 중요성 • 부엌행주 관리 • 다양성 있는 조리법 • 영양손실을 적게 하는 법 • 식품배합이 합리적이고 과학적인 조리법으로 식사를 마련해서 감사하는 마음으로 단란한 시간을 가질 수 있는 점과 식사 후 뒷처리를 깨끗이 하도록 함.	식 품 도 표	45
평가 정리	질문에 응하고 학습 내용 재정리				2
차시 예고	다음 시간 학습내용 제시				1

2) 공업과 수업계획안

일　　시 :　　년　월　일　교시
대　　상 :　　학교 제　학년　반
지도교사 :

(1) 주제: 측량

소주제: 방사법 및 전진법에 관한 평판 측량실습

(2) 단원의 개관

① 토지의 경계선을 정하기 위한 측량을 한다.
② 여러 가지 건설공사에 필요한 측량을 한다.
③ 큰 지역에 걸쳐 나라가 시행하는 측량을 한다.
④ 고등학교 교육을 받은 사람으로서 이상의 정도를 아는 데 있다.
⑤ 학습재료의 분석을 한다.
학습재료는 다음과 같다.
ㄱ) 도판, ㄴ) 삼각, ㄷ) Alidade, ㄹ) 구심기, ㅁ) 투구, ㅂ) 자침함, ㅅ) TaPe(30m)2개, ㅇ) Pole (4개), ㅈ) 도지, ㅊ) 표침, ㅋ) 연필

(3) 수업 계획(총 2교시)

가. 수업계획

차 시	학 습 문 제	준비물
1/2	① 측정 선정방법 ② 평판 설치법 ③ 방사 측정법	앞의 학습재료 참고
2/2	① 평판 설치 ② 평판 이동식 표정법 ③ 전진법에 의한 측정법	

나. 지도상의 유의점

방사법

① 시준의 잘 되는 곳에 0점을 잡아 평판을 설치한다.

② 시준시 평판이 움직이지 않도록 한다.

③ 기구에 무리한 힘을 가하지 않도록 한다.

④ 도지를 평판에 완전히 밀착시킨다.

전진법

① 평판이동시 표적을 정확히 한다.

② Pole을 수직으로 세우고 Tape을 팽팽히 당겨서 재도록 하며 Tape의 읽기를 정확히 한다.

③ 측량 도중에 점선을 이용 정확여부를 지도한다.

다. 안전수칙

① 기구 반출시에 조심해서 다룬다.

② 실습시에 평판이나 기구에 몸을 대지 않도록 한다.

③ 나사를 조정할 때 지나치게 조이지 않도록 한다.

④ Tape를 지면에서 약간 띄워 끌리지 않도록 조심한다.

⑤ Pole은 항상 수직으로 세워서 갖고 다닌다.

(4) 본시의 수업(2/2차시)

가. 소주제: 방사법

나. 수업목표

- 방사법에 의한 평판 측량을 할 수 있다.
- 직접 측량함으로써 측량에 대한 신속성과 오차문제를 쉽게 발견할 수 있다.

다. 수업의 과정

<table>
<tr><th>단계</th><th>학습문제</th><th>수 업 활 동</th><th>학습자료</th><th>시간(분)</th></tr>
<tr><td>도입</td><td>학습동기유발
학습목표제시</td><td>· 대주제의 개관
· 본시 학습범위의 제시
단원학습 계획</td><td></td><td>2</td></tr>
<tr><td>전개</td><td>실 습</td><td>· 작업순서설명
· 평판설치의 정확 여부
—정준, 구심 표정을 한다.
· 평판을 수평으로 세운다.
· 지상의 측점과 도상의 측점을 일치시킴
· 평판위 방위 또는 방향조정을 정확히 함
· 각 기구 조절의 양 · 부 지도
· 각 점마다 시준하고 Tape로 거리를 재어 도상에 기입</td><td>· 도판
· 삼각
· Alidade
· 구심기
· 추구 · 자침함
· Tape(30m)2개
· Pole(4개)
· 도지 · 표집
· 연필</td><td>45</td></tr>
<tr><td>정리
및
평가</td><td>정 리

형 성
평 가</td><td>· 실습 후 어디에 문제점이 있는지 확인하고 질문
· 계속적인 평가를 실시(근거는 아래에 제시함)
<table>
<tr><td>구 분</td><td colspan="5">전 시 법</td><td rowspan="2">비고</td></tr>
<tr><td>조 별</td><td>1</td><td>2</td><td>3</td><td>4</td><td>5</td></tr>
<tr><td>1.실습태도</td><td></td><td></td><td></td><td></td><td></td><td></td></tr>
<tr><td>2.신속도</td><td></td><td></td><td></td><td></td><td></td><td></td></tr>
<tr><td>3.정확도</td><td></td><td></td><td></td><td></td><td></td><td></td></tr>
<tr><td>4.실습작품</td><td></td><td></td><td></td><td></td><td></td><td></td></tr>
</table></td><td>· 실습재료일체</td><td>2</td></tr>
<tr><td>차시
예고</td><td></td><td>· 다음에는 전진법을 수업한다고 예시한다.</td><td></td><td>1</td></tr>
</table>

3) 기술과 수업계획안

일　　시 :　　　　년　월　일　교시
대　　상 :　　　　학교 제　학년　반
지도교사 :

(1) 주제: 목공

(2) 단원의 개관

우리들의 주위에는 많은 목재 가구들이 있다. 우리들은 이것들을 보고 실지로 만들어 보고 싶어 하며 개선하려는 마음가짐과 그 기능을 익히는 일은 생활을 개척하는 데 중요하다. 따라서 가구 등을 잘 관찰하고 견고하고 아름답고 쓸모있는 공작물을 착상 · 고안하는 습관을 지니도록 하는 한편 재료를 바르게 이해하고 공구와 장비를 바로 사용할 수 있고, 이들을 안전하게 다루는 능력을 길러 목공 기능을 익혀 가도록 해야 하겠다.

(3) 수업목표

① 목재의 구조, 종류, 성질, 용도 등을 안다.
② 판자의 선정법과 용도를 안다.
③ 적합자료, 칠감 등의 종류, 성질, 용도를 안다.
④ 목공구, 목공기계의 종류, 구조, 성능을 안다.
⑤ 목공의 구상, 설계, 제작 계획을 세운다.
⑥ 실제 제작 학습을 통하여 기술 향상에 힘쓰는 태도를 갖는다.

(4) 수업계획

주제	수업내용	비고	소요시간
1. 재료	• 목재-종류, 조직, 성질, 제재와 건조, 목재의 가공재 - 부피단위(1,2,3) • 적합재료 - 못, 나사못, 보강철문(1), 접합제(1) • 칠감 - 니스, 에나멜, 못(1)	견본제시	6
2. 목공구 및 목공기계	• 목공구-자, 곱자, 그므개,(1), 톱(1,2), 대패(1,2), 끌, 송곳, 마치, 그밖의 공구 • 목공기계 - 둥근톱, 띠톱(1), 자동대패, 손말이 대패, 끌기계(1)	목공구 준비	10
3. 책꽂이	• 구상과 설계(1,2) • 본설계와 제작계획 - 본설계(1), 재료표, 공정표(1) • 제작- 마름질(1,2,3), 가공(1,2,3), 조립(1), 칠하기(1,2)	실습	13
4. 화분대	• 본설계와 제작계획 - 본설계(1), 재료표, 공정표(1) • 제작 - 마름질(1,2,3), 가공(1,2,3), 조립(1), 칠하기(1,2)	실습	10

(5) 본시의 수업

가. 소주제: 목재

나. 지도의 주안점: 목재의 구조, 성질, 종류, 용도 등을 이해하고 이용할 수 있도록 한다.

다. 수업목표

① 목재의 종류에 따른 성질을 안다.

② 목재의 조직을 안다.

라. 수업의 과정(1교시 45분)

시간(분)	수업활동 및 유의점
도입 전개 정리 평가	• 목공의 재료로 목재를 사용할 때 생기는 장 · 단점을 발표시킨다. — 장점 ① 가볍고 열전도율이 작음 - 비중에 비하여 강도가 큼 ② 가공하기 쉬움- 부드럽고 따듯함 - 고유의 아름다운 무늬 — 단점 ① 불에 타기 쉽다. ② 습기에 약하다. ③ 건조시 수축하여 변형됨 • 목재의 종류, 성질, 용도를 알아본다. — 개량목재- 합판, 베니어합판, 플로어칭, 경질섬유판 • 나무의 조직과 명칭을 알아본다. — 침엽수(종류, 특징, 용도) — 활엽수(종류, 특징, 용도) — 나무의 조직 : 세 부분으로 되어 있다. (껍질, 중심, 나이테) — 나무의 성장 : 껍질 가까이에 양분을 섭취하여 자람(애목일 때와 고목일 때) — 나이테 : (춘재+추재) — 심재와 변재 • 흠의 종류와 흠이 생겼을 때의 결함을 알아본다. — 갈래가 생기는 원인 알아보기 — 갈래가 있는 목재의 제재방법을 알기 — 옹이에 대해 안다. • 지선에 대하여 알아본다. • 껍질박에 대하여 알아본다. — 자라는 동안 상처를 입어 벗겨진 그 껍질의 일부가 속으로 말려들면서 아물게 된 것으로 목재를 사용하기에 불편함

4) 농업과 수업계획안

일　시:　　년 월 일 교시
대　상:　　학교 제 학년 반
지도교사 :

(1) **주제:** 보통작물

소주제: 고구마 재배

(2) 단원의 개관

① 계절적으로 보아 학습의 시기가 고구마 재배와 유기적으로 관계가 있으므로 학습을 통하여 학생들이 고구마 재배에 대한 흥미와 자신을 갖도록 함에 있다.

② 고구마 재배가 지역적 조건에 타당한 작물임을 명기하고 우리 생활에 미치는 영향을 주지시킨다.

③ 고구마 생산증가에 따른 현대 가공기술과 이를 공급하기 위한 다량 생산에 기여한다.

(3) 수업목표

① 고구마의 내력에 대하여 이해한다.

② 고구마 재배의 활용에 필요한 사전지식을 이해한다.

③ 고구마 재배와 필요한 환경 여건에 관한 지식을 갖는다.

④ 우리나라의 고구마 재배의 미래상에 대하여 이해한다.

시간구분	수업내용	시간배당	준비
제1차시 (본시)	1) 고구마의 내력 2) 고구마의 용도 3) 기후와 토질 4) 품종 ㄱ) 온상의 종류 ㄴ) 온상의 위치 ㄷ) 온상의 시기 5) 묘종 기르기	50분	
제2차시	1) 묘종심기 ㄱ) 심는 시기 ㄴ) 싹의 준비 ㄷ) 심는 방법 2) 밭 가꾸기와 병충해 3) 거두기 4) 저장	50분	

(5) 본시의 수업

가. 소주제: 고구마 재배

나. 주안점

① 학생들이 본 학습을 통해서 고구마 재배에 관심을 갖도록 한다.

② 고구마 재배에 필요한 지식을 부여한다.

③ 고구마의 용도에 대한 중요성을 이해시킨다.

다. 유의점

① 고구마의 용도에 대한 가치를 상실하지 않게 한다.

② 학습시간을 통해서 권태감을 주지 않게 한다.

③ 고구마 저장법에 대하여 안다.

④ 고구마 싹 기르기에 대하여 안다.

라. 수업의 과정

단계	수업내용	수업활동		비고
		교 사	학습자	
도입	고구마 재배	출 석 확 인	대답, 교과서읽기	7분
전개	고구마의 내력 고구마의 용도 기후와 토질 품종 싹기르기 고구마 온상 씨고구마 씨고구마 묻기 모판의 관리	○원산지 ○우리나라 재배 경로 ※집에서 고구마를 어떻게 처리하고 있는가? ○고구마 용도에 대하여 ※지역적 조건에 타당한 작품임을 강조 ○우리나라에서 가꾸고 있는 우량품종 ※가정에서 행하고 있는 번식방법 질의 ※가정에서 고구마 싹을 어디에서 기르고 있나 ○고구마 온상의 종류 ○좋은 고구마 조건 ○씨고구마의 조건 ○씨고구마 묻는 방법 ○모판 관리에 유의할 점	답변 토의 답변 답변	37분
정리 및 평가	차시예고	차시예고 및 질의응답	질의에 답한다	6분

5) 농업기계과 수업계획안

일 시: 년 월 일 교시
대 상: 학교 제 학년 반
지도교사:

(1) **주 제** : 농업 동력원과 동력기계의 종류
소주제 : 내연기관과 그 사용법(동력경운기 사용법)

(2) 단원의 개관

① 농업 동력의 중요 부분인 내연기관의 기본적 이론을 이해하게 한다.
② 농업용 동력기계의 종류와 그 사용법을 익숙하게 한다.

(3) 수업목표

가. 이해면
① 농업 동력원의 종류와 생활에 밀접한 관계가 있는 동력기계를 이해한다.
② 내연기관과 외연기관을 구별한다.
③ 내연기관을 작동한다.
나. 태도
① 농업기계에 대한 호기심을 갖는다.
② 각종 동력기계를 다루어 보려는 적극적인 태도를 갖는다.
다. 기능
각자가 기계적 기초지식을 이해해서 학교에 있는 동력경운기, 분무기 등을 실제로 잘 다룰 수 있다.

(4) 수업내용

① 농업 동력원과 동력기계의 개요
② 내연기관
③ 외연기관
④ 내연기관의구조
⑤ 내연기관의 작동(괘도 설명) (동력경운기를 사용해서 설명하고 운전을 실시해 본다.)
⑥ 4행정 사이클 기관
⑦ 2행정 사이클 기관
⑧ 내연기관의 분류

(5) 수업의 유의점

① 주제에 적합하도록 유의한다.
② 괘도 설명을 중심으로 학생들이 능동적 참여를 하도록 한다.
③ 학생들의 흥미를 유발하도록 최대한 노력한다.

(6) 수업계획

시간	수 업 내 용	관련	준비
1차시	내연기관작동(본시) pp.13~14 (동력경운기를 실제 실습해 본다.)	공업기계	괘도 동력경운기
2차시	내연기관분류(pp. 20~23)	공업기계	괘도 도표 참고도

(7) 본시의 수업

소주제: 내연기관과 그 사용법

가. 주안점

① 패도를 최대한 이용해서 수업을 진행시키는 기초적 이론을 이해하도록 한다.

② 간단명료한 수업으로 교육효과를 높인다.

나.수업의 과정

단계	수업과제	교사활동	학생활동	유의점	준비	시간
도입	전시 학습 환기와 본시 학습의 예시	동력원의 종류 질문과 설명	동력원 종류 질의에 응답	흥미유발 연료질문	교과서 괘도 괘도대 프린트물	5
전개	내연기관의 개요 내연기관의 작동 동력경운기 4행정 사이클 기관 2행정 사이클 기관 내연기관의 연료	동력경운기를 사용해서 내연기관 설명과 기계 설명 후 실제로 운전해 봄. 4행정 2행정기관 질의 내연기관 연료 설명	조용히 듣는다. 응답 동력경운기 운전		교과서 괘도대 동력경운기 분무기	25
종합정리	내연기관	전개 단계에서 빠진 점, 주의할 점 설명	조용히 듣는다.		교과서	15
발전	차시예고 과제제시	석유발동기가 농업용으로 많이 쓰이는 이유 연구해 오기, 석유발동기에 관련된 그림 사진 모으기 2장 이상	의문점 질의 조용히 듣는다.		교과서	5

6) 미술과 수업계획안

일　　시 :　년　월　일　교시
대　　상 :　학교 제　학년　반
지도교사 :

(1) 주제: 국화꽃(크레파스화)

(2) 단원의 개관

그림은 마음의 거울이다. 마음에 비춘 상이 개개의 생각에 반영되어 화폭에 옮겨진 것이 그림이다. 미술은 이런 생각을 어떻게 옮겨 나타내는 것인가를 다루는 것이다. 본 주제의 설정은 표현지도를 위하여 가을을 느끼는 아동의 감정을 표현하는 데 있다고 보겠다. 흔히 볼 수 있는 우리 주위의 모든 사물에 대한 관찰과 그것을 느끼고 산다는 것은 어른이나 아이들도 다 같은 현상일 것이다. 가을이 가기 전에 이 아쉬운 맛, 국화꽃에서 좀 더 가을을 맞아 고운 마음을 기르기에 도움이 되므로 주제를 선정한다.

(3) 수업목표

가. 이해면

① 국화꽃과 다른 꽃의 생김새의 차이를 안다.

② 무슨 꽃이고 잎은 초록색인 것을 안다.

③ 연필로 데생을 완전히 한 뒤에 색칠하는 것을 안다.

나. 기능면

① 표현의 강약을 독자적인 방법으로 표현할 수 있는 능력을 갖는다.

② 꽃잎을 하나하나 세밀히 관찰하여 시든 것과 싱싱한 것의 차이점을 구분하여 칠한다.

③ 여러 가지 색을 칠하여 잘 어울리도록 꾸밀 줄 안다.

다. 태도면

① 크레파스 칠을 부분적으로 문지른다.

② 빈 곳이 없게 완전히 칠한다.

③ 배경을 잘 조화시킨다.

④ 공간처리가 헛되지 않도록 하되 물체가 뚜렷한가 살핀다.

(4) 수업계획

차시	학습문제	수업목표	수업내용	준비물 및 유의점
1	○정물화의 의의 ○정물화의 데생 ○꽃과 잎	○정물화에 대한 충분한 관찰 ○국화꽃의 성질 관찰	○꽃의 데생을 제일 먼저 한다. ○국화꽃의 색의 종류를 알아본다. ○완전한 데생인가 본다.	교사-참고화 아동-도화연필 스케치북 연필
2	○꽃의 채색 ○배경처리	○색에 대한 연구 ○중간색을 내는 법 ○배경처리	○큰 면부터 시작해서 작은 면으로 칠한다. ○엷은 색부터 칠한다.	교사-참고화 아동-스케치북 크레파스

(5) 본시의 수업

가. 소주제: 국화꽃의 세밀한 데생

나. 일시 및 장소 : 년 월 일 제 교시 반 교실

다. 목표

① 평상시의 관찰력을 높인다.

② 꽃의 형태에 대한 연구를 한다.

③ 원색을 피하고 중간색만을 쓰도록 색을 연구한다.

④ 작은 작품이라도 끝까지 그리고 완성한다.

⑤ 타인의 작품과 자기 작품을 비교하여 비평한다.

⑥ 작품 감상법을 연구한다.

라. 준비물

아동–크레파스, 스케치북, 미술연필, 교과서

교사– 참고화, 국화꽃 꽂은 화병

마. 수업의 과정

단계	수업내용	수업활동	지도상의 유의점	시간
도입	○분위기조성	○자료준비완료 ○데생에 대한 설명 ○그릴 준비	○준비물이 완전한가 조사 후 에 설명 시작	5분
전개	○배경처리	○데생검사 받은 후 채색을 시작한다. ○원색을 제외한 색만으로 충당한다. ○남이 그린 것을 참고하되 모방하지 말도록 한다.	○연필 데생이 완전할까? ○데생이 끝나면 채색 시작 ○원색사용금지 ○순회지도 ○여러 아동의 작품 비교 감상	35분
정리	차시예고	○그림을 채점받고 자기 주위가 어지럽혀졌나 살핀다.	○완성된 작품수립 ○숙제물 제시	10분

7) 사회과 수업계획안

일 시: 년 월 일 교시

대 상: 학교 제 학년 반

지도교사 :

(1) 주제: 향토의 사회생활

(2) 단원의 개관

향토는 우리들이 태어나서 자란 곳이고, 또 현재 생활하고 있는 우리들의 보금자리이다. 거기에는 조상 때부터 서로 도우며 가꾸고 다듬어 온 논과 밭, 산과 들이 있는 고장이다. 그리고 향토 발전에 이바지한 조상들의 이야기가 있고, 역사와 전통, 사적과 문화재가 있다.

향토는 항상 가까이할 수 있고 우리나라의 일부이며 세계의 다른 지역과 밀접하게 관련되어 있다. 향토를 학습함에 있어 향토에 대한 5만분의 1이나 2만 5천분의 1의 지도를 바르게 읽음으로써 향토의 위치, 지형, 자연환경, 그와 관계를 맺을 인문 활동을 이해하고, 향토에 대한 조사를 과제를 통하여 문제점을 발견 · 해결할 수 있는 능력을 기를 수 있도록 한다.

이 주제는 향토 사회의 이해가 주가 되지만 계속적인 지리학습을 위해서는 물론 기초적인 지리학습 방법으로도 중요하다. 이를 학습함에 있어 주제별로 나누어 학습할 수도 있으나 향토 한 주제를 하나로 묶어 전체적인 주제로서 학습을 전개하려고 한다. 시간배정은 6시간으로 하였으나 학교의 사정이나 향토의 특수성에 따라 향토조사, 실제 답사를 통한 학습과정을 적절히 연장할 수 있다.

(3) 수업목표

① 지리적 사상이나 개념을 파악하여 사물을 지리적으로 보고 생각하는 태도를 갖는다.
② 자연환경에 따라 여러 가지 향토의 모습이 나타남을 이해한다.
③ 향토의 사적과 문화재, 그리고 향토발전에 이바지한 인물들을 알아 우리들 조상의 얼을 계승 발전시키는 태도를 갖는다.
④ 야외관찰, 지도 읽는 기초기능 및 자료 이용방법을 습득한다.

(4) 수업계획

차시	주제	수업내용	수업형태	준비사항
1	1. 향토의 자연과 생활	① 벼농사중심의 평야촌 ② 도시 근교의 농촌 ③ 산간지방의 산지촌 ④ 어업과 양식업을 하는 농촌 ⑤ 촌락의 사회생활	강의학습 문답방법 발표학습 토의학습	교재 괘도 • 취락형태의 괘도, 사진교재 • 촌락사진 각종화보
2		⑥ 지방행정 중심도시 ⑦ 교통의 요지에 발달한 상업도시 ⑧ 새로 발달한 광산도시 ⑨ 관광중심도시 ⑩ 도시의 사회생활	강의학습 문답학습	지도 • 향토조사용 지리부도
3	2.향토의 역사와 문화재	① 향토의 역사 ② 향토의 문화재		
4	3.지형도와 향토조사	① 지도읽는 법 (ㄱ) 지도란 무엇인가 (ㄴ) 지도의 구비조건 (ㄷ) 지도의 종류 (ㄹ) 독도법	강의학습 실 제 학 습 및 연습 문답학습	향토조사용지도 • 1:15,000 1:25,000 색채도구(색연필)
5		② 향토조사 (ㄱ) 향토조사의 목적 (ㄴ) 향토조사방법준비 -예비조사 -실제조사 (ㄷ) 향토조사의 내용	강의학습	향토에 관한 문헌 향토조사용 준비물 ※학교에 따라 실제조사를 학생들이 해보도록 지도함이 좋음
6	4. 향토의 개발과 새마을운동	① 향토의 문제점 ② 새마을 운동과 향토개발 ③ 향토의 환경조건 ④ 소득증대사업	강의학습 문단학습 발표학습	• 사진, 화보 통계자료

(5) 본시의 수업

가. 소주제: 향토의 자연생활(1/6차시, 4교시 45분)

나. 수업목표

① 향토의 자연환경과 인간생활과의 관계를 이해한다.

② 향토의 자연환경은 향토의 생활 모습에 크게 작용함을 이해한다.

③ 주위에서 볼 수 있는 사회 현상을 지리적 이해방법으로 연관지어 생각할 수 있다.

④ 촌락도 그 형태나 기능상 다양하다는 것을 스스로 판단할 수 있다.

다. 수업의 과정

수업활동	학습자료	유의점	시간(분)
1. 향촌의 구분 ┌촌락 └도시	• 취락형태를 그린 괘도	• 들어가기 전 지리 교육의 목적을 이해시킴	10
2. 촌락의 분류 ① 형태별 분류 (ㄱ) 집촌: 외적의 공동방위, 기후, 토질, 자연조건에 따라 모여사는 큰 부락 - 괴촌: 길, 가옥 등이 불규칙한 촌락 - 환촌: 교회, 광장을 중심한 원형 촌락 (ㄴ) 산촌: 가옥이 한두 집씩 흩어져 있는 촌락	• 사진교재 - 촌락, 도시 • 지리부도	• 취락의 형태를 간단하고 선명하게 나타낸 괘도를 사용하여 분류상 혼동이 없도록 한다.	10
② 기능별 분류 (ㄱ) 농촌 - 평야촌: 논농사 중심, 그루갈이 - 산지촌: 산간계곡, 산지사면 고원에 발달 - 밭농사 중심이나 특용작물 재배 - 근교촌: 도시주변, 고속도로 연변에 발달, 채소, 화초 - 과수재배와 낙농, 양계업 발달 (ㄴ) 어촌: 순수한 어촌이 적고 반농반어촌이다. 고기잡이, 김, 귤, 양식업	• 그림, 화보 고속도로 변의 근교 (농촌, 낙농업지 등)	• 향토를 지리적으로 이해하고 향토조사를 위한 기본 지식으로 개념을 넣어주는 데 의의가 있으므로 시각적인 여러 종류의 사진, 그림 등을 제시함이 필요하다. • 판서량이 많지 않도록 유의한다.	15
3. 촌락의 사회생활 ① 전통을 숭배하고 보수적이다. ② 공동체적 생활환경이다. ③ 규모가 작아 대체로 영세적이다. ④ 근래에 간척, 개간 경지정리, 지하수 개발과 양잠, 가축기르기, 과수재배 등으로 소득증대 사업이 활발하다.			10
정리			5

라. 평가

① 우리 고장의 여러 촌락의 자연과 생활 특색을 살피어, 그것이 어떤 종류의 부류에 속하는지 설명할 수 있는가?

마. 과제

① 향토조사용 지도(1:50,000, 1:25,000)를 구해온다.

8) 상업부기과 수업계획안

일　　시 :　년　월　일　교시
대　　상 :　학교 제　학년　반
지도교사 :

(1) **주　제** : 거래의 기장

소주제: 2.상품판매에 관한 기장

(2) 단원의 개관

① 실업계 고등학교의 중심이 되는 과목으로서 졸업 후 직장생활에 직접관계가 있는 단원으로 학생들의 의욕과 할용도가 높아 학습심리의 경향에 적절하다.

② 상품매매업을 중심으로 하여 발생하는 각종의 거래를 충분히 파악하여 정확하고 규모있는 장부를 기록 · 계산 · 정리 · 보고하는 회계처리는 모든 부기학습의 기초가 된다.

③ 올바로 배워서 경제생활에 그 방법과 실제면을 활용하여, 직장생활의 실무에 적응하는 능력과 태도를 길러준다.

(3) 수업 목표

① 부기의 기본 원리를 기초로 하여 각종의 거래에 대한 내용과 계정과목을 깊이 연구 검토함으로써 어떠한 거래도 정확하게 기장할 수 있는 지식과 능력을 갖는다.
② 기장 연습을 통하여 실무에 적용할 수 있는 태도를 갖는다.
③ 거래를 기장하는 방법과 중요성을 이해한다.

(4) 지도상의 유의점

① 상품재고장의 용도와 기능 설명
② 상품재고장의 종류
③ 상품재고장의 기장 시 유의사항 제시

(5) 수업계획

차시	수업내용	교재 · 교구
1	1. 상품재고장의 용도 설명	교과서
2	2. 상품재고장의 종류설명 ① 선입 선출법(first-in first-out method) ② 후입 선출법(last-in first-out method) ③ 이동평균법 (moving avarage method) ④ 총 평균법 (total avarage method)	괘도 교과서 괘도
3	3. 상품재고장 기장 시 유의사항 제시	괘도
4	4. 연습문제를 통한 실제 기장 방법 실시 선입선출법(FIFO)	프린트
5	5. 본시 학습내용의 총정리 및 질의 실시	노트
6	6. 종합문제	

(6) 본시의 수업

가. 소주제: 상품 매매에 관한 기장

나. 수업목표: 상품 매매에 관한 기장을 한다

다. 수업의 과정

구분 단계	수 업 내 용			교재 교구	시간
도 입	출 석 점 검 ○본시 학습의 소개, 전시 학습의 복습	전시 문제 질의	응답	노트 교과서	5분
전 개	제3장 거래의 기장 2.상품 매매에 관한 기장 (1)상품재고장 상품의 종류마다 계좌를 설정하여 그 상품의 증감 및 잔액을 명백히 하기 위하여 사용하는 보조원장이다. A. 상품재고장의 종류 ① 선입 선출법(LIFO: last -In Frist- Out method) 매출시에는 먼저 매입한 것부터 차례로 매출해 나가는 방법 ② 후입 선출법 (FIFO: first -In Frist- Out method) 최근에 매입한 것부터 순차로 매출되는 방법 ③ 이동평균법(moving avarage method) 상품을 매입할 때마다 그 수량과 금액을 그 당시의 상품 잔액에 가산하여 새로운 평가단가를 계산하고 매출시에는 이전 단가로써 기입하는 방법 ④ 총평균법(total avarage method) 매출시에는 단지 수량만을 기입해 두고 일정기 말에 총평균단가를 내어 그것을 그 기간중의 단가로서 인도란에 추가 기입하는 방법 B. 상품재고장 기장시 주의사항 ① 상품의 기장시 주의사한 ② 매입 · 매출시 매입원가로 기입 ③ 수입란 ┌ 상품 매입을 기입(흑색) (부대비용포함) ├ 매입환출(붉은색) └ 매입 에누리(붉은색) ④ 인도란 ┌ 매출 상품기입(흑색) ├ 매출환입(붉은색) └ 매출 에누리는 기입치 않음	학습내용판서 및 설명 학습내용설명	듣고·이해·필기 듣고·이해 응답	교과서 괘도사항 프린트	40분

전개		질의 예제풀이	응답 문제해결방법	프린트	

⑤ 기말에 잔액을 인도란에 붉은색으로 기입하여 수입란과 인도란의 합계를 평균시켜 마감한다.
⑥ 수입란과 인도란의 주거된 부분은 공제하여 기입한다.

(예제)다음 거래를 상품재고장에 기입하라.
(단, 선입 선출법에 의할것)

11월 1일 A상품 매입 40개 @ ₩540 ₩20,000
운입 ₩400 현금지급
3일 A상품 매출 10개
6일 A상품 매입 60개@ ₩540 ₩32,400
9일 A상품 매출 520개
20일 A상품 14일 매출분 10개 환입
26일 A상품 매입 30개 @ ₩530 ₩15,900
27일A상품 25일 매입분 ₩900에누리

상 품 재 고 장

FIFO (A상품) 단위 개

월일	적요	수입			인도			잔액		
		수량	단가	금액	수량	단가	금액	수량	단가	금액
11 1	매입	40	510	20,400				40	510	20,400
3	매출				10	510	5,100	30	510	15,300
6	매입	60	540	32,400	30	510	15,300	30	510	15,300
					20	540	10,800	60	540	32,400
9	환출	5	540	2,700				30	510	15,300
								55	540	29,700
14	매출				10	540	5,400	35	540	18,900..
20	환입	30	530	15,900				45	540	24,300
								30	530	15,900
27	에누리							45	540	24,300
								30	500	15,000
30	차기이월				45	540	24,300			
					30	500	15,000			
		125		65,100	125		65,100			
12 1		45	540	24,300				45	540	24,300
		30	500	15,000				30	500	15,000

		예제풀이	필기	프린트	
정리	본시 내용 확인 및 요점정리	평가	응답	노트	4분
차시예고	상품재고장(후입선출법 및 이동평균법)				1분

9) 수학과 수업계획안

일 시: 년 월 일 교시
대 상: 학교 제 학년 반
지도교사 :

(1) 주 제 : 식과 그래프
소주제 : 부등식

(2) 수업목표

① 실수의 순서구조(대소관계의 기본성질)를 발견한다.
② 실수의 순서구조를 토대로 하여 부등식에 관한 여러 가지 성질을 이해하며 이들을 이용할 수 있는 능력을 갖는다.
③ 변수를 포함하는 부등식의 뜻을 이해하여 그의 해집합을 구하는 방법을 안다.
④ 함수의 개념을 이해한다.
⑤ 함수를 그래프로 나타내기 위한 좌표의 개념을 안다.
⑥ 일차함수 및 상수함수의 성질을 안다.
⑦ 기타의 여러 가지 간단한 함수의 개념을 이해한다.

(3) 수업활동계획

소주제	배당시간	수업내용 및 핵심	용어 및 기호
1.부등식	6	① 대소관계에 관한 성질(1) ② 기본성질에서 유도되는 부등식 성질(1) ③ 부등식의 해법(1) ④ 방정식 및 부등식의 해집합 그래프 표현(1) ⑤ 부등식의 응용 ⑥ 종합문제 (1)	• 부등식 • 해집합

2.좌표	4	① 수직선과 직선 위의 점의 좌표 실수전체집합과 직선과의 1대1대응 ② 직선상의 선분길이 및 선분의 중점(1) ③ 평면 위의 점의 집합과 실수의 순서 쌍의 1대 1 대응 및 점의 좌표 도입, 사분면(1) ④ 점의 이동 ⑤ 종합문제	• 좌표, 선분길이 • 1대1 대응 • 사분면
3.변하는 양	4	① 함수의 뜻(1) ② 함수의 그래프의 특성(1) ③ 여러 가지 간단한 한수 ④ 종합문제(2)	• 변역, 공변역, 치역, 변수값, 함수값, 정의값
4.일차함수	4	① 일차함수 ② 기타함수(제곱, 비례과정) ③ 함수의 응용 ④ 종합문제	• 함수

(4) 소주제의 개관

가. 소주제: 부등식

나. 수업목표

① 부등식의 뜻과 그 기본성질을 안다.

② 기본성질에서 유도되는 여러 가지 성질을 추리할 수 있다.

③ 부등식의 성질을 활용할 수 있다.

다. 수업계획(총 6교시: 1교시는 45분)

라. 차시계획 및 학습문제

차시	수업내용	자료	준비물
1/6	대소관계에 관한 성질(1)		
2/6	기본성질에서 유도되는 부등식의 성질(1)		
3/6	부등식의 해법 (1)		
4/6	방정식 및 부등식의 해집합 그래프의 표현(1)		
5/6	부등식의 응용(1)		
6/6	종합문제 (1)		

(5) 본시의 수업(1/6차시)

소주제: 대소관계의 성질

가. 수업목표: • 양수, 음수를 토대로 한 대소관계를 정의할 수 있다.
• 양수, 음수를 토대로 한 대소관계의 여러 가지 어휘를 알 수 있다.

나. 수업의 과정

단계	수업내용	수업활동	자료학습	유의점	시간(분)
도 입	동기유발 학습목표 제시	• Trichotomy: 삼일률 임의의 실수에 대하여 음수이거나 0이고 어느2개도 동시에 성립되지 않는다. 즉 임의의 실수 a에 대하여 ① a≠0→a: 양수이거나 음수이고 동시에 2가지가 되지 않는다. ② a는 양수이거나 -a가 양수이거니 a=0이다. (∴a=음수⇄-a: 양수) • 본시 학습목표제시		Trichotomy (삼일률)이란 용어를 사용하지 말 것 ※학문기술	3
전 개	실수의 대소관계 (정의1) 삼일률	(정의1) 두 실수 a,b에 대하여 ① a> b(a는 b보다크다)⇄a-b;양수 ② a<b(a는 b보다 작다.) ⇄b>a 1)1;양수⇄a>0 2)a;음수 ⇄a>0 (∴a=음수⇄-a: 양수⇄-a>0) 3)a<⇄a-b;양수(정의 ②) (정의①⇄a-b=-(b-a);음수 이상을 정리하면 a>b⇄a-b;양수 (정의1)a<b⇄a|b;음수③) a=b⇄a-b=0 • Trichotomy 임의의 두 실수 a,b에 대하여 a<b, a=b, a>b중 하나 그리고 꼭 하나만 성립된다. (정의2)	교재, 강의 및 질의응답	• 정의 전에는 숫자로서 구체적인 보기를 들어 줄 것 • 정의란 용어는 사용하지 말 것	41

<table>
<tr>
<td></td>
<td>(정의2)

(정의3)

(정의4)</td>
<td>a≧b⇄a>b또는 a=b;a≦⇄a<b 또는 a=b
a<b 또는 a=b
보기;3≧2, 5≦5
· 문제 3개 정도 제시
(정의3)
a ≯b⇄a는 보다 크지 않다.
a ≱b⇄a는 b보다 크거나 같지 않다.
0≮및 앞에서와 같은 방식으로 정의한다.
4) a ≯b⇄≦b.∴a ≯⇄a-b;
양수가 아니다.
⇄a-b; 음수이거나 0(삼일률)
⇄a<b 또는 a=b③)
(질문) a ≮b⇄
5)a ≱b⇄a<b.∴a ≱b⇄a ≮b
이고 a≠b⇄a-b는 양수가 아니고
0도 아니다.
⇄a-b; 음수 ⇄a<b
(질문) a ≰b⇄?
이상을 종합하면
① a ≯b⇄a≦b
⇅ ⇅
b ≮a⇄a<b
② a ≱⇄a<b
⇅ ⇅
b≰a⇄b>a
(정의 4)
① b< a ;b는 a 미만
② a≧b; a는 b 이상
b≦a; b는 a 이하
보기; ① 이 차에는 56명 미만의 사람이 탈 수 있다.
② 나이가 15세 이상이 아닌 사람⇄ 나이가 15 미만인 사람</td>
<td></td>
<td>• 이상, 이하 미만의 서로의 관계를 따져 줄 것</td>
<td></td>
</tr>
<tr>
<td>정리 및 평가</td>
<td></td>
<td>• 내용을 요약, 정리한다.
• 본시학습내용을 평가하기 위한 질문
① Trichotomy란?
② 이상, 이하, 미만의 관계를 밝히시오.</td>
<td></td>
<td></td>
<td>10</td>
</tr>
<tr>
<td>차시예고</td>
<td></td>
<td>· 부등식의 성질 알아보기</td>
<td></td>
<td></td>
<td>1</td>
</tr>
</table>

10) 유아교육과 수업계획안

일　　시 :　년　월　일　교시
대　　상 :　유치원　　반
지도교사 :

(1) **대주제:** 공기의 하는 일
소주제: 촛불관찰

(2) 단원의 개관

공기란 생물이 생명을 유지하기 위해서 필요할 뿐만 아니라 인간이 일상생활에서 공기 없이는 생활을 영위할 수가 없게 된다. 따라서 공기의 기능과 필요성에 대한 이해를 통해서 일상생활을 바르게 이해하고 사물의 현상을 탐구하는 자세를 기를 수 있다. 또한 공기로 인하여 생기는 사물의 현상과 의문을 가지며 공기가 인체에 미치는 영향의 중요성을 알고 그러기 위해 맑은 공기를 보존해야 한다는 자연보호 정신을 갖도록 하기 위하여 이 주제를 설정한다.

(3) 수업목표

가. 이해면
① 공기가 있다는 사실을 이해한다.
② 공기의 중요성을 안다.
나. 기능면
① 공기가 있다는 것을 밝힐 수 있다.
② 공기가 하는 일을 증명할 수 있다.
다. 태도면
① 사물을 관찰하는 태도를 갖는다.
② 사물의 변화에 관심을 갖는 태도를 갖는다.

(4) 수업계획

차시	주제	수업내용	준비물 · 유의사항
1	공기의 필요성	공기의 필요성의 실험	실험도구
2	공기의 기능	공기가 하는 일의 실험	실험도구
3	촛불의 관찰	물질을 연소 이해를 위한 실험	실험도구

(5) 본시의 수업

가. 소주제: 촛불의 관찰(3차시)

나. 목표

① 물질의 연소를 이해한다.

② 물질의 연소를 실험할 수 있다.

③ 사물을 관찰하는 태도를 갖는다.

다. 지도상의 유의사항

① 촛불을 관찰함으로써 사실을 발견하고 관심을 갖는 데 공감해 주고 생각할 수 있는 기회를 많이 준다.

② 촛불로 장난하지 않도록 유의하여 지도한다.

③ 개별적으로 유아들이 발견한 사실을 발표하도록 한다.

라. 수업의 과정

※유아활동의 예시　○ : 관심 ■ : 활동
⊙ : 의문 △ : 발견
□ : 예상 ＊ : 결론

단계	교사의 활동	유아의 활동	준비물 및 유의점	시간
도입	○ 오늘은 촛불에 대하여 관찰해 보겠어요. 촛불을 본 일이 있나요?	○ 각자 경험했던 일을 회상해 본다. ■ 내 생일 때 케이크에 초를 꽂아서 불을 붙여 보았어요. ■ 밤에 전깃불이 꺼져서 캄캄할 때 엄마께서 초에 불을 붙여 주었어요. ■ 차례 지낼 때 아빠께서 초에 불을 붙여 놓았어요.	○ 큰원으로 둘러앉는다.	5분
	○ 선생님이 지금 여러분에게 보여줄 것이 있어요, 이것은 무엇일까요? - 양초제시 색깔이 있는 양초는 만들 때 색을 넣어서 만들었어요.	○ 양초입니다. ○ 흰색이구나 ⊙ 양초도 색깔이 있구나. ○ 빨간색 양초가 예쁘다. ○ 난 파란색 양초가 예쁘다. △ 양초에도 색깔이 여러 가지가 있구나.	○ 여러 가지 양초(흰색, 적색, 파란색의 양초)	
전개	○ 선생님이 양초를 하나씩 나누어 주겠어요(흰색양초를 나누어 준다). 잘 살펴보고 무엇을 살폈는지 느낀점을 이야기해 보세요.	■ 각자 만져보고 관심있게 살핀다. △ 쮸쮸바 모양 같다. △ 미끈미끈해요. △ 기름이 묻은 것 같다. △ 가운데 구멍이 있다. △ 내 생일 때 케이크에 꽂았던 초보다 크다. △ 초의 끝쪽에 실이 들어 있어요.	○ 양초 여러 개 ○ 일부러 양초를 부러뜨리지 않도록 한다.	
	○ 잘 살펴보았어요. 그럼 이제 양초를 모으겠어요. ○ 선생님이 양초에 불을 붙이겠어요. 잘 살펴보세요.	■ 모두 촛불 가까이에 모여서 자세히 살핀다. △ 색깔이 붉은색이다. △ 물방울 같은 것이 흘러요. △ 불꽃 아래에 물 같은 것이 고여 있어요. △ 고여 있던 물 같은 것이 흘러내려요. △ 흐르던 물방울이 멈추면 흰색으로 변해요.		40분
	○ 자 선생님이 촛불에 컵을 씌워 보겠어요. 촛불이 어떻게 될까요.	□ 더 잘 탈 거야. □ 촛불이 더 커질 거예요. □ 촛불이 더 작아지게 될 거예요. □ 촛불이 꺼질 거예요.	○ 충분히 자기의 의견이 제시되도록 교사는 이를 모두 수용한다.	

<table>
<tr><td>전

개</td><td>선생님이 컵을 씌우겠어요.(컵씌우기)

○ 선생님이 컵을 들어 보겠어요. (컵을 들어 낸다)
○ 이번에 다시 초에 불을 붙이고 큰 컵을 씌워 보겠어요.

○왜 촛불이 꺼졌을까?

○정리, 정돈</td><td>■ 촛불 가까이 모여든다.
△ 촛불이 꺼졌다.
△ 촛불이 작아지다가 갑자기 꺼졌어.
△ 컵 속에 연기 같은 것이 보여요.

※ 촛불이 꺼졌구나.
□컵이 차가워서 꺼졌을 거야.
□컵이 작아서 꺼졌을 거야.
□ 공기가 들어가지 않아서 꺼졌을 거야.
⊙이번에도 또 꺼졌어.
* 촛불에 컵을 씌우니까 꺼지는구나!
* 알았어요. 촛불은 공기가 통하지 않으면 꺼지는 거예요.

촛불은 공기가 잘 통하면 타고, 공기가 통하지 않으면 꺼진다는 것을 알아내었다.</td><td>○ 슬라이드, 융판자료</td><td>5분</td></tr>
</table>

⑹ 평 가

• 보충자료

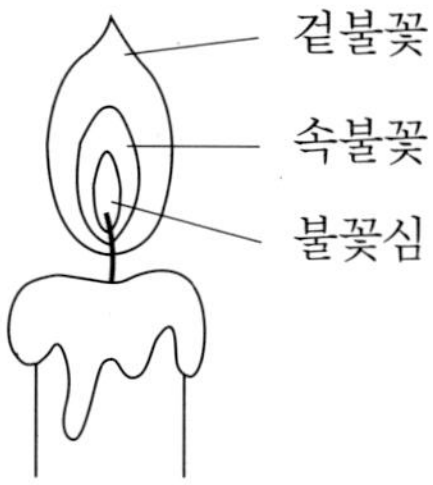

촛불의 관계

구분	겉불꽃	속불꽃	불꽃심
온도	가장 높다	높다	낮다
밝기	밝다	가장 밝다	어둡다
색깔	없다	붉은색	검은색

11) 음악과 수업계획안

일　　시 :　　년　월　일　교시
대　　상 :　　학교 제　학년　반
지도교사 :

(1) 주제: 얼룩송아지

이 곡은 바장조 박자 4/4로 음역은 하아니의 일부형식이다. 리듬적인 곡으로 따뜻한 친밀감과 아름다운 느낌을 주는 곡이다. 모자간의 애정을 노래한 사랑스런 곡임을 알아야 한다.

(2) 수업목표

① 모자간의 애정을 노래하여 동물에 대한 애호의 정신을 갖는다.
② 계명모창이나 회보놀이의 연습을 통하여 악보에 대한 도입의 준비를 한다.
③ 음악적인 활동을 통해 즐거운 정서를 갖는다.

(3) 수업계획

제1차 가창과 회보놀이(음정에 따르지 않고 노래한다.)
제2차 계명모창, 4박자의 박자치기(박자를 정확히 리듬에 따라서)
제3차 노래와 리듬놀이(악기를 사용하여) 본시에서 취급한다.
제4차 리듬반응(노래에 맞춰 유희를 창작하여 본다)

(4) 본시의 수업

가. 본시의 수업목표
① 악기를 사용하여 리듬놀이를 한다.

② 간단한 리듬에 맞추어 움직이도록 연습한다.

나. 수업의 과정

단계	수업내용	수업활동	학습태도	지도상의 중점	자료 준비	평가
도입 전개	1. 가창, 구현, 발음의 올바른 노래법 ○ 리듬과 선율의 파악 특히 리듬에 대한 이해 2. 기악합주 카스다넬, 심볼, 큰북을 써서 기악합주를 한다. · 악기파트 연습 · 구성과 합주 3. 기악합주의 반주로 부르는 연습 · 노래와 발상	1. 「얼룩송아지」…소리를 같이 하여 노래한다. 2. 콩나물놀이 …다음의 선율을 치면서 노래한다. 3. 계명모창 솔솔라솔 미미파미래 라도솔 4. 가사로 …몸을 움직이면서 송아지 송아지 얼룩송아지…를 어린이에게 가르친다. 5. 악기를 사용하여 합주를 하여본다. ○ 보표를 보면서 악기 또는 범창에 맞추어 리듬을 부친다. ○ 리듬에 반응시킨다. 6. 소리를 맞추어 부른다. · 부르는 방식은 발음이나 발성에 주의하여 · 송아지…의 족음에 주의하여 곡의 느낌(강약)에 대하여 어느정도 발상을 붙인 방법으로 지도한다. 7. 다음 공부에 대한 토론	단체 개별	음정을 올바르게 아름다운 소리로 리듬을 붙이는 법과 노래하는 법 가사의 이해, 동작의 공부, 악기를 치는 법, 부르는 법 발상을 붙이는 법, 입의 모양, 올바른 발음을 부르는 법	오르간 또는 피아노 회보 회보 합주보 가스타네 단부 목금 큰북	성난소리를 내고 있지 않는가 계명으로 잘 불렀는가, 동작이 잘 되었는가, 모자의 애정을 노래 부르고 사랑스러운 느낌을 맛볼수 있었는가, 아름답게 부르는 법과 친밀감에 관심을 갖고 불렀는가
비고	음악적인 환경으로 하여 모자의 애정을 나타내고 소의 그림을 게시해 둔다. 동무들이 사이좋게(2인조) 놀고 있는 장면을 그린 그림이나 사진을 게시하여 두는 것도 한층 수업을 효과적으로 한다. 창작적 표현…동물의 우는 소리를 흉내내어 본다.					

12) 임업과 수업계획안

일　　시 :　년　월　일　교시
대　　상 :　학교 제　학년　반
지도교사 :

(1) 주　제: 중요수종의 조림법
소주제: 밤나무

(2) 단원의 개관

① 우리 주변에 많이 식재되어 있는 밤나무에 관심을 갖게 한다.
② 재래종 밤나무와 내충성 밤나무를 비교하여 그 차이점을 이해하도록 한다.
③ 밤나무의 품종을 알도록 한다.
④ 번식방법을 알게 한다.
⑤ 각종 용도를 알아 지역사회에 이용하게 한다.
⑥ 경제성을 알아 지역사회에 이용하게 한다.

(3) 수업목표

가. 이해면
　① 경제성 품종, 병충해의 방제법을 안다.
　② 번식법을 이해한다.
　③ 식제법과 용도를 이해한다.
　④ 수종적지와 향토 입지를 비교 · 이해한다.
나. 태도 · 기능면
　① 주변환경을 활용하는 태도를 갖는다.
　② 농가수입을 올릴 수 있는 태도를 갖는다.

③ 접목법을 알고 이용한다.

(4) 수업계획

차시	내용	자료 및 준비	관련	시간배당
1차시 2차시 (본시) 3차시 4차시	1.분포와 적지 2.밤나무의 종류와 품종 ① 미국종, 유럽종, 중국종 ② 한국종 ③ 내충성 품종 3.용도와 경제성 4.조림방법 ① 번식방법 ② 식재 및 관리 ③ 병충해	• 괘도 • 병충해에 전염된 표본 • 종자의 표본 (없음)	• 과수 • 지리 • 농업	

(5) 본시의 수업

가. 주안점

① 밤나무의 적지와 지역사회 토양이 서로 적당하여 재배를 할 수 있는가를 알게 된다.

② 번식 및 식재방법

③ 병충해 방제법

④ 이용 및 경제성

나. 수업의 과정

단계	수업내용	수업활동 교사	수업활동 학습자	지도상의 유의점	시간배당 (분)
도입		· 출석점호 · 본시의 예고 (주제설명)			5
	특징	· 견과류로 자웅동주 · 장타형 잎에 거치가 있다. · 6월에 개화하여 1~3알의 종자 · 수평분포	· 발표		35

전 개	분포 적지 품종 용도 조림법	· 수직분포 · 온도 · 강우량 · 토양조건 · 외국종 · 한국종 · 내충성 수입종 · 야생종 · 종자 · 목재 · 수지 · 밤종자의 성분표 · 번식법 · 식재방법 · 수형을 유인하는 방법 · 시비방법 · 병충해 –동고병 –어스랭이 –밤나무 흑벌 –하늘소	· 발표 · 관찰		
정리 및 평가	경제성	· 관리비용 · 수익성 · 차시예고			10

13) 전자계산과 수업계획안

일　　시 :　년　월　일　교시
대　　상 :　학교 제　학년　반
지도교사 :

(1) 주제: 포트란

(2) 단원의 개관

상업계 고등학교에 전자계산 교육이 도입되어 필수과목으로 4~6단위로 지도하도록 되었다. 이에 따라서 교과서가 발간되어 오늘에 이르고 있느나 교육부 발행의 국정교과서 내용이 일반 교육의 바라는 바 목표달성을 위해서는 보완할 점이 많다.

① IQ의 학생평균이 19.22로 우수한 집단이다.
② 교과서 및 노트를 갖지 않고 설명만 듣는 학생들이 가끔 있다.
③ 보충교재는 나와 있으나 구입하여 보는 학생이 없다.
④ 전자계산 과목이 취업에 필수과목은 아니니다.
⑤ 1주일 1시간 배당이 되어 지난 주에 무엇을 배웠는가 잊고 있다.

취업과 무관하여 흥미도가 낮기 때문에 수업 중 다른 공부를 하는 것을 방지하기 위해서 노트의 정리를 확인하고 도입시간을 많이 할당하여 반복 학습활동을 전개해야 할 주제이다.

(3) 수업목표

가. 이해면
① 전자계산기 기능을 안다.
② 전자계산기 언어사용법을 안다.

나. 기능면
① 프로그래밍에 대한 기초적인 기술을 습득하여 정보를 합리적으로 처리하는 능력을 갖는다.
② 과학기술의 모든 문제를 컴퓨터를 이용하여 처리할 수 있는 능력을 기른다.

(4) 수업계획(5차시)

지도내용	시간배당	자료	관련교과
포트란기초	1차시	OHP, 괘도, 슬라이드	사무관리
상수 변수	2차시	〃	전자계산실무
명령문	3차시	〃	문서사무
기본 명령문	4차시	〃	어셈블리어
제어명령문	5차시	〃	코블

(5) 본시의 수업(4/5차시)

가. 주제: 포트란 기초

나. 수업목표

① flow chart를 그릴 수 있게 된다.

② flow chart를 보고 coding을 하며 원의 면적을 구할 수 있게 된다.

다. 수업의 과정

단계	수업내용	수업활동	준비물	유의점	시간(분)
도입	· 문제분석 · 입출력 설계 · flow chart · Coring		교과서 OHP	주의깊게 한다.	5
전개	· Stop명령뭉 형식 Stop STOP 숫자와 영문자 END명령문 Source program의 마지막을 Compiler에 알리는 비실행문 Pause명령문 Pause Pause 숫자와 영문자	설명 및 판서 판서 개개인에게 개별지도, 학생 각자 문제풀이	교과서 수업계획안 슬라이드	기술연마에 힘쓴다.	40
정리	· 입출력 설계를 할 수 있게 되었는가? · Coding할 수 있게 되었는가? · 국토방위에 Computer가 어떻게 활용되고 있는가? 직경이 D인 원의 넓이를 구하시오.	질문 및 응답 학생메모	수업계획안 괘도	모르고 지나가지 않도록 한다.	5
평가	(단, D가 ∅일 때 중지) s=πr²π→ PAi.r2 입력=D→F₃1 출력=s→F⁶ · 1				
차시예고	제어명령문을 함				

14) 체육과 수업계획안

일　시 : 년 월 일 교시
대　상 : 학교 제 학년 반
지도교사 :

(1) 주제 : 맨손체조

(2) 단원의 개관

맨손체조의 운동방법과 효과를 이해하여 근육관절의 가동성을 높이고 정확한 판단력과 유연성, 평형성, 근력을 기르고 일련의 체조를 숙달시켜 일상생활에 활용하게 하고 짝체조, 꾸미기 체조를 실시하여 협동심, 책임감 등의 사회적 성격을 육성한다.

(3) 수업목표

① 맨손체조의 각 종목의 실시요령을 알고 부드럽게 움직일 수 있다.
② 맨손체조의 각 종목별 특성을 알고 일련의 동작으로 한다.
③ 짝체조의 요령을 알고 실시한다.
④ 꾸미기 체조를 실시하여 협동심, 책임감을 기른다.

(4) 수업계획

주 제	수업내용	소요시간		준비물
		1학기	2학기	
일련체조	• 다리운동 • 팔운동 • 목운동 • 몸통운동	1	1	· 차트 · 호각 · 매트
짝체조	• 짝체조	1	1	· 녹음기
꾸미기 체조	• 꾸미기 체조	1		

(5) 본시의 수업

가. 소주제: 일련체조

나. 지도의 주안점

① 맨손체조의 운동방법과 효과를 이해한다.

② 일련체조를 실시하여 생활화한다.

③ 짝체조의 실시요령과 방법을 안다.

④ 꾸미기 체조의 효과를 안다.

다. 수업목표

① 맨손체조의 실시요령과 방법을 안다.

② 다리운동, 팔운동, 몸통운동을 크고 부드럽게 정확히 할 수 있다.

라. 수업의 과정

단계	수업활동	유의점	시간(분)
도입	• 집합 및 인원 파악 • 준비운동(순환운동, 신세기체조) • 수업계획확인	• 1학년 맨손체조와 관련하여 설명한다.	5분
전개	• 다리운동 — 들기 — 흔들기 : 발목흔들기. 다리의 각 방향 흔들기 — 굽혀펴기 : 발굽혀펴기, 무릅펴기 — 들어흔들기 : 다리 앞 뒤로 흔들기 — 휘돌리기 : 발목 휘돌리기 — 뛤뛰기 : 발모아 제자리 뛰기 — 벌리기 : 앞, 뒤, 옆 벌리기 • 팔운동 — 들기 — 흔들기 : 손흔들기, 팔을 각 방향 흔들기 — 들어 흔들기 : 팔 앞, 뒤로 들어 흔들기 — 굽혀펴기 : 팔 굽혀펴기, 손목 굽혀펴기 — 휘돌리기 : 손목휘돌리기, 팔의 각 방향 휘돌리기 — 비틀기 : 팔 안쪽으로 비틀기	• 다리에는 전신의 힘살을 약 56%나 가지고 있다. • 혈액량은 전신의 혈액량의 약 1/3을 지니고 있다는 점을 강조한다. • 흔들기할 때에는 최대한으로 크게 흔들어야 한다. • 율동적으로 행하도록 한다. • 굽혀펴기에는 무릅관절을 잘 굽혀 펴야 한다. • 어깨가 올라가지 않도록 한다.	45분
정리			3분

평 가	— 손가락 굽혀펴기 • 팔 다리 운동 • 목운동 — 굽히기 : 목을 앞, 뒤로 왼편 오른편 으로 돌리기 — 휘돌리기 : 몸 옆으로 휘돌리기 — 눕히기 : 몸 앞, 뒤로 눕히기 — 젖히기 : 가슴 뒤로 눕히기 — 펴기 : 가슴펴기 • 본시의 종합연습 • 정리 — 본시의 반성 및 질의응답 — 정리체조	• 눈은 뜬 채로 직시하고 몸을 움직이지 않도록 한다. • 돌리기할 때는 발뒷꿈치를 떼지 말고 돌리는 쪽 팔을 본다. • 휘돌릴 때는 동작을 끊지 말도록 한다. • 눕히기 할 때에는 척추를 펴야 한다. • 젖히기 할 때에는 배가 나오지 않도록 한다. • 기본동작과 운동효과의 관계를 알려주고 학습의 효과를 높인다.	2분

15) 축산과 수업계획안

일　시 : 　년　월　일　교시
대　상 : 　학교 제　학년　반
지도교사 :

(1) **주　제** : 각종 병원 미생물과 전염병의 종류
　소주제 : 돈단독

(2) **단원의 개관**

계절적으로 보아 학습의 시기와 유기적인 관계가 있으며 유축농업을 지향하는 우리 농가에서 사육하는 돼지에서 많은 질병이 나타나고 있으나 성돈과 자돈의 손실을 주는 돈단독의 예방과 치료를 이해 · 습득하여 돼지를 사육할 때 예방과 치료를 할 수 있는 기능과 능력을 습득할 필요성이 있어 주제를 설정한다.

(3) 수업목표

① 돈단독 질병의 병원균을 안다.
② 돈단독은 어느 시기에 많이 발생하는가를 이해한다.
③ 돈단독 균의 존재 범위를 안다.
④ 돈단독의 증상을 안다.
⑤ 돈단독의 치료를 이해한다.
⑥ 돈단독의 예방을 이해한다.
⑦ 돈단독을 방치했을 때에 그 결과를 이해한다.

(4) 수업계획

내용	소요시간	관련교과	자료 및 도구	비고
1.탄저병	2	대가축 중3 실업	1.가축전염병학 2.축산학, 예방학 3.괘도, 주사기	
2.기종저	2	대가축 중3 실업	1. 페니실린 펜마이 2. 증류수	
3.악성누종	2	대가축 중3 실업	1. 페니실린 펜마이 2. 증류수	
4.파상풍	2	대가축 중3 실업	1. 페니실린 펜마이 2. 증류수	
5.돈단독	2	대가축 중3 실업	1. 페니실린 펜마이 2. 증류수	

(5) 본시수업

가. 소제목: 돈단독
나. 주안점
① 돈단독 질병이 양돈업에 미치는 영향을 안다.
② 전염병 발생시 공중위생을 지킬 필요성을 안다.

③ 축산업에서는 치료보다 예방이 중요함을 안다.

다. 유의점

① 치료예방상 필요한 의약품을 소개한다.

② 투여약 용량을 알게 한다.

③ 예방약의 사용시기를 알게 한다.

라. 수업의 과정

단계	수업 내용	수 업 활 동		비고
		교 사	학 습 자	
도입	돈의 질병	○출석확인 ○돼지의 질병종류	○응답식으로 한다. ○교사의 질의 및 지명	5분
전개	1.원인 2.전염경료 3.증상 4.구분	① 돈단독균~구균류 ② 환경조건 미비 ① 이 병균은 돈의 편도선, 쓸개, 배설물에 많다. ○잠복기 3~7일 발생 3~10일 형태	1. 이 병은 돼지 단독균인 돼지의 패혈성 전염병이다. 2. 출혈성 위장염 또는 신길염을 일으킨다. 3. 사람 또는 양에게도 전염한다. 1. 묵은 사료, 물 피부의 외상 2. 최근에는 조류나 어류로부터 1. 약간의 열발생, 약한 변비, 결막염을 일으킨다. 2. 식용부진과 거동불편 3. 자돈보다 성돈에 많다. 자돈은 사망률이 높다. 1) 두드러기열 형태 2) 급성패혈증형 3) 만성형 ㄱ. ① 사망 후 1%모양: 능형, 다각형 열발생 피부가 붉어지며 건강한 돈과 쉽게 구별할 수 있다. ② 공, 계란 또는 주먹만하다. ③ 발생 후 4~5일 후에 증상이 없어지거나 수포를 형성할 때도 있다. 회복 8~12일 ㄴ. ① 사망 후 80% 유행성이므로 돌연발생 붓고 눈꼽이 생긴다. ② 호흡곤란 구토를 한다. ③ 암적색의 혈반-체면, 목, 배아래, 다리, 엉덩이, 폐염을 일으킬 염려가 있다. ㄷ. ① ㄱ.ㄴ.의 6~12주에 재발 원기부족	40분

전 개	5. 해부적 현상 6. 예방 7. 치료	A. 두드러기열병 B. 급만성 C. 만성형 ○ 1) 자돈 2)중돈 3) 성돈 ○썰화제 ○항생물질	누워있다. 쇠약해져 죽을 때에 호흡이 급해지고 심장이 빠르다. A.임파액이 많고, 출혈을 볼 수 있다. 피하직과 피질에 염증이 있다. B.위의 대만부와 내장에 출혈성 혼탁종장과 충출혈을 볼 수 있다. C. 심 내막의 채양성염인데 헤쳐보면 왼쪽 승모변부에 적홍색의 섬유소용괴가 붙어 있다. ○단독 예방약을 자돈 1~2, 중돈 2~3, 성돈 3~5cc ○자돈 5~10 , 중돈 10~20 , 성돈 20~40cc로 피하주사하면 6개월 동안 예방할 수 있다. ○위의 배량(倍量)으로 주사하면 목적을 달성할 수 있다. ○설사약, 전신을 냉수로 목욕 ○썰화제와 항생물질이 효과 있음	
평 가	차시예고	차시예고 및 질의 응답	질의 응답한다.	5분

참고문헌

권성호(1990). 교육공학원론. 서울: 양서원.

김상원(1983). 교육과정과 교수학습론. 서울: 학문사.

김영채(1982). 인간학습 및 기억. 서울: 중앙적성출판부.

김영채 역(1981). 학습심리학. 서울: 중앙적성출판부.

김영채(1999). 창의적 문제해결. 서울: 교육과학사.

김용기(1981). 수업 · 학습지도론. 서울: 창문사.

김학수(1976). 현대교수학습론. 서울: 교육과학사.

김호권(1982). 학습지도의 인간화. 서울: 배영사.

김순택(1977). 수업모형. 서울: 배영사.

김호권 역(1977). 인간의 제특성과 학교학습. 서울: 능력개발.

변영계(1979). 수업계획. 서울: 배영사.

서울특별시교육연구원(1998). 열린교육을 위한 자기주도적 학습의 이론과 실제, 서울특별시교육연구원. pp. 18~59.

신통철(1983). 수업체제의 이해. 서울: 동양문화사.

신통철(1982). 시청각 교육의 현대적 이해. 서울: 동양문화사.

심진구(1980). 교수공학. 서울: 교학사.

유안진 역(1977). 교수학습의 본질. 서울: 배영사.

이관용 역(1982). 학습심리학. 서울: 법문사.

이성호(1982). 교육과정. 서울: 문음사.

이의연(2002). ICT 활용교육의 문제점과 개선 방안. 서울교육 겨울호, p. 46.

임창재(1994). 학습양식. 서울: 형설출판사.

임창재(1991). 교육학개론. 서울: 형설출판사.

임창재(1994). 유아를 위한 견학자료집. 서울: 양서원.

임창재(1997). 정신위생심리. 서울: 형설출판사.
임창재(1998). 교육학의 이해. 서울: 형설출판사.
임창재(1998). 심리학의 이해. 서울: 형설출판사.
임창재(1998). 유아교육실습. 서울: 형설출판사.
임창재(1999). 교육심리학. 서울: 학지사.
장수웅(2003). 창의적인 문제해결능력에 필요한 구성요소. 한국기술교육학회지, 3(2).
장영호(1985). 교육공학, 서울: 학문사.
정성무(2002). ICT 활용교육 학습 전략. 서울교육 가을호, p. 44.
정태수(1983). 교육개혁에서 교실개혁까지. 서울: 보진제.
조정기(1981). 교수방법론. 서울: 문광문화사.
진위교(1969). 학습지도. 서울: 교육출판사.
진위교(1982). 현대 교수의 원리. 서울: 정민사.
황정규(1984). 학교학습과 교육평가. 서울: 교육과학사.

Ausubel, D. P. (1969). *School Learning*. New York; Holt, Reinhart & Winston.
Biehler, R. F. (1978). *Psychlology Applied To Teaching*. New York; Houghton Mifflin Co..
Bloom, B. S. (1956). *Taxonomy of Educational Objectives*. New York; Longman, Green.
Bloom, B. S. (1976). *Human Characteristics and School Learning*. New York; McGraw-Hill Book Co..
Brown, J. W. (1959). *A-V Instruction*. New York; McGraw-Hill Book Co., 1959.
Bruner, J. S. (1978). *The Process of Education*. New York; Harvard University Press.
Bruner, J. S. (1968). *Toward A Theory of Instruction*. New York; W.W. Norton & Co., Inc..
Bruner, J. S. (1973). *The Relevance of Education*. New York; W.W. Norton & Co..
Carry, R. M. (2004). *Designing effective Instruction*. New Jersey: John Wiley & Sons, Inc..
Cottrell, S. (2001). *Teching Study Skills and Supporting*. New York: Palgrave.
Davis, J. R. (1976). *Teaching Strategies for the College Classroom*. New York;

Westview Press, Inc..

Dembo, M. H. (1981). *Teaching for Learning*. New York; Goodyear Publishing Co., Inc..

Dow, G. (1982). *Teacher Learning*. New York; Routledge & Kegan Paul.

Dressel, P. L. and Dora Marcus (1982). *On Teaching and Learning in College*. Callifornia Jossey-Bass Inc..

Dunn, R. (1975). *Educator' s Self-Teaching Guide to Individualizing Instructional Program*. New York; Parker Publishing Co., Inc..

Feldhusen, J. F. (1985). *Creative thinking and problem solving*. Dubuque, Iowa.

Gagne, R. M. (1974). *Essentials of Learning for Instruction*. New York; Holt, Rinehart and Winston, Inc..

Gagne, R. M. (1970). *The Conditions of Learning*. New York; Holt, Rinehart and Winston, Inc..

Hilgard, E. R. (1974). *Theories of Learning*. New York; Appleton-Century-Crafts.

Hills, P. J. (1982). *Learning to Learn in Higher Education*. London: Croom Helm Ltd..

Hull, R. E. (1974). *Madan Mohen, Individualized Instruction and Learning*. Chicago: Nelson-Hall Co..

Hutchins, R. M. (1961). *The Higher Learning in America*. New Heaven: Yale University Press.

Kozma, R. B. (1978). *Instructional Techniques in Higher Education*. New Jersey: Educational Technology Publications, Inc..

Klausmeicer, H. J. (1980). *Learning and Teaching Concepts*. New York; Academic Press Inc..

Maroy, P. D. (2004). *Psychology of learning for Instruction*. Boston; Allyn & Bacon Pearson Education.

Megarry, J. (1981). *Education of Minorities*. New York; Kogan Page Ltd..

Melton, R. F. (1981). "Individualized Learning Method in Perspective", *Higher Education, Vol. 10*.

Minium, E. W. (1970). *Statistical Reassoning in Psychology and Education*. New York; John Willey & Sons, Inc..

Moore, T. W. (1977). *Educational Theory*. Boston: Runtledge & Kegan Paul.

Newell, A. (1962). *The processes of creative thining*. New York: Atherton.

Radford, J. (1980). *The Teaching of Psychology*. New York; John Willey & Sons.

Robert, M. G. (2004). *Principles of Instruction*. Standford; Thomson Wadsworth.

Scotter, R. D. (1979). *Foundations of Education*. New Jersey: Prentice-Hall, Inc..

Skemp, R. R. (1979). *Intelligence, Learning, and Action*. New York; John Willey & Son.

Skinner, B. F. (1968). *The Technology of Teaching*. New York; Appleton-Century-Crofts.

Travers, R. M. (1982). *Essentials of Learning*. New York; Macmillan Puplishing Co., Inc..

Woolnough, B. F. (1994). *Effective science teaching*. Buckingham: Open University.

VanGundy, A. B. (1981). *Techniques of structed problem solving*. New York: Van Nostand Reinhold.

찾아보기

인 명

내 용

저자약력

임창재
배화여자대학 유아교육과 교수(교육학 박사)

저서 및 논문
실기교육방법론(양서원, 1988)
교육학개론(형설출판사, 1991)
학습양식(형설출판사, 1994)
수업심리학(학지사, 1994)
유아를 위한 견학자료집(양서원, 1994)
교육심리학(학지사, 1996)
정신위생심리(형설출판사, 1997)
교육학의 이해(형설출판사, 1998)
심리학의 이해(형설출판사, 1998)
유아교육실습(형설출판사, 1998)
유아심리측정(학문사, 2000)
교육학(형설출판사, 2001)
현대인의 심리(형설출판사, 2002)
정신건강(형설출판사, 2006)
네이처게임의 이론과 실제(동문사, 2007)
유아연구 및 심리측정(동문사, 2008)
교육철학 및 교육사(양서원, 2010)
심리학의 이해와 활용(형설출판사, 2010)
학습양식을 형성하는 가정환경의 과정변인 탐색 외 다수 논문

〈개정2판〉
실기교육 방법론
수업심리학

2005년 3월 22일 1판 1쇄 발행
2014년 9월 25일 1판 8쇄 발행

지은이 • 임 창 재

펴낸이 • 김 진 환
펴낸곳 • (주) 학지사
121-838 서울특별시 마포구 양화로 15길 20 마인드월드빌딩 5층
대표전화 • 02) 330-5114 팩스 • 02) 324-2345
등록번호 • 제313-2006-000265호
홈페이지 • http://www.hakjisa.co.kr
커뮤니티 • http://cafe.naver.com/hakjisa

ISBN 978-89-5891-127-1 93370

정가 **16,000**원